国家林业和草原局普通高等教育“十三五”规划教材

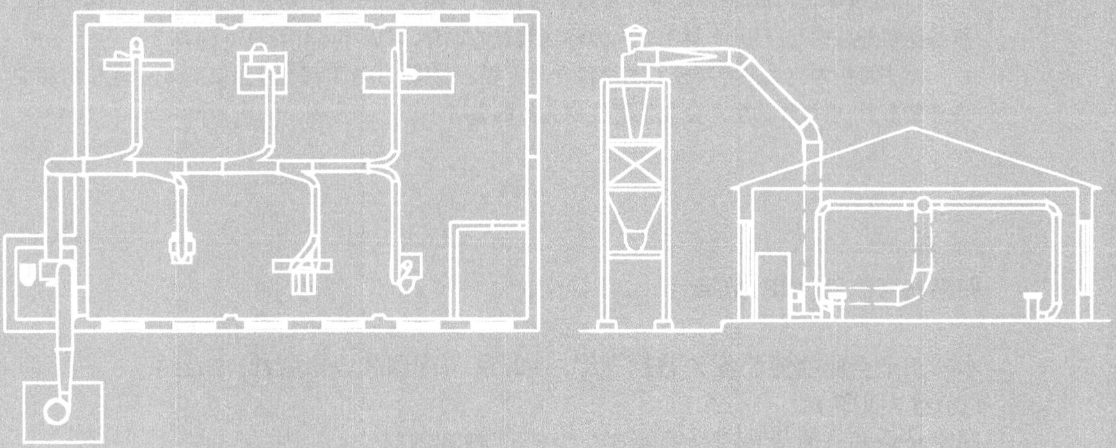

木材工业企业物流装备

曾钦志 / 编

中国林业出版社
China Forestry Publishing House

内容简介

本书包括企业物流技术概论、集装技术与装备、包装技术与装备、仓储技术与装备、装卸搬运机械、连续输送机械和气力输送装置7个部分。主要介绍现代物流观念、企业物流、物流技术等基本概念以及物流技术装备的作用与配置;集装、集装器具、集装技术与方法;包装的功能与分类、包装保护技术及包装机械的运用与管理;仓储技术与装备功能与分类、自动仓储系统和自动分拣机的特点及应用;起重机械和搬运车辆等的特点与使用管理,以及装卸搬运机械的配置与选择;连续输送机械的特点、分类及选型与管理,以及有挠性牵引构件和无挠性牵引构件的连续输送机的结构与应用;木材工业气力输送装置的原理、组成和设计计算方法。

本书可作为普通高等院校的木材科学与工程、家具设计与工程专业及高等职业院校的相关专业的教材,也可作为生产企业工程技术人员的参考书。

图书在版编目(CIP)数据

木材工业企业物流装备 / 曾钦志编. —北京 : 中国林业出版社, 2021.8
(2025.7 重印)
国家林业和草原局普通高等教育"十三五"规划教材
ISBN 978-7-5219-1233-3

Ⅰ.①木… Ⅱ.①曾… Ⅲ.①木材加工工业-工业企业管理-物流-设备-高等学校-教材 Ⅳ.①F416.88

中国版本图书馆 CIP 数据核字(2021)第117590号

中国林业出版社·教育分社

策划、责任编辑: 田夏青

电话: (010) 83143559 **传真:** (010) 83143516

出版发行 中国林业出版社(100009 北京市西城区德内大街刘海胡同7号)
E-mail:jiaocaipublic@163.com 电话:(010)83143500
http://www.forestry.gov.cn/lycb.html

经　销 新华书店
印　刷 北京中科印刷有限公司
版　次 2021年8月第1版
印　次 2025年7月第2次
开　本 850mm×1168mm 1/16
印　张 17
字　数 424千字
定　价 52.00元

前　言

为适应和满足时代发展对人才培养的需要，本书将现代物流概念、现代物流管理观念融入木材工业企业内输送机械装备中，首先介绍企业物流技术、集装技术与装备、包装技术与装备、仓储技术与装备等内容，然后重点阐述木材工业企业常用的装卸搬运技术与装备，装卸搬运技术与装备是木材工业企业重要的组成部分，而且许多机械设备既是物流装备又是生产工艺装备。本书根据结构与工作特征的不同将装卸搬运技术与装备部分分成三个部分，第一部分介绍包括起重机械和搬运车辆等不连续运行的装卸搬运机械；第二部分介绍连续运行的输送机械，包括有挠性牵引构件和无挠性牵引构件的连续输送机械等；第三部分详细介绍气力输送装置。

全书共分7章。第1章主要介绍物流观念、企业物流与物流技术等基本概念；第2章主要介绍集装、集装器具、集装技术与方法；第3章主要介绍包装的功能、分类，包装保护技术及包装机械的运用与管理；第4章主要介绍仓储技术的功能与分类，以及仓储货架、自动仓储系统、自动分拣机的组成、特点及应用；第5章主要介绍起重机械、搬运车辆的分类、特点、使用管理，以及装卸搬运机械的配置与选择；第6章主要介绍连续输送机械的特点、分类及选型与管理，以及有挠性牵引构件和无挠性牵引构件的连续输送机的结构与应用；第7章详细阐述了木材工业气力输送装置的原理、组成和设计计算方法。

本教材可作为普通高等院校（含高等职业院校）的木材科学与工程、家具设计与工程专业及其他相关专业的教材，也可作为生产企业工程技术人员的参考书。

本教材在编写过程中，得到了中国林业出版社有关领导及编辑同志的大力支持和帮助，同时参考了国内专家、学者有关物流管理、物流技术与装备方面的著作或教材，以及物流、机械等领域的国家标准和行业标准，特别是参考了南京林业大学李维礼主编的《木材工业气力输送及厂内运输机械》（第2版），在此一并致以最诚挚的谢意。

由于编者水平有限，书中错误之处或有待改进之处，恳请广大读者给予批评指正。

编　者

2021年3月

目 录

第 1 章
企业物流技术概论

[本章知识点]物流、企业物流、物流技术的概念与分类；现代物流观念的形成；企业物流的内涵、特征、功能和作业目标；物流技术装备分类、发展趋势与配置原则。

物流的概念与观念随着社会经济的发展、生产力的进步及科学技术的提高发生了深刻的变化。企业物流是企业生产力经营活动的重要组成部分，是创造“第三利润”的源泉。企业物流与其他形式的物流相比具有其自身的特征，全面认识企业物流的内涵对发挥企业物流的优势、提高企业的市场竞争能力具有重要意义。物流技术是进行物流活动的手段，现代物流的各项功能均须依赖于各种物流技术来实现。现代企业物流技术是提升木材工业企业核心竞争力的基础，是推动木材加工生产过程现代化管理、实现信息化、集成化的重要手段。

1.1 物流观念

1.1.1 物流观念的发展历程

回顾物流概念的发展历程并理解历史上经典的物流概念，不仅有利于人们了解物流的发展规律，更有利于全面深入地理解物流的内涵。

1.1.1.1 物流观念的启蒙

物流是指物品从供应地向接收地的实物流动的过程。物流的实践活动是与人类的生产、生活始终联系在一起的。但是直到 20 世纪 30 年代，物流活动才真正被上升到理论高度加以研究和分析。Arch W. Shaw 于 1915 年出版的《市场流通中的若干问题》一书中指出：“创造需求与实物供给的各种活动之间的关系说明存在平衡性和依赖性两个原则”“实体配送是与创造需求不同的一个问题……流通活动中的重大失误是因为创造需求与实体配送之间缺乏协调造成的。”1929 年著名营销专家 Fred E. Clark 在他所著的《市场营销的原则》一书中，将市场营销定义为：“商品所有权转移所发生的各种活动，包含实体配送在内的各种活动”，从而将物流纳入日常经营行为的研究范畴之中。因此涉及包括物资运输、储存等业务的实物供应(physical supply)这一名词在一些有关市场营销的教科书中反复出现。应当说明，这一时期对物流的认识虽然开始得到人们的重视，但是在地位上，它被作为流通的附属机能。1935 年，美国销售学会最早对物流进行了定义："物流(physical distribution)是包含于销售之中的物质资料和服务从生产地点到消费地点流通过程中，伴随的种种经济活动。"

上述历史被物流界普遍认为是物流早期的启蒙阶段。那时人们从有利于商品销售的愿望出发，探讨如何进行"物资的配送"和怎样加强对"物资配送过程"的合理化管理，其核心部分正如日本学者羽田升史所说："物流被看成是市场的延伸"。

1.1.1.2 从美国的军事后勤到物流服务观念

在第二次世界大战期间，美国根据军事上的需要，在军用物资的战时供应中，开创了后勤管理(logistics management)这一概念，并对军用物资的运输、补给、屯驻、调配等实物流动进行全面管理，此举对战争的胜利起到了保障作用。此后，后勤学逐步形成了单独的学科体系，并不断发展为"后勤工程"(logistics engineering)、"后勤分配"(logistics of distribution)等后勤管理诸领域。美国的韦勃斯特在 1963 年把后勤定义为"军事装备物资、设施与人员的获取、供给和运输"。1970 年，美国空军在一份技术报告中对后勤学下的定义是："计划和从事部队的输送、补给和维修的科学"。日本将引进的后勤学译为"兵站学"，并将其含义表述为"除了军需物资的订购、生产计划、采买、库存管理、配给、输送、使用外，还包括规格化、品质管理等军事作战行动所必需的物资管理"。后勤管理的理念和方法，后被引入工业部门和商业部门，被人们称为"工业后勤"和"商业后勤"。其定义中包括下列一些业务活动：原材料的流通、产品分配、运输、购买与库存控制、储存、用户服务等。美国学者 Donald J. Bowersos 在 1974 年出版的*Logistics Management* 一书中，将后勤管理定义为"以卖主为起点将原材料、零部件与制成品在各个企业间有策略地加以流转，最后到达用户，其间所需要的一切活动的管理过程"。他所著的另外两本书，即 *Business Logistics Management*(1973)和 *Business Logistics*(1973)被广泛译为《商业后勤》。人们注意到，这时后勤一词已经不仅仅是军事上的含义了，它已被等同或接近于物流。1981 年在美国出版的《后勤工程与管理》(*Logistics*: *Engineering and Management*)一书是用于大学生和研究生课堂教学的教科书，书中引用了美国工程师学会(The Society of Logistics Engineers, SOLE)对后勤学的定义，即"对于保障的目标、计划及其设计和实施的各项要求，以及资源的供应和保持等有关的管理、工程与技术业务的艺术与科学"。

军事后勤为部队和战争服务，工业后勤为制造业的生产和经营服务，商业后勤为商业运行和顾客服务，总之，物流的核心观念是服务观念。美国物流管理协会 1985 年对物流(logistics)重新定义为："为了符合顾客的要求，将原材料、半成品、完成品以及相关的信息从发生地向消费地流动的过程，以及为保管能有效、低成本地进行而从事的计划实施和控制行为。"为此，物流也完成了从"physical distribution"向"logistics"的转变。

20 世纪 50 年代中期，日本在经济恢复中，十分重视学习西方科学技术。1955 年，日本生产本部向美国派出了"搬运专业考察团"(也称流通技术考察团)。考察后，对美国的工厂运输情况，如搬运设备、搬运方法、库存物资的堆垛方式、与厂内运输有关的工厂总体布置以及搬运技术的概况等，在国内进行了详细的报道。此举对日本未来物流的发展起到了积极的推动作用，日本于 20 世纪 60 年代正式引进了"物の流"这一概念，并将其解释为"物的流通""实物流通"的简称。

在中国最早接受“物流”概念的有两个领域，一是机械工业系统，二是物资流通部门。在改革开放初期，为了适应新形势的需要，机械行业主管部门一方面组织设计院的有关人员到西欧、北美发达国家考察、学习物流；另一方面请国际上有名的专家来国内讲学，这两种方式对我国企业物流的发展都取得了良好的效果。机械行业的“物流”术语主要是从英文的“material handling”翻译过来的，其主流是设计院内的“总图与运输”专业。在工厂规划与改造项目中，设计人员在决定各个相关设施(建筑物、车间等)的位置时，需要进行统计，计算相互间的“搬运量”，并由此决定它们之间的“密切度”，确定它们之间的总图位置。非主流派是设计院内的“工艺”专业，从分析生产过程中的物料运动及其增值过程着手，并以此选定生产方式和决定相关设施、设备布局。

在我国近30年的企业物流实践中，许多大中型企业从生产流程、物料搬运、库存控制、定置管理、物流系统化等方面都取得了十分可喜的成果。20世纪末开始，物流在我国快速发展，出现了一批建立在电子化、网络化、共同化、自动化基础上的企业，如青岛海尔、联想、华为、上海华联等企业物流水平较高的企业。进入21世纪后，尤其是近10年掀起物流高潮，出现了阿里巴巴、苏宁、京东等流通型企业物流典范，以及海尔物流制造业物流代表，他们代表着当今我国企业物流的最高水平。

1.1.2 物流价值与利润观念

1962年，美国著名经营学家Peter F. Drucker在《财富》杂志上发表了题为《经济的黑色大陆》一文，他将物流比作“一块未开垦的处女地”，强调应高度重视流通以及流通过程中的物流管理，物流的价值和利润的观念在实业界产生了巨大的震动。

1973年，石油危机席卷全球，全世界范围内石油价格扶摇而上。石油消费量占20%~30%的运输业处于十分困难的境地，运输费和包装费分别上升了20%和30%。由此还导致了其他原材料价格的猛涨和人工费用支出的不断增加。西方靠廉价原材料、燃料、动力而获取高额利润的传统方式面临挑战。而在物流方面采用强有力的管理措施，大幅地降低流通费用，在一定程度上弥补由于原材料、燃料、人工费用上涨而失去的利润。

1976年，Douglas M. Lambert对在库评价的会计方法进行了卓有成效的研究，并撰写了《在库会计方法论的开发：在库维持费用研究》一文，指出在整个物流活动发生的费用中，在库费用是最大的一部分。Douglas M. Lambert对物流费用的分析和经济价值的论述，使人们进一步从价值和利润的观念上认识物流。对物流经济价值的分析探讨，日本比美国更加深入。早稻田大学教授西泽修所写的《流通费用》把改进物流系统称为尚待挖掘的“第三利润源泉”。在第五届国际物流会议上，美国产业界人士明确指出：美国全部生产过程中只有5%的时间用于加工制造，95%的时间则用于搬运、储存等物流过程。日本的统计资料表明，物流费用占产品成本的10%~12%。英国一家公司的资料显示，物料搬运费用占生产成本的45%。

根据发达国家的经验，随着市场竞争的加剧，在原材料、设备和劳动力成本压缩的空间趋于饱和后，对成本的控制将转为物流领域。在中国，1999年全社会物流费用支出约占GDP的20%，而美国1997年物流费用支出仅占GDP的10.7%。这就意味着若以10万亿美元的GDP计算，如果达到美国的物流费用水平，中国物流每年存有9000亿元人民币的价值和利润空间。据估算，全球每天物流费用约为3.43亿美元，这无疑给我们以巨大的启示。美国经营学家彼·特拉卡指出，物流是“降低成本的最后边界”。物流价值和利润的观念已经和正在被人们所接受，人们对物流价值和利润的认识不断加深。正如日本早稻田大学教授西泽修在《主要社会的物流战》一书中所阐述的：“现在的物流费用犹如冰山，大部分潜在海底，可见费用只是露在海面的小部分。”

1.1.3 现代物流观念

现代物流观念是建立在经济发展和科学进步的现代化基础上的，因而也符合当今世界经济发展的规律。

(1)物流信息化

物流信息化是现代物流的灵魂，是现代物流发展的必然要求和基石。更加广泛的“全球化”、完善的“物流一体化”以及“无库存经营”能成为现实，依赖于20世纪80年代后期的信息技术、网络技术等的普及与发展，特别是互联网技术解决了信息共享、信息传输的标准问题和成本问题，使信息更广泛地成为控制、决策的依据和基础。物流信息化是运用现代信息技术对物流过程中产生的全部或部分信息进行采集、分类、传递、汇总、识别、跟踪、查询等一系列处理活动，以实现对货物流动过程的控制，从而降低成本、提高效益的管理活动。通过使用数字和多媒体网络技术来促进公司间、公司与客户间商务交易活动，将信息网络、金融网络、物流网络结合起来，把事务活动和贸易活动中发生关系的各方面有机地联系起来。有利于物流企业将系统论、优化技术等用于物流的流程设计与优化，将仓储存取、运输路径等的优化方案融入物流管理系统之中。进一步推动供应链管理的作用上升，提高整个供应链的效率和竞争力，加强供应链的协调性和提升整体效益。物流信息系统不仅是供应链的血液循环系统，也是中枢神经系统。

(2)物流作业现代化

在现代物流活动中，已广泛使用了先进的运输、仓储、装卸搬运、包装以及流通加工等手段。运输手段的大型化、高速化、专用化，装卸搬运机械的自动化，包装的单元化，仓库的立体化、自动化，以及信息处理和传输的计算机化、电子化、网络化等，为开发现代物流提供了物质保证。物流作业过程所包含的大量的运筹和决策，如库存水平的确定、自动导向车的运行路线和作业控制、自动分拣机的运行、物流配送中心经营管理的决策支持等问题都需要借助大量的知识和智能决策算法才能得以解决。现代物流为实现“以顾客为第一”的理念，需根据消费者的需求变化，甚至为了个性化需求而调整生产工艺、物流作业手段与方法。需要柔性化的物流管理系统以实现满足顾客个性化需求而形成“多品种、小批量、多批次、短周期”的物流特色，灵活组织和实施物流作业。随着现代物流技术特别是电子信息技术和光电技术的发展与应用，无论是供应商，还是顾客均可通过电脑或智能终端了解货物的存储、运输状况，并以文字、数字、图片、视频等信息形式，来反映货物的物流、商流、资金流和信息流的各种情况。

(3)物流服务社会化

制造性企业如果既从事生产制造，又要从事仓储、运输、配送等物流活动，可能会给企业的资金带来负担，同时也不能充分利用社会物流的能力。因此，许多企业都将自己的物流活动部分或全部外包给专业的物流服务企业。制造性企业、物流服务企业的联结，使社会物流活动的效益得到体现。第三方物流形态成为现代物流的主流，使物流产业在国民经济中发挥越来越重要的作用。

(4)物流一体化

物流一体化是以物流系统为核心的由生产企业、物流企业、销售企业直至消费者的供应链的整体化和系统化。物流是被看作使企业与顾客、供应商相联系的能力，这个能力的强弱直接影响着企业的发展。当来自顾客的订单、产品需求信息，通过销售活动、预测以及其他各种形式传遍整个企业，然后将这种信息提炼成具体的制造计划和采购计划，并启动物料流转与增值制造过程，最终将制成品的所有权转移给顾客。从企业内部作业观察，将所有涉及物流的功能和工作结合起来，形成内部物流一体化。虽然内部物流一体化是企业取得成功的必要条件之一，但它并不足以保证厂商实现其经营目标。在市场竞争中，厂商必须将其物流活动扩大到顾客和供应商相结合方面，这种通过外部物流一体化的延伸被称作供应链管理。

(5)物流全球化

随着经济全球化的发展，世界大市场概念在今天已成现实，经济全球化对企业的作业方式产生巨大影响。企业从世界市场获取原材料，在世界各地的工厂组织生产，然后将产品运送到世界各地的用户手中。这种在不同国家建立生产基地，并将这些全球化产品销往国际市场的方式，必然导致物流的全球化。全球化物流是企业全球战略的支持与保证。在全球范围内配置资源，通过采购、生产、营销等方面全球化实现资源的最佳利用，发挥最大的规模效益。

(6)以顾客满意为第一

经济社会正在向国际化、信息化、多元化的方向发展，人们对生活的追求从原来温饱型、数量型开始转向小康型，重视生活质量，消费也开始向个性化和多样化发展。这种消费行为的变化对企业的生产和经营产生了深远的影响。多品种、小批量生产方式(即精益生产方式)、个性化定制生产应运而生，因此而产生的看板管理、准时生产制、柔性化生产、拉动式生产管理、“零缺陷”服务等，都充分体现了以顾客满意为第一的观念。

(7)无库存

随着消费行为的多样化、个性化发展，生产企业多品种、小批量甚至个性化定制单件生产，使实际需求的预测变得十分困难。在这种情况下，库存越大，企业承担的风险也越大，为了降低风险，企业必须压缩库存，实现实时销售。我国海尔集团在产业结构调整中提出“先革仓库的命”。仓库以前被人们认为只具备储存的功能，而今从现代物流的角度出发，仓库不再仅是储存物品的“仓库”，而是一条流动的“河”。按订单采购生产所必需的物料，这样就从根本上消除了呆滞物料，也就消除了库存。从社会物流角度出发，采用物流配送方式、JIT(just in time)供应方式、第三方物流方式，都是无库存观念的具体运作方式。

(8)绿色物流

绿色物流是指在物流过程中抑制物流对环境造成危害的同时，实现对物流环境的净化，使物流资源得到最充分的利用。1987年国际环境与开发委员会发表的《我们共有的未来》研究报告提出，当代资源的开发和利用必须有利于下一代环境的维护以及资源的持续利用。因此，为了实现长期、持续、稳定的发展，就必须采取各种措施来维护我们的自然环境，这种可持续发展战略同样适用于物流活动。环境共生型的物流管理就是要改变原来经济发展与物流、消费生活与物流的单向作用关系，在抑制物流对环境造成危害的同时，形成一种能促进经济发展和人类健康发展的物流系统，即向绿色物流、循环型物流转变。

1.2 企业物流概述

企业是为社会提供产品或某些服务的经济实体。一个工厂要购进原材料，经过若干工序的加工，形成产品后再销售出去；一个运输公司要按客户的要求将货物输送到指定地点。在企业经营范围内由生产或服务活动所形成的企业内部的物品实物流动，以及伴随的各项物流活动的总和就是企业物流。

1.2.1 概况

从第二次世界大战的军事后勤到20世纪50年代的工业后勤，企业最早接受了物流的观念。现代市场营销观念的形成，彻底改变了企业经营管理行为，使企业意识到顾客满意是实现企业利润的唯一手段，因而顾客服务成为经营管理的核心要素。随着这种经营哲学的发展，物流活动被认为起到了为顾客服务的作用。

在企业实践中，对物流概念又形成了较为通俗易懂的表达方式，那就是认为企业物流就是由7个“right”组成，即：right product、right quantity、right condition、right place、right time、right customer和right cost。7个“right”描述了物流的基本活动，强调了空间和时间的重要性，也强调了成本与服务的重要性。更为简略地说，企业物流就是关于某种产品或服务在客户需要的时候，客户能够在指定的地点得到满足。事实上，现代企业物流是一个挑战与机遇共存的领域，它包括对信息、运输、存货管理、仓储、物料搬运、包装等作业领域的综合管理过程。

企业物流的发展过程大致可以分为如下三个阶段。

第一个阶段：产品物流阶段(product distribution)，又称产品配送阶段。20世纪60年代初期至70年代后期，属于企业物流的早期发展阶段，物流的主要功能大多围绕在对产品从企业工厂生产出来到如何到达消费者手中这一过程的运作与管理上。企业注重产品物流的目的是希望能以最低的成本把产品有效地送达到顾客。企业重视产品物流的主要原因来自两个方面：一是为了扩大市场份额，满足不同层次顾客的需要，扩张其生产线；二是为了对付企业内部与外部市场的压力，倾向于生产非劳动密集型的高附加值产品。

第二个阶段：综合物流阶段(integrated logistics)，自20世纪70年代中后期至80年代后期，运输自由化以及全球性竞争的日渐加剧，使企业认识到把原材料与产品配送综合管理起来可以大幅提高企业运行效率与效益，企业物流集中表现为原材料物流和产品物流的融合。实践证明，综合物流管理可以为企业带来更大的效益，因此，企业物流迅速地从产品物流阶段向综合物流阶段发生转移，在这个期间综合物流得到了迅速的发展。

第三个阶段：供应链管理阶段(supply chain management)，始于20世纪90年代初期，信息技术获得了飞速的发展，并迅速转化为生产力，进而在生产领域掀起了一场前所未有的信息化革命。企业对传统的物流管理有了更为深刻的认识，企业已经将单纯的个体企业之间的竞争上升到企业群、产品群或产业链条上不同企业所形成的供应链之间竞争的高度，使得企业开始把着眼点放开至物流活动的整个过程，包括原材料的供应商和制成品的分销商，进而使企业物流从综合物流阶段向供应链管理阶段发生转移。

1.2.2 物流的分类

国家标准 GB/T 18354—2006《物流术语》对物流的定义："物流是物品从供应地向接收地的实体流动过程。根据实际需要，将运输、储存、装卸、搬运、包装、流通加工、配送、信息处理等基本功能实施有机结合。"社会经济领域中到处都有物流活动，但是由于物流对象不同、物流目的不同、物流范围或范畴不同，形成了不同类型的物流。

1.2.2.1 宏观物流与微观物流

宏观物流是指社会再生产总体的物流活动，从社会再生产总体角度认识和研究的物流活动。这种物流活动的参与者是构成社会总体的大产业、大集团。

微观物流是指消费者、生产者、企业所从事的实际的、具体的物流活动。在整个物流活动中任何一个环节的具体物流活动都属于微观物流。

1.2.2.2 国际物流与区域物流

国际物流(international logistics)是指在两个或两个以上国家(或地区)之间所进行的物流。国际物流是现代物流系统中发展很快、规模很大的一个物流领域。国际物流是伴随和支持国际经济交往、贸易活动和其他国际交流所发生的物流活动。从20世纪90年代初至今，国际贸易的急剧增加，国际分工日益深化，贸易伙伴遍布全球，必然要求物流国际化，即物流设施国际化、物流技术国际化、物流服务国际化、货物运输国际化、包装国际化和流通加工国际化等。

区域物流(regional logistics)是指全面支撑区域可持续发展总体目标而建立的适应区域环境特征，提供区域物流功能，满足区域经济、政治、自然、军事等发展需要，具有合理空间结构和服务规模，实现有效组织与管理的物流活动体系。区域物流主要由区域物流网络体系、区域物流信息支撑体系和区域物流组织运作体系组成。相对于国际物流而言，一个国家范围内的物流、一个城市的物流、一个经济区域的物流都处于同一法律、规章制度之下，都受相同文化以及社会因素的影响，都处于基本相同的科技水平和装备水平上，都具有区域特点。

1.2.2.3 社会物流与企业物流

社会物流(external logistics)是指以全社会为范畴、面向广大用户的超越一家一户的物流。社会物流涉及在商品的流通领域所发生的所有物流活动，因此社会物流带有宏观性和广泛性，所以也称大物流或宏观物流。伴随商业活动的发生，物流过程通过商品的转移，实现商品的所有权转移是社会物流的标志。社会物流是物流活动的范畴，研究国民经济中的物流活动，研究如何形成服务于社会、面向社会又在社会环境中运行的物流，研究社会中物流体系结构和运行，具有综观性和广泛性。

企业物流(internal logistics)是指企业内部的物品实体流动。它从企业角度研究与之有关的物流活动，企业物流是具体的、典型的微观物流。

企业物流按企业的业务性质不同可分为两类，即生产企业物流和流通企业物流。

生产企业物流是以购进生产所需要的原材料、设备为始点，经过劳动加工，形成新的产品，然后供应给社会需要部门为止的全过程。

流通企业物流是指以从事商品流通的企业和专门从事实物流通的企业的物流。根据流通企业的业务性质不同可再分为批发企业的物流、零售企业的物流、仓储企业的物流、配送中心的物流和“第三方物流”企业的物流。

企业物流又可按其功能分为企业生产物流、企业供应物流、企业销售物流、企业回收物流和企业废弃物物流等具体物流活动。

(1)企业生产物流(production logistics)

企业生产物流指企业在生产工艺中的物流活动。这种物流活动是与整个生产工艺过程相伴而存在，实际上已构成了生产工艺过程的一部分。企业生产物流的过程大体为原料、零部件、燃料等辅助材料从企业仓库或企业的“门口”开始，进入到生产线的开始端，再进一步随生产加工过程一个一个环节地“流”，在“流”的过程中，本身被加工，同时产生一些废料、余料，直到生产加工终结，再“流”至制品仓库便终结了企业生产物流过程。如锯材进入实木家具生产线，“流”经配料、毛料加工、精料加工、涂饰、装配等生产环节，加工成家具产品。

(2)企业供应物流(supply logistics)

企业为保证本身的生产节奏，不断组织原材料、零部件、燃料、辅助材料供应的物流活动，这种物流活动对企业生产的正常、高效进行起着重大作用。企业供应物流不仅要实现保证供应的目标，而且要以最低成本、最少消耗、最大的保证来组织供应物流活动。木材加工企业需要不间断地为生产车间输送木材或木材加工单元、胶黏剂、燃料、外加工零部件、五金配件、封边条等辅助材料以及刀具等维修配件的物流活动。

(3)企业销售物流(distribution logistics)

企业销售物流是企业为保证本身的经营利益，不断伴随销售活动，将产品所有权转给用户的物流活动。在现代社会中，市场环境是一个完全的买方市场，销售物流活动便带有极强的服务性，且以送达用户并经过售后服务才算终止，因此，销售物流的空间范围被拓展、延伸，增加了销售物流的复杂性。在这种前提下，企业销售物流的特点，便是通过包装、拣货、配送等一系列物流实现销售，这就需要优化送货方式、包装水平、运输路线等，并采取各种诸如少批量、多批次，定时、定量配送等特殊的物流方式达到目的。

(4)企业回收物流(returned logistics)

企业在生产、供应、销售的活动中总会产生各种边角余料和废料，回收利用这些余料、废料而伴随的物流活动称为企业回收物流。在企业内，回收物品处理不当，往往会影响整个生产环境，甚至影响产品质量，也会占用很大空间，造成浪费。如刨花板生产线上铺装、预压的板坯，经检测某方面不合格或剔除较大的金属块的板坯，翻板后回送铺装头刨花料仓的物流输送。

(5)企业废弃物物流(waste logistics)

企业废弃物物流是对企业排放的无用物进行运输、装卸、处理等物流活动。严格地说，废旧物物流可分为废品回收物流和废弃物物流两个部分。废品回收物流是指对生产中所产生的废旧物品经过回收、加工等可转化为新的生产要素的流动过程，属于企业回收物流范畴；而废弃物物流则是指不能回收利用的废弃物，只能通过销毁、填埋等方式予以处理的物流活动。

1.2.3 企业物流的内涵

企业物流是指在企业生产经营过程中，物品从原材料供应，经过生产加工，到产成品和销售，以及伴随生产消费过程中所产生的废弃物的回收及再利用的完整循环活动。从系统论角度分析，企业物流是一个承受外界环境干扰作用的具有输入—转换—输出功能的自适应体系。

1.2.3.1 企业物流系统的输入

输入是指企业生产活动所需生产资料的输入供应，即供应物流，它是企业物流过程的起始阶段。供应物流是保证企业生产经营活动正常进行的前提条件。现代企业生产具有规模大、品种多、技术复杂等特点，再加上专业化、协作化、共同化的发展，生产社会化程度提高，企业间的生产技术活动愈加密切。企业的生产活动要素的投入，首先是生产资料的投入。因此，能否适时、适量、齐备、成套地完成供应活动是保证企业顺利进行生产经营活动的基础。供应物流具体包括一切生产资料的采购、采购运输、库存管理、用料管理和供应输送等。

(1)采购

采购是供应物流与社会物流的衔接点，是根据工厂、企业生产计划所要求的供应计划制定采购计划并进行原材料外购的作业。在完成将采购的物资输送到企业内的物流活动的同时，它还要承担市场资源、供应厂家、市场变化、供求信息的采集和反馈任务。

(2)供应

供应是供应物流与生产物流的衔接点。它是根据材料供应计划、物资消耗定额、生产作业计划进行生产作业的活动组织。供应方式一般有两种基本形式：一是传统的领料制，即用料单位根据生产计划到供应部门(或供应仓库)领取生产资料；二是供应部门根据生产作业信息和作业安排，按生产中材料需要的物料数量、时间、次序、生产进度进行配送供应的方式。

(3)库存管理

库存管理是供应物流的核心部分。库存管理的功能主要有两个方面：一方面，它要依据企业生产计划的要求和库存的控制情况，制定物资采购计划、库存数量和结构的控制，并指导供应物流的合理运行；另一方面，库存管理又是供应物流的转折点，它要完成生产资料的接货、验收、保管、保养等具体功能。

1.2.3.2 企业物流系统的转换

企业物流系统的转换是指企业生产物流，也称厂区物流、车间物流等，它是企业物流的核心部分。生产物流包括：各专业工厂或车间的半成品或成品流转的微观物流；各专业工厂或车间之间以及它们与总厂之间的半成品、成品流转。工厂物流的外沿部分，指厂外运输衔接部分，它包括：原材料、部件、半成品的流转和存放；产成品的包装、存放、发运和回收。生产物流系统的边界条件起于原材料、配件、设备的投入，经过制造过程转换为成品，止于从成品库再运到中转部门或直接配送给用户或出口。生产物流并不是一个孤立的系统，而是一个与周围环境紧密相关，并且不时地从外界环境中吸进“营养”，并向社会输送产品和劳务的开放系统。

（1）影响生产物流的主要因素

不同的生产过程有着不同的生产物流构成，生产物流的构成取决于生产类型、生产规模，以及企业的专业化和协作水平等主要因素：

①生产类型。不同的生产类型，它的产品品种、结构的复杂程度、工艺要求以及原材料的准备特点都影响着生产物流的构成以及相互间的比例关系。存货生产方式、连续生产、产品品种少或甚至产品单一的生产过程，如刨花板、中密度纤维板生产线，物流构成简单，物料流转路线简单，物流量均衡，物流管理较容易；订单生产方式、断续生产、产品品种繁多的生产过程，如家具生产线，特别是定制家具生产线，物流构成复杂、物料流转路线多变，物流量变异性大，物流管理繁琐。

②生产规模。生产规模是指单位时间内产品的产量，通常以年产量来表示。生产规模越大，生产物流的构成越齐备，生产物流量越大；反之生产规模越小，生产物流构成越简单，则生产物流量也越小。家具制造生产规模越大，物流量越大，其复杂程度依赖于家具生产类型。若生产批量大的办公家具企业，因企业规模越大，生产物流反而简单易管理；而若是个性化定制，则因规模大，生产物流中品种越多，物流量大且复杂，管理繁杂。

③企业的专业化和协作水平。随着社会专业化和协作水平提高，企业内部生产过程就越趋简单化，随之物流流程缩短。某些基本工艺阶段的半成品，如家具部件毛坯、零件、五金配件等，就可由厂外其他专业工厂提供，使家具企业生产物流简单地将各部件组配后进行后续加工处理，甚至只需完成包装工作即出厂。

（2）组织生产物流的基本要求

生产物流是与企业生产紧密联系在一起的。只有合理组织生产物流过程，才有可能使生产过程处于最佳的状态。如果物流活动组织水平低，达不到生产要求，即使生产条件、设备条件再好，也不可能顺利完成生产过程，更谈不上取得较高的经济效益。组织企业生产物流，要确保生产物流的连续性、平行性、节奏性、比例性和适应性，具体要求如下：

①物流过程的连续性。企业生产是一道一道工序相连接往下进行的。因此，就要求物料顺畅地、最快、最省地走完各个工序，直至产品形成。每一道工序的不正常停滞都会造成不同程度的物流阻塞，从而影响整个生产的进行。刨花板、中密度纤维板生产线上刨花或工艺木片进入生产线后，基本无停滞地从生产线上流过，最后完成刨花板、中密度纤维板的生产的主要工序。

②物流过程的平行性。一个企业通常生产多种产品，每种产品又需要多种原材料和零部件。在组织生产时，将各种原材料、零部件分配到各个车间的各个工序上进行生产。因此，要求各个生产支流平行流动，如果一个支流发生问题，整个物流都会受影响。

③物流过程的节奏性。物流过程的节奏性是指产品在生产的各个阶段，从投料到最后完成入库，都能保证其按计划有节奏、均衡地进行，且在相同的时间间隔内生产数量大致相同，均衡地完成生产任务。

④物流过程的比例性。组成产品的物流量是不同的，存在一定的比例关系，因此形成了物流过程的比例性。如软体沙发的生产过程，由沙发骨架订制、弹簧加工、海绵或乳胶加工与裁切、面料的裁剪与加工等子流程先完成各部分材料或部件的加工，最后再

依序将弹簧、海绵或乳胶、面料等安装或固定于沙发骨架。各子流程需依序、平行、同步且有节奏地按一定比例完成，否则会造成待料或积料的现象。

⑤物流过程的适应性。当企业产品改型换代或品种结构发生变化时，生产物流应有较强的应变能力。也就是说生产物流过程应具备在较短的时间内可以由一种产品迅速转移为另一种产品的适应能力。

企业物流从原材料采购开始，必须经过生产过程的转换活动，才能形成具有一定使用价值的产成品，运送至用户。物料经历着从一个生产单位流入另一个生产单位，按照一定工艺流程的要求，组成企业内部生产物流，始终体现着物流实体的转换过程。

1.2.3.3　企业物流系统的输出

销售物流是企业物流的输出系统，承担完成企业产品的输出任务，并形成对生产经营活动的反馈因子。销售物流是企业物流的终点，同时又是宏观物流的始点。宏观物流接受它所传递的企业产品、信息以及辐射的经济能量，进行社会经济范围的信息、交易、实物流通活动，把一个个相对独立的企业系统联系起来，形成社会再生产系统。如果不能很好地组织企业的销售物流，企业生产的产品滞销或脱销，系统的功能则无法实现，产品的劳动价值将无法得以补偿和实现，产品也不能最终成为现实有用的产品。

销售物流是服务于客户的企业物流，其运行质量不仅直接影响客户的生产经营活动，也会给自己造成经济损失。销售物流服务需主要考虑的要素有时间要素、可靠性要素和方便性要素。

(1)时间要素

时间通常指订货周期时间，即从客户确定对某种产品有需求与被满足之间的间隔。时间要素主要受以下几个变量的影响：

①订单传送时间。指从客户发出订单到卖方收到订单的时间间隔。

②订单处理时间。指处理客户订单并准备装运的时间。

③订货准备时间。订货准备涉及挑选订货并进行必要的包装，以备装运。从简单的人工系统到高度的自动化系统，不同的物料搬运系统对于订货准备有不同的影响，准备时间会有较大差别。

④订货装运时间。订货装运时间是从订货装上运输工具直到买方在目的地收到订货的时间间隔。它与装运规模、运输方式、运输距离等密切相关。

(2)可靠性要素

可靠性是指根据客户订单的要求，按照预订的提前期，安全地将订货送达客户指定的地方。

提前期的可靠性对于客户的库存水平和缺货损失有直接影响，可靠的提前期可以降低客户面临的不确定性。如果能向客户保证预订的提前期，加上少许偏差，那么卖方就能使它的产品与竞争者的产品明显区别开来。卖方提供可靠的提前期能使客户的库存、缺货、订单处理和生产计划的总成本最小化。

可靠性还包括安全交货和正确供货，安全交货是销售物流的最终目的，即产品安全无误，不出现破损与丢失的现象。正确供货即指客户收到的物品必须与订单相符。否则不但会给客户造成巨大的不利影响，也会使销售部门失去市场。

(3)方便性要素

方便性是指销售物流方法必须灵活。客户在产品包装、运输方式、运输路线、交货时间等方面的要求各不相同。为了更好地满足客户要求，就必须确认客户的不同要求，为不同客户设计适宜的服务方法。提高和降低服务水平的决策不能同时建立在所有客户基础上或包括所有服务要素。不同客户服务需求的差异性，形成了降低客户服务成本和提高服务水平的巨大潜力。

综上所述，企业物流是由生产经营活动中的供应物流、生产物流、销售物流及生产过程中所产生的回收物流和废弃物物流所组成。这是从企业物流内部的视角来观察物流活动。若从宏观角度来看，若干个企业物流的产成品的输出，相互交织成社会物流，而社会物流也正是企业物流活动的条件和环境，这种企业物流和社会物流之间不间断地循环，形成了完整的物流过程。

1.2.4 企业物流的特征

企业物流与社会物流、区域物流、国际物流有着很大的差别。由于企业物流是发生在企业内部，把这种微观物流与宏观物流进行对比，可以看出企业物流具有以下特性：

(1)企业生产物流的连续性

企业的生产物流活动不断充实、完善了企业生产过程中的作业活动，而且把整个生产企业的所有孤立的作业点、作业区域有机地联系在一起，构成了一个连续不断的企业内部生产物流。企业内部生产物流是由静态和动态相结合的结点连接在一起的网络结构。静态的"点"，表示物料处在空间位置不变的状态，如相关装卸、搬运、运输等企业的厂区配置、运输条件、生产布局等，而生产物流动态运动的方向、流量、流速等正是使企业生产处于有节奏、有次序地连续不断地运行的基础。

(2)企业生产物流的物料流转性

物料流转的手段是物料搬运。在企业生产中，物料流转贯穿于生产、加工制造过程的始终。无论是在厂区、库区、车间与车间之间、工序与工序之间还是机台之间，都存在着大量、频繁的原材料、零部件、半成品和成品的流转运动。生产过程的物流的目标应该是以提供畅通无阻的物料流转，保证生产过程顺利、高效率地进行。为此，必须对物流的流转进行分析研究，以明确对物料搬运的要求。通过物料流转分析可以确知需要搬运物料的种类、数量、频繁连续性、机动性等方面的要求，以及搬运作业的起、讫地点，空间限制、次序等。对于大多数企业，生产供货次序是：下一道工序生产过程需要的零部件由前一道工序供给，而前一道工序需要什么、需要多少、何时需要等都由下一道工序所决定。这种供货方式改变了过去前一道工序的产品全部流入后道工序而造成后道工序半成品和配件大量积压的情况。"看板管理"运用于工厂内和工厂与工厂之间，使这种"何时、何物、多少"的信息流恰当地统一管理。这样，后道工序要多少，前道工序供多少，使生产物流合理化而减少不必要的搬运，尽可能地消灭相向、迂回搬运，使搬运作业与生产、供应、分发等形成流水作业。这对合理选择与运用搬运设备，充分利用物流空间、提高物流效率、减少物流费用是极其重要的。

(3)企业物流成本的二律背反性

企业物流成本的二律背反关系实质上是企业物流的经营管理问题，即将管理目标定位于降低物流成本的投入并取得较大的经营效益。在物流成本管理中，作为管理对象的是物流活动本身，物流成本是作为一种管理手段而存在的。一方面成本能真实地反映物流活动的实态；另一方面成本可以成为评价所有物流活动的共同尺度。

那么，什么是企业物流成本的二律背反性呢？二律背反主要是指企业物流功能间或物流与服务水平之间的二重矛盾，即追求一方、必须舍弃另一方的一种状态，是两者之间的对立状态。例如，追求保管的合理性，必然牺牲运输的合理性；追求包装费用的节省，会影响其在运输、保管过程中的保护功能和方便功能，而造成经济损失。这样一方成本降低，另一方成本增大，即生成了成本二律背反状态。

企业物流管理肩负着“降低企业物流成本”和“提高服务水平”两大任务，这是一对相互矛盾的对立关系。整个物流合理化，需要用总成本评价，这反映出企业物流成本管理的二律背反特征及对企业物流整体概念的重要性。

1.2.5　企业物流的功能

企业物流的具体物流活动包括包装活动、装卸活动、运输活动、储存活动、配送活动和物流情报活动。

(1) 包装活动

包装包括产品的出厂包装，生产过程中在制品、半成品的包装以及在物流过程中换装、分装、再包装等活动。包装大体可分为商品包装与工业包装。工业包装纯属物流的范围，它是为了便于物资的运输、保管，提高装卸效率、装载率而进行的。商业包装是把商品分装成方便顾客购买和易于消费的商品单位，其目的是向消费者显示出商品的内容，这属于销售学研究的内容。包装与物流的其他职能有着密切的关系，对于推动物流合理化有着重要作用。

(2) 装卸活动

装卸活动包括物资在运输、保管、包装、流通加工等物流活动中进行衔接的各种机械或人工装卸活动。在全部物流活动中只有装卸活动伴随物流活动的始终。运输和保管活动的两端作业是离不开装卸的，其内容包括物品的装上卸下、移送、拣选、分类等。对装卸活动的管理包括选择适当的装卸方式，合理配置和使用装卸机具，减少装卸事故和损失等内容。

(3) 运输活动

运输活动是将物品进行空间的移动。物流部门依靠运输克服生产地与需要地之间的空间距离，创造商品的空间效用。运输是物流的核心，以至于在许多场合，把它作为整个物流的代名词。运输活动包括供应和销售中用车、船、飞机等方式的输送，生产中管道、输送机械方式的输送。对运输活动的管理要求选择技术经济效果最好的输送方式及联运方式，合理地确定输送路线，以实现运输的安全、迅速、准时、价廉的要求。

(4) 储存活动

储存活动也称保管活动，是为了克服生产和消费在时间上的距离而形成的。物品通过保管产生了商品的时间效用。保管活动是借助各种仓库，完成物品的堆码、保管、保养、维护等工作，以使物品的使用价值下降到最小的程度。保管的管理要求合理确定仓库的库存量，建立各种物资的保管制度，确定保管流程，改进保管设施和保管技术等。保管活动也是物流的核心，与运输活动具有同等重要的地位。

(5)配送活动

配送是按用户的订货要求，在物流据点进行分货、配货工作，并将配好的货物送交收货人的物流活动。配送活动由配送中心为始点，而配送中心本身具备储存的功能。分货和配货工作是为满足用户要求而进行的，因而必要的情况下要对货物进行流通加工。配送的最终实现离不开运输，这也是人们把面向城市内和区域范围内的运输称为“配送”的原因。

(6)物流情报活动

在物流活动中大量信息的产生、传送、处理活动为合理地组织物流活动提供了可能性。物流情报对上述各种物流活动的相互联系起着协调作用。物流情报包括上述各种活动的有关计划、预测、动态信息以及相关联的费用情况、生产信息、市场信息等。对物流情报的管理，要求建立情报系统和情报渠道，正确选定情报科目和情报收集、汇总、统计、使用方法，以保证指导物流活动的可靠性和及时性。现代情报采用电子计算机处理手段，为达到物流的系统化、合理化、高效率化提供了技术条件。

1.2.6 企业物流管理目标

实施物流管理的目的就是要以尽可能低的物流成本实现满足客户要求的物流服务水平，即寻求服务质量与物流成本的一种动态平衡，并由此创造企业在竞争中的战略优势。根据这个目标，物流管理要解决的基本问题，就是把正确的产品以正确的数量和适当的价格，在正确的时间和正确的地点提供给客户。具体地，包括以下管理目标：

(1)快速反应

快速反应是关系到一个企业能否及时满足顾客的服务需求的能力。信息技术的提高为企业创造了在最短的时间内完成物流作业并尽快交付的条件。快速响应的能力把作业的重点从预测转移到以装运和装运方式对顾客的要求做出反应上来。例如，通过电话、传真、电子数据交换(electronic data interchange，EDI)、电子商务订货、订单管理系统以减少订单处理的时间；运用仓储管理系统、车辆管理信息系统，快速制订配车计划从而及时完成配送作业等。

(2)最小变异

变异是指破坏物流系统表现的任何想象不到的事件。它可以产生于任何一个领域的物流作业，如顾客收到订货的期望时间被延迟、制造中发生意想不到的损坏、货物到达顾客所在地时发现受损或者把货物交付到不正确的地点等，所有这一切都使物流作业时间遭到破坏。物流系统的所有作业领域都可能发生潜在的变异，减少变异的可能性直接关系到企业的内部物流作业和外部物流作业的顺利完成。在充分发挥信息作用的前提下，采取积极的物流控制手段可以把这些风险减少到最低限度，可以提高物流的生产率。因此，整个物流的基本目标是要使变异减少到最低限度。

(3)最低库存

最低库存的目标涉及企业资金负担和物资周转速度问题。在企业物流系统中，由于存货所占用的资金是企业物流作业最大的经济负担。在保证供应的前提下，提高周转率，意味着库存占用的资金得到了有效的利用。因此，保持最低库存的目标是把库存减少到和顾客服务目标相一致的最低水平，以实现最低的物流总成本。“零库存”是企业物流的理想目标，随着“零库存”目标的接近与实现，物流作业的其他缺陷也会显露出来。所以企业物流设计必须把资金占用和库存周转速度当成重点来控制和管理。

(4)提高物流质量

企业物流目标是要持续、不断地提高物流质量。全面质量管理要求企业物流无论是对产品质量，还是对物流服务质量，都要求做得更好。如果一个产品变得有缺陷，或者对各种服务承诺没有履行，那么物流费用就会增加，因为物流费用一旦支出，便无法收回，甚至还要重新支出。物流本身必须执行所需要的质量标准，包括流转质量和业务质量标准，如对物流数量、质量、时间、地点的正确性评价。随着物流全球化、信息技术化、物流自动化水平的提高，物流管理所面临的是“零缺陷”的高要求，这种企业物流在质量上的挑战强化了物流的作业目标。

(5)降低物流成本

运输费用是物流成本中最重要的组成部分。据日本通产省对六大类物流成本的调查结果显示，其中运输成本占40%左右。多品种、小批量的生产方式(精益生产方式)要求高速度、小批量的运输，这样因运输距离长、运输数量不足必然导致运输成本的提高。要想降低运输成本，就必须对运输进行重新组合，这就需要有创新的规划，把小批量的装运集合成集中的、具有较大批量的运输。大型的物流配送中心多采用规模大、专业性强、品种多的配送方式。而对于大多数小企业而言，多采用分工合作形式的共同配送方式。配送的中心工作是运输，不断整合配送方式对于运输的合理性有重大影响。

(6)产品生命周期的不同物流目标

产品生命周期由引入、成长、饱和成熟和完全衰退四个阶段组成，面对产品不同的生命同期，物流应做出怎样的对策？在新产品引入阶段，要有高度的产品可得性和物流的灵活性。在制定新产品的物流支持计划时，必须要考虑到顾客随时可以获得产品的及时性和企业迅速而准确的供货能力。在此关键期间，如果存货短缺或配送不稳定，就可能抵消营销战略所取得的成果。因此，此阶段物流费用是较高的。新产品引入阶段，物流是在充分提供物流服务，平衡物流支持和费用负担。

在产品生命周期的成长阶段，产品取得了一定程度的市场认可，销售量巨增，物流活动的重点从不惜代价提供所需服务转变为平衡的服务和成本绩效。处于成长周期的企业具有最大的机会去设计物流作业并获取物流利润。此阶段销售渠道是按不断增长的销量来出售产品，只要顾客愿意照价付款，几乎任何水准的物流服务都可能实现。

饱和成熟阶段具有激烈竞争的特点，物流活动会变得具有高度的选择性，而竞争对手之间会调整自己的基本服务承诺，以提供独特的服务，取得顾客的青睐。为了能在产品周期的成熟阶段调整多重销售渠道，许多企业采用建立配送仓库网络的方法，以满足来自不同渠道的各种服务需求。在这种多渠道的物流条件下，递送任何一个地点的产品流量都比较小，并需要为特殊顾客提供特殊服务，可见，成熟阶段的竞争状况增加了物流活动的复杂性和作业要求的灵活性。

当一种产品进入完全衰退阶段时，企业所面临的抉择是在低价出售产品或继续有限配送等可选择方案之间进行平衡。于是，企业一方面将物流活动定位于继续相应的递送活动；另一方面要最大限度地降低物流风险。两者中，后者显得更重要。

综上所述，产品的生命周期为基本的物流战略提出了不同的目标，在不同的阶段，需要根据市场竞争状况进行适当的调整。一般说来，新产品的引入需要高水准的物流活动和灵活性，以适应物流量的迅速变化；在生命周期的成长阶段和饱和成熟阶段，重点会转移到服务与成本的合理化上；而在衰退阶段，企业则需要对物流活动进行定位，使风险处于最低限度。

1.2.7 企业物流合理化

美国著名物流学者 Donald J. Bowersox 在他的专著《物流管理》中指出："物流的总体目标是要在尽可能最低的总成本条件下实现既定的顾客服务水平。"企业物流的合理化也正是围绕着企业的总目标，贯穿于企业的生产和活动的全过程，通过各种措施降低物流费用。

物流合理化的具体措施主要有以下几方面：

(1)企业生产设施的合理布局

企业生产系统和服务系统的各类设施的空间布置规划和设计是物流合理化的前提。企业内生产设施的相对位置是确定企业物流(尤其是生产物流)路线的基础，而且一旦确定形成，那么物流路线很难修正。因此，在设计、规划生产物流时应考虑以下因素：

①集团级物流分析。确定集团内各个公司的相关位置。

②公司级物流分析。确定公司内各个工厂的相关位置。

③工厂级物流分析。确定工厂内各个部门，包括供应仓库、生产车间、辅助车间和其他相关部门的相关位置。

④车间级物流分析。确定车间内各个生产区域或生产线的相关位置。

⑤生产线或生产区域级的物流分析。确定生产线或生产区域内相关设备的位置。

⑥从生产流程和生产特点出发确定装卸搬运机械的选型、设置位置、台数等。

生产设施的合理布局对企业物流应遵循"连续"(不中断、不停留)、"直接"(不迂回、不倒流)、迅速(时间短)的原则，追求物流的"时间、空间"的最优化。

(2)提高和推广先进的物流技术

物流技术是指流通技术或输送技术。它和生产技术不同，生产技术是为社会生产各种产品，为社会提供有形物资的技术；而物流技术是对有形物资进行输送、储存等，为社会提供无形服务的技术。提高和推广先进的物流技术包括以围绕物流服务的物流硬技术和物流软技术。物流硬技术在物流发展初期是起主导作用的技术，它是指组织实物运送所涉及的各种机械设备、运输工具、仓库建筑、站场设施以及服务于物流的电子计算机、通信网络设备等。物流软技术是指为组成高效率的物流系统而使用的应用技术，具体地说，是指各种物流设备、设施、人才等最合理地调配和使用。物流软技术具有能够不改变物流硬技术即装备的情况下，充分地发挥现有设备能力，获得较高经济效益的特性。

改革开放以来，我国企业的物流技术发生了巨大的变化，有些企业已具备了自动化仓库、机器人包装、激光导引搬运、巷道堆垛机装卸等国际水平的物流硬技术；也有的企业将系统工程技术、价值工程分析技术、计算机仿真技术等先进的物流软技术运用于物流实践，取得了可喜的成就。先进的物流技术代表着物流的先进生产力，提高和推广先进的物流技术对提高物流劳动生产率、降低物流成本、增强企业市场竞争力具有重要的基础作用。但是，一个企业如何使自己的物流技术得以升级，要从企业发展、企业现状以及各方面条件加以综合分析。应当看到，有些先进的物流技术及其优点的体现与使用条件有着密切的联系，有些企业由于生产技术水平、管理水平、资源状况以及其他方面的限制，先进的物流技术不一定完全体现出它的先进性来。当然，随着我国生产建设的蓬勃发展，生产力水平的不断提高，先进的物流技术一定会越来越多地进入我国的企业当中来。

(3)提高物流效率

在物流活动中提高物流效率的手段除了采用先进的物流设备和物流技术外，还可以运用许多方法和手段。如提高物资装卸搬运的灵活性，可以在衔接物流其他环节作业时，使装卸搬运作业更方便、更容易且时间短、效率高。在平时的物流作业中存在着大量的无效作业现象，如物资在流通过程中常常要经过多次的装卸作业，其中有些是没有物流效果的装卸作业；在运输过程中存在的物流迂回、重复等大量的不合理的运输等；由于在物流客体中存在大量的杂质，如木材表面的树皮、木片中的砂石，造成的无效作业等。无效作业的减少和排除会减少物流生产的浪费，提高物流作业的有效性。集装化即单元化、组合化是指将一定数量的散装或零星成件物资组合在一起，这样在装卸、保管、运输等物流环节中可作为一个整件进行技术上和业务上的包装处理方式。集装化的具体包装形式有集装箱、托盘、集装袋等。采用集装化可以加快物资装卸、运输活动，可以加大物流的单位运量，同时可以使物流作业环节更加连续、紧凑，被人们认为是提高物流效率的最有力的手段之一。

(4)加强和深化物流管理

企业物流管理是指在企业中，根据物质资料实体流动的规律，应用管理的基本原理和科学方法，对物流进行计划、组织、指挥、协调、控制和监督，使各项物流活动实现最佳的协调与配合，以降低物流成本，提高物流效率和经济效益。管理和生产是企业的两个车轮，而管理是提高企业物流水平，提高企业经济效益的主要措施。物流管理的本质要求是求实效，即以最少的消耗，实现最优的服务，达到最佳的经济效益。物流管理体现在“管”上，是指要使物流活动受到一定的约束和限制；体现在“理”上，则指要使物流活动符合物资实体运动规律。因此，物流管理要通过一定的组织体系、手段和方法，使物流活动与客观规律的要求相适应，从而求得实效。

积极而有效的物流管理是降低物流成本、提高物流经济效益的关键。搞好物流管理可以协调好物流活动各个部门、各个环节以及劳动者之间的关系；搞好物流管理可以实现合理的运输，减少装卸搬运、储存费用，提高物流的安全可靠性。搞好物流管理是改善和提高物流质量的手段之一。物流质量对顾客来说，体现在物流活动的及时性、经济性、满意性，而对于企业来说是按量、按时、按质地为社会提供方便、廉价、优质的产品和服务。

(5)提升物流信息系统技术水平

信息系统技术水平是物流现代化的标志。为了有效地对物流系统进行管理和控制，必须建立完善的、高效的信息系统。物流信息几乎覆盖企业的全部生产过程，合理控制生产计划、控制生产物流节奏、压缩库存、降低成本、合理调度运输和搬运设备，使企业内物流保持顺畅等，这些都依赖于及时、准确的物流信息。在企业外部，原材料供应市场和产品销售市场的信息，也是组织工厂物流活动的依据。因此，必须从基本数据的搜集、整理、加工做起，建立完善的、高效的物流信息系统，以利于物流管理层进行分析，为企业领导者的决策提供科学的依据。

1.3 物流技术

1.3.1 物流技术含义与分类

1.3.1.1 物流技术的含义

物流技术是指物流活动中所采用的自然科学与社会科学方面的理论、方法，以及设施、设备、装置与工艺的总和。具体地，物流技术包括在运输、仓储、装卸搬运、包装、配送、流通加工和物流信息处理等物流活动中所使用的工具、设备、设施和其他物质手段，以及由科学知识和劳动经验发展而形成的各种方法、技能和作业程序等。

严格地讲，物流技术不是一种独立的新技术，它是多学科领域的技术在物流领域的综合利用，但不是其他技术的简单相加或直接应用，而是技术综合应用的结果，因而它具有新的属性。例如机械技术、自动化技术和电子技术在物流活动中的综合利用，便产生了运输技术、装卸技术、自动化仓储系统技术、自动分拣技术和包装技术等，所有现代物流技术都具有全新的实质和内容。

1.3.1.2 物流技术的分类

(1)按技术形态分类

物流技术可以分为物流硬技术和物流软技术。

物流硬技术是指物流活动中所使用的各种工具、设备、设施等，如各种运输车辆、装卸设备、搬运设备、包装设备、自动识别与分拣设备、仓库与仓储设备，以及服务于物流活动的电子计算机、通信设施等。物流软技术是指物流活动中所使用的各种方法、技能和作业程序等，如物流规划、物流预测、物流设计、物流作业调度、物流信息处理中所使用的运筹学方法、系统工程方法和其他现代管理方法。物流软技术是以提高物流系统整体效率为中心的技术方法。随着物流技术的发展，人们不但注重物流硬设备的研制，而且重视已经发展到较高水平的硬技术的优化组合与衔接，以充分发挥设备的能力，获得更好的技术经济效果。

(2)按应用范围分类

物流技术可以分为运输技术、仓储技术、保管技术、装卸搬运技术、包装技术、集装技术、分拣技术、流通加工技术、计量技术，以及物流系统规划和管理技术等。

(3)按采用的技术分类

现代化的物流需要现代物流技术的支撑，现代物流技术是适应现代物流的需求而采用的技术，主要包括物流自动化技术、物流信息化技术、物流系统规划与优化技术、现代物流管理技术等。

(4)按物流功能环节分类

物流功能是通过物流技术来实现的，每项物流活动都必须有相应的物流技术作支撑，因此，按物流功能环节，物流技术分类如下：

①运输技术。包括运输工具、设施及其操作技能、运输管理技术等。在我国，运输

主要有公路运输、铁路运输、水路运输、航空运输和管道运输五种形式。其中，管道运输包括利用管道来完成石油、天然气等液态和气体物资的输送，以及近距离的粉粒状物料的输送。

②仓储技术。包括仓储设备、设施及其使用操作技能，以及仓储作业程序、物品保管技术、库存管理方法等。仓储的基本功能包括物品保管功能、调节供需功能、调节运输功能、实现配送功能和节约功能等。

③装卸搬运技术。包括装卸、搬运设备及其操作、维修技能，以及装卸作业科学管理、合理调度的方法等。按设备的主要用途或结构特征分，装卸搬运设备分为起重设备、连续输送设备、装卸搬运车辆、专用装卸搬运设备等。其中，专用装卸搬运设备包括托盘装卸搬运设备、集装箱装卸搬运设备、船舶装卸搬运设备和分拣设备等。

④分拣配送技术。配送是一种新型的流通体制，又是一种现代物流方式。分拣配送技术是指分拣配送作业所使用的关键设备及其操作技能、配送作业程序和配送管理方法等。配送业务的实现必须有与之相应的仓储、包装、装卸、搬运、检测计量和运输等设备，其中分拣和拣选设备、订单系统、自动识别系统、输送系统是关键技术。

⑤包装技术。是指包装物、包装活动中所使用的技术，以及包装管理和标准化技术等。包装技术又可分为普通包装技术、防震包装技术和集合包装技术。普通包装技术是指充填技术、装箱技术、裹包技术、封口技术和捆扎技术等；防震包装技术是为了减缓内装物受到冲击和震动，保护内装物免受损坏而采取的技术措施；集合包装技术主要指托盘、集装箱、集装袋等集装技术。

⑥流通加工技术。流通加工是指物品从生产地到使用地的过程中，根据需要施加包装、切割、计量、分拣、刷标志、拴标签、组装等简单作业的总称。流通加工是流通中的一种特殊形式，它是在物品从生产领域向消费领域流动的过程中，为了适应多样化需要、促进销售、保护产品质量和提高物流效率，对物品进行的简单加工，不使物品发生物理、化学变化，如按客户要求对木材进行裁切、钻孔等。

1.3.2 现代物流管理相关技术

1.3.2.1 MRP、MRPⅡ、ERP原理与应用

(1)物料需求计划(material requirement planning，MRP)

MRP是由美国著名生产管理和计算机应用专家欧·威特和乔·伯劳士在对多家企业进行研究后提出来的。MRP被看作以计算机为基础的生产计划与库存控制系统。MRP是被设计并用于制造业库存管理信息处理的系统，它解决了如何实现制造业库存管理目标——在正确的时间按正确的数量得到所需的物料这一难题。MRP是当今众所周知的ERP的雏形，MRP与ERP的库存管理思想又源于求解制造业基本方程。MRP是以物料计划人员或存货管理人员为核心的物料需求计划体系，它的涵盖范围仅仅为物料管理这一块，主要用于非独立性需求(相关性需求)性质的库存控制。MRP根据总生产进度计划中规定的最终产品的交货日期，编制所构成最终产品的装配件、部件、零件的生产进度计划、对外的采购计划、对内的生产计划，它可以用来计算物料需求量和需求时间，从而降低库存量。

MRP的出现和发展，引起了生产管理理论和实践的变革。MRP按照基于产品结构

的物料需求组织生产，根据产品完工日期和产品结构规定生产计划。即根据产品结构的层次从属关系，以产品零件为计划对象，以完工日期为计划基准倒排计划，按各种零件与部件的生产周期反推出它们的生产与投入时间和数量，按提前期长短区分各个物料下达订单的优先级，从而保证在生产需要时所有物料都能配套齐备，不到需要的时刻不要过早积压，达到降低库存量和减少占用资金的目的。MRP 是根据总生产进度计划中规定的最终产品的交货日期，来规定必须完成各项作业的时间，编制所有较低层次零部件的生产进度计划，对外计划各种零部件的采购时间与数量，对内确定生产部门应进行加工生产的时间和数量。一旦作业不能按计划完成时，MRP 系统可以对采购和生产进度的时间和数量加以调整，使各项作业的优先顺序符合实际情况。

按照 MRP 的基本原理，企业原材料采购到产品销售，从自制零件的加工到外协零件的供应，从工具和工艺的准备到设备的维修，从人员的安排到资金的筹措与运用等，都要围绕 MRP 进行，从而形成一整套新的生产管理体系。

①MRP 的特点。MRP 与传统的存货管理比较，具有如下特点：

传统的存货管理用单项确定的办法解决生产中的物料联动需求，难免相互脱节，同时采取人工处理，工作量大。而 MRP 系统用规划联动需求，使各项物料相互依存，相互衔接，需求计划更加客观可靠，也大幅减少计划的工作量。

实施 MRP 要求企业制订详细、可靠的主生产计划，提供可靠的存货记录，迫使企业分析生产能力和对各项工作检查，把计划工作做得更细。MRP 系统提供的物料需求计划又是企业编制现金需求计划的依据。

当企业的主生产计划发生变化，MRP 系统将根据主生产计划的最新数据进行调整，及时提供物料联动需求和存货计划，企业可以据此安排相关工作采取必要措施。

在 MRP 环境下，可以做到在降低库存成本、减少库存资金占用的同时，保证物料按计划流动，保证生产过程中的物料需求及生产的正常运行，从而使产品满足用户和市场的需求。

②MRP 系统的基本逻辑流程。从物流的角度，MRP 实际上反映了一种物料流向的运作方式。

MRP 系统主要包括：主生产计划(master production schedule，MPS)、能力需求计划(capacity requirement planning，CRP)、执行物料计划和执行能力计划等部分。生产物流的计划与控制就是在基于主生产计划的驱动下，围绕 MRP，由物料清单(bill of material，BOM)与库存信息等基本数据进行的。

该系统分为生产计划与计划执行控制两大部分。

a. 生产计划部分：首先，根据订货合同、市场预测及其他生产需求确定总的产品产出计划，并制定一个针对产品或独立需求型半成品的现实可行的主生产计划 MPS。它是展开物料需求计划与能力需求计划的主要依据和驱动要素，决定着 MRP 系统的现实性与有效性。考虑的因素有市场对产品的需求、总的生产提前期(lead time)和库存情况。

其次，则根据主生产计划、产品结构及物料清单、库存信息等将生产计划进行展开与细化，编制以相关需求型物料(基本零部件)为对象的物料需求计划，提出每一项加工件与采购件的建议计划，如加工件的开工日期与完成日期、采购件的订货日期与入库日期等。

最后，根据MRP、工作中心、工艺路线等对企业的生产能力进行详细计划，即编制能力需求计划，以保证MRP的可执行性。一般地，MRP与能力需求计划要进行反复调整，使计划可行。当MRP与能力需求计划反复运算调整仍无法解决矛盾时，要修改主生产计划。只有经过MRP与能力需求计划调整到可行后，才能将生产计划下达给执行层。

b. 计划执行控制部分：主要包括执行物料计划和执行能力计划，执行物料计划又分为加工与采购计划两部分。执行物料计划主要采用调度单或派工单来控制加工的优先级，采用请购单或采购单控制采购的优先级。加工控制一般由车间作业控制功能完成；采购控制由采购供应部门完成。执行能力计划时用投入和产出的工时量控制能力和物流。执行控制层应把生产计划的执行信息及时反馈给计划层，从而形成了完整的闭环MRP的生产计划与控制系统。闭环MRP系统实现了规范化管理，并把生产计划的稳定性、灵活性与适应性统一起来，大幅提高了企业生产的整体效率与物料合理利用率，也提高了企业对于外部市场环境的适应能力。

(2)制造资源计划(manufacturing resources planning，MRPⅡ)

MRPⅡ的基本思想是把MRP同所有其他与生产经营活动直接相关的工作和资源，以及财务计划连成一个整体，实现企业管理的系统化。从系统来看，MRPⅡ是一个闭环系统，一方面，它不单纯考虑MRP，还将与之有关的能力需求计划、车间生产作业计划和采购计划等方面考虑进来，使整个问题形成闭环；另一方面，从控制论的观点出发，计划制订与实施之后，需要不断根据企业的内外环境变化提供的信息反馈，适时做出调整，从而使整个系统处于动态的优化之中。所以，它实质是上一个面向企业内部信息集成及计算机化的信息系统，即将企业的经营计划、销售计划、生产计划、主生产计划、物料需求计划和生产能力计划、资金流动计划以及物料需求和生产能力需求计划的实施执行等通过计算机有机地结合起来，形成一个由企业各子功能系统有机结合的一体化信息系统，使各子系统在统一的数据环境下运行。

MRPⅡ将公司高层管理与中层管理结合在一起，以制造资源计划为活动核心，促使企业管理循环的动作，实质上是以生产计划为中心，把与物料管理有关的产、供、销、财各个环节的活动有机地联系起来，形成一个整体，进行协调，使它们在生产经营管理中发挥最大的作用，达到最有效的企业经营。其涵盖范围包含了企业的整个生产经营体系，包括经营目标、销售策划、财务策划、生产策划、物料需求计划、采购管理、现场管理、运输管理、绩效评价等等各个方面。最终的目标是使生产保持连续均衡，最大限度地降低库存与资金的消耗，减少浪费，提高经济效益。

从物料需求计划MRP发展到制造资源计划MRPⅡ，是对生产经营管理过程的本质认识不断深入的结果，体现了先进的计算机技术与管理思想的不断融合，因此MRP发展为MRPⅡ是一个必然的过程。

(3)企业资源计划(enterprise resources planning，ERP)

ERP由美国加特纳公司在20世纪90年代初首先提出。其核心管理思想是供应链管理，即在MRPⅡ的基础上通过前馈的物流和反馈的信息流和资金流，把客户需求和企业内部的生产活动以及供应商的制造资源整合在一起，体现了完全按用户需求制造的一种供应链管理思想的功能网络结构模式。它强调通过企业间的合作，对市场需求快速反应、高度柔性的战略管理以及降低风险成本、实现高收益目标等优势，从集成化的角度管理供应链问题。

企业资源计划 ERP 是从制造资源计划 MRP Ⅱ 发展而来的新一代集成化企业资源管理系统，它扩展了 MRP Ⅱ 功能。ERP 对 MRP Ⅱ 的扩展正在朝三个方向延伸：横向的扩展——功能范围的增加，从供应链(supply chain)上游的供应商管理到下游的客户关系管理(customer relationship management，CRM)；纵向的扩展——从低层的数据处理到高层管理决策支持；行业的扩展——从传统的以制造业为主到面向所有的行业。

1.3.2.2 JIT 原理与应用

一种产品从开始加工、装配到成品都在消耗一定的时间，即产品生产总时间包括加工时间、物料整理时间、运送时间、等待时间、检验时间。大多数企业的产品生产加工时间不到总时间的 10%，其余时间均为运送、检验和等待等非生产时间，也是非增值时间。非增值时间不增加产品价值，所以要对生产物流系统进行改进，不断消除非增值时间所产生的一切浪费，使生产周期等于对产品必要的加工所需的增值时间。这就是以 JIT(just in time)为宗旨对生产物流进行控制的。

(1)JIT 的产生

在 20 世纪后半期，石油危机迫使整个汽车行业进入了一个市场需求多样化的新阶段，而且对质量的要求也越来越高。制造业面临的问题是如何有效地组织多品种小批量生产，否则生产过剩所引起的不仅只是设备、人员、库存费用等一系列的浪费，还影响到企业的竞争能力甚至于生存。于是，1953 年日本丰田公司考虑到当时日本国内市场环境、劳动力以及第二次世界大战后资金短缺等因素，综合单件生产和批量生产的特点和优点，创造了一种在多品种小批量混合生产条件下高质量、低消耗的生产方式——准时生产、即时配送(JIT)，即："只在需要的时候、按需要的量、生产所需的产品"，其理想状态是"无库存"或"零库存"。

(2)JIT 的基本内容及其特点

一般地，制造系统中的物流方向是从零件到组装再到总装。而 JIT 方式却主张从反方向来看物流，即从装配到组装再到零件。当后一道工序需要运行时，才到前一道工序去取正好所需要的物料，同时下达下一段时间的需求量，这就是 JIT 的基本思想——适时、适量、适度(指质量)生产。

①JIT 的目标。JIT 的基本思想是指在所需要的精确时间内，按所需要的质量和数量，生产所需要的产品。它的理想目标是 6 个"零"和 1 个"一"，即零缺陷、零储备、零库存、零搬运、零故障停机、零提前期和批量为一。

要实现"彻底降低成本"这一基本目标，就必须彻底杜绝过量生产以及由此产生的在制品过量和人员过剩等各种直接浪费和间接浪费。如果生产系统能够具有足够的柔性，能够适应市场需求的不断变化，即"市场需要什么型号的产品，就生产什么型号的产品；能销售出去多少，就生产多少；什么时候需要，就什么时候生产"，这当然就不需要，也不会有多余的库存产品了。这种持续而流畅的生产，或对市场需求数量与种类两个方面变化的迅速适应，是凭借着一个主要手段来实现的，这就是 JIT。

②JIT 的要求。为了达到上述目标，JIT 要求：

a. 整个生产均衡化，需按照加工时间、数量、品种进行合理的搭配和排序，使生产物流在各作业之间、生产线之间、工序之间、工厂之间平衡、均衡地流动。在品种和数量上应组织混流加工，并尽量采用成组技术与流程式生产。

b. 尽量采用对象专业化布局，用以减少排队时间、运输时间和准备时间。在工厂一级采用基于对象专业化布局，以使各批工件能在各操作间和工作间顺利流动，减少通过时间。在流水线和工作中心一级采用微观对象专业化布局和 JIT 工作中心布局，可以减少通过时间。

c. 从根源上强调全面质量管理，目标是从消除各环节的不合格品到消除可能引起不合格品的根源，并设法解决问题。

d. 通过产品的合理设计，使产品与市场需求相一致，并且易生产、易装配。如模块化设计；设计的产品尽量使用通用件、标准件；设计时应考虑易实现生产自动化。

1.3.2.3 TOC 理论与应用

生产系统是将一定投入(生产要素)转换为特定输出(产品或服务)的有机整体，也是物流的输入输出系统。在一定的目标下，任何系统都可以想象成由一连串的环构成，环环相扣，必须尽可能打破各种约束，找到整个系统的强度中最弱的一环，这就是 TOC(theory of constraint)理论的出发点。

(1)TOC 理论的产生

TOC 理论是以色列物理学家 Eliyahu M. Goldratt 于 20 世纪 70 年代提出的，继 MRP 和 JIT 后的又一项组织生产的新方式。最初被称作最优生产时间表(optimized production timetable)，后改称为最优生产技术(optimized production technology)。最后进一步发展成为约束理论，并在美国企业界得广泛应用，在 20 世纪 90 年代逐渐形成完善的管理体系。美国生产及库存管理协会(American Product and Inventory Control Society，APICS)非常关注 TOC，称其为“约束管理(constraint management)”，并专门成立了约束管理研究小组。由于这是一种持续改善、解决“瓶颈约束资源”的管理哲学，该理论目前不仅已应用到包括航天、汽车制造、半导体、钢铁、纺织、电子、机械五金、食品等营利性行业，还应用到学校、医院、财团法人、政府机构等非营利性机构，TOC 也应用到分销、供应链、项目管理等其他领域，且获得很好的成效。

(2)TOC 的基本思想及核心内容

约束理论把企业看作是一个完整的系统，认为任何一个系统至少都会有一个约束因素。犹如一条链子，是链条中最薄弱的那环决定着整个链条的作用一样，正是各种各样的制约(瓶颈)因素限制了企业生产产品的数量和利润的增长。因此，基于企业在实现其目标的过程中现存的或潜在的制约因素，通过逐个识别和消除这些约束，使得企业的改进方向或改进策略明确化，从而更有效地实现其“有效产出”目标。

为了达到这个目标，约束理论强调：首先在能力管理和现场作业管理方面寻找约束因素，约束是多方面的，有市场、物料、能力、工作流程、资金、管理体制、员工行为等，其中，市场、物料和能力是主要的约束。其次应该把重点放在瓶颈工序上，保证瓶颈工序不发生停工待料，提高瓶颈工作中心的利用率，从而得到最大的有效产出。最后根据不同的产品结构类型、工艺流程和物料流动的总体情况，设定管理的控制点。

①企业目标和作业指标体系。TOC 认为，一个企业的最终目标就是在现在和将来赚取更多的利润。生产系统衡量的作业指标应该有以下三种：有效产出(throughput)，

是指企业在某个规定时期通过销售获得的货币(同产出量概念不同，没有销售的产成品只能作为库存处理，是没有实现目标的货币投入，也可能是一种浪费)；库存(inventory)，是指企业为了销售有效产出，在所有外购物料上投资的货币；运行费用(operating expenses)，是指企业在某个规定时期为了将库存转换为有效产出所花费的货币。运行费用包括了除材料费以外的成本，库存保管费也包括在运行费用中。

②寻找系统资源的瓶颈约束。TOC 认为，在生产系统中，是有效产出最低的环节决定着整个系统的产出水平。因此，任何一个环节只要它阻碍了企业更大程度的增加有效产出，或减少库存和运行费，那么它就是一个“约束”(或瓶颈)，所以通过找出系统的瓶颈；充分利用瓶颈；由非瓶颈配合瓶颈；打破瓶颈；再找出下一个系统瓶颈，持续不断地改善生产系统。

③以“物流”为中心建立企业特征。TOC 根据不同类型“物流”的特点来对企业进行分类，从而为企业准确识别出各自的薄弱点提供帮助，并对其实施有针对性的计划与控制。

④以九条管理原则来系统化。TOC 的基本思想是由九条具体的原则来描述的。而有关生产物流计划与控制的算法和软件，就是按照这九条原则提出和开发的：

a. 瓶颈控制了库存和有效产出；

b. 非瓶颈资源的利用程度不由其本身决定，而是由系统的约束决定的；

c. 瓶颈上一个小时的损失则是整个系统的一个小时的损失；

d. 非瓶颈资源节省的一个小时无益于增加系统有效产出；

e. 资源的“利用”和“活力”不是同义词；

f. 编排作业计划时考虑系统资源约束，提前期是作业计划的结果，而不是预定值；

g. 平衡物流，而不是平衡生产能力；

h. 运输批量可以不等于(在许多时候应该不等于)加工批量；

i. 批量大小应是可变的，而不是固定的。

其中前六条为有关生产系统瓶颈资源的原则，后三条为有关系统中物流的原则。

(3)基于 TOC 理论的生产物流计划与控制原理

TOC 认为，一个企业的计划与控制的目标就是寻找顾客需求与企业能力的最佳配合，对约束环节进行有效的控制，一旦一个被控制的工序(即瓶颈)建立了一个动态的平衡，其余的工序应相继地与这一被控制的工序同步。而实现方法是以“鼓—缓冲器—绳”系统来排程。

第一，TOC 把主生产计划 MPS 比喻为“鼓”，根据瓶颈资源的可用能力确定物流量，作为约束全局的“鼓点”，控制在制品库存量。从计划和控制的角度来看，“鼓”反映了系统对约束资源的利用。所以，对约束资源应编制详细的生产作业计划，以保证对约束资源的充分合理利用。

第二，所有瓶颈和总装工序前要有“缓冲器”，保证起制约作用的瓶颈资源得以充分利用，以实现企业最大的产出。一般来说，“缓冲”分为“时间缓冲”和“库存缓冲”。前者是将所需的物料比计划提前一段时间提交，以防随机波动以及机器故障，并以约束资源上的加工时间长度作为计量单位。其长度可凭观察与实验，并经过必要的调整确定。后者是储存在制品，其位置、数量的确定原则同“时间缓冲”。

第三，所有需要控制的工作中心如同用一根传递信息的绳牵住的队伍，按同一节拍

（保持一定间隔，按同一步伐行进），也就是在保持均衡的在制品库存和物料流动条件下进行生产。

由于“约束”决定着生产线的产出节奏，而在其上游的工序实行拉动式生产，等于用一根看不见的“绳”把“约束”与这些工序串联起来，有效地使物料依照产品出产计划快速地通过非约束作业，以保证约束资源的需要。所以，“绳”控制着企业物料的进入（包括“约束”的上游工序与“非约束”的装配），起的是传递作用，即驱动系统的所有部分按“鼓”的节奏进行生产。通过“绳”系统的控制，使约束资源前的非约束资源均衡生产，加工批量和运输批量减少，还可以减少提前期和在制品库存量，而同时又不会使约束资源停工待料。在DBR的实施中，“绳”是由一个涉及原材料投料到各车间的详细的作业计划来实现的。

在“鼓—缓冲器—绳”系统中，“鼓”的目标是使产出率最大。“缓冲器”的目标是对瓶颈进行保护，使其生产能力得到充分利用。“绳”的目标是使库存量最小，所以具体操作时有几个关键步骤：

①识别企业的真正约束所在是控制物流的关键。一般来说，当需求超过能力时，排队最长的机器就是“瓶颈”。如果管理人员知道一定时间内生产的产品及其组合，就可以按物料清单计算出要生产的零部件。然后，按零部件的加工路线及工时定额，计算出各类机床的任务工时，将任务工时与能力工时比较，负荷最高、最不能满足需求的机床就是瓶颈。找出瓶颈之后，可以把企业里所有的加工设备划分为关键资源和非关键资源。

②基于瓶颈约束，建立生产计划。建立生产计划（master production schedule）的前提是使受瓶颈约束的物流达到最优，因为瓶颈约束控制着系统的“鼓的节拍（drum beat）”，即控制着企业的生产节拍和产销量。为此，需要按有限能力法进行生产安排、在瓶颈约束上扩大批量、设置“缓冲器”。对非约束资源安排作业计划，则按无限能力倒排法，使之与约束资源上的工序同步。

③设置“缓冲器”并进行监控，以防止随机波动，使约束资源不至于出现等待任务的情况。

④对企业物流进行平衡，使得进入非瓶颈资源的物料应被瓶颈资源的产出率所控制（即“绳”）。

1.3.3 物流系统规划技术

物流系统属于大型的复杂系统，物流系统的建设是复杂的系统工程，是集机械设备技术、自动化控制技术、信息技术、管理科学于一体的综合型工程项目。因此，物流系统集成技术是系统建设中的关键技术。物流系统规划正是为物流系统集成奠定坚实基础的技术。

1.3.3.1 系统优化与系统评价技术

物流系统优化常采用的方法包括线性规划、非线性规划、动态规划等数学规划方法，网络计划方法和启发式方式等。物流系统优化技术已被广泛应用于物流网络结构优化、物流网址的选择、物流系统调度和决策等各种场合。

系统评价技术是对物流系统的主要运营指标进行分析和评定的技术。物流系统的评价方法有许多，最常用的方法为综合评价法。评价的目的是发现系统存在的问题和薄弱环节，从而对系统进行改进和完善。

1.3.3.2 系统仿真技术

系统仿真(system simulation)是一种现代系统分析方法，就是根据系统分析的目的，在分析系统各要素性质及其相互关系的基础上，建立能描述系统结构或行为过程的、且具有一定逻辑关系或数量关系的仿真模型，据此进行试验或定量分析，以获得正确决策所需的各种信息。系统仿真技术不仅可以对新设计的物流系统的性能进行评估认证，还可用于一些现行物流系统的改造和改进以为及一些管理调度决策提供技术支持。通过分析计算机模拟系统运营后的性能和效果，从而在系统建设前或改造前就能发现系统存在的问题，从而避免由于设计失误或考虑不完善而造成的浪费。

系统仿真在许多领域都已得到广泛的应用。在现代物流系统中，系统仿真技术被广泛应用于物流系统的规划设计、运输调度和物流控制等领域。随着计算机技术的高速发展与广泛应用，一些专门的计算机仿真语言和软件应运而生，如 AutoMod、eM-Plant、Simuworks 等仿真软件，都是专门应用于物流系统分析的仿真软件。

1.3.3.3 系统布置规划技术

系统布置规划技术是对物流系统进行平面布置的方法，其基本原理是通过对构成物流系统的各种设施进行流程相关性和活动相关性分析，将相关性高的设施紧密布置，相关性低的设施远离布置，从而得到最优的系统布局。该方法最早起源于工厂设计，目前已经被广泛地应用在物流设施的布局与规划中，如一些大型的配送中心、仓库、集装箱站场、机场及车站等的布置规划都可以采用这一科学的规划方法。

1.3.4 物流标准化技术

国家标准 GB/T 3935.1—1996《标准化和有关领域的通用术语　第一部分：基本术语》给出了标准化的具体定义：“为在一定的范围内获得最佳秩序，对实际的或潜在的问题制定共同的和重复使用的规则的活动，包括制定、发布及实施标准的过程。”根据上述普遍的定义，物流标准化应以整个物流系统为出发点，这个系统包括物流的运输、储存、包装、装卸搬运、流通加工、信息处理等各个子系统都实现标准化，即物流标准化是以整个物流系统中每一项具体的、重复性的事物或概念为对象，包括技术、管理、工作方面，通过制定标准，组织实施标准和对标准的实施进行监督，达到整个系统的协调统一，以获得最佳秩序和经济效益。我国现行的物流国家标准、行业标准 1000 多项，涉及物流专业术语标准，基础编码标准，物流基础模数尺寸标准，物流建筑基础模数尺寸，集装模数尺寸，标志、图示和识别标准，物流单据、票证的标准化，专业计量单位标准等。

(1)物流标准化的作用

物流标准化是实现物流管理现代化的重要手段和必要条件。物流系统从原料供应、生产、产品销售、流通渠道，到消费者手中，直到回收，是一个综合的大系统，分工越来越细，但也要求物流系统高度社会化、一体化越来越高，因此要使整个物流系统形成一个统一的有机整体，从技术和管理的角度上来看，物流标准化起着纽带作用，只要制定了各种物流标准并严格执行，就能实现物流系统的高度协调统一，有条不紊地进行物流领域的各项工作。

物流标准化是物流系统功能充分发挥的保证。生产企业为实现自身的管理目标，必须对生产的每一环节通过制定标准建立生产技术上的统一性，以保证企业整个管理系统功能的发挥。尤其是开展管理业务标准化，把物流和其他业务活动内容相互间衔接起来，各自承担责任。工作的程序等用标准形式确定下来，这样使物流操作、管理实现规范化、程序化、科学化，使企业形成一个有机的整体，提高企业管理效能，降低生产成本，提高服务质量。

物流标准化是物资在流通中的质量保证。物流工作中的重要任务是把工厂生产的合格产品保质保量地送到用户手中。物流标准化对运输、包装、装卸搬运、仓储、配送等各个环节都制定了各种标准，这些标准是物流的质量保证体系，只有严格执行这些标准，才能保证合格的物资安全地送到用户手中。

物流标准化可消除贸易壁垒，促进国际贸易的发展。在国际贸易中，一种很重要的障碍，就是技术壁垒。因为技术上的障碍会影响产品出口，或影响国外商品进口，所以物流的关键问题，就是在运输工具、包装、装卸搬运、仓储、信息等方面采用国际标准，实现国际物流统一化。如集装箱的尺寸规格与国际标准不一致，就会产生与国外各环节的物流设施、设备、机具不配合，给运输、装卸搬运、仓储都带来极大的困难，就会影响物资的进出口。

物流标准化可以降低物流成本，提高经济效益。整个物流系统标准化后，可以实现一贯到户的物流，可以加快运输、装卸搬运的速度，降低暂存费用，减少中间损失，提高工作效率；另外，物流各环节所使用的物流技术及其装备是通用的，可以减少物流技术及其装备的投入，充分提高物流技术装备的利用率。

(2)物流标准种类

①按大系统配合性、统一性标准分类。物流标准按大系统配合性、统一性标准，可分为物流专业术语标准，基础编码标准，物流基础模数尺寸标准，物流建筑基础模数尺寸，集装模数尺寸，标志、图示和识别标准，物流单据、票证的标准化，专业计量单位标准。

a. 物流专业术语标准：为了使大系统有效配合和统一，尤其在建立系统的情报信息网络之后，要求信息传递十分准确，这首先便要求专用语言及所代表的含义实现标准化，如果同一个指令，不同环节有不同的理解，这不仅会造成工作的混乱，而且容易出现大的损失。物流专业术语标准包括物流用语的统一化及定义的统一解释，还包括专业术语的统一编码。

b. 基础编码标准：是对物流对象物编码，并且按物流过程的要求，转化成条形码，这是物流大系统能够实现衔接、配合的最基本的标准，也是采用信息技术对物流进行管理、组织和控制的技术标准。在这个标准之上，才可能实现电子信息传递、远程数据交换、统计、核算等物流活动。

c. 物流基础模数尺寸标准：基础模数尺寸是指标准化的共同单位尺寸，或系统各标准尺寸的最小公约尺寸。在基础模数尺寸确定之后，各个具体的尺寸标准，都要以基础模数尺寸为依据，选取其整数倍数为规定的尺寸标准。由于基础模数尺寸的确定，只需在倍数系列进行标准尺寸选择，这就大幅降低了尺寸的复杂性。物流基础模数尺寸的确定不但要考虑国内物流系统，而且要考虑到与国际物流系统的衔接，具有一定的难度和复杂性。

d. 物流建筑基础模数尺寸：主要是物流系统中各种建筑物所使用的基础模数，它是以物流基础模数尺寸为依据确定的，也可选择共同的模数尺寸。该尺寸是设计建筑物长、宽、高、门窗、建筑物柱间距、跨度及进深等尺寸的依据。

e. 集装模数尺寸：是在物流基础模数尺寸基础上，推导出的各种集装设备的基础尺寸，以此尺寸作为设计集装设备三维尺寸的依据。在物流系统中，由于集装是起贯穿作用的，集装尺寸必须与各环节物流设施、设备、机具相配合，因此，整个物流系统设计时往往以集装尺寸为核心，然后，在满足其他要求的前提下决定各设计尺寸。因此，集装模数尺寸影响和决定着与其有关的各环节标准化。

f. 物流单据、票证的标准化：它可以实现信息的录入和采集，将管理工作规范化和标准化，也是应用计算机和通信网络进行数据交换和传递的基础标准。它可用于物流核算、统计的规范化，是建立系统情报网、对系统进行统一管理的重要前提条件，也是对系统进行宏观控制与微观监测的必备前提。

g. 标志、图示和识别标准：物流中的物品、工具、机具都是在不断运动中，因此，识别和区分便十分重要，对于物流中的物流对象，需要有易于识别又易于区分的标识，有时需要自动识别，这就可以用复杂的条形码来代替用肉眼识别的标识。

h. 专业计量单位标准：除国家公布的统一计量标准外，物流系统还有许多专业的计量问题，必须在国家及国际标准基础上，确定物流领域专门的计量单位标准，同时，由于物流的国际性很突出，专业计量标准还需考虑国际计量方式的不一致性，还要考虑国际习惯用法，不能完全以国家统一计量标准为唯一依据。

②按各分系统技术标准分类。物流标准按各分系统技术标准分，主要有运输车船标准，作业车辆标准，输送机具标准，仓库技术标准，站台技术标准，包装、托盘、集装箱标准，货架、储罐标准等。

a. 运输车船标准：对象是物流系统中从事物品空间位置转移的各种运输设备，如火车、货船、拖挂车、卡车、配送车辆等。从各种设备有效衔接、货物及集装的装运，与固定设施的衔接等角度制定的车厢、船舱尺寸标准、载重能力标准，运输环境条件标准等。此外，从物流系统与社会环境保护的关系角度出发，制定的噪声等级标准、废气排放标准等。

b. 作业车辆标准：对象是物流设施内部使用的各种作业车辆，如叉车、台车、手车等。包括尺寸、运行方式、作业范围、作业重量、作业速度等方面的技术标准。

c. 输送机具标准：包括水平、垂直输送的各种机械式、气动式起重机、输送机、提升机的尺寸、输送能力等技术标准。

d. 仓库技术标准：包括仓库尺寸、建筑面积、有效面积、通道比例、单位储存能力、总吞吐能力、温湿度等技术标准。

e. 站台技术标准：包括站台高度、作业能力等技术标准。

f. 包装、托盘、集装箱标准：包括包装、托盘、集装系列尺寸标准，包装、托盘、集装箱重量标准以及各种集装、包装材料、材质标准等。

g. 货架、储罐标准：包括货架净空间、载重能力、储罐容积尺寸标准等。

③按工作标准及作业规范分类。对各项工作制定统一要求及规范化规定。工作标准

及作业规范可明确划定各种岗位的职责范围、权力与义务、工作方法、检查监督方法、奖惩办法等，可使全系统统一工作方式，大幅提高办事效率，方便用户的工作联系，防止在工作及作业中出现遗漏、差错，并有利于监督评比。主要工作标准及作业规范：岗位责任及权限范围；岗位交接程序及工作执行程序；物流设施、建筑的检查验收规范；货车、配送车辆运行时刻表、运行速度限制等；司机岗位工作时间、配送车辆日配送次数或日配送数量；吊具、索具的使用、放置规定；情报资料收集、处理、使用、更新规定；异常情况的处置方法等。

1.3.5 物流信息技术

随着电子技术、计算机技术、网络通信技术的发展，物流信息化进程大幅加快。各种光电子技术纷纷应用到物流领域，比如条码技术、无线射频技术、地理信息系统与全球定位技术等。

1.3.5.1 条码技术

条码技术是在计算应用和实践中产生并发展起来的一种广泛应用于商业、邮政、图书管理、仓储、工业生产过程控制、交通等领域的自动识别技术，具有输入速度快、准确度高、成本低、可靠性强等优点。

条码技术是为实现对信息的自动扫描而设计的，是实现快速、准确而可靠地采集数据的有效手段。条码技术的应用解决了数据录入和数据采集的瓶颈问题，为物流管理提供了有力的技术支持。条码技术提供了一种对物流中的物品进行标识和描述的方法，借助自动识别技术、POS系统、EDI等现代技术手段，企业可以随时了解有关产品在供应链上的位置，并及时做出反应。

条码是由一组规则排列的“条”“空”以及对应的字符组成的标记。“条”是指对光线反射率较低的部分；“空”是指对光线反射率较高的部分。这些“条”和“空”组成的数据表达一定的信息，并能够用特定的设备识读，转换成与计算机兼容的二进制或十进制信息。通常对应于每一种物品，它的编码是唯一的，对于普通的一维条码来说，还要通过数据库建立条码与物品的对应关系。当条码的数据传到计算机上时，由计算机上的应用程序对数据进行操作和处理。因此，普通的一维条码在使用过程中仅作为识别信息，它的意义是通过在计算机系统的数据库中提取相应的信息而实现。

(1)条码的码制

条码的码制是指条码“条”和“空”的排列规则，常用的一维码的码制包括：EAN码、39码、交叉25码、UPC码、128码、93码及Codabar码(库德巴码)等。不同的码制，其应用领域不同。

EAN码(European article numbcr borcode)：是国际通用的符号体系，是一种长度固定、无含意的条码，所表达的信息全部是数字，主要应用于商品标识；

UPC码(universal product code)：是最早大规模应用的条码，其特性是一种长度固定、连续性的条码，目前主要在美国和加拿大使用，由于其应用范围广泛，故又被称万用条码。UPC码也仅可用来表示数字。UPC码共有A、B、C、D、E五种版本，分别应用于通用商品、医药卫生、产业部门、仓库批发和商品短码；

39码和128码：为目前国内企业内部的自定义码制，可以根据需要确定条码的长度和信息。其编码的信息可以是数字、字母，主要应用于工业生产领域表示产品序列号、图书管理中的图书编号等；

93 码：是一种类似 39 码的条码，它的密度较高，能代替 39 码；

交叉 25 码：主要应用于包装、运输以及国际航空系统的机票顺序编号等；

Codabar 码：主要应用于血库、图书馆、包裹等的跟踪管理。

(2)条码的组成

一个完整的条码的组成次序为：静区(前)、起始符、数据符、中间分隔符、校验符、终止符、静区(后)，其中部分条码中没有中间分隔符和校验码。

静区：是指条码左右两端外侧与“空”的反射率相同的限定区域，静区的宽度通常不应小于 6mm。

起始/终止符：是指位于条码开始和结束的若干“条”与“空”，标志条码的开始和结束，同时提供码制识别信息和阅读方向的信息。

数据符：位于条码中间的“条”“空”组合，包含条码所表达的特定信息。

构成条码的基本单位是模块，模块是指条码中最窄的“条”或“空”，模块的宽度通常以 mm 或 mil(千分之一英寸)为单位。构成条码的一个“条”或“空”称为一个单元，一个单元包含的模块数由编码方式决定的，如在 EAN 码中，所有单元由一个或多个模块组成。

(3)商品条形码

商品条形码是商品身份的统一编码，它将商品的编码数字以平行线条式的符号代替，以便扫描器读入计算机，经解码后再转成数字代码，并由计算机处理。商品条形码主要是印在零售包装上，作为商品由制造、批发到销售等一连串作业过程的自动化管理符号。

商品条形码有标准码和缩短码两种，即 EAN－13 和 EAN－8。EAN－13 是标准商品条形码，由 13 位数字组成(图 1-1)；EAN－8 是缩短码，由 8 位数字组成，主要用于包装面积或印刷面积不足以印刷标准码的商品。

图 1-1 EAN－13 码示例

(4)储运条形码

储运条形码是用在商品装卸、仓储、运输等配送过程中的识别符号，通常印在外包装箱上，用来识别商品种类及数量；也可用于仓储批发业销售现场的扫描结账。储运条形码可应用于制造商、批发商、零售商、物流企业等。

储运条形码与商品条形码的关系是储运条形码的基本结构为商品条形码，当同一商品的包装数量不同或同一包装中有不同商品组合时，就必须加上储运标识码，以便加以识别。

(5)二维条码

二维条码(图 1-2)，也简称二维码，于 20 世纪 80 年代开发出来，并得到不断发展。其背景是对移动体信息获得的效率性和便利性的需要。如果移动体本身可以携带很多的信息，那么，要取得物品相关信息不必再与计算机的数据库联机，就在现场可以直接、迅速地获取信息。一维条码所能表示的信息量是有限的，要表示多种信息，需要贴上多张条形码，粘贴面积大，数据输入费时。二维条码在很小的面积上就可以表示大量信息，在缺乏 EDI 环境的情况下也可以使用。

二维条码的符号是在水平和垂直两个方面印刷标示，以“面”来储存信息，而且阅读也是以识别“面”为特征。因而存储的信息量远超过一维条码，一维条码只能容纳20个文字的信息，而二维条码可以容纳2000个文字的信息。信息的表达形式不仅仅局限于英文字母和数字，还可以是汉字等。如图1-2所示的二维条码表达的信息是“刨花板，E0级，幅面尺寸1220mm×2440mm，厚度15mm，福人木业(福州)有限公司”。

图1-2 二维条码示例

二维条码可分为堆叠式/行排式二维条码和矩阵式二维条码。

①堆叠式/行排式二维条码。堆叠式/行排式二维条码(又称堆积式二维条码或层排式二维条码)，其编码原理是建立在一维条码基础之上，按需要堆积成二行或多行。它在编码设计、校验原理、识读方式等方面继承了一维条码的一些特点，识读设备与条码印刷与一维条码技术兼容。但由于行数的增加，需要对行进行判定，其译码算法与软件也不完全相同于一维条码。行排式二维条码主要有Code 16K、Code 49、PDF417等。

②矩阵式二维码。矩阵式二维条码(又称棋盘式二维条码)它是在一个矩形空间通过黑、白像素在矩阵中的不同分布进行编码。在矩阵相应元素位置上，用“点”(方点、圆点或其他形状)的出现表示二进制“1”，“空”表示二进制的“0”，“点”的排列组合确定了矩阵式二维条码所代表的意义。矩阵式二维条码是建立在计算机图像处理技术、组合编码原理等基础上的一种新型图形符号自动识读处理码制。矩阵式二维条码主要有Code one、Maxicode、QR code、Datamatrix等。

1.3.5.2 物流编码

物流编码是供应链中用以标识物流领域中具体实物的特殊代码。物流标识代码是生产厂家、配销业、运输业及消费者等整个供应链中各个环节的共享数据，贯穿整个贸易过程，并通过对物流编码数据的收集、反馈，提高整个物流系统的经济效益。

(1)物流编码的特点

物流编码是商品及货运单元的唯一标识；应用于供应链全过程的各个环节；所表达的信息量大，可以是商品及货运单元的无意义的唯一标识，也可表示货物的体积、重量、生产日期、批号等信息；随国际贸易的发展、贸易伙伴对信息的要求不断增加而逐步完善，标识内容不断丰富，物流编码的新增或删除时有发生；因物流编码是可变的，因此需要经常维护。

(2)物流编码的内容

项目标识：对商品项目及货运单元项目的标识，相同项目的编码是相同的，它的内容是无含义的，但其对项目的标识是唯一的。

动态项目标识：是对商品项目中每一个具体单元的标识。

日期：对日期的标识为六位编码，依次为年、月、日，主要有生产日期、包装日期、保质期、有效期等。

度量：对商品的数量、重量、长、宽、高、面积或体积等内容进行标识。

参考项目：参考项目的内容较多，包括客户购货订单代码、收货方邮政编码、卷状产品的长、宽、内径、方向、叠压层数等各种辅助信息进行标识。

位置码：是对法律实体、功能实体、物理实体进行标识的代码，法律实体是指合法存在的机构，功能实体是指法律实体内的具体部门，物理实体是指具体的地址。

特殊应用及内部使用：特殊应用是指在特殊行业的应用，内部使用是指在企业内部使用，由于其编号不与外界发生联系，编码方式及标识内容由企业自己制定。

在实际应用中，物流编码通常用条码符号表示，使编码可以自动、快速、准确地识别。用于表示物流编码的条码符号主要有通用商品条码、储运单元条码及贸易单元128码等。

1.3.5.3 无线射频识别技术

无线射频识别即RFID(radio frequency identification)技术，又称电子标签、无线射频识别，是一种通信技术，可通过无线电讯号识别特定目标并读写相关数据，而无需识别系统与特定目标之间建立机械或光学接触。射频识别可达几十厘米到几米，且根据读写的方式，可以输入数千字节的信息，同时还具有极高的保密性。射频识别技术适用的领域包括物流跟踪、运载工具和货架识别等要求非接触数据采集和交换的场合，要求频繁改变数据内容的场合尤为适用。

RFID系统在具体的应用过程中，根据不同的应用目的和应用环境，系统的组成会有所不同，但从RFID系统的工作原理来看，系统一般由标签、阅读器或读写器组成。

(1)电子标签(tag)

电子标签也称应答器，由耦合元件及芯片组成，每个标签具有唯一的电子编码，附着在物体上标识目标对象。

根据电子标签获取电能的方式不同，电子标签分成主动式标签和被动式标签。主动式标签又称为有源标签，标签内部自带电池供电；被动式标签又称无源标签，内部不带电池，靠外界提供能量。被动式标签获取电能的装置是标签内的天线与线圈，当进入系统的工作范围，天线接收到特定的电磁波，线圈就会产生感应电流，再经过整流电路给标签供电。

根据标签内部使用存储器类型不同，电子标签可以分成只读标签与可读写标签。只读标签内部只有只读存储器ROM(read only memory)，ROM中存储有标签的标识信息。这些信息可以在标签制造过程中由制造商写入ROM中，也可以在标签开始使用时由使用者根据特定的应用目的写入特殊的编码信息。这种信息只能是一次写入，多次读出。只读标签中还有缓冲存储器，用于暂时存储调制后等待天线发送的信息。可读写内部的存储器除了ROM、缓冲存储器之外，还有非活动可编程记忆存储器。这种存储器一般是EEPROM(电可擦除可编程只读存储器)，它除了存储数据功能外，还具有在适当的条件下允许多次对原有数据的擦除以及重新写入数据的功能。可读可写标签还可能有RAM(random access memory)，用于存储标签反应和数据传输过程中临时产生的数据。

按工作频率的高低，电子标签可以分为低频、高频、超高频和微波电子标签。低频标签，其工作频率范围为30~300kHz，典型工作频率有125kHz、133kHz，低频标签一般为无源标签，其工作能量通过电感耦合方式从阅读器耦合线圈的辐射近场中获得。低频标签与阅读器之间传送数据时，低频标签需位于阅读器天线辐射的近场区域内。高频电子标签的工作频率一般为3～30MHz，典型工作频率为13.56MHz，采用电感耦合方式工作，同样采用无源标签，其工作能量也是通过电感耦合方式从阅读器耦合线圈的辐射近场中获得。超高频电子标签，其典型工作频率为433.92MHz、862（902）～928MHz。微波电子标签，其典型工作频率为2.45GHz、5.8GHz。超高频和微波电子标签与阅读器之间的耦合方式为电磁耦合方式，阅读距离一般大于1m，典型情况为4～7m，最大可达10m以上，阅读器天线一般均为定向天线。

（2）阅读器

根据支持的标签类型不同与完成的功能不同，阅读器的复杂程度也是不同的，一般地，阅读器由天线、频率发生器、相位锁位回路、调制电路、微处理器、存储器、解调电路及外设接口组成。天线用来发送无线信号给标签，并把由标签响应回来的数据接收回来；频率发生器产生系统工作所需的工作频率；相位锁位回路（PLL）产生射频所需的载波信号；调制电路把要发送给标签的信号加载到载波信号后，传递给射频电路送出；微处理器将发送给标签的数据转换为信号，传递给调制电路，同时译码标签回传信号，并将所得的数据通过外设接口传给应用程序，若是加密的系统还必需进行加、解密操作；存储器用于存储用户程序和数据；解调电路解调标签响应送过来的微弱信号，再送给微处理器处理；外设接口是和计算机联机的接口。

1.3.5.4　地理信息系统

地理信息系统（geographic information system，GIS）是1963年由Roger F. Tomlinson提出的，20世纪80年代开始走向成熟。GIS是在计算机软硬件支持下，把各种地理信息按照空间分布及属性，以一定的格式输入、存储、检索、更新、显示、制图、综合分析和应用的技术系统。GIS是多种学科交叉的产物，它以地理空间数据为基础，采用地理模型分析方法，适时地提供多种空间和动态的地理信息，是一种为地理研究和地理决策服务的计算机技术系统。

GIS按研究的范围大小可分为全球性的、区域性的和局部性的；按研究内容的不同可分为综合性的与专题性的。同级的各种专业应用系统集中起来，可以构成相应地域同级的区域综合系统。在规划、建立应用系统时应统一规划这两种系统的发展，以降低重复浪费，提高数据共享程度和实用性。

（1）地理信息系统的类型

地理信息系统按其内容、功能和作用不同可分为两类：工具型地理信息系统和应用型地理信息系统。

工具型地理信息系统也称地理信息系统开发平台，它是具有地理信息系统基本功能，供其他系统调用或用户进行二次开发的操作平台，如国外的ARC/INFO、GENAMAP、MAPINFO以及国内的MapGIS、GeoStar等。

应用型地理信息系统是根据用户的需求和应用目的而设计的一种解决一类或多类实际应用问题的地理信息系统，除了具有地理信息系统基本功能外，还具有解决地理空间实体及空间信息的分布规律、分布特性以及相互依赖关系的应用模型和方法。应用型地理信息系统按研究对象性质和内容不同，可分为专题地理信息系统和区域地理信息系统。专题地理信息系统是具有有限目标和专业特点的地理信息系统，为特定的目标服务，如水资源管理信息系统、矿产资源信息系统等。区域地理信息系统主要以区域综合研究和全面信息服务为目标，可以有不同的规模，如国家级、地区或省级、市级和县级等。

(2)地理信息系统的组成

GIS 的应用系统由硬件、软件、数据、人员和方法五个部分构成。

GIS 硬件是操作 GIS 所需的计算机硬件资源，包括计算机、数字化仪、扫描仪、绘图仪以及数据存储设备。根据硬件配置规模的大小不同可分为简单型、基本型和网络型。

GIS 软件是指 GIS 运行所必须的各种程序，主要包括计算机系统软件和地理信息系统软件两部分。地理信息系统软件提供存储、分析和显示地理信息的功能和工具。主要的软件部件有：输入和处理地理信息的工具；数据库管理系统工具；支持地理查询、分析和可视化显示的工具；便于操作这些功能的图形用户界面程序等。

GIS 数据是一个 GIS 应用系统最基础的组成部分，数据来源包括室内数字化和野外采集，以及从其他数据的转换。数据包括空间数据和属性数据，空间数据的表达可以采用栅格和矢量两种形式，来表现地理空间实体的位置、大小、形状、方向以及几何拓扑关系。

人员是地理信息系统中重要的构成要素，GIS 不是简单的一幅地图或数字地图，它是一个动态的地理模型，需要人员进行系统组织、管理、维护和数据更新，系统扩充完善以及应用程序开发，并采用空间分析模型来提取多种信息。

方法主要是指空间信息的综合分析方法，也就是常说的应用模型，是在对专业领域的具体对象与过程进行大量研究的基础上总结出的规律的表示。

(3)地理信息系统的主要功能

GIS 系统应具备五项基本功能，即数据输入、数据编辑与处理、数据存储与管理、空间查询与分析、可视化表达与输出。

数据输入，是指将地图数据、物化遥感数据、统计数据和文字报告等数据输入、转换成计算机可处理的数字形式。

数据编辑与处理，包括属性编辑和图形编辑。属性编辑主要与数据库管理结合在一起完成，图形编辑主要包括拓扑关系建立、图形编辑、图形整饰、图幅拼接、图形变换、投影变换、误差校正等功能。

数据存储与管理，主要提供空间与非空间数据的存储、查询检索、修改和更新的功能。

空间查询与分析，主要提供空间检索、空间拓扑叠加分析和空间模型分析的功能。空间检索包括从空间位置检索空间物体及其属性、从属性条件检索空间物体；空间拓扑叠加分析实现空间特征(点、线、面或图像)的相交、相减、合并等，以及特征属性在空间上的连接；空间模型分析包括数字地形高程分析、缓冲区分析、网络分析、图像分析、三维模型分析、多要素综合分析及面向专业应用的各种特殊模型分析等。

可视化表达与输出，将中间处理结果或最终结果进行可视化表达，并在终端输出显示。

1.3.5.5 全球卫星导航系统

全球卫星导航系统是一种以人造卫星为基础的高精度无线电导航定位系统，是能在地球表面或近地空间的任何地点为用户提供全天候的三维坐标、速度以及时间信息的空基无线电导航定位系统。全球现有四大卫星导航系统：美国全球定位系统(Global Positioning System，GPS)、中国北斗卫星导航系统(BeiDou Navigation Satellite System，BDS)、俄罗斯格洛纳斯卫星导航系统(GLONASS)和欧洲伽利略卫星导航系统(GALILEO)。全球卫星导航系统已经在航空、航海、通信、人员跟踪、测绘、授时、车辆监控管理和汽车导航与信息服务等方面广泛使用。在物流领域中，全球卫星导航系统通常与 GIS 系统相结合，广泛应用于企业物流配送计划、线路规划，以及对运输设备及货物的实时定位、跟踪、检测、调度的全程管理，为制订生产和销售计划提供数据。

(1)美国全球定位系统(GPS)

全球定位系统是利用通信卫星、地面控制部分和信号接收机对对象进行动态定位的系统，它是美国第二代卫星导航系统，从 20 世纪 70 年代开始研制，耗资 200 亿美元，于 1994 年全面建成，是具有在海、陆、空进行全方位实时三维导航与定位能力的新一代卫星导航与定位系统。GPS 能对静态、动态对象进行动态空间信息的获取，并可以快速、高精度、不受天气和时间的限制反馈空间信息。

GPS 系统包括三大部分：空间部分——GPS 卫星星座；地面控制部分——地面监控系统；用户设备部分——GPS 信号接收机。

GPS 卫星星座：由 21 颗工作卫星和 3 颗在轨备用卫星组成的 GPS 卫星星座，记作(21+3)GPS 星座。24 颗卫星均匀地分布在 6 个轨道平面内，轨道倾角 55°，各个轨道平面之间相距 60°，每个轨道平面内各颗卫星之间的升交角距相差 90°，一轨平面上的卫星比西边相邻轨道平面上的相应卫星超前 30°。

地面监控系统：由一个主控站、三个注入站和五个监测站组成。地面监控系统向 GPS 卫星播发星历——描述卫星运动及轨道的参数，监控 GPS 卫星上设备的运行及卫星的运行轨道，并保持各颗卫星处于同一时间标准。

GPS 信号接收机：捕获到按一定卫星高度截止角所选择的待测卫星的信号，并跟踪这些卫星的运行，对所接收到的 GPS 信号进行变换、放大和处理，测量出 GPS 信号从卫星到接收机天线的传播时间，解译出 GPS 卫星所发送的导航电文，实时地计算出测量站的三维位置，甚至三维速度和时间。

(2)北斗卫星导航系统

北斗卫星导航定位系统(图 1-3)是中国自主研制的、独立运行的全球卫星导航系统，是继 GPS、GLONASS 之后第三个成熟的卫星导航系统。北斗卫星导航系统致力于向全球用户提供高质量的定位、导航和授时服务，坚持“自主、开放、兼容、渐进”的发展原则，稳步推进

图 1-3 北斗卫星导航定位系统卫星分布图

北斗系统建设与持续发展。

北斗系统由空间段、地面段和用户段三部分组成。空间段由若干颗地球静止轨道卫星、倾斜地球同步轨道卫星和中圆地球轨道卫星等组成。地面段包括主控站、时间同步/注入站和监测站等若干个地面站，以及星间链路运行管理设施。用户段包括北斗及兼容其他卫星导航系统的芯片、模块、天线等基础产品，以及终端设备、应用系统与应用服务等。

自20世纪80年代以来，中国开始探索适合国情的卫星导航系统发展道路，北斗卫星导航系统建设过程分三步完成。

第一步：北斗一号系统建设。1994年启动北斗一号系统工程建设；2000年发射2颗地球静止轨道卫星，建成系统并投入使用，采用有源定位体制，为中国用户提供定位、授时、广域差分和短报文通信服务；2003年发射第3颗地球静止轨道卫星，进一步增强系统性能。

第二步：北斗二号系统建设。2004年启动北斗二号系统工程建设；至2012年年底完成了14颗卫星(5颗地球静止轨道卫星、5颗倾斜地球同步轨道卫星和4颗中圆地球轨道卫星)发射组网。北斗二号系统在兼容北斗一号系统技术体制基础上，增加无源定位体制，为亚太地区用户提供定位、测速、授时和短报文通信服务。

第三步：北斗三号系统建设。2009年启动北斗三号系统工程建设；至2018年年底完成了19颗卫星发射组网，完成基本系统建设，并向全球提供服务；于2020年底前，完成30颗卫星发射组网，全面建成北斗三号系统。

2020年6月23日9时43分，我国在西昌卫星发射中心用长征三号乙运载火箭，成功发射北斗系统第五十五颗导航卫星，即北斗三号最后一颗全球组网卫星，北斗三号全球卫星导航系统星座部署比原计划提前半年全面完成。2020年7月31日北斗三号全球卫星导航系统正式开通，标志着北斗“三步走”发展战略圆满完成，北斗迈进全球服务新时代。北斗三号具备导航定位和通信数传两大功能，可提供定位导航授时、全球短报文通信、区域短报文通信、国际搜救、星基增强、地基增强、精密单点定位共7类服务，是功能强大的全球卫星导航系统；全球范围定位精度优于10m、测速精度优于0.2m/s、授时精度优于20ns、服务可用性优于99%，亚太地区性能更优。

1.3.6 物流技术装备分类与配置原则

1.3.6.1 物流技术装备的分类

物流技术装备就是在物流活动的各个环节中所使用的物流机械设备和器具的总称，具体地用于储存、装卸搬运、运输、包装、流通加工、配送、信息采集与处理等物流活动的设备或装备。物流技术装备主要包括各类起重运输设备、装卸搬运设备、运输设备、储存保管设备、分拣设备、集装单元化器具、包装装备、物流信息技术装备等。广义上，物流技术装备还包括由上述技术装备所构成的各类物流设施，如仓库、配送中心、货运站场、集装箱站场等。

通常，按照物流技术装备所完成的物流作业来划分，可把物流技术装备分为如下类别：

①集装单元化器具。主要有托盘、集装箱和其他集装单元化器具，使用集装单元化器具对货物进行组合包装后，可提高货物的活动，使货物随时都处于准备流动的状态，

便于达到储存、装卸、搬运、运输、包装一体化，实现物流作业机械化、标准化。

②运输技术装备。通常指用于较长距离运输货物的设备。根据运输方式不同，运输设备可分为公路运输载货汽车、铁道货车、货船、货机、管道运输设备等。

③仓储技术装备。主要用于各类仓库、配送中心，进行货物的存取、储存的各种机械设备和器具，包括货架、堆垛机、搬运机器人、提升机、装卸搬运设备等。

④装卸搬运技术装备。通常是指用于升降、装卸、搬运货物和短距离运输的机械设备。主要包括起重机械、叉车、搬运车、牵引车、连续输送机等。

⑤分拣技术装备。指将用户所订的货物从存储位置取出，按订单分类集中、处理放置的技术装备，主要有分拣装备、分拣设备控制中心等。

⑥包装技术装备。为保护产品，方便储存、运输及促进销售，对产品进行包装、分割、计量、分拣、贴标签、组装等作业所用的机械设备与装置，常见的有充填机械、灌装机械、捆扎机械、裹包机械、贴标机械、清洗机械、干燥机械、杀菌机械、集装机械等。

⑦物流信息技术装备。是应用于物流系统中的信息技术及装备的总称，主要有基于各种通信方式的移动通信手段及设备、BDS 或 GPS 技术设备、GIS 技术设备、计算机网络技术设备、自动化仓库管理技术设备、智能标签技术设备、条码及射频技术设备、信息交换技术设备等。

通常可把物流技术装备分成运输设备、定点设备、单元负载集装设备、存储设备和识别与控制设备等类别，见表 1-1。

表 1-1　常用的物流技术装备分类体系

类别		设备类别
运输设备	输送机	滑槽输送机 滚轮输送机 滚筒输送机 链条输送机 板条输送机 平带输送机 磁性带式输送机 槽形皮带输送机 链斗式输送机 振动输送机 螺旋输送机 气力输送机 垂直输送机 轨道车输送机 牵引输送机 悬拌输送机 动力与无动力双轨悬挂输送机 单轨悬挂输送机 分拣输送机
	起重机	臂架型起重机 桥式起重机 门式起重机 堆垛起重机

（续）

类别		设备类别
运输设备	工业车辆	手推车 托盘手推车 步行式堆垛机 电动托盘搬运车 电动平台搬运车 平衡重式叉车 窄巷道插腿式叉车（跨立式） 窄巷道前移式叉车（直达式） 转叉式叉车 订单拣选叉车 侧面式叉车 牵引拖车 操作人员运输车 自动牵引小车
定点设备		升降台/倾卸台/旋转台 站台登车桥（站台高度调节板） 万向滚轮工作台 环形指标工作台 零件提供器 气薄膜装置 滑轮 平衡器 操纵器 工业机器人
单元负载集装设备		托盘 货盘 滑托盘 周转箱 托盘箱/货盘箱 箱/篮/架 纸箱 袋 散货集装箱 板条货柜 联运集装箱 皮带/标签/胶带 热缩塑料包装/拉伸卷缠包装 堆垛机

（续）

类别	设备类别
存储设备	可调式托盘货架 贯通式货架 驶入式货架 流动货架 后推式货架 悬臂式货架 滑动式货架 堆垛支架 架/箱/抽屉 旋转式存储 自动存取系统 A 字分拣系统 阁楼
识别与控制设备	条形码 射频标签 磁条 机器视觉系统 可持数据终端 电子数据交换/因特网

1.3.6.2 现代物流技术装备的发展趋势

物流技术装备是组织实施物流活动的重要手段，是物流活动的基础。随着用户需求的变化及自动控制技术、信息技术、人工智能等在物流技术装备上的应用，我国建立了比较完善的物流设备制造体系，物流装备技术水平有了显著的提高。为适应现代物流的发展需要，现代物流技术装备将呈现如下发展趋势。

(1)大型化和高速化

大型化是指设备的容量、规模、能力越来越大，大型化是实现物流规模效应的基本手段。同时，物流设备的运转速度、运行速度、识别速度、运算速度越来越快，设备的物流作业速度、作业效率也就越来越高。

(2)专用化和通用化

随着物流行业专业分工的逐步细化，一些具有专用功能的物流装备不断出现，专用化物流设备以特有的功能满足特殊的物流作业需求，能发挥出最佳的效用，是提高物流效率的基础。同时，许多物流装备如托盘、集装箱等集装单元器具应更加通用化、标准化，可使整个物流系统各作业环节高效衔接，实现物流作业的快速转换，大幅提高物流效率。

(3)实用化和轻型化

实用化、轻型化的物流装备已成为各国开发的新热点，在物流企业中出现了大量的轻型托盘搬运车、迷你型叉车等。这些物流装备在保证轻便实用的前提下，简化机械结构、降低造价，同时也减少设备的运行成本，提高了设备的灵活性。

(4)自动化和智能化

将机械技术和电子技术相结合，实现物流装备的自动化和智能化也是物流装备的发展方向。提高单机自动化、智能化水平，是实现物流系统集成化、系统化的基础。

(5)系统化和集成化

在物流机械单机自动化的基础上，通过计算机、网络通信技术等将各种物流机构组成一个集成系统，由中央控制系统将物流各环节有机地联系起来，使整个系统得到优化，使物流系统运行效率最高、成本最低。

(6)安全节能和环保化

安全、节能和环保是当今社会经济发展的主旋律，在选择配置物流装备时，不仅考虑满足企业物流经营的需要，同时还要求满足安全、节能和环保要求，即要求所配置的物流装备在使用过程中不能对周围环境造成危害，并优先选择能耗低、安全可靠的节能型物流装备。

1.3.6.3 物流技术装备的配置原则

物流技术的应用及其装备的配置必须根据物流系统的成本目标、服务水平和质量进行综合考虑。

(1)物流技术装备配置的合理性原则

机械化系统可以大大地改善劳动条件，减轻劳动强度，增强作业安全性，提高作业效益和效率。但是，在机械化的过程中要考虑系统目标和实际情况。一般情况下，对于作业量很大，特别是重、大货物，起动频繁、重复、节拍短促而有规律的作业，适宜采用机械化系统。对于要求作业效率高、精度高，或影响工人的健康、有危险的作业场合，适宜采用自动化系统。

合理选用物流技术装备。设备先进程度、数量多少要以适用为主，使设备性能满足系统要求，以保证设备充分利用，防止设备闲置浪费。为此要对物流技术装备进行科学规划，要认真研究分析设备需求种类、配置状况、技术状态，制定切实可行的配置方案，并科学合理地选用，充分发挥物流机械设备的效能。

集成化与配套使用。在物流系统中，不仅要注意物流技术装备单机的选择，更重要的是整个系统各环节的衔接和物流技术装备合理匹配。如果设备之间不配套，不仅不能充分发挥设备的效能，而且在经济上可能造成很大的浪费。

(2)物流系统运作的快速性、及时性、准确性和经济性原则

合理利用物流技术装备，以最低的物流成本，提供高效、优质的服务，是赢得持久竞争优势的关键。顾客对不同产品的需求在时间要求上也有所不同。而生产系统为保证生产需要，有时需要快速地供应生产所用的材料。这对物流技术装备提出了更高的要求，要求其快速、及时、准确、经济地把物料或货物运送到指定的场所。

快速性是指满足生产和用户的需要，以最快的时间运送物料或货到指定的地点。为了保证物流速度，就需要合理配置物流设备，广泛采用现代化的物流设备。

及时性是指按照生产进度，合理运用物流设备，把物料或货物及时地送到指定地点。无论是生产企业各车间工序间物料的流动，还是企业外各种物品的流动，都要根据生产的需要及时地进行，否则生产就会受到影响。这就要求物流设备随时处于良好状态，能随时进行工作。

准确性是指在仓储、运输、搬运过程中确保物流技术装备可靠、安全，保证运送的物料或货物的种类与数量符合需求，且防止由于物流设备的故障造成货物损坏、丢失。

经济性是指在完成一定的物流任务的条件下，投入的物流技术装备最具经济性，即发挥了物流设备的最大效能，而消耗费用最低。

(3)选用物流器具和设备的标准化原则

在物流系统中，要用标准化的物流技术装备、器具，可以降低设备和器具的购置和管理费用，提高物流作业的机械化水平，提高物流系统效率和经济效益。特别是选用标准化集装单元器具，有利于搬运、装卸、储存作业的统一化和设施设备的充分利用。

(4)具有较强的灵活性、适应性原则

在物流系统中，所采用的物流装备应能适应各种不同的物流环境、物流任务和实际应用的需求，应满足使用方便、符合人体工程学原理等要求。在木材工业企业中，物流技术装备必须满足实际物流应用需求，如装卸运输长度大、笨重的原木等物料的物流技术装备必须满足其特殊要求。

(5)充分利用空间

利用有效的空间进行物流作业，可减少用地面积，提高土地利用率。如采用悬挂输送机、梁式起重机、桥式起重机、斗式提升机、气力输送装置等装卸、搬运设备。

(6)减少人力搬运

从物流系统内的人机工作特点来看，有些地方还需要人力搬运，但要尽量减少体力搬运，减少人员步行距离，减少弯腰的搬运作业。特别是在家具生产车间内，尽量使用搬运机械减少搬运所需体力，可用升降台减小弯腰弧度、减少弯腰次数或不用弯腰进行搬运及其他物流作业。另外，也应尽量减少搬运、装卸的距离和次数，减少作业人员上下作业和人力码垛的范围和数量。

思考题

1. 美国物流管理协会对物流的定义从 physical distribution 向 logistics 的转变，诠释了哪些变化？
2. 为何物流系统被日本早稻田大学教授西泽修等称为“第三利润源泉”，同时将物流费用喻作“冰山”？
3. 根据物流的范围或范畴不同，物流有哪些分类？
4. 按物流的作用分，企业物流可分为哪些类型？
5. 影响企业生产物流的组织与管理的因素有哪些？
6. 合理组织生产物流有哪些基本要求？
7. 企业物流具有哪些基本特征？
8. 企业物流包括哪些具体物流活动？
9. 企业物流的作业目标有哪些？
10. 什么是物流技术，有哪些类型？
11. 物流管理技术、信息技术等对现代企业生产与管理有何积极作用？
12. 物流技术装备有哪些类型？现代物流技术装备的发展趋势如何？
13. 配置物流技术装备时，应考虑哪些基本原则？
14. 引入现代物流观念到木材工业有何意义？

第 2 章
集装技术与装备

[本章知识点]集装、集装技术、集装系统的概念与内涵；集装的目的和原则、集装系统的基本组成要素；周转箱、托盘、集装箱的基本结构与分类；托盘码盘方法与紧固措施。

根据国家标准 GB/T 18354—2006《物流术语》定义，集装化是用集装器具或采用的捆扎方法，把物品组成便于装卸、搬运、储存、运输的标准规格的集装单元的物流作业方式。在木材工业企业的原材料、产成品仓库，以及在多数的胶合板、细木工板、木制品、竹制品等生产车间内，物料量大，或较为零散，装卸搬运量大，周转箱、托盘等集装器具的使用，可有效地提高车间内物流作业效率与质量、降低物流作业成本。

2.1 集装技术

在物流过程中，物品要经过包装、运输、装卸和储存等基本作业环节。一般地，在一次物料搬动作业中，装、卸的次数与移动次数之比是 2∶1 的关系。由于装卸作业的劳动强度大，花费的时间也多，因此，在物流作业过程中，要通过货物单元化、标准化，实现装卸作业的机械化、自动化，提高装卸作业速度和物流质量与效益。实现装卸作业机械化的基本和必要前提是货物单元化与标准化，通过把各种形状、尺寸的货物组成标准的运输单元和仓储单元，实现集装化，从而将各项作业连贯起来，提高装卸搬运的效率。

2.1.1 集装

以最有效地实施物资搬运为基本条件，把若干单件货物、包装货物或零散货物恰当地组合，达到适合于装卸搬运设备和机械操作的程度，对这种货物处理过程叫作集装。从包装角度来看，集装是一种按一定单元将杂散物品组合包装的形态，是属于大型包装的形态。集装的目的是有利于装卸、运输、储存，有利于降低物流成本。

集装技术的出发点是把数件物品汇集为一定重量或容积单位的整体，并使物品的外形定型化，以实现机械化高效率作业和提高运输器具的装载效率，并带来以下好处：便于实现装卸、搬运机械化和自动化，提高装卸、运输效率和整个物流系统的作业效率；提高货物运输质量，减少货物在运输过程中的货损和货差，减少散装和液体物品对环境的影响；便于物品堆垛、储存，提高单位面积的储存能力，减少库房需要量；有利于组织联运，加速物资周转；便于物资清点，简化交接手续；使装卸、运输作业不受气候影响，保证车船正常运输；节省包装费用，降低物流成本。

通常集装要考虑以下原则：

①通用化。集装技术要与物流全过程的设备及其工艺相适应，不同形式的集装技术之间、同一种集装技术而不同规格的集装器具之间要协调，以便在装卸、运输过程中畅通无阻，避免重新集装，使物流过程中断。因此，要兼顾到火车、汽车、轮船和飞机等交通工具运输时集装器具间的协调，以便在“门到门”的运输过程中畅通无阻。如汽车宽度不超过2500mm，集装箱的宽度不超过2438mm。

②标准化。集装与集装器具的标准化是通用化的基础。集装器具的外形、重量、刚度、强度和耐久性，以及装卸搬运加固规则、编号和标志都必须标准化，才可避免在不同地区或不同环节进行换装，最大限度地减少重复搬运，提高流通效率。

③系统化。集装技术的概念不是单纯的集装器具，而是包括集装器具在内的成套物流设备、设施、工艺和管理的总和。把物资的包装、储存、搬运、装卸、运输等环节作为一个整体，既是一个物流系统，也是一个联结生产与生产、生产与消费的动态系统。所以需要把这几个环节联系起来按整个系统来考虑，综合地规划和改善各个环节的物流机能，使之达到最好的经济效果。

④配套化。集装单元化的一个突出特点就是要实行机械化、自动化装卸搬运，要实现装卸搬运机械化、自动化，则必须要有完备的配套设备和设施，包括一定数量的集装箱、装掏箱设备、紧固设备。

2.1.2 集装系统

集装系统是以集装方式进行物流的全过程各项活动并对此进行综合、全面管理的物流形式。集装系统有时也简称为集装或集装化，是许多活动综合的总称。既是一种包装形式，又远远超出包装的范畴；既是一种运输或储存形式，又不完全只起运输或储存的作用。集装贯穿于物流的全过程并发挥作用。

集装有效地将分散的物流各项活动联结成一个整体，是物流系统化中的核心内容和主要方式。在集装系统中，首要的问题是将货物形成集装状态，即形成一定大小和重量的组合体，这是集零为整的方式。将零散货物集中成一个单元，称为单元组合，又称集装单元。这样形成的货载叫单元组合货载或集装货载。

集装系统的基本要素一般包括工具要素、管理要素和支撑要素等三方面的内容。

2.1.2.1 工具要素

集装系统的工具要素主要由各种集装器具及配套工具构成，如集装箱、托盘、周转箱、集装网络、集装袋、散装罐等。这些工具的主要作用是将零杂货物组合成单元货物，并以这些工具为承托物，以单元货物为整体进行物流。

这些工具以不同形式进行集装，各适用于不同对象，再加上各种集装工具有不同的类型和尺寸，集装系统可以适用于全部物流对象。与这些集装工具配套的，还有一些辅助性工具，主要有：装卸辅助工具，如集装的吊具、索具、叉车附件等；搬运辅助工具，如使托盘在运输设施上移运的托盘移动器等；包装辅助工具，如集装货载的稳固工具、装箱及出箱工具等。

和成为一个运输单位的重要功能，使托盘成了物流系统化的重要集装器具，对现代物流的形成和物流系统的建立起了主要的作用。托盘的出现也促进了集装箱和其他集装方式的形成和发展，现在托盘已经是和集装箱一样重要的集装方式，形成了集装系统的两大支柱。人造板、家具等木材加工车间的原材料、半成品、成品多数为重量较大的物品，家具车间内流转的原材料、零部件等虽然靠人力能完成搬运，但数量大、效率低、劳动强度大，采用托盘集装和手动液压搬运车或叉车快速、高效地完成装卸搬运作业，是最常用的、最有效的解决方案。

托盘和集装箱在许多方面是优点、缺点互补，因而往往难以利用集装箱的地方可利用托盘，托盘难以完成的工作可由集装箱完成。托盘的主要优点有：

①自重小。因而用于装卸、运输托盘本身所消耗的劳动较小，无效运输与装卸比集装箱要小。

②易返空。由于托盘造价不高，又很容易互相代用，互以对方托盘抵补，所以无须像集装箱那样必须有固定归属者，也无须像集装箱那样返空。即使返运，也比集装箱容易，占用运力很少。

③易装盘。不需像集装箱那样深入到箱体内部，装盘后可采用捆扎、紧包等紧固措施或技术处理，使用方便。

④装载量大。装载量虽然较集装箱小，但也能集中一定数量，比一般包装的组合量大得多。

2.3.1 托盘的种类

托盘的种类繁多，就目前国内外常见的托盘种类来说，大致可以划分为平托盘、柱式托盘、箱式托盘、轮式托盘和特种专用托盘五大类，具体可参阅国家标准 GB/T 3716—2000《托盘术语》。

2.3.1.1 平托盘

一般所称的托盘，主要指平托盘(图 2-2)，平托盘是托盘中使用量最大的一种，是托盘中最通用的托盘。平托盘可以按台面、叉车叉入方式及材料等进行分类。

(1)按台面分为单面托盘、双面托盘、单面使用托盘和双面使用托盘四种。

(2)按叉车叉入方式分为双向进叉托盘、四向进叉托盘、局部四向进叉托盘三种。其中，局部四向进叉托盘是指允许叉车货叉四向插入，而托盘搬运车货叉仅两向插入的托盘。

(3)按材料分类，有木质平托盘、钢制平托盘、塑料平托盘等几类。

①木质平托盘。木质平托盘由木材、人造板等木质材料制成的托盘，其制造、维修方便，重量轻，成本低，是使用广泛的平托盘。

②钢制平托盘。用角钢等异型钢材焊接制成的平托盘，和木制平托盘一样，也有叉入型和单面、双面使用型等各种形式。

钢制平托盘自身较重，比木制平托盘重，人力搬运较为困难。最近采用轻钢结构，可制成重量小于 35kg 的 1100mm×1100mm 钢制平托盘，可使用人力搬移。钢制平托盘最大特点是强度高，不易损坏和变形，维修工作量较小。钢制平托盘制成翼形平托盘有优势，这种托盘不但可使用叉车装卸，也可利用两翼套吊器具进行吊装作业，如图 2-2(g)和(h)所示。

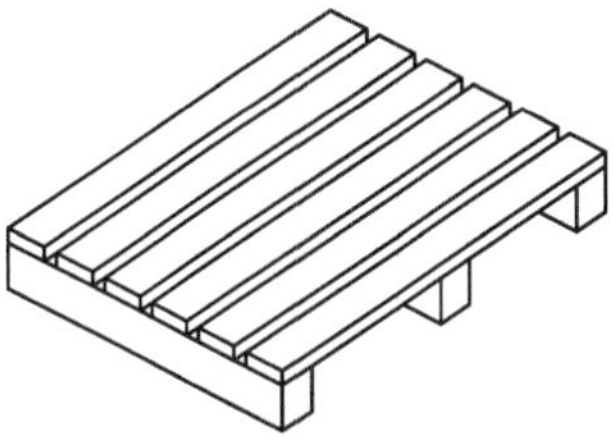

（a）单面托盘

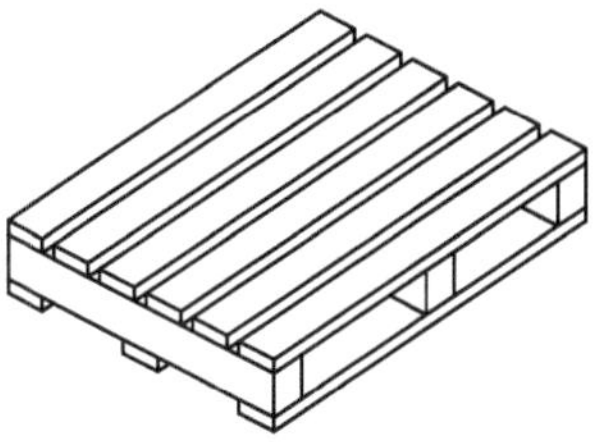

（b）单面使用托盘

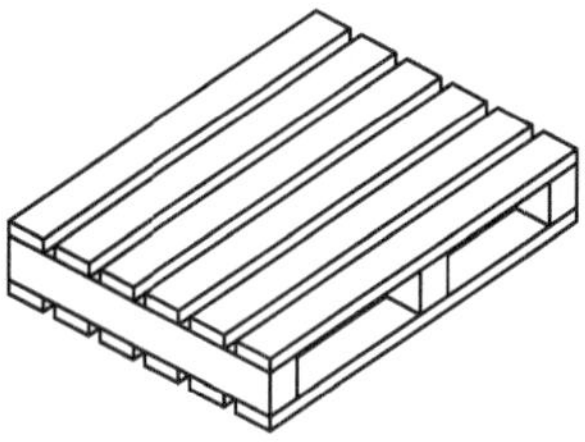

（c）双面使用托盘

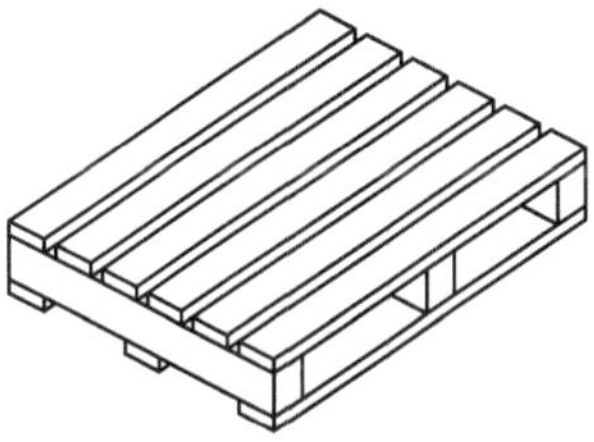

（d）双向进叉托盘

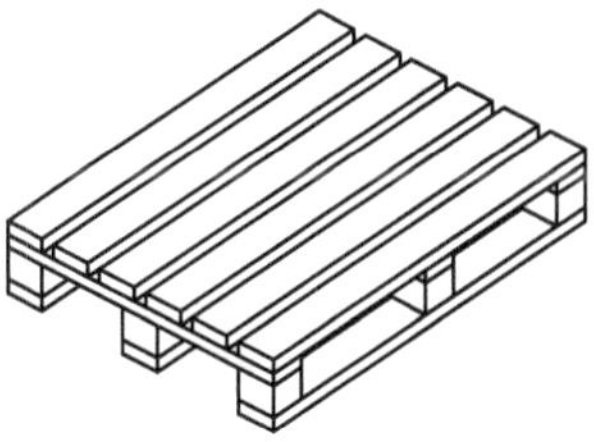

（e）四向进叉托盘

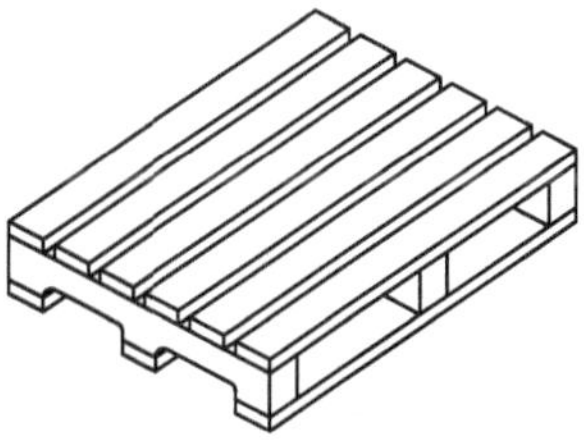

（f）局部四向进叉托盘

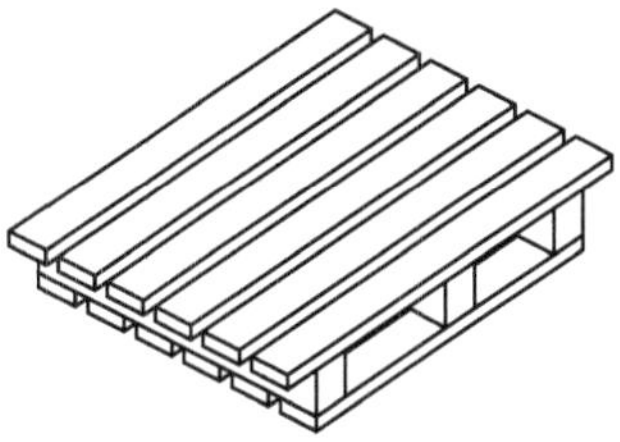

（g）单翼形托盘

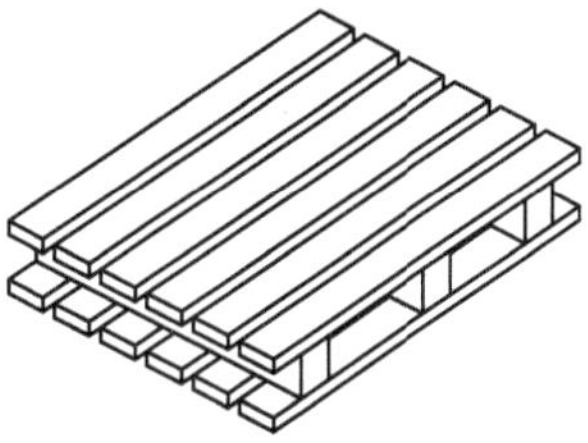

（h）双翼形托盘

图 2-2　平托盘

③塑料平托盘。采用高密度聚乙烯、聚丙烯等塑料模制的平托盘，一般有单面使用两向进叉、单面使用四向进叉、双面使用两向进叉和双面使用四面进叉四种结构形式。

塑料平托盘最主要的特点是本体重量轻，耐腐蚀性强，便于各种颜色分类区别，托盘是整体结构，不存在透钉刺破货物的问题，但塑料承载能力不如钢制、木质平托盘。

2.3.1.2　柱式托盘

柱式托盘(图 2-3)的基本结构是托盘的四个角有固定式、可折式或可拆式的柱子，这种托盘的进一步发展又可从对角的柱子上端用横梁连结，使柱子成门框型。柱式托盘的柱子部分可用钢材制成，按柱子固定与否分为柱式、可折柱式和可拆柱式三种。

柱式托盘的主要作用有两个，一是防止托盘上所置货物在运输、装卸等过程中发生塌垛；二是利用柱子支撑重量，可以将托盘上部货物悬空载堆，而不用担心压坏下部托盘上的货物。

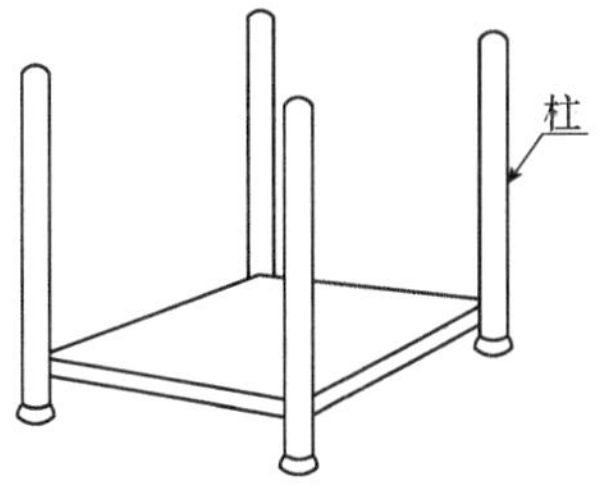

（a）固定式

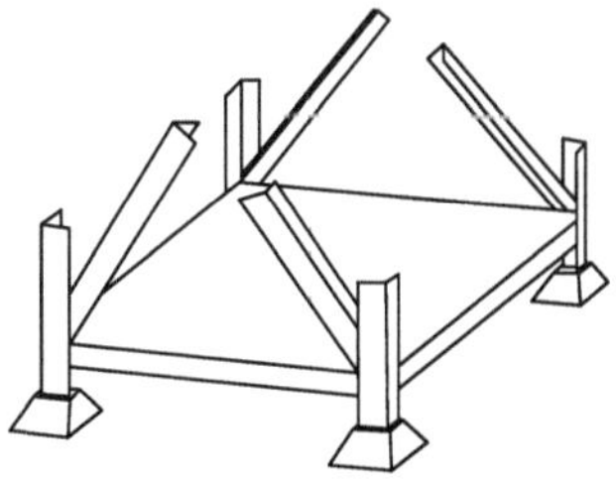

（b）可折式

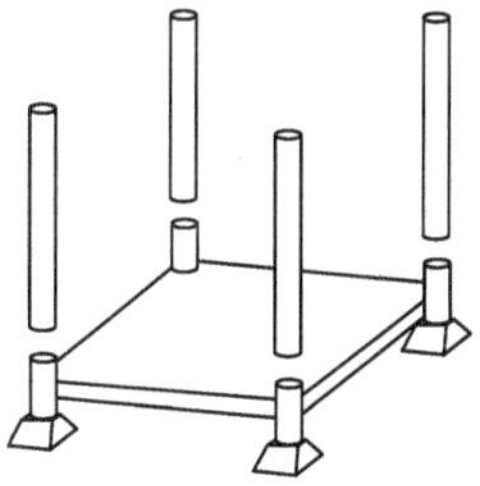

（c）可拆式

图 2-3　柱式托盘

2.3.1.3 箱式托盘

箱式托盘(图 2-4)的基本结构是沿托盘四个边由板式、栅式、网式等栏板和下部平面组成的箱体，有些箱体有顶板，有些箱体上没有顶板。箱板有固定式、折叠式和可卸式三种。

由于四周栏板不同，箱式托盘又有不同叫法，如四周栏板为栅栏式的也称笼式托盘或集装笼。箱式托盘的主要特点有二：其一，是防护能力强，可有效防止塌垛，防止货损；其二，是有四周的护板护栏，这种托盘装运范围较大，不但能装运可码垛的整齐形状的包装货物，也可装运各种异型不能稳定堆码的物品。

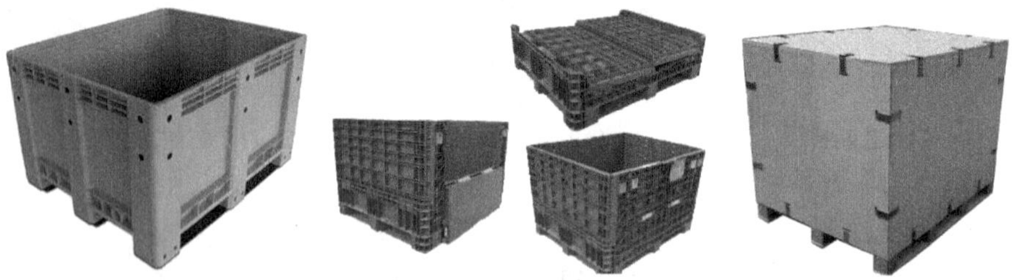

（a）固定式　（b）折叠式　（c）可卸式

图 2-4　箱式托盘

2.3.1.4 轮式托盘

轮式托盘的基本结构是在柱式、箱式托盘下部装有小型轮子，这种托盘不但具有一般柱式、箱式托盘的优点，而且可利用轮子做小距离移动，可不需搬运机械实现搬运。可利用轮子做滚上滚下的装卸，也有利于装放车内、舱内后，移动其位置，所以轮式托盘有很强的搬运性。此外，轮式托盘在生产物流系统中，还可以兼做作业车辆。

2.3.1.5 特种专用托盘

上述托盘都具有一定的通用性，可集装多种中小件杂、散、包装货物。由于托盘制造简单，造价低，所以为某些较大数量货物的运输，制造出装载效率高、装运方便、适于该种物品有特殊要求的专用托盘。现在各国采用的专用托盘种类很多，都在某些特殊领域发挥作用：

①航空托盘。航空货运或行李托运用的托盘，一般采用铝合金制造，为适应各种飞机货舱及舱门的限制，一般制成平托盘，托盘上所载物品以网覆罩固定之。

②平板玻璃集装托盘。又称平板玻璃集装架。这种托盘能支撑和固定立放的平板玻璃，在装运时，平板玻璃顺着运输方向放置以保持托盘货载的稳定性。平板玻璃集装托盘有若干种，使用较多的是 L 型单面托盘，A 型双面装放托盘。

③油桶专用托盘。专门装运标准油桶的异型平托盘，托盘为双面型，两个面皆有稳固油桶的波形表面或侧档板，油桶卧放于托盘上面，由于波形槽或挡板的作用，不会发生滚动位移，还可几层叠垛，解决桶形物难堆高码放的困难，也方便了储存。

④货架式托盘。其结构特点，是一种框架形托盘，框架正面尺寸比平托盘略宽，以保证托盘能放入架内，架的深度比托盘宽度小，以保证托盘能搭放在架上。架子下部有四个支脚，形成叉车进叉的空间。这种架式托盘叠高组合，便成了托盘货架，可将托盘

货载送入内部放置。

⑤长尺寸物托盘。专门用于装放长尺寸材料的托盘，这种托盘叠高码放后便形成了组装式长尺寸货架。

⑥轮胎专用托盘。轮胎本身有一定的耐水、耐蚀性，因而在物流过程中不必密闭，且本身很轻，装放于集装箱中不能充分发挥箱的载重能力，但对于储运时怕压、挤的货物，采用这种托盘是一种很好的选择。

2.3.2　托盘的基本结构

集装最为通用的托盘是联运通用平托盘，其结构具有典型性，由顶铺板、底铺板、纵梁等主要构件组成，如图 2-5 所示，具体术语可参阅国家标准 GB/T 3716—2000《托盘术语》。联运通用平托盘的公称外廓尺寸：1200mm × 1000mm、1200mm × 800mm、1140mm×1140mm、1219mm×1016mm，平面公称外廓尺寸的公差为-6～0mm，其中木质托盘的木质材料有湿涨干缩特性，在制造时其平面尺寸上偏差为+3mm。具体尺寸参见国家标准 GB/T 2934—1996《联运通用平托盘主要尺寸及公差》或 ISO 标准 ISO 6780：2003《联运通用平托盘——主要尺寸及公差》。

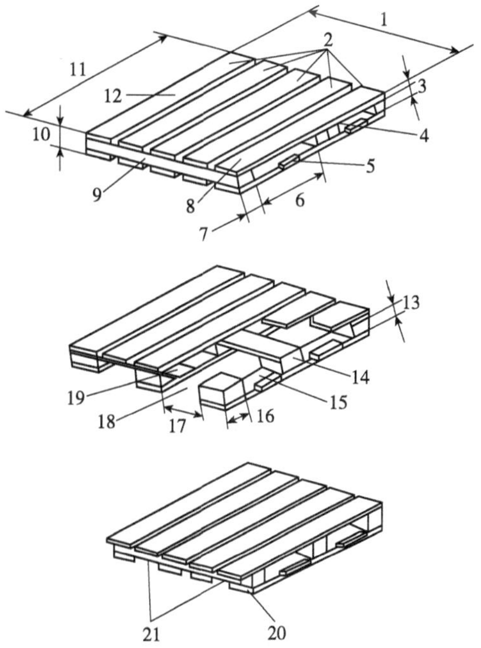

1. 托盘长度；2. 顶铺板；3. 叉孔高；4. 叉孔；5. 倒棱；6. 叉孔宽；7. 纵梁宽；8. 边板；9. 纵梁；10. 托盘高；11. 托盘宽；12. 边板；13. 垫块高；14. 垫块；15. 叉孔；16. 垫块宽；17. 叉孔宽；18. 叉孔；19. 纵板；20. 翼；21. 下面开口部。

图 2-5　联运通用平托盘基本结构及名称

2.3.3　托盘的集装方法

托盘是物流现代化的基本手段，应用托盘实现集装单元化的基本要素包括货物单元规格尺寸的确定、集装方式的选择以及紧固方法的使用。

2.3.3.1　码盘尺寸

货物码盘包装的长、宽、高尺寸，必须与各种车辆内部尺寸和叉车的装卸性能相适应，既要充分利用车辆车厢的容积，又要便于装卸和运输。码盘的长度和宽度，除以托盘长度和宽度作为基数外，还必须考虑码盘前后和左右的超出部分。码盘的高度既要适应车辆内部的高度和叉车最大起升高度，又要考虑作业间隙、货物重量和产品原包装的规格。

2.3.3.2　码盘方式

托盘码盘方式有重叠式码垛、纵横交错式码垛、旋转交错式码垛和正反交错式码垛等。

①重叠式码垛。也称对缝堆积法，如图 2-6(a)所示，物品各层的堆积方法完全一样，缝口上下对齐，相邻层物品没有交叉，容易倒塌。

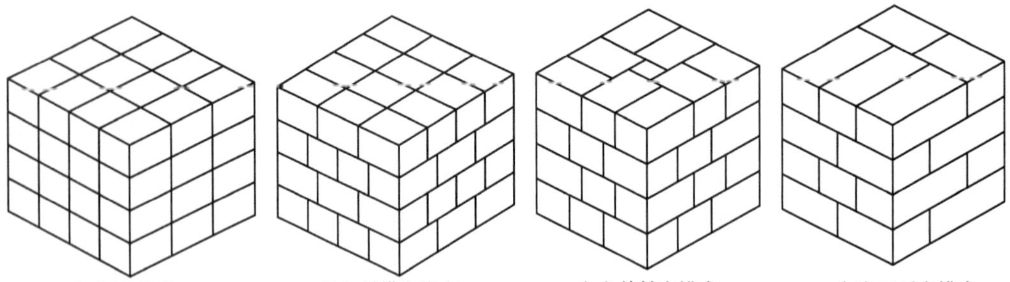

（a）重叠式　（b）纵横交错式　（c）旋转交错式　（d）正反交错式

图 2-6　托盘集装方式

②纵横交错式码垛。也称砌砖堆积法，如图 2-6(b)所示，奇数层和偶数层的物品方向不一样，物品缝口交错，这种堆积方法物品不易向外散落。

③旋转交错式码垛。也称中空堆积法，如图 2-6(c)所示，每两层之间有交叉，不易倒塌，但中心形成空心，降低了托盘利用率。

④正反交错式码垛。也称砌砖堆积法，如图 2-6(d)所示，相邻层方向相反，物品缝口交错，如同砌砖墙一样，这种堆积方法物品不易向外散落。

2.3.3.3　紧固方法

将货物与托盘紧固在一起、防止货物散架的方法，主要有捆扎、黏合、加框架紧固、网罩紧固、金属卡具固定、层间夹纸板、收缩薄膜包装、拉伸薄膜包装等几种方法。

①捆扎。捆扎是在托盘货物的周围用打包带或绳索进行紧固，可用于多种货物的托盘集装，常用于人造板的集装。其方式有水平、垂直和对角等捆扎形式。捆扎打结的方式有方结扎、黏合、热融、加卡箍等。

②黏合。黏合有两种方式，第一种是在下一层货箱上涂胶使上下货箱黏合，涂胶量根据货箱的大小和轻重而定；第二种是用双面胶带使上下货箱黏合。

③加框架紧固。将墙板式的框架加在托盘货物的相对两面或四面以至顶部，用以增加托盘货物钢性的方法。框架的材料可为木材、人造板、瓦楞纸板、塑料板、金属板等。加固方法有固定式和组装式两种，其中组装式还需用捆扎方法紧固。

④网罩紧固。加网罩紧固主要用于装有同类货物托盘的紧固，特别适合于形状不整齐的货物。网罩一般采用棉绳、布绳和其他纤维绳等材料制成。

⑤金属卡具固定。用周转箱集装于托盘上时，上下各层间可用铆合固定，最上层相邻部位用金属卡具固定。

⑥层间夹纸板。将具有防滑性能的纸板夹在各层货物间，以增加摩擦力，防止水平移动，或冲击时托盘货物各层间的移位。除纸板外，还可采用软质聚氨酯光洁塑料等片状物。

⑦收缩薄膜包装。用热收缩薄膜制成一定尺寸的套，套于货物堆积的垛上，然后进行热收缩，热收缩后货物与托盘紧固成一体。

⑧拉伸薄膜包装。用拉伸塑料薄膜将货物和托盘一起缠绕形成集装件，相对收缩薄膜，拉伸薄膜不能完成六面封，且捆缚力较小，适用于轻量物品的紧固。

2.4　集装箱

集装箱(container)是具有足够强度，可长期反复使用的适合于多种运输工具而且容积在 $1m^3$ 以上(含 $1m^3$)的集装单元器具。集装箱是一种集装器具，在国际运输过程以及跨区域运输中发挥着重要作用。集装箱是具有一定规格和强度进行周转用的大型货箱，是适合于铁路、水路、公路、航空等多种运输方式的大型包装箱。根据货物特性和运输需要，集装箱可以用钢、玻璃钢、铝等材料制成。集装箱既是一种集装器具，也是一种供货物运输的设备，应满足以下条件：

①具有足够的强度和刚度，可长期反复使用。

②适于一种或多种运输方式载运，在途中转运时，箱内货物不需换装。

③具有便于快速装卸和搬运的装置，特别是从一种运输方式转移到另一种运输方式。

④便于货物的装满和卸空。

⑤具有 $1m^3$ 及其以上的容积。

⑥是一种按照确保安全的要求进行设计，并具有防御无关人员轻易进入的货运工具。

集装箱不同于公路或铁路货车的车厢，也不同于反复使用的大型包装箱。它的主要特点是有八个角件，依靠这些结构简单、定位精确的角件，可以方便地使用集装箱装卸搬运机械完成集装箱的装卸、堆码、拴固等作业。集装箱的结构示意图如图 2-7 所示。

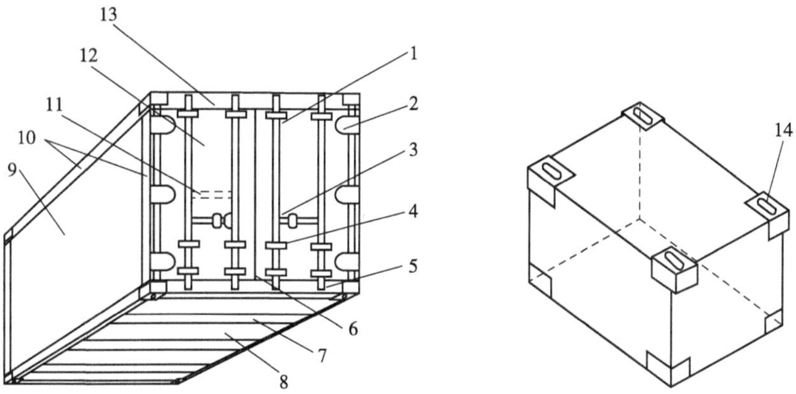

1. 端门；2. 门铰链；3. 门把手；4. 门锁杆；5. 门槛；6. 门钩；7. 底横梁；8. 箱底；9. 侧壁；10. 侧框架；11. 箱门横构件；12. 门板；13. 门楣；14. 角件。

图 2-7　集装箱结构示意图

2.4.1　集装箱的类型

(1)按材料分类

集装箱按材料可分为钢质集装箱、铝合金集装箱、玻璃钢集装箱等。

钢质集装箱的全部材料是由钢或不锈钢焊接而成，具有强度大、结构牢固、密封性能好的优点，其缺点是造价较高。

铝合金集装箱表面部件是用铝合金铆接而成，具有重量轻、美观并能在空气中形成氧化膜而耐腐蚀的优点。

玻璃钢集装箱是用玻璃纤维和合成树脂混合在一起制成薄薄的加强塑料，用黏合剂贴在胶合板的表面上形成玻璃钢板而制成的集装箱，具有强度高、刚性好、耐腐蚀和防止箱内结露等优点，但易老化。

(2)按结构分类

集装箱按结构可分为内柱式集装箱和外柱式集装箱、折叠式集装箱和固定式集装箱、预制骨架式集装箱和薄壳式集装箱。

侧柱和端柱设在箱壁内的为内柱式集装箱，反之为外柱式集装箱。内柱式集装箱外表平滑，受斜向外力不易损伤，方便涂刷标志，同时由于外壁和内衬板之间有空隙，可起隔热作用。外柱式集装箱外力可由柱体来承受，外板不易损伤，还有不需内衬板等优点。

集装箱结构固定，不可折叠的为固定式集装箱，而箱壁结构可折叠以减少空箱运输的空间的为折叠式集装箱。

预制骨架式结构集装箱的主要载荷由铝或钢制的骨架来承受，外板用铆接或焊接方法连接在骨架上。薄壳式集装箱是一种整体型的集装箱，没有骨架，是由薄钢板组成的一个钢体状的箱子，比预制骨架式结构集装箱重量要轻，箱体材料可以再利用；但由于薄壳式集装箱的箱体是由薄钢板制成的，所以承载能力比钢制集装箱差。

(3)按用途分类

集装箱一般按用途可分为通用集装箱和专用集装箱两大类。

①通用集装箱。适宜装载对运输条件无特殊要求的各种不同规格的干杂货，可以进行成件的集装运输。这类集装箱一般有密封防水装置的全封闭结构，其开门形式有多种：一端开门、两端开门、一端或两端开门再加一侧或两侧开门、部分开门或活顶等。

②专用集装箱，包括通风集装箱、保温集装箱、框架集装箱等。

a. 通风集装箱具有专门的通风窗口，为适于装载初加工皮货、带根植物或蔬菜、食品及其他需要一定程度通风和防止潮湿的一般杂货，能有效地保证新鲜货物在运输过程中不损坏或腐烂变质，则在侧壁或端壁设有4~6个通风窗口。其通风方式可以是自然流通，也可以借助通风机械来实现。

b. 保温集装箱，又可分为冷藏集装箱和保温集装箱。

冷藏集装箱是专为运输要求低温保鲜、冷藏的水果、肉、水产品等食品的。目前国际上冷藏集装箱有内藏式和外置式两种，内藏式集装箱的箱内装备有冷冻机，而外置式冷藏箱的没有冷冻机，只有隔热结构，在箱的前壁设有冷气注入口和排气口，由专门的冷冻装置供给冷气。

保温集装箱适于装载对温度变化十分敏感的货物，如精密仪器及油漆、胶黏剂、石蜡等化工产品，也适用于装载在运输途中不允许温度上升而需要通风的货物。集装箱前壁和箱门上各有几个通风窗口。

c. 框架集装箱，主要有板架集装箱、汽车集装箱、牲畜集装箱、散料集装箱等。

板架集装箱用以装载重型机械、钢材、裸装机床和其他设备等，箱体通常没有箱顶和箱壁，只靠箱底和四角柱来承受载荷，故又称为平台或平板集装箱。

汽车集装箱一般是在简易箱底上带有一个框架结构，通常设有侧壁，为充分利用高度可采用上下装两辆汽车的集装箱。

牲畜集装箱是专门载运家禽家畜的，也叫转栏式或动物集装箱。设有饲料槽、清洗口和排水口，门设在两端壁，箱壁采用钢质框架和钢丝网，通风良好。

散料集装箱包括固体散料集装箱和罐状集装箱。固体散料集装箱用于装载各种散料，如木片、刨花、砂石等。为便于清扫和洗刷，箱的内底板都采用玻璃钢制成，侧壁的内衬板一般用木板、竹木车箱板等。箱顶一般都开有 2~3 个装料口，前壁门下部开 2 个卸货口。罐状集装箱用于装运酒类、油类、液体化学药品等液体物料和天然气等气体物质，主要由罐体和框架两部分组成。液罐是装货主体，断面一般为椭圆形或圆形，框架由钢材制成，承受整箱的起吊、搬运和拴固作业以及运输过程中所出现的静载和动载。

2.4.2 集装箱的规格标准

为了便于集装箱在国际上流通，1964 年国际标准化组织 ISO 在汉堡会议上公布了两种集装箱的标准规格系列，即第一系列 6 种和第二系列 3 种共 9 种规格的集装箱。1970 年在莫斯科会议上增加了第三系列 3 种集装箱，同时第一系列再增加了 3 种规格，共计 15 种规格，目前最广泛使用的是 ISO 668《货运集装箱系列 1　分类、尺寸规格和额定值》标准。

1978 年国家标准总局首次颁发 GB/T 1413—78《货物集装箱外部尺寸和重量系列》，后历经 1980 年、1985 年、1998 年多次修改，2008 年修改颁布的与 ISO 668：2005 等同的 GB/T 1413—2008《系列 1 集装箱　分类、尺寸和额定质量》，具体见表 2-1。

表 2-1　系列 1 集装箱　分类、尺寸和额定质量(GB/T 1413—2008)

<table>
<tr><th rowspan="2">集装箱型号</th><th colspan="3">外部尺寸(mm)</th><th colspan="3">最小内部尺寸(mm)</th><th rowspan="2">额定质量(kg)</th></tr>
<tr><th>长度</th><th>宽度</th><th>高度</th><th>长度</th><th>宽度</th><th>高度</th></tr>
<tr><td>1EEE</td><td rowspan="2">13 716</td><td rowspan="2">2438</td><td>2896</td><td>13 542</td><td rowspan="15">2330</td><td rowspan="15">箱体外部高度减去 241</td><td rowspan="2">30 480</td></tr>
<tr><td>1EE</td><td>2591</td><td>13 542</td></tr>
<tr><td>1AAA</td><td rowspan="4">12 192</td><td rowspan="4">2438</td><td>2896</td><td>11 998</td><td rowspan="4">30 480</td></tr>
<tr><td>1AA</td><td>2591</td><td>11 998</td></tr>
<tr><td>1A</td><td>2438</td><td>11 998</td></tr>
<tr><td>1AX</td><td><2438</td><td>—</td></tr>
<tr><td>1BBB</td><td rowspan="4">9125</td><td rowspan="4">2438</td><td>2896</td><td>8931</td><td rowspan="4">30 480</td></tr>
<tr><td>1BB</td><td>2591</td><td>8931</td></tr>
<tr><td>1B</td><td>2438</td><td>8931</td></tr>
<tr><td>1BX</td><td><2438</td><td>—</td></tr>
<tr><td>1CC</td><td rowspan="3">6058</td><td rowspan="3">2438</td><td>2591</td><td>5867</td><td rowspan="3">30 480</td></tr>
<tr><td>1C</td><td>2438</td><td>5867</td></tr>
<tr><td>1CX</td><td><2438</td><td>—</td></tr>
<tr><td>1D</td><td rowspan="2">2991</td><td rowspan="2">2438</td><td>2438</td><td>2802</td><td rowspan="2">10 160</td></tr>
<tr><td>1DX</td><td><2438</td><td>—</td></tr>
</table>

思考题

1. 为什么需要进行集装作业？其在各类木材工业企业中的作用有哪些？
2. 集装时需要考虑哪些原则？
3. 集装与包装有哪些异同点？
4. 集装系统由哪些基本要素构成？
5. 集装系统各构成要素如何有机结合及有效提高集装效率？
6. 常见的集装器具有哪些？
7. 对于人造板等大幅面货物集装时，托盘尺寸如何选择？
8. 托盘码盘方式和紧固方法主要有哪些？

第3章 包装技术与装备

[本章知识点]包装的定义、功能与分类；包装材料的要求；常见的包装材料及性能；包装尺寸设计依据；包装的保护技术与运用；包装机械的分类、作用和特点；常用包装机械的基本原理；包装自动生产线的分类、特点。

对生产企业来说，包装是产品生产的最后一道工序，标志着生产物流的结束和销售物流的开始，因此包装既要根据产品性质、形状、生产工艺和成本进行，又要考虑能否满足产品流通过程、销售过程的需要以及方便消费等。我国国家标准 GB/T 4122.1—2008《包装术语 第一部分：基础》定义：包装是在流通过程中保护产品，方便储运，促进销售，按一定技术方法而采用的容器、材料和辅助物的总体名称；也指为了达到上述目的而采用容器、材料和辅助物的过程中施加一定技术方法等的操作活动。简言之，包装是包装物及包装操作活动的总称。木材产品的品种多样，有大幅面尺寸的人造板、由件数多且形状尺寸不一的零配件构成的家具产品、形状尺寸多样的竹木制品等，还有长度很大且细长的木质装饰线条等，其中人造板、木质装饰线条等木材产品不需要特别的包装，但也需要采取一些包装措施保护产品在装卸、搬运、运输、储存中不受损坏。而家具产品及各种竹木制品则需要进行包装，除须采用更安全的包装保护产品、方便储运外，还需对产品包装进行美化，促进产品的销售。

3.1 包装的功能与分类

3.1.1 包装的功能

(1)保护产品

保护产品在流通过程中不受损害，是包装的首要功能，是确定包装方式和包装形态时必须重点考虑的因素。包装的保护功能主要体现在以下几个方面：

①防止产品破损变形。产品包装必须能够承受在装卸、运输、储存过程中的各种冲击、振动、颠簸、挤压、摩擦等外力的作用，形成对内装产品的保护。

②防止产品发生化学变化。防止在流通过程中受潮、光照、气体腐蚀等引起产品发霉、变质、锈蚀等变化，要求包装起到阻隔水分、潮气、光照以及各种有害气体的侵蚀作用，避免外界的不良因素影响。

③防止有害生物对产品的影响。鼠、虫及其他有害生物对产品有很大的破坏性，故要求包装能够具有阻隔霉菌、虫、鼠等有害生物侵入的作用。

④防止异物混入和污物污染，防止散失和丢失等作用。

(2)方便储运

合理的产品包装能为流通过程中的装卸、运输、储存和销售带来很大方便。包装单元的尺寸、质量、形态必须为装卸、运输、储存、保管等各项物流作业提供方便，以减轻人们的劳动强度，改善劳动条件，提高装卸、搬运效率。另外，包装及拆装要简便快速，拆装后的包装材料应当容易处理。

(3)促进销售

良好的包装能起到美化产品、促进销售的作用。因此，销售包装可以通过外包装的艺术性吸引消费者，唤起消费者的购买欲望；同时，还必须在外包装上印刷相应的标识方便销售人员和消费者辨识及相应的物流作业。

3.1.2 包装的分类

企业产品种类繁多、形态各异，相应的产品包装也多种多样，这是由于要适应各种产品性质差异，适应流通、销售条件的要求，使包装在设计、选料、制造技法等方面出现多样化。

3.1.2.1 按包装在流通中的作用分类

销售包装是为了促进产品的销售的包装，也称商业包装，这种包装的特点是外形美观，选用材料、结构形态、外表装潢应具有美学功能，可以起到保护、美化、宣传产品，促进销售的效果。

运输包装是以运输、储存为主要目的的包装。它具有保障产品的安全，方便储存、装卸、运输，加速交接、点验作用。因此，运输包装重点是防护功能，必须要有足够的防护性能，以防止装卸搬运、运输过程中一切外力的危害，运输包装的形状、尺寸必须便于装卸、运输、仓储作业。

3.1.2.2 按包装层次不同分类

个包装，是指一个商品为一个销售单位的包装形式。个包装直接与商品接触，在生产中与商品装配成一个整体。它以销售为主要目的，一般它随同产品一起销售给终端消费者，因而又称为销售包装或小包装。

内包装，即单个包装商品再次集合包装，成为较大销售单位的包装形式，如果商品体积较小，几个内包装还可以进行包装，以方便流通运输、储存与保管。

外包装，是指商品的最外层包装，又称运输包装或大包装，主要目的是在商品流通过程中，起保护商品、方便装卸、运输和储存的作用。

3.1.2.3 按包装容器软硬程度不同分类

软包装，是指在取出充填或内装物后，容器形状可发生变化的包装。该容器一般用纸、纤维制品、塑料薄膜或复合包装材料等制成。

硬质包装，是指在取出充填或内装物后，容器形状基本不发生变化的包装。该容器一般用金属、木质、玻璃、陶瓷、硬质塑料等材料制成。

此外，按包装制品的材料分类，有纸制品包装、塑料制品包装、竹木制品包装、金属包装、玻璃容器包装和复合材料包装等；按包装技术方法分类，有防潮包装、防锈包装、防震包装、防霉包装、防腐包装、防虫包装和危险品包装等；按包装装潢不同分类，有礼品包装、透明包装、色彩包装、开窗包装、悬托式包装、携带式包装、组合式包装、开罐式包装和喷雾式包装等；按包装操作方法分类，包装可分为装罐包装、捆扎包装、裹包包装、收缩包装、压缩包装和缠绕包装等。

3.2 包装与包装尺寸标准化

为简化物流系统，需要对商品包装、运输包装实施标准化，使成千上万商品的包装规格尺寸得到简化、统一，使包装尺寸成为有限的规格和品种。包装单元是指在运输、装卸、仓储等物流活动中，把多个包装组件组合成可用机械作业的件货、成组件货或符合条件的集装单元货物。由于托盘是使用最广泛的、标准化的集装化装载工具，所以托盘尺寸在货物流通中相关尺寸的调节中起到主导作用。集装箱、汽车车厢、船舱、火车车厢等都可以以托盘尺寸为基础，规定相应的尺寸系列。

(1)包装货物

包装货物度量标准尺寸参照国家标准 GB/T 15233—2008《包装 单元货物尺寸》，标准规定了底面最小平面尺寸为 1200mm×1000mm 或 1100mm×1100mm，长、宽最大偏差为+40mm。采用联运通用平托盘进行包装的，包装货物度量尺寸必须以托盘尺寸为基础。

将包装单元尺寸作为基础进行分割，就可得到系列化的包装尺寸。在剔除了互换性偏差的尺寸后，进行长宽、大小匹配就是所需的包装尺寸系列，见表 3-1。选用表 3-1 中的包装基本尺寸，一定能组成符合标准包装单元，如图 3-1 所示说明了托盘尺寸与包装尺寸的配合关系。

表 3-1 包装尺寸系列 mm

序号	包装尺寸	序号	包装尺寸	序号	包装尺寸	序号	包装尺寸	序号	包装尺寸
1	1200×1000	16	800×300	31	500×170	46	330×240	61	250×150
2	1200×800	17	800×200	32	500×150	47	330×200	62	240×200
3	1200×500	18	800×179	33	500×133	48	330×170	63	240×160
4	1200×400	19	600×500	34	400×400	49	300×265	64	200×200
5	1200×330	20	600×400	35	400×330	50	300×250	65	200×160
6	1200×250	21	600×330	36	400×300	51	300×200	66	200×150
7	1200×200	22	600×265	37	400×265	52	300×160	67	200×133
8	1000×600	23	600×250	38	400×250	53	300×100	68	200×100
9	1000×400	24	600×200	39	400×240	54	265×240	69	170×133
10	1000×300	25	600×160	40	400×200	55	265×200	70	150×133
11	1000×240	26	600×100	41	400×170	56	265×170	71	150×100
12	1000×200	27	500×400	42	400×160	57	265×150	72	133×133
13	1000×150	28	500×300	43	400×150	58	250×240		
14	800×600	29	500×240	44	400×120	59	250×200		
15	800×400	30	500×200	45	330×300	60	250×170		

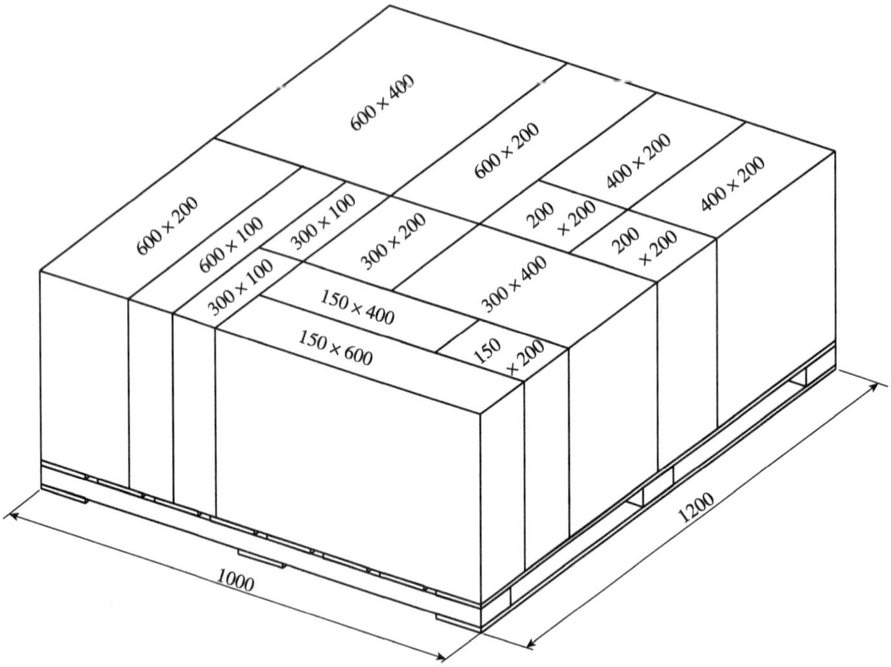

图 3-1 托盘尺寸与包装尺寸的关系

(2)袋装货物

对于直接面向市场销售的散碎的颗粒状、粉状产品，如大米、面粉、麦片等，可采用软包装材料进行个包装，或经软包装材料包装后再采用纸板、木质、金属等硬质包装材料进行内包装。这类产品的运输包装多数采用平托盘进行集装，其包装尺寸与上述包装货物相似。包装袋类型和术语参阅国家标准 GB/T 17858. 1—2008《包装袋 术语和类型 第 1 部分：纸袋》和 GB/T 17858. 2—2008《包装袋 术语和类型 第 2 部分：热塑性软质薄膜袋》，其尺寸允许偏差参阅国家标准 GB/T 25161. 1—2010《包装袋 尺寸允许偏差 第 1 部分：纸袋》和 GB/T 25161. 2—2010《包装袋 尺寸允许偏差 第 2 部分：热塑性软质薄膜袋》。

对于刨花、锯屑、化工原料等工业企业的原材料、半成品或产品，面向下游企业或车间的，适合于直接采用筒式、箱式托盘或散装罐包装或集装袋包装。为减少装卸搬运、运输的重量以及托盘反空运输，若袋装货物不易泄漏或泄漏对环境无污染时，常采用集装袋包装。集装袋结构、分类、技术要求及尺寸系列可参阅国家标准 GB/T 10454—2000《集装袋》，圆形集装袋直径系列和方形集装袋边长系列为 800mm、850mm、950mm、1000mm、1100mm、1200mm、1250mm 和 1300mm。

使用柔性集装袋盛装各种散碎物料时，尽量实行各种集装袋、柔性袋专用化，若包装货物需变更时，都要进行洗涤。粮食等散装物原封不动进行集装时，必须考虑堆集方法。植物集装时，如果妨碍植物的呼吸作用，进行长期保管，品质就会劣化；在收货之后，为了防止虫害，要进行烟气熏蒸，而且要用通气性良好的材质做袋，在熏蒸仓库内堆积还要考虑通风通气等问题。

3.3 包装材料

包装材料、容器的种类很多，选择合适的包装材料、容器时，应根据包装物品的特性和流通条件，确保包装的保护性、方便性和促进销售等功能的实现。另外，还应考虑包装材料废弃后便于处理，不污染或少污染环境，对环境和人体健康无害。

3.3.1 包装材料应具备的性能

从现代包装具备的使用价值来看，包装材料应具备以下几个方面的性能。

①保护性能。是指保护包装内装物，防止其变质，保证质量。企业在选择包装材料时，应考虑包装材料的机械强度、防潮吸水性、耐腐蚀性、耐热耐寒性、透光性、透气性、防紫外线穿透性、耐油性、适应气温变化性、无毒、无异味等特性。

②加工操作性能。是指易加工、易包装、易充填、易封合，且适合自动包装机械操作。企业在选择包装材料时，应考虑材料的刚性、光滑度、易开口性、热合性和防静电性等特点。

③外观装饰性能。是指材料的形、色、纹理的美观性，能产生陈列效果，提高商品身价和激发消费者购买欲。选择包装材料，应注意材料的透明度、表面光泽、印刷适应性，不因带静电而吸尘等。

④方便使用性能。是指便于开启包装、充填或取出内装物，便于实现自动包装机械操作。

⑤节省费用性能。是指包装材料的经济合理性，在选择包装材料时，应考虑如何节省包装材料费用、包装机械设备费用、劳动费用，提高包装效率，以及减小自身重量等。

⑥易处理性能。是指包装材料要有利于环保，有利于节省资源。企业在选择包装材料时，应注意包装材料的可回收、可复用、可再生、可降解等性能。

3.3.2 常用的包装材料

(1)金属包装材料

包装所用的金属材料通常有钢材和铝材，形态有刚性的薄板和非刚性的金属箔。金属材料用于包装的优点有：金属材料牢固、不易破碎、不透气、防潮、防光，能有效地保护内装物；有良好的延伸性，容易加工成型；有特殊光泽、良好的装潢效果；易于再生使用等。但是，金属材料在包装上的应用受到成本高、能耗大、易变形、易生锈等因素的限制。

(2)玻璃包装材料

玻璃以其本身特有的优良特性及玻璃加工制造技术的不断进步，是现代包装的主要材料之一。玻璃包装材料的优点有：玻璃的保护性能良好，不透气、不透湿，有紫外线屏蔽性，化学稳定性高，耐风化、不变形、耐热、耐酸、耐磨，无毒无异味，有一定的强度，能有效地保护内装物；透明性能，易于造型，具有特殊美化商品的效果；易于加工，可制成各种规格样式的品种，对商品的适应性强；易于回收复用，便于清洗、消毒、灭菌；玻璃原材料丰富且便宜，价格较稳定。但是，耐冲击强度低、易破碎、自重大、运输成本高、能耗较大等缺点也限制了玻璃包装材料的应用。

(3)木质包装材料

木材作为包装材料历史悠久，几乎所有的木材都可以用于包装材料，特别是外包装材料更显优势。但由于木材资源有限，在某些领域正逐步被塑料、复合材料等取代。木材及人造板用作包装材料的主要优点有：木材具有优良的强度/重量比，有一定的弹性，能承受冲击、振动、重压等作用；资源广泛，可以就地取材；加工方便；可加工成胶合板、纤维板等，减轻包装重量，提高木材的均匀性，改善外观质量，同时提高木材利用率。但是木材及人造板易吸水吸潮，易变形开裂，易腐败，易受白蚁等虫蚀，有异味，且价格较高等缺点限制了木质包装材料的使用。另外，木材是一种天然材料，因树种不同、生长环境不同、树干部位不同而在性质上有很大差异，使用时应进行合理的选择和处理，常用于包装的木材主要有：红松、落叶松、白松、马尾松等针叶材和杨木、桦木、榆木、柞木等阔叶材，以及纤维板、刨花板和胶合板等。

(4)纸质包装材料

纸质包装材料主要有纸和纸板，是包装材料中应用最为广泛的材料。用作包装材料的主要有牛皮纸、纸袋纸、透明纸、油纸、羊皮纸、上蜡纸、箱板纸、白板纸、瓦楞原纸和瓦楞纸板等包装用纸或纸板，以及胶版纸、铜版纸等包装装潢纸。纸属于软性薄片材料，无法形成固定形状的包装容器，常用作裹包衬垫和纸袋。纸板属于半刚性材料，能形成固定形状的容器。纸和纸板用作包装材料的优点有：成型性和折叠性优良，便于加工；容易达到卫生要求；易于印刷，便于介绍和美化商品；价格较低；重量轻；质地细腻、均匀、容易粘合，无毒无异味，易于加工，可回收复用或再生；瓦楞纸板具有适宜的强度，具有一定的耐冲击性和耐摩擦性能，能较安全有效地保护内装产品。但是，有难于封口，且受潮后强度降低、气密性、防水性、防潮性和透明性差等缺点。

(5)塑料包装材料

塑料在包装中的应用比例仅次于纸和纸板，有逐步取代纸、木材、金属、陶瓷和玻璃的趋势。塑料用于包装具有如下优点：具有优良的物理机械性能，包括有一定的强度、弹性、耐折叠、耐摩擦、抗震动、防潮、防漏等性能；化学稳定性较好，耐酸碱、耐油脂、防锈蚀、无毒等；质轻、自重小，相对密度约为 1，大约是金属相对密度的 1/5、玻璃相对密度的 1/2；加工成型简单，样式多样化；具优良的透明性和表面光泽，印刷和装饰性良好，能很好地传达和美化商品信息；生产成本低，具有较强的价格优势。但是，塑料强度不如钢铁；耐热性不及玻璃；易老化；有异味；易产生静电；废弃物难处理，易造成环境污染等。

常用作包装材料的塑料有聚乙烯、聚氯乙烯、聚苯乙烯、聚丙烯等，以及与其他材料复合的复合包装材料。

目前塑料在包装材料中应用的表现形式主要有：塑料纺织袋、塑料周转箱、塑料托盘、塑料打包带与捆扎绳、塑料容器、塑料包装薄膜、泡沫包装材料等。

3.4　包装的保护技术

3.4.1　防破损包装技术

缓冲包装有较强的防破损能力，因而是防破损包装技术中有效的一类，也是常采用的保护方法。此外，还可以采取以下几种防破损保护技术：

①捆扎及裹紧技术。捆扎及裹紧技术的作用，是使杂货、散货形成一个牢固整体，以增加整体性，便于处理及防止散堆来减少破损。

②集装技术。利用集装，减少与货体的接触，从而防止破损。

③选择高强保护材料。通过外包装材料的高强度来防止内装物受外力作用破损。

3.4.2 防震包装技术

防震包装又称缓冲包装，在各种包装方法中占有重要的地位。产品从生产出来到开始使用要经过一系列的运输、保管、堆码和装卸过程，置于一定的环境之中。在任何环境中都会有外力作用在产品之上，并使产品发生机械性损坏。为了防止产品遭受损坏，就要设法减小外力的影响。所谓防震包装就是指为减缓内装物受到冲击和振动，保护其免受损坏所采取的一定防护措施的包装。防震包装主要有以下三种方法：

①全面防震包装方法。全面防震包装方法是指内装物和外包装之间全部用防震材料填满进行防震的包装方法。

②部分防震包装方法。对于整体性好的产品和有内装容器的产品，仅在产品或内包装的拐角或局部地方使用防震材料进行衬垫即可。所用包装材料主要有泡沫塑料防震垫、充气型塑料薄膜防震垫和橡胶弹簧等。

③悬浮式防震包装方法。对于某些贵重易损坏的物品，为了有效地保证在流通过程中不被损坏，外包装容器应比较坚固，然后用绳、带、弹簧等将被装物悬吊在包装容器内，在物流的全过程，无论是什么操作环节，内装物都被稳定悬吊而不与包装容器发生碰撞，从而减少损坏。

3.4.3 防水、防潮包装技术

为保护各种货物在物流过程中不受因水侵入而影响产品质量所采取的包装保护措施称为防水包装技术。常采用聚乙烯低发泡防水阻隔膜、复合薄膜、塑料薄膜、油纸等耐水性好的防水包装材料，以及具有防水特性的包装容器进行包装，并达到相应防水包装等级，具体要求与方法参阅国家标准 GB/T 7350—1999《防水包装》。

为保护各种货物在物流过程中不受潮湿大气侵害所采取的包装保护措施称为防潮包装技术。防潮包装可采用透湿度为零的密封容器包装，或较低透湿性的薄膜、复合薄膜等柔性材料密封包装。一般地，密封容器包装，可抽真空或充惰性气体，也可以加硅胶或蒙脱石作干燥剂；柔性材料密封包装均需加硅胶、蒙脱石等干燥剂于包装袋内，具体防潮包装要求与干燥剂的选用参阅国家标准 GB/T 5048—2017《防潮包装》。

3.4.4 防虫包装技术

防虫包装技术，常用的是驱虫剂，即在包装中放入有一定毒性和臭味的药物，利用药物在包装中挥发气体杀灭和驱除各种害虫。常用驱虫剂有萘、对二氯苯、樟脑精等。也可采用真空包装、充气包装、脱氧包装等技术，使害虫无生存环境，从而防止虫害。

3.4.5 防霉腐包装技术

在运输包装内装运食品和其他有机碳水化合物货物时，货物表面可能生长霉菌，在流通过程中如遇潮湿，霉菌生长繁殖极快，甚至伸延至货物内部，使其腐烂、发霉、变质，因此要采取特别防护措施。

包装易霉腐变质物品的措施，通常是采用冷冻包装、真空包装或高温灭菌方法。冷冻包装的原理是减慢细菌活动和化学变化的过程，以延长储存期，但不能完全消除食品的变质；高温杀菌法可消灭引起食品腐烂的微生物，所以可在包装过程中用高温处理防霉；有些经干燥处理的食品包装，应防止水、汽侵入以防霉腐，可选择防水、防潮和气密性好的包装材料，并采用真空和充气包装。

真空包装法也称减压包装法或排气包装法。这种包装可阻挡外界的水、汽进入包装容器内，也可防止在密闭的防潮包装内部存有潮湿空气，在气温下降时结露。采用真空包装法，要注意避免过高的真空度，以防损伤包装材料。

防止运输包装内货物发霉，还可使用防霉剂，防霉剂的种类甚多，用于食品的必须选用无毒防霉剂。

3.4.6 防锈包装技术

(1)防锈油防锈蚀包装技术

大气锈蚀是空气中的氧、水蒸气及其他有害气体等作用于金属表面引起电化学作用的结果。如果使金属表面与引起大气锈蚀的各种因素隔绝(即将金属表面保护起来)，就可以达到防止金属大气锈蚀的目的。防锈油包装技术就是根据这一原理将金属涂封防止锈蚀的。用防锈油封装金属制品，要求油层要有一定厚度，油层的连续性好，涂层完整。不同类型的防锈油要采用不同的方法进行涂覆。

(2)气相防锈包装技术

气相防锈包装技术就是用气相缓蚀剂(挥发性缓蚀剂)，在密封包装容器中对金属制品进行防锈处理的技术。气相缓蚀剂是一种能减慢或完全停止金属在侵蚀性介质中的破坏过程的物质，它在常温下即具有挥发性。它在密封包装容器中，在很短的时间内挥发或升华的缓蚀气体就能充满整个包装容器内的每个角落和缝隙，同时吸附在金属制品的表面上，从而起到抑制大气对金属锈蚀的作用。

3.4.7 危险品包装技术

危险品有上千种，按其危险性质，交通运输及公安消防部门规定分为十大类，即爆炸性物品、氧化剂、压缩气体和液化气体、自燃物品、遇水燃烧物品、易燃液体、易燃固体、毒害品、腐蚀性物品、放射性物品，有些物品同时具有两种以上危险性能。

对有毒商品的包装要明显地标明有毒的标志。防毒的主要措施是包装严密不漏、不透气。对有腐蚀性的商品，要注意商品和包装容器的材质发生化学变化。如盛装合成脂肪酸的铁桶内壁要涂有耐酸保护层，防止铁桶被商品腐蚀，而保护商品不受污染、变质。对于易燃、易爆商品，例如有强烈氧化性的，遇有微量不纯物或受热即急剧分解引起爆炸的产品，防爆炸的有效方法是采用塑料桶包装，然后将塑料桶装入铁桶或木箱中，每件净重不超过 50kg，并应有自动放气的安全阀，当桶内达到一定气体压力时，能自动放气释压。

3.5 包装机械的运用与管理

3.5.1 包装设备的概述

在产品流通的过程中，为了有效地保护产品、方便储运、促进销售，需要对产品进行合理的包装。包装过程包括成型、充填、封口、裹包等主要包装工序，以及清洗、干燥、杀菌、贴标、捆扎、集装、拆卸等包装前后工序及输送、选别等包装辅助工序。完成全部或部分包装过程的机器称为包装机械。

3.5.1.1　包装机械的分类

包装机械种类繁多，其分类方法也多种多样。

①按自动化程度分类，包装机械可分为全自动包装机和半自动包装机。

全自动包装机：自动完成主要包装工序和其他辅助包装工序的机器。

半自动包装机：由人工供送包装材料（容器）和内装物，但能自动完成其他包装工序的机器。

②按应用的行业分类，包装机械可分为专用、多用和通用包装机。

专用包装机：专门用于包装食品、医药、化工等某专业类型产品的机器。

多用包装机：通过更换或调整有关机构，用于包装两种以上不同类型产品的机器。

通用包装机：在指定范围内适用于包装两种或两种以上不同类型产品的机器。

③按包装机械功能分类，包装机械可分为充填机、灌装机、裹包机、封口机、贴标机、清洗机、干燥机、杀菌机、捆扎机和集装机械等类型。

充填机：其功能是将精确数量的包装品装入到各种容器内。

灌装机：将液体按预定量灌注到包装容器内的机器。

裹包机：用挠性材料全部或局部裹包产品的机器。

封口机：将包装容器密封封口的机器。

贴标机：采用黏合剂或其他方式将标签贴在包装件或产品规定部位上的机器。

清洗机：对包装容器、包装材料、包装辅助物及包装件进行清洗以达到预期清洁度的机器。

干燥机：采用适当方法去除包装容器、包装材料、包装辅助物以及包装件上的水分，以达到预期干燥程度的机器。

杀菌机：采用适当方法清除或灭杀产品、包装容器、包装材料、包装辅助物以及包装件等上的微生物，使其降低到允许范围内的机器。

捆扎机：使用捆扎带缠绕产品或包装件，然后收紧并通过热效应熔融或使用包扣等材料将捆扎带两端连接的机器。

集装机械：将若干个产品或包装件集合包装而形成的一个销售或搬运单元的机器。

3.5.1.2　包装机械的作用

包装机械应用范围很广，涉及食品、医药、化工、邮电、出版、机械、电子、纺织、钢铁、冶金以及军工等各个领域，其中以食品行业应用最多，约占50%。产品包装处于生产过程的末尾和物流过程的起始，是生产物流的终点、销售物流的起点，而包装机械是使产品包装实现机械化、自动化的根本保证，包装机械在物流过程中起着重要的作用。

（1）大幅地提高生产效率

机械包装要比手工包装速度快几倍乃至几十倍。例如，啤酒灌装机的生产效率可高达36 000瓶/h，这是手工灌装无法比拟的；糖果包装机每分钟可包糖数百块甚至上千块，是手工速度的数十倍。还有许多机械包装技术是手工包装无法做到的。

(2)改善劳动条件，降低劳动强度

用手工包装体积大、重量大的产品，既耗费体力又不安全；用手工包装轻小产品，由于动作单一且频率高，易造成疲劳；对液体产品包装时易造成产品外溅；对粉状产品包装时往往造成粉尘飞扬。采用机械包装使操作者摆脱紧张、繁重、重复的体力劳动，而且改善了工人的劳动条件和环境，避免有毒产品及有刺激性、放射性产品危害工人身体健康。

(3)减少物料损耗，降低产品成本

在包装液体产品或粉状产品时，由于液体飞溅、粉尘飞扬，不仅污染了环境，且浪费了物料。因而，采用机械包装能有效防止产品的散失，不仅保护了环境，还节约了物料、降低生产成本。

(4)保护产品卫生，提高产品质量

机械化、自动化包装有效避免人力不稳定因素影响，产品的包装主要由机械本身进行操作、调节及控制，因而使产品质量稳定可靠；机械包装易于实现包装的规格化、标准化；包装速度快，食品和药品在空气中停留时间缩短，减少了污染机会，有利于产品保洁，保证了产品卫生质量。

(5)有利储运，便于包装工序安排，提高综合效益

对于松散产品，如烟叶、丝麻、棉花等产品，采用压缩包装机压缩包装，可大幅缩小体积，节省仓容，减少保管费，有利于运输；采用真空无菌等包装机进行产品包装，可以延长食品和饮料的保质期，使产品的流通范围更广泛；采用机械包装，产品和包装材料的供给比较集中，各包装工序安排紧凑，因而减少包装占地面积，节约基建投资。

3.5.1.3 包装机械的特点

包装机械多为自动化机械，因此，它除具有一般自动化机械的共性，还具有包装机械自有的特点，其主要特点如下：

包装机械一般结构复杂，运行速度快，动作精度高。为满足性能要求，对零部件的刚度和表面质量等都有较高的要求。

用于食品和药品的包装机要便于清洗，与食品和药品接触的部位要用不锈钢或化学处理的无毒材料制成，符合药品和食品的卫生和安全要求。

包装作业时包装执行机构的工作力一般都较小，所以包装机的电机功率较小。

包装机一般都采用无级变速装置，以便灵活调整包装速度，调节包装机的生产能力。

包装机械是特殊类型的专业机械，种类繁多，生产数量有限。为便于制造和维修，降低生产成本，包装机械一般具有通用性及多功能性。

3.5.1.4 包装机械的技术经济指标

包装机械的技术经济指标是指包装机械在正常的使用期限内，在操作、维护、技术管理等方面表现出的功能性和可靠性，概括为如下几方面：

①生产能力。包装机械每单位时间的生产能力，它通过理想的包装容器(或包装材料)、内装物、环境条件、自动化程度及熟练操作人员来达到。

②包装机械生产率。包装机械在单位生产时间内，以正常状态生产的产品数量。

③运行效率。有效生产能力与生产能力之比，有效生产能力是指包装机械在一般运转时间内，正常状态下每单位时间生产出来的产品数量。

④无故障运转时间。即包装机械有效运转时间，包装机械无故障工作时间的总和。

⑤对包装对象品种、规格的适应程度。

⑥功率消耗。

⑦维修周期及工作量。

3.5.2 包装机械设备

3.5.2.1 充填机械

(1)充填机械的进给系统

充填机械的主要作用是将产品按预定量的多少充填到包装容器内的机器，充填物料的进给系统根据物料物理状态、定量方式等因素选择。一般地，充填机械的物料进给系统有以下几种形式：

①螺旋输送机。螺旋输送机作为充填机械的进给系统，可用于粉末状、片状、小粒状和其他颗粒状物料的均匀进给，通过改变螺旋的转速可调节进给速度。

②重力流动系统。是最简单的进料方法，用于进给流动性较好的物料，如咖啡、大米等。

③振动进料器。用于进给流动性较差的物料，通过改变振动频率或振幅来控制进料速度。

④输送带进料。即用带式输送机作进给系统，可用于进给各种形状、大小的物料。

(2)常见充填机械

①容积式充填机。根据物料容积计量的方式不同，容积式充填机可分为量杯式充填机、可调容量式充填机、气流式充填机、柱塞式充填机、螺杆式充填机、计量泵式充填机、插管式充填机、料位式充填机、定时充填机等。容积式充填机适合于干料或稠状流体物料的充填。它的特点是结构简单、计量速度快、造价低，但计量精度较低。因此较适用于价格比较便宜的物品的充填作业。如图3-2所示的计量泵式充填机，由计量腔的容积来对充填的物料进行计量，适用于流动性好的如木粉、竹粉等颗粒状、粉状物，且堆积密度稳定的物品的充填。

②称重式充填机。称重式充填机是将产品按预定质量充填到包装容器内的机械。相对于容积式充填机，称重式充填机计量精度较高、计量准确。称重式充填机可分为无秤斗称重充填机、单秤斗称重充填机、多秤斗称重充填机、电子组合秤和连续式称重充填机等几种类型。电子组合秤的结构如图3-3所示。开机后，由控制单元使料斗和称重斗都装满物料，接着传感器测出称重斗内的物料质量，以信号的形式送到组合控制单元进行组合。如果是 n 个称重机，可能的组合模式有 2^n-1 种。从中选出最佳组合，在斗驱动单元控制下，最佳组合中的各称重斗闸门9被开启，将其中物料倒入收集漏斗10中。驱动单元使对应的料斗闸门7打开，把物料加到称重斗8中，并控制振动加料器给空料斗再次加料。这种电子组合秤计量速度高，可达160次/min，计量精度高，但设备体积大，造价高，是目前最先进的称重式计量充填机。可用于粒度不均匀、形状不规则的物料的计量，应用范围广。

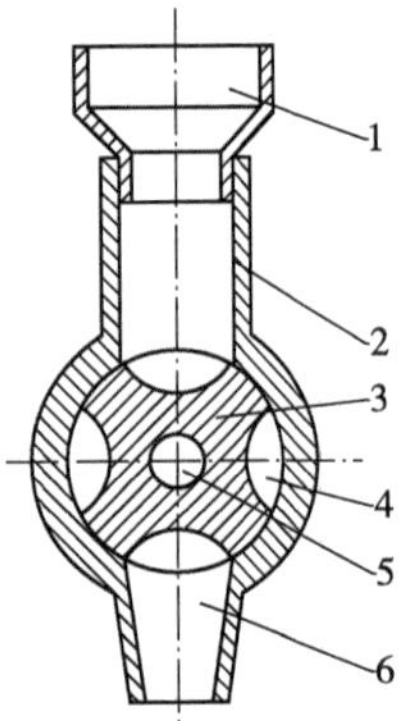

1. 进料斗；2. 转鼓机壳；3. 转鼓；
4. 计量腔；5. 轴；6. 排料口。

图 3-2 计量泵式充填机

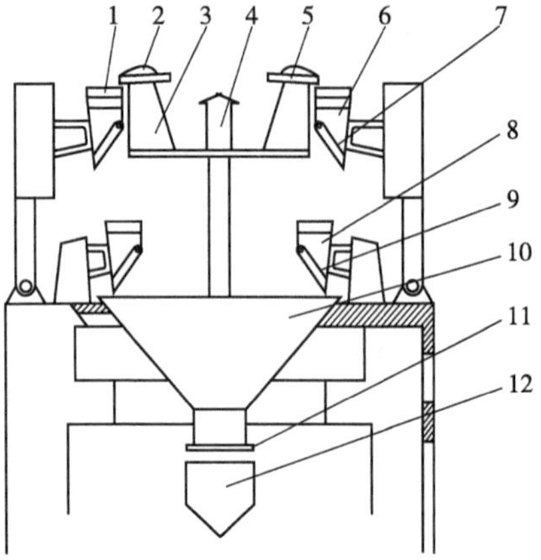

1. 称重台；2. 振动加料器；3. 电磁振动器；4. 振动式喂料台；
5. 导料槽；6. 料斗；7. 料斗闸门；8. 称重斗；9. 称重斗闸门；
10. 收集料斗；11. 装料闸门；12. 包装容器。

图 3-3 电子组合秤充填机

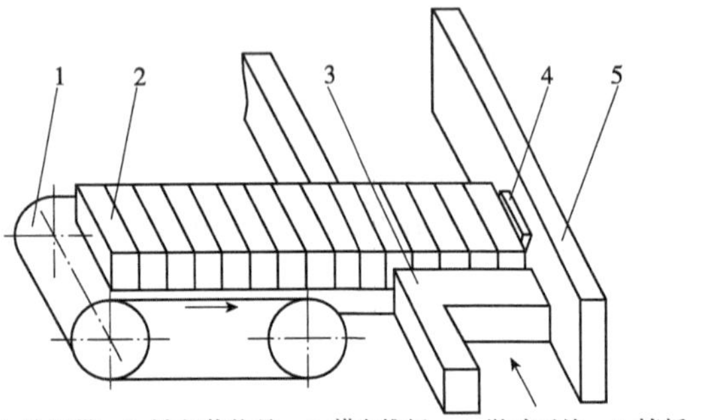

1. 输送带；2. 被包装物品；3. 横向推板；4. 微动开关；5. 挡板。

图 3-4 长度计数机

③计数式充填机。计数定量的方法分为两大类：一类是以长度、容积、堆积等计数方式，对具有一定规则、整齐排列的被包装物品进行计数；另一类是从混乱的被包装物品的集合体中直接取出一定个数，常用的有转盘、转鼓、推板等形式，主要用于颗粒状、块状物品的计数。这里主要介绍一种常用于木地板包装的长度计数机。长度计数机如图 3-4 所示，计量时，排列有序的物品经输送机构送到计量机构中，当行进物品的前端触到计量腔的挡板 5 时，挡板上的微动开关 4 被接通，横向推板 3 将一定数量的物品送到包装台上进行包装。长度计数机结构简单，主要用于长度固定的产品的计数充填，常用于木地板等的包装，以及食品加工业中饼干包装、云片糕包装、茶叶装盒后的二次包装等。

3.5.2.2 灌装机械

灌装机的主要作用是将定量的液体物品充填入包装容器内。通常用于对液体类食品、洗涤剂、矿物油和农药等化工类产品的包装。该类型机不仅可以使黏度较低的物料依靠自重以一定速度流动，例如酒类、油类、果汁、牛奶、饮料、酱油、药水等，也可以使某些黏稠物料依靠压力以一定速度流动，如酱类、牙膏、药膏等。包装所用的容器主要有桶、瓶、罐、软包装等。在胶黏剂车间，常用于用桶灌装各类胶黏剂。

灌装机的类型繁多，按包装容器的输送形式分为旋转型灌装机和直线型灌装机两大类。旋转型灌装机一般采用连续式灌注形式，即包装容器在运行中自动完成灌注动作，因而其工作效率可设计得很高。直线型灌装机普遍为间歇动作式机型，包装容器运行至灌注部位时有一个停歇动作等待灌注，其效率相对旋转机型要低，但其结构简单，灌装平稳，不易溢出，较易确保包装质量。

3.5.2.3 封口机械

封口机的主要作用是在包装容器内充填产品后，为了使产品得以密封保存，保持产品质量，避免产品流失，对容器进行封口。

按照封口方式的不同，封口机可分为热压式、熔焊式、缝合式、卷边式、滚压式、旋合式六大类。

热压式封口机是采用加热的方式封闭包装容器的机器，所用的加热元件有加热板、加热环带、加热辊等。主要用于各种塑料袋的封口，其技术水平和机械结构简单，性能比较稳定，操作方式有手动、脚踏及全自动连续封口。

熔焊式封口机主要用于封合较厚包装材料，以及采用其他热封方法难以封合的材料，如聚酯、聚烯烃和无纺布等。此类封口机一般采用非接触的方式加热，使包装材料熔合而封闭包装容器。

缝合式封口机采用缝纫线作为辅助物来缝合包装袋，适用于麻袋、编织袋、布袋及多层纸袋的缝合。

卷边式封口机通常用于金属罐的封口，习惯上称为封罐机，是罐头食品生产过程中的重要机械设备之一。金属罐常采用二重卷边法，即将罐身和罐盖的结合边缘弯折变形，互相紧密钩合，实现密封封口。

滚压式封口机是生产金属盖玻璃瓶装罐头的密封封口设备。它生产的罐头密封可靠，能保存较长时间，但开启较困难。它利用滚轮使带胶圈的金属盖滚压变形，盖内胶圈紧贴玻璃瓶口径向的凸出封口线部分而形成密封封口。自动滚压式封口机自动完成进瓶、瓶上升、抽真空(或常压)封口、瓶下降、出瓶等操作。

旋合式封口机适用于对多种规格的旋开式广口玻璃瓶进行封口。这种玻璃瓶的瓶口周围带有3~6条圈凸出的螺纹。瓶盖则用镀锡薄板制成，瓶盖压制有相反螺纹，或下缘带有与瓶口相适配的内折盖爪，以便和瓶口上凸出的螺纹扣紧，盖内垫有橡胶圈或注有橡胶密封层，以保证瓶的密封性。利用夹爪、摩擦轮或摩擦带，使带有盖爪或螺纹的金属瓶盖与瓶口有螺旋凸缘的玻璃瓶相对转动，并使其沿螺纹轴向移动，以使盖顶的密封胶紧紧压在瓶口端部而形成密闭的封口。

3.5.2.4 裹包机械

用挠性包装材料进行全部或局部裹包产品的包装设备通常称为裹包机械。裹包机械是包装机械行业中重要的组成部分之一。

裹包机械适合于对块状并具有一定刚度的物品进行包装，如地板木、家具等，也可以对已包装的筷子等竹、木日用品进行二次包装后裹包。

裹包机械种类繁多，功能结构各异，按包装成品的形态可分为全裹包机和半裹包机；按裹包方式则分为折叠式裹包机、接缝式裹包机、覆盖式裹包机、扭结式裹包机、拉伸式裹包机、缠绕式裹包机、贴体包装机、热收缩包装机等。目前主要是按包装方式来分类，各类裹包机的特点如下：

①折叠式裹包机。是用挠性包装材料裹包产品，将末端伸出的包装材料按一定的工艺方式进行折叠封闭。通常用于对地板木等长方体物品的裹包，包装后外观规整。

②接缝式裹包机。是用挠性包装材料裹包产品，将末端伸出的裹包材料按同面粘接的方式进行加热加压封闭、分切。接缝式裹包机通常是不间断地连续工作，工作效率较高。

③覆盖式裹包机。用两张挠性包装材料覆盖在产品的两个相对面上，采用热封或黏合的方法进行封口。

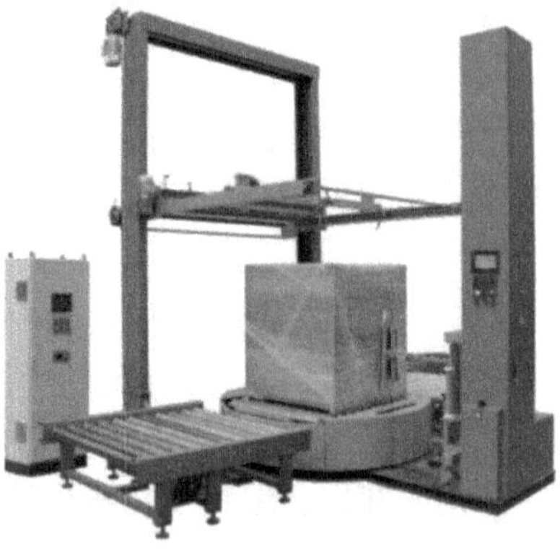

图 3-5 缠绕式裹包机

④缠绕式裹包机。用成卷的挠性包装材料对产品进行多圈缠绕裹包，如图 3-5 所示。缠绕式裹包机结构简单，操作方便，可应用于坐椅类成件家具的裹包。

⑤拉伸式裹包机。使用拉伸薄膜，在一定张力下对产品进行裹包，常用于集装于托盘上的产品连同托盘或浅盘一起裹包。

⑥贴体式裹包机。将产品置于底板上，用覆盖产品的塑料薄片在加热和抽真空作用下紧贴产品，并与底板封合，使包装物品有较强的立体感。贴体式裹包机可将被包装产品紧紧裹包在贴体膜和底板之间，使产品包装具有较好的防潮、防震性能，并使包装物品有较强的立方感，广泛应用于小件竹木制品、五金、电子元件、小型零部件、装饰品、玩具以及食品等行业。

⑦热收缩包装机。用热收缩薄膜对产品进裹包封闭，然后再进行加热，使薄膜收缩后裹紧产品，热收缩包装机可再分为烘道式、烘箱式、柜式、枪式等多种。热收缩式裹包机常用于啤酒、饮料等瓶装物品以及其他小型物品的集合包装。

3.5.2.5 贴标机械

贴标机的主要作用是采用胶黏剂将标签贴在包装件上，标签通常印有物品的品名、成分、功能、使用方法、开启方法、商标图案、条码等产品信息和物流信息。如图 3-6 所示为不干胶贴标机。

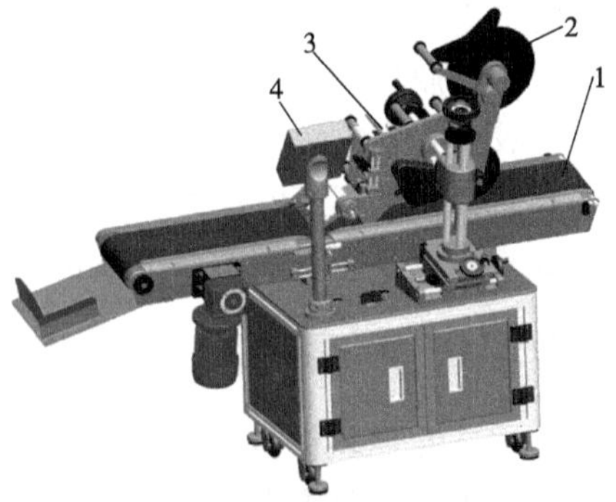

1. 输送机构；2. 不干胶标签料盘；3. 贴标总成；4. 操作屏幕。

图 3-6 不干胶贴标机

3.5.2.6 捆扎机械

捆扎机是利用带、绳类柔性材料将一个或若干个包件捆扎在一起的机械，属于外包装设备。捆扎机应用非常广泛，不仅在制造业，而且在运输、通信、出版、商业和服务业等非生产制造领域也被普遍使用。

捆扎材料以钢带和塑料带最为常用。塑料带因其具有较低的使用成本和较强的机械适应性，强度适中，手感柔软，制造方便，不会产生锈蚀污染，正逐渐替代金属捆扎材料。目前我国生产的捆扎机基本上采用塑料带作为捆扎材料，利用热熔搭接的方法使紧贴包装件表面的塑料带两端加压黏合，从而达到捆紧包件的目的。

按捆扎材料、自动化程度、传动形式、包件性质、接头接合方式及接头位置的不同，捆扎机有多种不同的形式：

①按捆扎材料，可分为塑料带、钢带、聚酯带、纸带和塑料绳捆扎机。

②按自动化程度，可分为全自动、半自动和手动捆扎机。

③按接头接合形式，可分为热熔搭接式、高频振动式、超声波式、热钉式、打结式和摩擦焊接式捆扎机。

④按接合位置，可分为底封式、侧封式、顶封式、轨道开闭式、水平轨道式捆扎机和手提式捆扎机。

机械式自动捆扎机的工作过程由送带、拉紧、切烫、粘接四个环节组成，如图3-7所示。

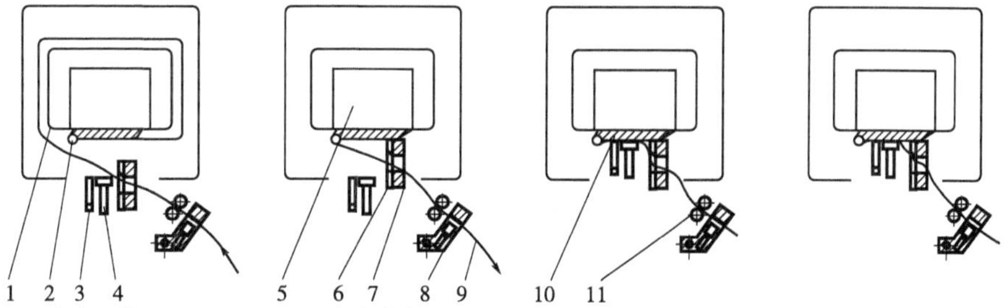

（a）送带　（b）拉紧　（c）切烫　（d）粘接

1. 轨道；2. 止带器；3. 左爪；4. 压力块；5. 被捆包件；6. 切带刀；7. 右爪；8. 张紧臂；9. 捆扎带；10. 隔离器；11. 送带轮。

图3-7　机械式自动捆扎机的工作原理

送带：送带轮11做逆时针转动，利用轮与捆扎带的摩擦使捆扎带9沿轨道1运动，直到带端碰到止带器2为止。

拉紧：右爪7上升压住带端，送带轮11做顺时针转动，在带退出过程中，轨道中的叶片在捆扎带的拉力作用下松开，捆扎带继续退出直至紧束住物件，张紧臂8随之向下摆动，将带子完全拉紧。

切烫：左爪3上升将两层捆扎带压住，隔离器10退出，烫头跟进将捆扎带两端加热，压力块4上升切断捆扎带。

粘接：烫头退出而压力块4继续上升，将两层已加热的捆扎带两端压粘在一起，完成一次捆扎动作。

3.5.2.7　包装自动生产线

（1）包装自动生产线的概念

包装自动生产线又称自动包装线，即按包装的工艺过程，将自动包装机和有关辅助设备用输送装置连接起来，再配以必要的自动检测、控制、调整补偿装置及自动供送料装置，成为具有独立控制能力，同时能使被包装物品与包装材料、包装辅助材料、包装容器等按预定的包装要求和工艺顺序，完成商品包装全过程的工作系统。

包装自动生产线，可以改善劳动条件，提高劳动生产率；可以提高包装产品的包装质量，合理利用资源；还可以降低产品包装成本，较适合用于少品种、大批量的产品包装。

（2）包装自动生产线的分类

①按包装机之间连接特征分类，可分为刚性包装自动生产线、柔性包装自动生产线

和半柔性包装自动生产线。

刚性包装自动生产线是各包装机间直接用输送装置连接起来，以一定的生产节奏完成包装作业的生产线。但如果某一生产环节出现故障，就会导致全线停产。

柔性包装自动生产线在每个包装机之间均加设储料器，由其向后续包装机供料。这样就克服了刚性包装自动生产线的缺陷，即使某台包装机发生故障，也不会影响其他包装机的包装作业。

半柔性包装自动生产线将自动生产线分成若干区段，对不易出现故障的区段不加设储料器，以提高其“刚性”；对经常出现故障的区段加设储料器，以提高其“柔性”。这样既保证了生产率，又减少了投资。

②按包装机的组合布局分类，分为串联包装自动生产线、并联包装自动生产线和混联包装自动生产线。

串联包装自动生产线各包装机按照工艺流程单向连接，各单机生产节奏相同。

并联包装自动生产线将具有相同包装功能的设备分成数组，共同完成同一包装作业，直至完成商品包装的全部任务。在这一类生产线中，一般需加设换向或合流装置。

混联包装自动生产线在一条生产线上同时采用串联和并联两种形式，其目的是为了平衡各包装机的生产节拍。不过，这样常会使包装自动生产线变得较长，机器数量较多，因此输送、换向、分流、合流等装置的种类也随之繁杂。

(3)包装自动生产线的组成

包装自动生产线的种类繁多，所包装的产品也各不相同，包装自动生产线的组成也有差异。但总体来讲，包装自动生产线由控制系统、自动包装机、输送装置和辅助工艺装置四个组成部分构成。

①控制系统。在包装自动生产线中，控制系统将生产线中所有的设备联结成一个有机的整体，并按设定或预期的规律控制各包装机械、输送设备及辅助工艺装置有条不紊运转，自动地完成全部包装作业。控制系统主要是由工作循环控制装置、信号检测、处理装置组成。随着科学技术的发展，各种高新技术如数控技术、光电控制、微机控制等也被大量采用到自动包装线中，从而使控制系统更加完善、可靠，效率更高。

②自动包装机。自动包装机是一种无须操作人员直接参与，主要由操作系统控制，在规定的时间内各机构自动实现协调动作并完成包装作业的机器。自动包装机是包装自动生产线上最基本的工艺设备，是包装自动生产线的主体。它主要包括完成包装材料或包装容器、被包装物料的输送与供料、计量、充填、包封、贴标签等作业的设备，如灌装机、充填机、装盒(箱)机、捆扎机、封口机、贴标机等。

③输送装置。输送装置是将各台完成部分包装的自动包装机械连接起来，使之成为一条自动包装线的重要装置。输送装置将包装材料(或包装容器)和被包装物品送入自动包装生产线，并担负着包装工序间的传送任务，最后将成品输送离开自动生产线。常用的输送装置大致分为重力式和动力式两类。重力式输送装置是利用物品的重力并克服输送过程中的摩擦力，从而实现输送的装置。它不需要任何驱动源，且结构比较简单，但这类装置只能实现高处向低处的输送，而且输送时间难以实现精确化。动力式输送装置是利用动力源(如电动机)的驱动作用使物品得以输送的装置，是包装自动生产线中最常用的输送装置。它不但可实现由高处向低处的输送，同时也可实现由低处向高处的输送，且输送速度稳定可靠。

④辅助工艺装置。在包装自动生产线中，为满足工艺上的要求，使自动生产线能有节奏并协调一致地工作而配置一些辅助工艺装置，如转向装置、分流装置、合流装置、暂存缓冲装置等。转向装置是为了满足包装需要，用于改变被包装物体输送状态或输送方向的装置，结构形式多样，应根据不同物品、不同包装要求选择适当的结构。分流装置是为了平衡生产节拍，提高生产率，在前台包装机完成其包装作业后，将被包装物分流给其他包装机来完成后续工序的装置。常用的分流装置有挡臂式、直角式、摇摆式、活门式、导轨滑板式等。合流装置用于连接前道工序多台包装机与后道工序一台包装机的装置。常用的合流装置有导板式、推板式、回转圆盘式等种类。

(4)包装自动生产线的特点

随着科学技术的发展，微机技术、智能检测、先进控制理论与方法、调节装置等技术已被引入包装生产中，从而促进了包装自动生产线的发展。包装自动生产线也体现出在包装领域的优势，具体特点表现如下：

①包装自动化。自动化程度是衡量包装机械技术水平的重要标志，其内容包括工艺过程、工艺参数、物料流动、产品质量、运行故障、安全防范等的自动控制和包装物、包装袋或容器、包装产品、包装过程的自动检测两个方面，在整个包装生产线的工艺流程上都采用自动化设备，如包装材料或包装容器的自动整理、输入以及产品的输出，单机及机组和生产线的自动协调工作和故障的自动处理，对包装质量的在线自动检测和自动剔除不合格产品等。

②设备成套性强。包装生产线多为连续作业的单机联动线和机组，成套性较强。它通常是把具有不同功能的单机或机组与辅助设备配套成为连续作业线，或者设计制造具有多种功能的作业线，将现代化生产中制袋、充袋、封口、称量、码垛、输送、清洗灭菌、计量、贴标、打印、检测和传递输送等功能结合起来组成成套流水作业线。

③通用性较强。包装设备的通用化、系列化，包装线及装备的构成模块化，更有利于实现包装自动化。用户在物料的特性、称量精度，以及裹包、封口等方面可能会有不同的要求，但有很多动作是相同或相似的，只是包装尺寸大小、质量不一样，如粮食类谷物自动包装生产线与化肥、矿物颗粒自动包装生产线就有相似之处。因此，包装生产线通用化，可提高包装生产线的利用价值。

④技术含量高。微电子技术、传感技术和计算机技术的应用，形成高新技术与传统技术的复合，提高了包装自动生产线的工作质量、精度、速度和可靠性，促进了包装生产线向智能化、高度自动化的发展。

⑤管理控制一体化。在包装自动生产线的发展中，管理控制一体化的要求越来越高，要求除了集成控制包装生产线上所有输送装置、包装机械、辅助工艺装置等设备的各执行机构外，还需完成包装产品信息、包装信息、条码等物流信息的收集、储存、处理与传输等管理任务。

思考题

1. 什么是包装？包装主要有哪些功能？包装的最基本功能是什么？
2. 包装有哪些类型？
3. 包装尺寸设计依据是什么？对于木材产品的包装尺寸如何确定？
4. 包装材料应具备哪些性能要求？

5. 常用的包装材料有哪些?
6. 木材产品的包装一般选用哪些材料作为包装材料?
7. 包装的保护技术有哪些?对于木质家具产品的包装需采取哪些保护技术?
8. 包装机械按功能分有哪些类型?包装机械的作用有哪些?
9. 包装机械有哪些特点?
10. 选用包装机械时，需考虑哪些技术经济指标?
11. 包装自动生产线有哪些类型?具有哪些基本特点?

第 4 章
仓储技术与装备

［本章知识点］仓储的定义与功能；仓储技术装备的分类与特点；仓储系统的组成与特点；货架的作用、分拣的概念；常见货架与分拣机的类型与结构；自动仓储系统结构与发展趋势；自动分拣系统的组成及特点；仓储技术装备的选用依据。

现代物流是从原材料的采购供应、产品生产到产品销售过程的物流的统一管理，也是实现促进产品销售和降低物流成本的管理。仓储是物流系统一个不可或缺的构成要素，对于具有显著季节性的木质原材料起到较好的平衡作用，使木材加工生产过程保持较稳定的连续性、安全性，同时也是加工企业生产过程的延伸，为销售物流提供稳定可靠的库存。

4.1 概述

4.1.1 仓储的含义与功能

4.1.1.1 仓储的含义

狭义上，仓储就是通过仓库对商品与物品进行储存与保管。然而，仓储是集中反映工厂物资活动状况的综合场所，是连接生产、供应、销售的中转站，对促进生产、提高效率起着重要的辅助作用。同时，围绕着仓储的实体活动，清晰准确的报表、单据、账目、会计部门核算的准确信息也同时进行着，因此仓储是物流、信息流、单证流的合一。

从物流管理的角度看，可以将仓储定义为：根据市场和客户的要求，为了确保货物没有损耗、变质和丢失，为了调节生产、销售和消费活动以及确保社会生产、生活的连续性，而对原材料等货物进行储存、保管、管理、供给的作业活动。

4.1.1.2 仓储的功能

现代“仓储”不是传统意义上的“仓库”“仓库管理”，而是在经济全球化与供应链一体化背景下的仓储，是现代物流系统中的仓储。它表示一项活动或一个过程，是以满足供应链上下游的需求为目的，在特定的有形或无形的场所，运用现代技术对物品的进出、库存、分拣、包装、配送及其信息进行有效的计划、执行和控制的物流活动。仓储的价值主要体现在其具有的基本功能、增值功能以及社会功能三个方面。

(1)基本功能

仓储的基本功能是指为了满足市场的基本储存需求，仓库所具有的基本操作或行为，包括储存、保管、拼装、分类等基础作业，其中储存和保管是仓储最基础的功能。通过基础作业，货物得到了有效的、符合市场和客户需求的仓储处理。

(2)增值功能

增值功能则是指通过仓储高质量的作业和服务，使经营方或供需方获取除这一部分以外的利益，这个过程称为附加增值。这是物流中心与传统仓库的重要区别之一。增值功能的典型表现方式包括：

①提高客户的满意度。当客户下达订单时，物流中心能够迅速组织货物，并按要求及时送达，提高了客户对服务的满意度，从而增加了潜在的销售量。

②实现信息化管理。在仓储管理的各项事务中，经营方和供需方都需要及时准确的仓库信息，包括仓库利用水平、进出货频率、仓库的地理位置、仓库的运输情况、客户需求状况、仓库人员的配置等信息，这些信息为用户或经营方进行正确的商业决策提供了可靠的依据，提高了用户对市场的响应速度，提高了经营效率，降低了经营成本，从而带来了额外的经济利益。

(3)社会功能

仓储的基础作业和增值作业会给整个社会物流过程的运转带来不同的影响，良好的仓储作业与管理具有如下功能：

①时间调整。一般情况下，生产与消费之间会产生时间差，通过储存可以克服货物产销在时间上的隔离，如季节生产，但需全年消耗的木材、竹材。

②价格调整。生产和消费之间也会产生价格差，供过于求、供不应求都会对价格产生影响，因此通过仓储可以克服货物在产销量上的不平衡，达到调控价格的效果。

③衔接商品流通。商品仓储是商品流通的必要条件，为保证商品流通过程连续进行，就必须有仓储活动。通过仓储，可以防范突发事件，保证商品顺利流通。

4.1.2 仓储系统的组成及其主要参数

4.1.2.1 仓储系统的组成

仓储系统包括存储空间、货物、仓库设施设备、人员和作业管理系统等要素。

(1)存储空间

存储空间由仓库库房提供，不同的库房所提供的空间差别很大。根据建筑结构和构造可分为平房仓库、楼房仓库、高层货架仓库、柱式仓库、简易仓库、露天仓库等。

(2)货物

货物是仓库生存的生命源，货物的特征、货物在储存空间的摆放方式和管理与控制是储存系统要解决的关键问题。货物的特征包括供应商、商品特性、规格类别、数量和时间等；而影响它们在储存空间摆放的因素有储位单位、储位策略和原则、货物特性等。货物在库不仅要摆好，还要便于存取、分拣和加工管理。

(3)仓储设施设备

仓储设施设备由收发设施设备、储存设备、搬运和输送设备等组成。只要货物不是直接堆码在地上，不是纯由人力装卸搬运就需要托盘、货架等储存设备和叉车等搬运设备。

(4)作业管理系统

按照设施规划的要求，首先要考虑的是仓储作业流程，没有通畅的作业流程就不可能有完善的仓储功能布局。仓储管理系统是仓库运作的神经中枢，与良好的作业系统相配合，才能完成仓库的各项功能。

(5)人员

仓储系统的人员包括仓管、搬运、拣选和补货等作业人员。人员仍然是仓储最活跃的因素，在仓储空间设计和设备选择时，都要根据自动化程度的高低来考虑人机作业和管理问题。例如，考虑人员在存取、搬运货物时，要求效率高，省时省力，作业流程合理，储位配置及标志要简单清楚、一目了然。

4.1.2.2 仓储系统的主要参数

仓储系统的主要技术参数有库容量、出入库频率、库容利用系数、库存周转次数等。

(1)库容量

库容量是指仓库能容纳物品的数量，是仓库内除去必要的通道和间隙后所能储存物品的最大数量。库容量是仓库的主要参数之一，也是评价仓库质量的指标之一。在规划和设计仓库时首先要明确库容量。库容量的大小，取决于生产、经营的需要。

过去，库容量越大说明仓库越有实力，仓库经营者越能多赚钱。但是，在以销定产时代，“零库存”成为企业追逐的目标，物品流动的速度越来越快。因此库容量已经不再是衡量仓库性能的最重要因素，而出入库频率变得越来越重要。一个仓库的出入库频率越高，说明仓储作业效率和经济效益都很高，资金周转越快。

(2)出入库频率

出入库频率是仓库在单位时间内货物的吞吐量。出入库频率主要取决于供应和消费的节奏，仓库的出入库频率决定了仓库搬运设备的投资规模。出入库频率可用“t/h”或“托盘/h”表示。

(3)库容利用系数

实际库存量与库容量之比称为库容利用系数，库容利用系数取平均值作为考核标准。

(4)库存周转次数

年出或入库总量与年平均库存量之比称为库存周转次数。对于生产性和经营性的仓库，库存周转次数越多，说明资金周转越快。一些经营好的仓库可以达到每年 24 次以上，即不到半个月就周转一次。对于储备性仓库，库存周转次数不是一个重要指标。库容利用系数和库存周转次数是反映仓库经营效率的指标。

(5)其他指标

常用于仓储系统的技术参数还有单位面积的库容量、全员平均劳动生产率、装卸作业机械化程度和机械设备的利用系数等。

①单位面积的库容量。这是仓库容量与仓库占地面积之比。在土地紧缺、用地费用高的地方，这是一个很重要的经济指标。

②全员平均劳动生产率。这是仓库全年出入库总量与仓库总人数之比。通常它取决于仓库的机械化程度。

③装卸作业机械化程度。这是指用装卸机械装卸货物的作业量与总的装卸作业量

之比。

④机械设备的利用系数。这是指机械设备的全年平均小时搬运量与额定小时搬运量之比，可用这个系数来评估机械设备系统配置的合理性。

4.1.3 仓储的发展过程

仓储是现代物流的一个重要组成部分，在物流系统中起着至关重要的作用，是厂商研究和规划的重点。高效合理的仓储可以帮助厂商加快物资流动的速度，降低成本，保障生产的顺利进行，实现对资源的有效控制和管理。仓储的发展经历了不同的历史时期和阶段，从原始的人工仓储到现在的智能仓储，通过各种先进技术对仓储的支持，使仓储的效率得到了大幅的提高。仓储物流发展经历了以下阶段：

(1)人工和机械化的仓储阶段

这个阶段物资的输送、仓储、管理、控制主要是依靠人工及辅助机械来实现的。物料可以通过各种各样的输送带、工业搬运车、机械手、起重机械、堆垛机和升降机来移动和搬运，用货架托盘或可移动货架存储物料，通过人工操作机械存取设备，用限位开关、螺旋机械制动和机械监视器等控制设备运行。机械化满足了人们对速度、精度、高度、重量、重复存取和搬运等方面的要求，实时性和直观性是明显优点。

(2)自动化仓储阶段

自动化技术对仓储技术及其发展起了重要的促进作用。20 世纪 50 年代末开始，相继研制和采用了自动导引车、自动货架、自动存取机器人、自动识别和自动分拣等系统。到 70 年代，旋转体式货架、移动式货架、巷道式堆垛机和其他搬运设备都加入了自动控制行列，但只是各个设备的局部自动化并各自独立应用，被称为“自动化孤岛”。随着计算机技术的发展，工作重点转向物资的控制和管理，要求实时、协调和一体化。计算机之间、数据采集点之间、机械设备的控制器之间以及它们与主计算机之间的通信可以及时地汇总信息，仓库计算机及时地记录订货和到货时间，显示库存量，计划人员可以方便地作出供货决策，管理人员随时掌握货源及需求。

信息技术的应用已成为仓储技术的重要支柱。到 20 世纪 70 年代末，自动化技术被越来越多地应用到生产和分配领域。“自动化孤岛”需要集成化，于是便形成了“集成系统”的概念。在集成化系统中，整个系统的有机协作，使总体效益和生产的应变能力大幅超过各部分独立效益的总和。集成化仓库技术作为计算机集成制造系统中物资存储的中心受到人们的重视，在集成化系统里包括了人、设备和控制系统。

(3)智能化仓储阶段。

20 世纪 70 年代初期，我国开始研究采用巷道式堆垛机的立体仓库。1980 年，由北京机械工业自动化研究所等单位研制建成了我国第一座自动化立体仓库，在北京汽车制造厂投产。从此以后，立体仓库在我国得到了迅速的发展。据不完全统计，目前我国已建成的立体仓库有 300 座左右，其中全自动的立体仓库有 50 多座，高度在 12m 以上的大型立体仓库有 8 座。这些自动化的仓库主要集中在烟草、医药保健品、食品、通信和信息、家具制造业、机械制造业等传统优势行业。在此基础上我国对仓库的研究也正向智能化的方向发展。

在自动化仓储的基础上继续研究，通过实现与其他信息决策系统的集成，并朝着智能和模糊控制的方向发展，人工智能推动了仓储技术的发展，即智能化仓储。现在智能化仓储技术已有完善的、先进的应用实例，在今后的 10 年内智能化仓储技术与应用将会得到快速发展。

4.1.4　仓储技术装备

4.1.4.1　仓储技术装备的概念

仓库在物流系统中扮演着极为重要的角色，仓库的最基本功能是储存和保管物资。为了满足市场小批量多样化需求，仓库还担负着流通加工、拣选、配送和信息服务等功能。它的基本活动包括储存、保养、维护和管理。仓储活动离不开仓储技术装备的支持。仓储技术装备是仓库进行生产和辅助生产作业以及保证安全作业所必需的各种机械设备和设施的总称。

4.1.4.2　仓储技术装备的分类

①按照功能的不同，仓储技术装备可分为储存设备（货架）、物料搬运设备、分拣设备、计量设备、商品保养设备、维修设备、安全设备等。

②按照作业方式的不同，仓储技术装备可分为搬运机械设备（叉车、输送机械等）、起重机械设备（桥式起重机、门式起重机等）和存取设备（巷道式堆垛起重机、装卸堆垛机器人等）。

③按照使用范围的不同，仓储技术装备可分为专用机械设备和通用机械设备。

④按照作业形式的不同，仓储技术装备可分为固定式机械设备和流动式机械设备。

4.1.4.3　仓储技术装备的特点

仓储技术装备是在特定环境中完成特定的物流作业功能，它们在结构、外形和功能上差异很大的同时，又有下面的一些共性。

①仓储技术装备一般在物流据点内工作，其作业场所固定，工作范围相对较小，运行路线比较固定。

②对安全性、节能性、环保性和经济性的要求高。

③机械化、自动化程度高。

④专业化、标准化程度高。

4.2　货架

4.2.1　货架的作用

仓库设备中，货架是指专门用于存放成件物品的保管设备。货架在现代物流活动中，起着相当重要的作用。货架的种类、功能关乎仓储管理能否实现现代化。货架的作用有如下方面：

①货架是一种架式结构物，可充分利用仓库空间，提高库容利用率，扩大仓库储存能力。

②存入货架中的货物，互不挤压，物资损耗小，可完整保证货物本身的功能，减少

货物的损失。

③货架中的货物，存取方便，便于清点及计量，可做到先进先出。

④保证存储货物的质量，可以采取防潮、防尘、防盗、防破坏等措施，以提高物资存储质量。

⑤很多新型货架的结构及功能有利于实现仓库的机械化、自动化管理。

4.2.2 货架的分类

货架的分类方法很多，按货架的发展可分为传统货架和新型货架。传统货架包括层架、层格式货架、抽屉式货架、橱柜式货架、U 形架、悬臂架、栅架、鞍架、气罐钢筒架、轮胎专用货架等；新型货架包括旋转式货架、移动式货架、装配式货架、调节式货架、托盘货架、进车式货架、高层货架、阁楼式货架、重力式货架、臂挂式货架等。

按货架的适用性可以分为通用货架和专用货架。

按货架的制造材料可分为钢货架、钢筋混凝土货架、钢与钢筋混凝土混合式货架、木制货架、钢木合制货架等。

按货架的封闭程度分为敞开式货架、半封闭式货架、封闭式货架等。

按结构特点分为层架、层格架、橱架、抽屉架、悬臂架、三角架、栅架等。

按货架的可动性分为固定式货架、移动式货架、旋转式货架、组合货架、可调式货架、流动储存货架等。

按货架结构分为整体结构式(货架直接支撑仓库屋顶和围棚)、分体结构式(货架与建筑物分为两个独立系统)。

按货架的载货方式分为悬臂式货架、橱柜式货架、棚板式货架。

按货架的构造分为组合可拆卸式货架、固定式货架。其中又分为单元式货架、一般式货架、流动式货架、贯通式货架。

按货架高度分为低层货架(高度 5m 以下)、中层货架(高度 5~15m)、高层货架(高度 15m 以上)。

按货架重量分为重型货架(每层货架载重量 500kg 以上)、中型货架(每层货架载重量为 150~500kg)、轻型货架(每层货架载重量 150kg 以下)。

4.2.3 常见货架

4.2.3.1 层架(搁板式货架)

层架由四根支柱配置钢层板组合而成，又称为搁板式货架。层架是由主柱、横梁、层板构成，架子本身分为数层，层间用于存放货物。层架应用广泛，种类繁多，一般可进一步划分如下：

①按层架存放货物的重量级，可将层架分为重型层架、中型层架和轻型层架三种。

②按层架结构，可将层架分为装配式、固定式及半固定式三种。装配式层架多用于轻型货架，采用轻钢结构，较机动灵活；固定式层架坚固、结实、承载能力强，用于重、中型层架。

③按层架封闭程度，可将层架分为开放型、半开放型、金属网型、前挡板型等种类，如图 4-1 所示。

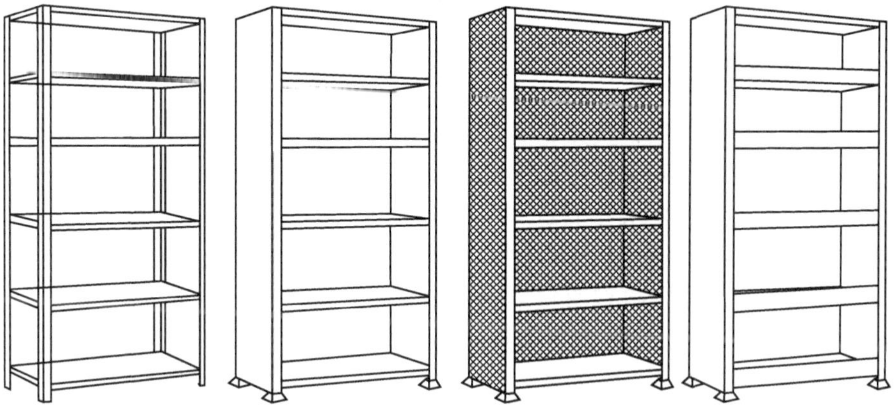

（a）开放型　（b）半开放型　（c）金属网型　（d）前挡板型

图 4-1　各类轻型层架

④按层板安装方式，可将层架分为固定层高及可变层高两种层架。层架的尺寸规格可在很大范围内变动，一般而言，轻型层式货架主要是人工进行装货操作，规格尺寸及承载能力都和人的搬运能力适合，高度一般在 2m 以下、深度 0.6m 以内，跨度(宽度)不大于 2m；中、重型货架尺寸则要大得多，高度可达 4.5m，深度可达 1.2m，跨度可达 3m。

层架具有结构简单、省料、适用性强等特点，便于作业的收发。但存放物资数量有限，是人工作业仓库的主要储存设备。轻型层架多用于小批量、零星收发的小件物资的储存。中型和重型货架要配合叉车等工具储存大件、重型物资，其应用较广泛。

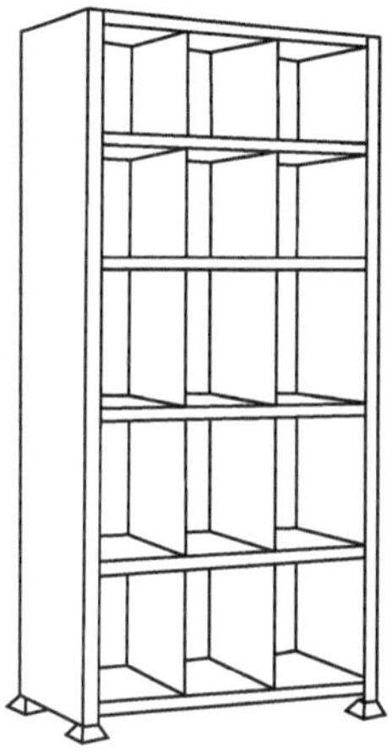

图 4-2　层格式货架

4.2.3.2　层格式货架

层格式货架是层架的一种特殊结构，其种类和结构与层架类似，区别在于某些层甚至整体每层中用间隔板分成若干个格，如图 4-2 所示。一般来说，层格式货架，每格原则上只能放一种物品，物品不易混淆，但存放数量不大。其缺点是层间光线暗，存放数量少，主要用于规格复杂多样，必须互相间隔开的物品。

4.2.3.3　抽屉式货架

抽屉式货架也是层架的一种特殊结构，与层格架类似，区别在于层格中有抽屉，如图 4-3 所示。此类货架属于封闭式货架的一种，具有防尘、防潮、避光的作用。用于比较贵重的小件物品的存放，或用于怕尘土、怕湿等贵重物品，如刀具、量具、精密仪器、药品等物品的存放。

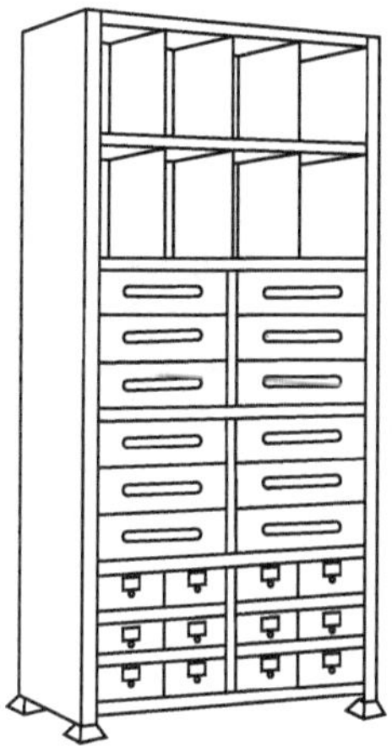

图 4-3　抽屉式货架

4.2.3.4　橱柜式货架

在层格架或层架的前面装有橱门，上下左右及后面均封闭起来，门可以是平开式、推拉式或卷帘式。门的材质有木质、玻璃、钢质，也可用各种纱门。橱柜式货架也属于封闭式货架的一种，其特点与用途和抽屉式货架相似，用于存放贵重物品、文件、文物及精密配件等物品。

4.2.3.5 托盘货架

用于存放托盘装载货物的货架，是最为常用的货架。托盘货架所用多为钢材结构，也可用钢筋混凝土结构。可做单排型连接，也可做双排型连接。托盘货架的尺寸大小，视仓库的大小及托盘尺寸的大小而定。木材产品尺寸多样化，最常见的货架，以联运通用平托盘尺寸基数的倍数确定用于存储人造板、家具产品的托盘货架尺寸。

用托盘装载货物，若将托盘直接堆码，存在如下问题：

①用平托盘直接堆码，两托盘之间及最下层的货物会受到挤压，甚至造成货物损坏。

②这种堆码方法不能做到先进先出。

③当各个托盘装载不同货物、码盘不整齐时，只能单摆，不能堆码，造成库容率低。

④如使用立柱式托盘或框架式托盘时，虽然可以堆码，使货物不受挤压，但堆码不能太高，否则稳定性差、不安全。

因此，采用托盘货架，每一个托盘占一个货位，这样能克服上述的问题。较高的托盘货架使用堆垛起重机存取货物，较低的托盘货架可用叉车存取货物。托盘货架可实现机械化装卸作业，便于单元化存取，库容利用率高，可提高劳动生产率，实现高效率的存取作业，便于实现计算机的管理和控制。

最普通的一种托盘货架如图 4-4 所示，其优点是存取方便，拣取效率高。但是这种货架的储存密度较低，需要较多的通道。

这种形式的货架适用于品种中量、批量一般的储存。通常在高 6m 以下的 3~5 层为宜。此外，它可任意调整组合，施工简易，经济实惠，出入库不受先后顺序的影响，一般的叉车都可使用。

在选用托盘货架时，应考虑存储单元的尺寸、重量和堆放层数，以便决定支柱和横梁尺寸。

4.2.3.6 悬臂式货架

悬臂式货架是由 3~4 个塔形悬臂和纵梁相连而成，如图 4-5 所示。分单面和双面两种，悬臂货架一般用金属材料制造，为防止材料碰撞或产生刻痕，在金属悬臂上垫上木质衬垫，也可用橡胶条保护。悬臂货架的尺寸不定，一般根据所放长形材料的尺寸大小

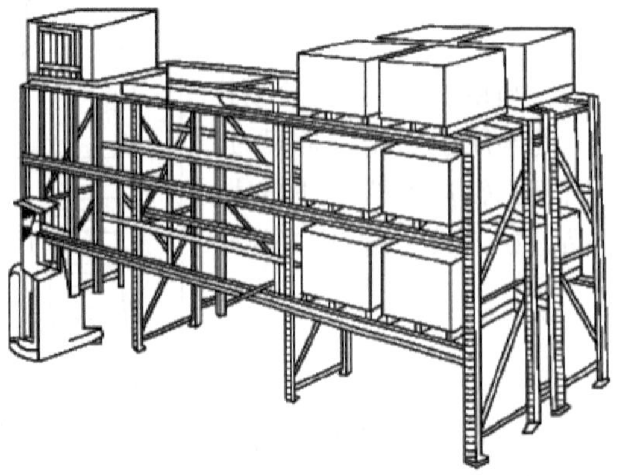

图 4-4 托盘货架

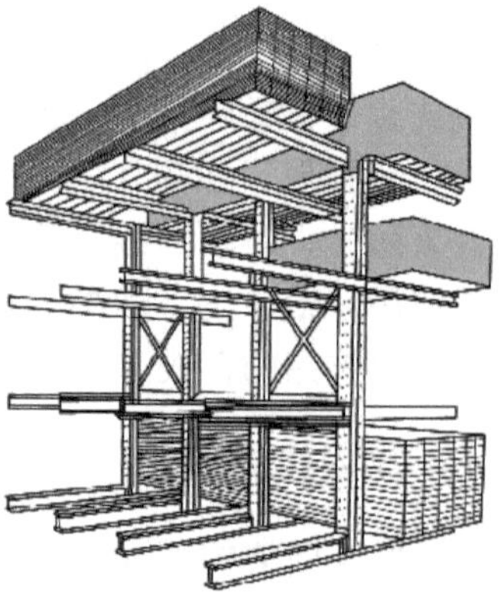

图 4-5 悬臂式货架

来决定其尺寸。悬臂式货架适于长条形材料如木线条、规格锯材、人造板等的存放，根据承载能力可分为轻量型、中量型、重量型三种。

4.2.3.7　驶入式货架

驶入式货架又称为通廊式货架或贯通式货架，其结构如图 4-6 所示。是一种不以通道为分割的、连续性的整栋式货架，在支撑导轨上，托盘按深度方向存放，一个紧接着一个，这使得高密度存储成为可能。这种货架采用钢质结构，钢柱上在一定的位置有向外伸出的水平突出构件，当托盘送入时，突出的构件将托盘底部的两侧边托住，使托盘本身起货架横梁作用，当架上没有放托盘货物时，货架正面便成了无横梁状态，这时就形成了若干通道，可方便出入叉车等作业车辆。

这种货架适合叉车或堆高车直接驶入货架进行作业。叉车与货架的正面成垂直方向驶入，在最里面的位置开始存放直至装满，取货时再从外向内顺序取货。驶入式货架能起到保管场所及叉车通道的双重作用，但叉车只能从架子的正面驶入。这样虽然可提高库容率及空间利用率，但是很难实现先进先出。因此，每一巷道只宜保管同一品种货物，并且只适用于保管品种少、大批量以及不受保管时间限制的货物。驶入式货架是高密度存放货物的重要货架，库容利用率可达 90%以上。

4.2.3.8　阁楼式货架

阁楼式货架是在已有的仓库工作场地上面建造楼阁，在楼阁上面放置货架或直接放置货物，将原有的平房库改为两层的楼库，货物提升可用输送机、提升机、电葫芦，也可用升降台。在阁楼上面可用轻型小车或托盘牵引车进行货物的堆码。这种货架的特点是充分利用空间，一般用于旧库改造。

一般的旧库，库内有效高度 4~5m 以上，如果安装一般货架或者就地堆放货物，在操作上受操作人员的身高所限，只能利用 2m 左右。采用阁楼式货架后，可几乎成倍提高原有仓库利用率，缺点是存取作业效率低。主要用于存放贮存期较长的中小件货物。

如图 4-7 所示为两层堆叠而成的阁楼货架。其结构有的是由底层货架承重上部搭置楼板，形成一层新的库面，有的是由立柱承重，上部搭置楼板形成库面。

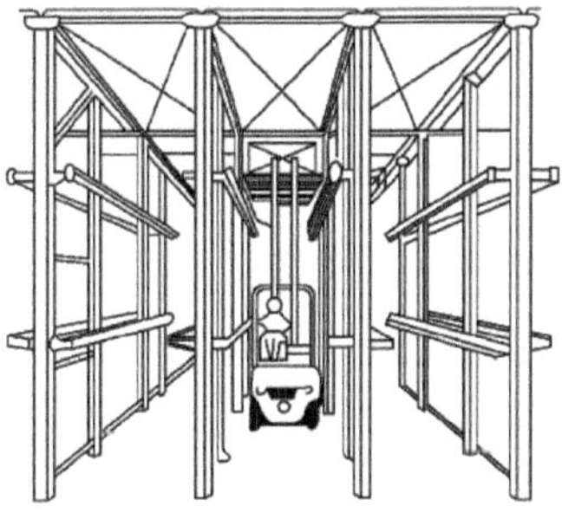

图 4-6　驶入式货架

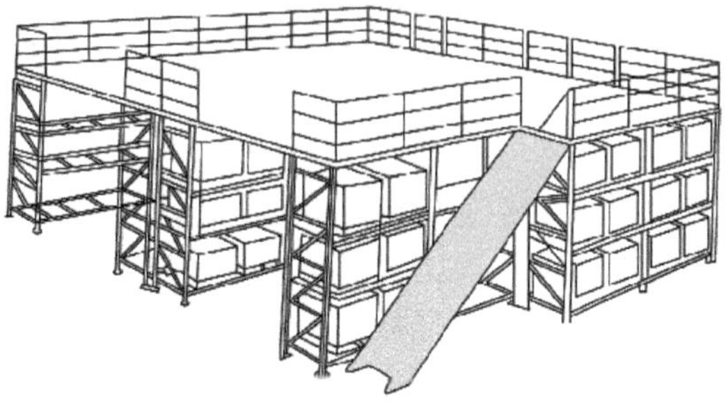

图 4-7　阁楼式货架

4.2.3.9　窄巷道货架

窄巷道货架是仓储货架的一种，因其货架系统的叉车搬运通道与托盘货架的叉车搬运通道相比较为狭窄，故称为窄巷道或窄通道货架。如图 4-8 所示，货架系统主体为横梁式货架系统，区别在于在货架底部地面上安装巷道三向叉车或堆垛机的行动导轨。

货架系统的堆垛通道宽度稍大于托盘货物的宽度，实现了高密度的存储，巷道式堆垛起重机可随时存储任一托盘货物。非常高的存储密度和存储效率，对于适合采用窄巷道货架系统的存储与物流中心来说，带来的是显著的生产效率与成本效益。

4.2.3.10 重力式货架

重力式货架又称流动式货架，是现代物流系统中的一种应用广泛的装备。其原理是利用货物的自重，使货物在有一定高度差的通道上，从高向低处运动，从而完成进货、储存、出库的作业。

重力式货架和一般层架从正面看基本相似，但是，其深度比一般层架深得多，类似于许多层架密集靠放。每一层隔板由后端(入库端)到前端(出库端)向下倾斜，即具有一定坡度。有一定坡度的隔板可制成滑道形式，货物单元顺滑道从高端向低端滑动，也可制成滑轨、辊子或滚轮，以提高货物单元的运动性能，且可尽量减小坡度。这种货架的一侧通道作为存放用，另一侧通道作为取货用，货物单元放在滚轮上，货架向取货方向稍倾斜一定的角度，利用货物重力使货物向出口方向自动下滑，以待出库时从另一侧取出。

图 4-9 所示是一个带辊子滑道的重力式货架，这种货架的辊子或滚轮结构有固定式和托起式两种。固定式辊子或滚轮一旦装上之后，不再可变。托起式则可在不需滚动时，将辊子或滚轮落入槽内，货物则托放于槽板上，以保持货物稳定。需要使货物运动时，只要给槽内软管充气，使之鼓胀，则将滚轮托起，使货物离开槽板而置于滚轮之上，这样货物便在自重作用下沿滚轮向低端运动。

图 4-8 窄巷道货架

图 4-9 重力式货架

由于重力式货架通常密集配制，能大规模密集存放货物，减少通道数量，因此，可有效节约仓储面积；重力式货架能保证先进先出，并且取货方便，货架层数少的可适用于配送中心分拣作业，层数多的较适合于储物单元整进整出仓储中心；重力式货架的入库端与出库端分离，以提高作业效率和作业安全性。

4.2.3.11 移动式货架

移动式货架在货架底部装有导轨和运行滚轮，是可以沿水平直线导轨上移动的货架，如图 4-10 所示。移动式货架有轻型、重型两类，轻型货架可采用人工手摇移动；重型货架一般采用电动驱动，因此又叫动力式货架，通过货架底部的电机驱动装置，它可在水平直线导轨上移动。

移动式货架仅需预留一条通道，利用货架的移动，便可实现各货架的出入库管理，而固定型托盘货架的一条通道，只服务于通道内两侧的两排货架，所以在相同的空间内，移动式货架的储存能力比一般固定式货架高得多，单位面积储存量可提升至普通托盘货架的2倍左右。但由于仅有一条通道进行出入库作业，无法多叉车或堆高机械同时作业，因而仅适用于库存品种多、出入库频率较低、出入库量较小的场合。

图4-10 移动式货架

4.2.3.12 旋转式货架

旋转式货架又称回转式货架，在拣选货物时，取货者不动，通过货架的水平、垂直或立体的回转，货物随货架移动到拣货工作人员面前。通过计算机控制，根据下达的货格指令，指定货格以最近的路径自动旋转至拣货点，实现自动存取和自动管理。这种货架存储密度大，货架间不设通道，与固定式货架比，可节省占地面积30%~50%。由于货架转动，拣货路线简捷、拣货效率高、拣选差错少，主要用于出入库频率高、多品种拣选的配送中心等场所。

根据旋转方式的不同，旋转式货架可分为垂直旋转式、水平旋转式、立体旋转式三种。垂直旋转式货架类似垂直提升机，在提升机的两个分支上悬挂有成排的货格，提升机可正转，也可以反转。货架的高度2~6m，正面宽2m左右，10~30层不等，单元货位载重100~400kg，回转速度6m/min左右。多层水平旋转式货架(图4-11)的最佳长度10~20m，高度2~3.5m，单元货位载重200~250kg，回转速度20~30m/min。

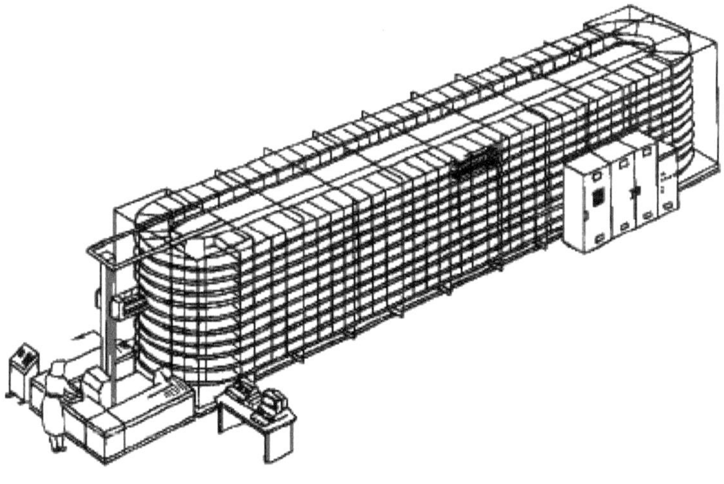

图4-11 多层水平旋转式货架

4.2.4 仓储货架的选用依据

仓库在选择和配置货架时，必须综合分析库存货物的性质、单元装载和库存量，以及库房结构、配套的装卸搬运设备等因素，应按照系统化的原则，从经济与效率的观点综合考虑各项因素，选择最适用的类型。

(1)库房架构

主要考虑可用高度、梁柱位置、地板条件、防火设施等指标。选用货架时须考虑梁下有效高度，以决定货架高度；梁柱位置则会影响货架的配置；地板承受的强度、地面平整度也与货架的设计及安装有关。另外，还须考虑防火设施和照明设施的安装位置。

(2)物品特性

需要考虑的物品特性包括外形尺寸、重量、储位数、储存单位等指标。储存物品的外形尺寸直接关系到货架规格的选定，储存物品的重量则直接影响到选用何种强度的货架。对于不同的储存单位，如托盘、容器或单品，则选用不同的货架类型。在预估总储位数的数量时，必须考虑到公司未来的发展需求。

(3)存取性

需考虑储存密度、先进先出的进出货物方式、储位管理等方面。一般存取性与存储密度是相对的。也就是说，为了得到较高的存储密度，则必须相对地牺牲物品的存取性。虽然有些形式的货架可得到较高的存储密度，但其储位管理较为复杂，也常无法做到先进先出的管理。立体自动仓库可充分利用存储空间，存取性与存储密度俱佳，但投资成本相对较高。因此选用何种形式的存储设备，既是各种因素的折中，也是一种策略的应用。

(4)入出库量

某些形式的货架虽有很好的存储密度，但入出库量却不高，适合于低频率的入出库作业。出入库量的高低是非常重要的数据，也是货架设备形式选用的考虑重点。

(5)搬运设备

主要需要考虑配重式、跨立式、通道宽度、提升高度、提升重量、旋转半径等指标。储存货物的存取作业是由搬运设备来完成，在选用仓储货架时需同时考虑搬运设备的匹配。

4.3 自动仓储系统

自动仓储系统(automated storage and retrieval system, AS/RS)是指不用人工直接处理，能自动存储和取出物料的系统。自动化仓储技术是现代物流技术的核心，它集高架仓库及规划、管理、机械、电气于一体，是一门综合性的技术。

4.3.1 自动仓储系统概述

自动仓储系统 AS/RS 是采用高层货架储存货物，用起重、装卸、运输机械设备进行物料出库和入库作业的系统。AS/RS 主要通过高层货架充分利用空间来进行存取货物，所以又称为“自动化高架仓库系统”，也有的称为“自动化立体仓库系统”。高架仓库的最大高度已高于 40m，最大库存量可达数万甚至十多万个货物单元，可以做到无人操纵、按计划入库和出库的全自动化控制，并且对于仓库的管理可以实现计算机网络管理。

自动仓储系统是在立体仓库的基础上发展起来的。20 世纪 50 年代初，美国出现了采用桥式堆垛起重机的仓库，20 世纪 50 年代末至 60 年代初，出现了司机操作的巷道式堆垛起重机，1963 年美国首先在立体仓库中采用计算机控制技术，建立了第一座计算机控制的高架仓库，此后自动仓储系统在美国、欧洲等国家得到迅速发展。20 世纪

60 年代中期，日本开始兴建立体仓库，而且发展速度非常快，目前已成为世界上拥有自动化立体仓库数量最多的国家之一。

我国对高架仓库及其专用的物流搬运设备的研究开发并不晚。早在 1963 年就开发试制成功了第一台桥式堆垛起重机，20 世纪 70 年代中期，我国开始研发采用巷道式堆垛起重机和高架叉车的立体仓库，并于 1980 年投入使用。此后，自动化立体仓库在我国得到了迅速的发展，目前我国已建成的高架仓库有 500 余座，分布在汽车、化工、电子、机械、冶金、印刷、烟草、军队后勤以及综合配送中心等行业或部门。

4.3.2　自动化高层货架仓库分类

4.3.2.1　按高层货架仓库的建筑形式分类

自动化高层货架仓库按高层货架仓库的建筑形式可分为整体式和分离式两大类。

(1)整体式

货架既是储存货物的构件，又是建筑承重的构件，它上部支承屋盖，四面围上保温墙板就形成了仓库建筑物。这种结构无论在材料消耗、施工量还是仓库空间利用方面，都是比较经济合理的。这种结构重量轻，整体性好，对抗震也特别有利。

(2)分离式

在仓库建筑物内独立地建起货架，货架与建筑物是分开的。这种形式适用于利用原有建筑物作库房，当仓库高度在 12m 以下和地面荷载不大时，采用这种形式还是比较方便的。由于这种仓库可以先建库房后立货架，所以施工安装比较灵活方便。

高层货架仓库的建筑形式如图 4-12 所示。

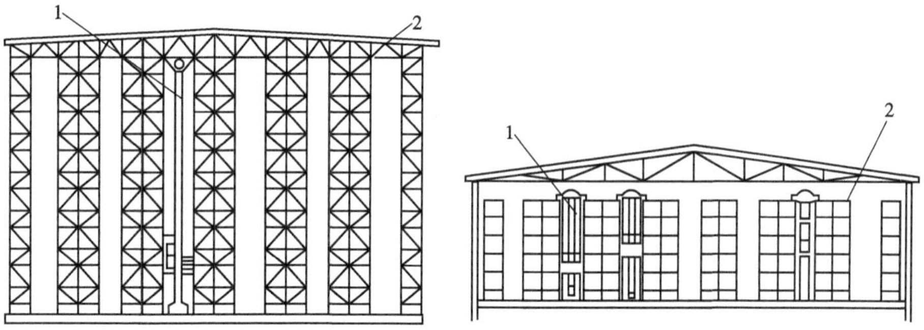

(a) 整体式　　(b) 分离式

1. 堆垛机；2. 货架。

图 4-12　高层货架仓库的建筑形式

4.3.2.2　按库房层高分类

自动化高层货架按库房层高可分为高层、中层和低层三种。一般 5m 以下为低层，5~12m 为中层，12m 以上为高层。

在高层货架仓库高度上，国外一般认为 10~20m 较佳，最高可达 40~45m。美国绝大多数仓库高度为 13~18m，18m 以上的只占 10%，30m 以上的为数更少。瑞士的仓库推荐高度为 15~16m。为了减少建库投资，瑞典各公司在 1975 年后，倾向于建造 8m 高的高层货架仓库。日本由于多地震的原因，高层货架仓库一般比较矮，规模也较小，1972

年后简易高层货架仓库得到发展，日本单层建筑高 7~8m，改建成生产工序型自动化仓库，价格便宜，工作可靠，容易操作，便于中小企业采用，近年来它的数量有较大增加。

我国现行的建筑设计防火规范将货架高度超过 7m 的机械化或自动化控制的高层货架仓库定义为高架仓库(即立体仓库)。

4.3.2.3 按库房容量分类

高层货架仓库的库容量一般以所能储存货物的单元托盘数表示。一般库容量在 2000 托盘以下为小型库；库容量在 2000~5000 托盘的为中型库；库容量在 5000 托盘以上的为大型库。目前高层货架仓库的最大库容量已达十多万个托盘。

4.3.2.4 按仓库作业的控制方式分类

自动化高层货架仓库按仓库作业的控制方式可分为手动控制、远距离控制和电子计算机控制。手动控制包括手动和半自动两种，远距离控制包括单机自动和远距离集中控制两种，电子计算机控制包括离线控制、在线控制和计算机在线实时控制三种。

4.3.2.5 按仓库存取方式分类

自动化高层货架仓库按仓库存取方式可分为以货物单元存取的仓库和拣选式仓库。

(1)以货物单元存取的仓库

在这种仓库里，货物存放在标准容器中或在托盘上储存，出库和入库都以整个单元进行。所用的物料搬运机械是适用于整个单元搬运的，如带伸缩货叉的巷道式堆垛机等。

(2)拣选式仓库

拣选式仓库里，货物虽以单元化方式入库和储存，但出库时并非整个单元一起出，而是根据出库提货单的要求从货物单元中拣选一部分出库。这种拣选又可分为两种：一种是仓库工人乘坐拣选式堆垛起重机或叉车到需要取货的货格前，从货物单元中拣选必要数量的货出库，这种方式叫作“人到货前拣选”。另一种方式恰好相反，是用巷道式堆垛机或其他搬运机械将所需货物单元整个搬运出巷道到拣选区，由工人选取必要的数量，然后将带有剩余货物的单元重新送回原址，这种方式叫作“货到人处拣选”。用哪一种合适，需视仓库作业需要决定。如果对于整个仓库来讲，只有拣选作业，而不需要整个单元出库，多采用前一种方式。但如果仓库作业中仍有相当一部分货物需要整个单元出库，或者拣选出来的各种货物往往还需要按用户的要求进行组合选配，那么也可以采用后一种方式。

4.3.2.6 按仓库在生产和流通中的作用分类

自动化高层货架仓库按仓库在生产和流通中的作用可分为单纯储存的仓库和配送中心式仓库。

(1)单纯储存的仓库

货物以单元化形式入库之后，在货架上储存一定的时间，需要时出库供使用。绝大多数高层货架仓库都是这样的。

(2)配送中心式仓库

在这种仓库里，各种货物先是各自以货物单元的形式储存在货架上。出库时，往往需要根据订单的要求将不同货物以不同的数量进行选配，组成新的货物单元，送往需要的地方供使用，典型例子是“配送中心”。这类仓库除了有高货架以外，一般都有比较大的选配作业面积，那里配有许多输送机和拣选作业站以及一系列的配套设备，供进行商品选配之用。

4.3.3 自动化高层货架仓库的优点

自动仓储系统出现以后，获得了迅速的发展，这主要是因为这种仓库具有一系列突出的优点，在整个企业的物流系统中具有重要的作用。

①能大幅度地增加仓库高度，减少占地面积。用人工存取货物的仓库，货架高 2m 左右。用叉车的仓库可达 3~4m，但所需通道要 3m 多宽。用这种仓库储存机电零件，单位面积储存量一般为 0.3~0.5t/m^2。而高层货架仓库目前最高的已经超过 40m，它的单位面积储存量比普通的仓库高得多。一座货架 15m 高的高架仓库，储存机电零件和外协件，其单位面积储存量可达 2~15t/m^2，是普通货架仓库的 4~7 倍。对于一座拥有 6000 个货位的仓库，如果托盘尺寸为 800mm×1200mm，则普通的货架仓库高 5.5m，需占地 3609m^2，而 30m 高的高架仓库，占地面积仅 399m^2。

②提高仓库出入库频率。自动化仓库采用机械化、自动化作业，出入库频率高，并能方便地纳入整个企业的物流系统，成为它的一环，使企业物流更为合理。

③提高仓库管理水平。借助于计算机管理能有效地利用仓库存储能力，便于清点盘库，合理减少库存，节约流动资金。对用于生产流程中的半成品仓库，还能对半成品进行跟踪，成为企业物流的一个组成部分。

④有利于减少货损。由于采用了货架储存，并结合计算机管理，可以很容易地实现先入先出，防止货物自然老化、变质、生锈。高架仓库也便于防止货物的丢失，减少货损。

⑤能较好地适应黑暗、有毒、低温等特殊场合的需要。对于存放有毒化学物资或需避光、低温保存的物资，通过计算机控制自动实现物资的入库和出库。

总之，由于自动仓储系统这一新技术的出现，使有关仓储的传统观念发生了根本性的改变。原来那种固定货位、人工搬运和码放、人工管理、以储存为主的仓储作业已改变为优化选择货位，按需要实现先入先出的机械化、自动化仓库作业。在这种仓库里，在存储的同时可以对货物进行跟踪以及必要的拣选和组配，并根据整个企业生产的需要，有计划地将库存货物按指定的数量和时间要求送到恰当地点，以满足均衡生产的需求。从整个企业物流的宏观角度看，货物在仓库中短时间的逗留只是物流中的一个环节，在完成拣选、组配以后，将继续流动。高架仓库本身是整个企业物流的一部分，是它的一个子系统。用形象化一些的比喻说法，可以说，使“静态仓库”变成了“动态仓库”。

4.3.4 自动仓储系统发展趋势

(1)自动化、集成化程度不断提高

近年来，采用可编程序控制器(PLC)、微机控制搬运设备的仓库，以及采用计算机管理与 PLC 联网控制、运用仓储管理系统(warehouse management system，WMS)实现全自动化仓库在高架仓库中的比重不断增加。在生产企业，仓储管理系统、客户关系管理系统(CRM)、制造执行系统(manufacturing execution system, MES)与企业资源计划(ERP)集成，实现产销存一体，成为最主要的发展趋势。

(2)与工艺流程结合更为紧密

自动仓储系统AS/RS高架仓库与生产企业的工艺流程密切结合，成为生产物流的一个组成部分，例如，柔性加工系统中的自动化仓库就是一个典型例子。在配送中心，自动化仓库与物品的拣选、配送相结合成为配送中心的一个组成部分。

(3)储存货物品种多样化

大到长6m以上、重4~10t的钢板、钢管等长大件，小到电子元器件的高架仓库，还有专门用作汽车储存的高架仓库等均已出现。

(4)提高仓库出入库周转率

除管理因素外，技术上主要是提高物料搬运设备的工作速度。巷道堆垛起重机的起升速度已达90m/min、运行速度240m/min，货叉伸缩速度达30m/min。在有的高度较大的高架仓库中，采用上下两层分别用巷道堆垛机进行搬运作业的方法提高出入库能力。

(5)提高仓库运转的可靠性与安全性

在自动控制与信息传输中采用高可靠性的硬、软件，增强抗干扰能力；采用自动消防系统，货架涂刷耐火涂层；开发新的更可靠的检测与认址器件。

4.4 自动分拣机

自动分拣机是按照预先设定的计算机指令对物品进行分拣，并将分拣出的物品送达指定位置的机械。随着激光扫描、条码及计算机控制技术的发展，自动分拣机在物流中的使用日益普遍。

4.4.1 分拣的含义

分拣是指为进行输送、配送，把很多货物按不同的品种、地点和单位分配到所设置的场地的作业。在现代分拣技术里，拣货系统是核心内容。拣货系统按照作业形态可分为“人到货”和“货到人”两种拣选形式。在“人到货”的分拣系统里，由分拣人员带着拣选容器按照拣货清单或在拣货系统指引下，到达待拣货物的货架处进行货物拣选，此时货物为静止状态。而在“货到人”的拣选系统里，是由自动分拣系统将待拣货物运输至拣选作业面，再通过人工或自动的方式，拣出待拣货品，这种拣选系统是一种高度自动化的系统。无论是“人到货”还是“货到人”的拣选形式，拣选过程都要经过选取、运送和集中。

4.4.2 自动分拣系统的组成和特点

4.4.2.1 自动分拣系统的组成

自动分拣系统一般由控制装置、分类装置、输送装置及分拣通道组成，如图4-13所示。

图 4-13　自动分拣系统

①控制装置的作用是识别、接收和处理分拣信号，根据分拣信号的要求指示分类装置，按商品品种、商品送达地点或货主的类别对商品进行自动分类。这些分拣需求可以通过不同方式，如条形码扫描、色码扫描、键盘输入、重量检测、语音识别、高度检测及形状识别等方式，输入分拣控制系统中去，根据对这些分拣信号的判断，决定哪一种商品该进入哪一个分拣通道。

②分类装置的作用是根据控制装置发出的分拣指示，当具有相同分拣信号的商品经过该装置时，该装置改变输送装置上货物的运行方向，使其进入其他输送机或进入分拣通道。分类装置的种类很多，不同的装置对分拣货物的包装材料、包装重量、包装物底面的平滑程度等有不同的要求。

③输送装置的组成部分是带式输送机或滚柱输送机，其主要作用是带分拣商品通过控制装置、分类装置进入分拣通道，使分好类的商品移离主输送机（或主传送带）以便进行后续作业。

④分拣通道是已分拣商品脱离主输送设备进入集货区域的通道，一般由钢带、橡胶、滚筒等组成滑道，使商品从主输送装置滑向集货站台，再由工作人员将该通道拣出的所有商品集中后、核验、组配装车并安排配送作业。

以上四部分装置通过计算机网络连接在一起，配合人工控制及相应的人工处理环节构成一个完整的自动分拣系统。

4.4.2.2　自动分拣系统的特点

自动分拣系统具有很高的分拣效率，通常每小时可分拣商品 6000~12 000 箱。该系统目前已经成为大中型物流中心不可缺少的一部分。

它主要的特点有：

①采用先进的分拣信息识别技术，分拣误差率低。

②依据计算机管理系统下发的指令，自动进行物品的分拣，实现无人化作业。

③分拣方式多样化，能够依据不同的分拣要求，进行模块化自由组合。

④智能化、集成化程度高，实现对物品连续的、大批量的分拣。

4.4.3　常用的分拣机

分拣机是分拣系统的核心设备，主要用来将分拣物分发到规定场地分流处理。由于不同行业、不同部门的分拣对象在外形、尺寸和质量等方面都有很大差别，对分拣方式、分拣速度、分拣通道要求也不相同，因此，分拣机的种类也很繁杂。采用不同的分拣机，配置不同的前处理设备和后处理设备，可以组成适合各种不同需要的分拣系统。分拣机按照其分拣机构的结构不同，主要分为以下几种：

（1）摇臂式分拣机

摇臂式分拣机，如图 4-14 所示，是具有一个可旋转的摇臂，利用钢带式或链板式输送机进行货物输送的分拣设备。摇臂式分拣机，在货物通过输送机输送到分拣口时，转动摇臂，使货物沿摇臂杆的斜面滑落到指定地点。就摇臂而言，有不同形式的摇臂，如直线形、曲线形，也有在摇臂的工作面上装有辊筒或光滑的塑料材料，以减少摩擦阻力。摇臂式分拣机结构简单、易于操作，是常见的分拣设备。

(2)推块式分拣机

推块式分拣机也称为滑块式分拣机，是一种特殊形式的条板输送机，输送机在每个条板或管子上有一枚用硬质材料制成的滑块，能沿条板横向滑动，而平时滑块在输送机的侧边，如图 4-15 所示。滑块的下部有销子与条板下的导向杆连接，通过计算机控制，滑块能有序地自动向输送机的对面一侧滑动，因而商品就被引出主输送机。这种方式是将商品侧向逐渐推出，并不冲击商品，故商品不易损伤，是目前最新型的高速分拣机。

图 4-14 摇臂式分拣机

图 4-15 推块式分拣机

推块式分拣机的特点：可适应不同大小、重量、形状的各种商品；分拣时轻柔、准确；可向左、右两侧分拣，占地空间小；分拣时所需商品间隙小，分拣能力高达 18 000 件/h；机身长，最长达 110m，分拣口多。

(3)导向式分拣机

导向式分拣机利用浮起链条、输送带、滚筒或轮子把分流物品抬离主输送线，引导其流入分流输送线。当被分拣物进入轮子时，根据分拣指令，高速旋转的浮动轮子迅速上浮，把来自主线的物品抬起，在浮动轮子的引导下分流到分拣输送线上。此分类方法要求物品不能太高太窄，否则易于侧倾。这类分拣机常为斜导轮式分拣机，如图 4-16 所示。当转动着的斜导轮，在平行排列的主窄幅皮带间隙中上浮、下降时，达到商品的分拣目的。

图 4-16 斜导轮式分拣机

斜导轮式分拣机的特点：对商品冲击力小，分拣轻柔；分拣快速准确；适应各类商品，特别是硬纸箱、塑料箱等平底面商品；分拣出口数量多。

(4)条板倾斜式分拣机

条板倾斜式分拣机是一种特殊型的条板输送机，如图 4-17 所示。商品装载在输送机的条板上，当商品行走到需要分拣的位置时，条板的一端自动升起，使条板倾斜将商品移离主输送机。商品占用的条板数随不同商品的长度而定，若占用的条板数为同一个单元，同时倾斜。因此，这种分拣机对商品的长度有一定范围的限制。

(5)翻盘式分拣机(轨道台车式分拣机)

翻盘式分拣机由一系列的盘子组成，盘子为铰接式结构，可向左或向右倾斜。商品装载在盘子上行走到一定位置时，盘子倾斜(倾斜 30°)，将商品翻倒于旁边的滑道中(图 4-18)。为减轻商品倾倒时的冲击力，有的分拣机能控制商品以抛物线状来倾倒。这种分拣机对分拣商品的形状和大小没有要求，但以不超出盘子为限。对于长形商品可以跨越两只盘子放置，倾倒时两只盘子同时倾斜。

图 4-17 条板倾斜式分拣机

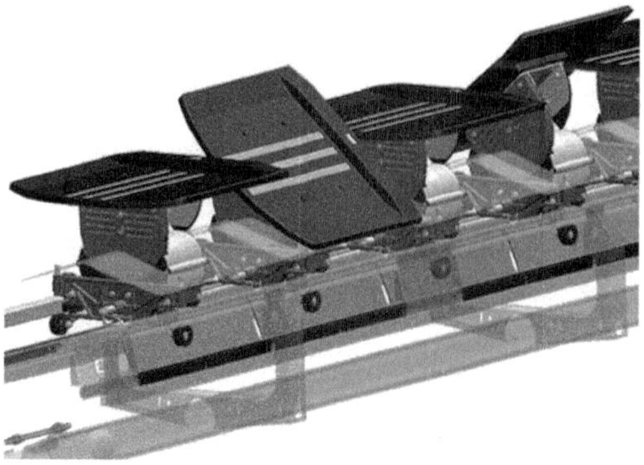

图 4-18 翻盘式分拣机

这种分拣机常采用环状连续输送机，其占地面积较小。由于是水平循环，使用时可以分成数段，每段设一个分拣信号输入装置，以便商品输入，而商品在同一滑道流出(指同一配送点)，这样就可提高分拣能力。

(6)交叉带式分拣机

交叉带式分拣机由主驱动带式输送机和载有小型带式输送机的台车(简称“小车”)连接在一起，当“小车”移动到所规定的分拣位置时，转动皮带，完成把商品分拣送出的任务。因为主驱动带式输送机与“小车”上的带式输送机呈交叉状，故称交叉带式分拣机，如图 4-19 所示。主要适用于分拣各类小件商品，如食品、化妆品、衣物等；分拣出口多，可左右两侧分拣；分拣能力一般达 6000~7700 件/h。大型交叉带式分拣系统一般应用于机场行李分拣和安检系统，根据作业现场的具体情况可将其分为水平循环式或直行循环式。

图 4-19 交叉带式分拣机

4.4.4 分拣机的应用

分拣机有许多不同的形式，为了实现最为有效的应用，一般需要考虑以下因素：商品包装的大小、商品的重量、分拣能力、包装形式、商品在输送机上的方位、商品的易碎性、操作环境、投入分拣商品每小时的批数等。

目前，国外自动化高架仓库的配送对象和商品数量在不断扩大，而配送商品也日益趋向多品种、多频次、小批量。这就要求分拣机有较高的分拣能力，能适应各种形状、大小和各种包括材料的商品，有较多的分拣通道和较理想的分拣精度等。为了提高分拣能力，分拣机趋向高速运行发展。所谓“高速”，一般是指每分钟分拣 70~80 件及以上，目前最快的可达到每分钟分拣 200 件以上的商品。许多分拣机的分拣正确率已达到 99.9%，分拣通道也递增到 500 条以上。

思考题

1. 什么是仓储？仓储有哪些作用？
2. 仓储对于木材加工企业来说，具有哪些特殊性？
3. 仓储系统由哪些要素构成？
4. 建设仓储系统时，需要考虑哪些性能参数？
5. 什么是仓储技术装置？有哪些主要类型和共性特点？
6. 货架的基本功能有哪些？货架有哪些类型？
7. 选择仓储货架时应从哪些方面进行对比？木材产品对仓储货架有哪些特殊要求？
8. 自动高层仓储系统的发展有哪些重要经济意义？
9. 自动分拣系统由哪些部分组成？具有哪些特点？

第 5 章 装卸搬运机械

[本章知识点]装卸搬运机械的分类与作用；装卸搬运机械的配置原则与选择；起重机械的工作特点、分类、基本结构与技术性能参数；各类起重机械结构特点与应用；起重机械的管理要求；搬运车辆的作用、分类、特点与主要性能参数；搬运车辆的评价、选型与配置。

在工业企业，生产物资的装卸搬运是企业生产中的重要组成部分，在车间内部、车间与车间之间、工厂与外接的干线间都要运用装卸搬运装备。工业企业的生产是从装卸搬运工作开始，以装卸搬运工作为纽带，也以装卸搬运工作为终结，因此，装卸搬运贯穿于工业生产全过程。装卸搬运机械在工业企业内部完成原材料、半成品、成品、燃料、备用物资及废料等所有装、卸、运的企业物流作业。在现代化的生产企业中，除了采用先进的机械加工装备和生产技术外，还必须采用各种先进的装卸搬运机械，合理配置装卸搬运机械，实现生产物流的高效流转，对于促进工业企业生产过程的机械化及自动化的连续流水线作业，提高木材工业企业生产效率和效益，减轻工人的繁重体力劳动及改善劳动条件，降低生产成本等方面都有着重要作用。

在木材工业企业，大力推广与应用装卸搬运机械，实现装卸搬运机械化、自动化，对提高生产效率和效益尤为重要，这是由于在木材加工生产中的原材料、半成品及成品多属于比较笨重的物料；而且由于物料的搬运量极大，如一个大型的木材加工厂每天运进的原木可达几百甚至上千立方米。随着木材产品生产技术的快速发展，木材工业企业生产过程中装卸搬运机械不仅在物料的装、卸、运等方面起配合生产的作用，而且这些装卸搬运机械已经成为合理组织大批量生产和组织有节奏的机械化、自动化流水线生产的基础，许多输送机械本身就是生产工艺设备的一部分。

5.1 装卸搬运机械概述

5.1.1 装卸搬运机械的概念及其作用

装卸搬运机械是指用来搬移、升降、装卸和短距离输送物料或货物的机械。它是物流机械设备中重要的机械设备，是实现装卸搬运作业机械化的基础。不仅用于完成企业车间内、仓库内、车间与车间之间或车间与仓库间的物料或货物装卸搬运，还广泛应用于船舶与车载货物的装卸，以及库场货物的堆垛、拆垛、运输，以及舱内、车内、库内货物的起重输送和搬运。

装卸搬运是在货物运输、储存等过程中随同发生的作业，贯穿于物流作业的始末。装卸搬运工作的好坏，直接影响到物流效率和效益。在装卸搬运作业中，要不断反复进行装、搬、卸操作，这些都要靠装卸搬运机械有效地衔接，因此合理配置和应用装卸搬运机械，安全、迅速、优质地完成货物装卸、搬运、码垛等作业任务，是实现装卸搬运机械化、提高物流现代化的一项重要内容。

在物流企业，装卸搬运机械的应用与推广，对于加快现代化物流发展，促进国民经济发展起着重要作用：提高装卸效率，节约劳动力，减轻装卸工人的劳动强度，改善劳动条件；缩短作业时间，加速车辆周转，加快货物的发送；提高装卸质量，保证货物的完整和运输安全；降低装卸搬运作业成本；充分利用货位，加速货位周转，减少货物堆码的场地面积。

5.1.2 装卸搬运机械的分类

装卸搬运机械所装卸搬运的货物，来源广，种类繁多，外形和特点各不相同，如箱装货物、袋装货物、桶装货物、散货、易燃易爆及剧毒品等。为适应各类货物的装卸搬运和满足装卸过程中各个不同环节的不同要求，各种装卸搬运机械应运而生。目前，装卸搬运机械的机型和种类已达数千种，而且仍不断有新型装卸搬运机械推出。

装卸搬运机械种类多，分类方法也很多，为了运用和管理方便，常按以下三种方法进行分类。

(1)按主要用途或结构特征分类

装卸搬运机械按其主要用途或结构特征可分为起重机械、连续输送机械、装卸搬运车辆、专用装卸搬运机械。

(2)按作业性质分类

装卸搬运机械按其作业性质可分为装卸机械、搬运机械及装卸搬运机械三大类。部分装卸搬运机械功能比较单一，只满足装卸或搬运一个功能，如手动葫芦、固定式起重机只具有装卸功能，而链式输送机、滚柱输送机等只具有搬运功能。这种单一作业功能的机械结构简单，专业化作业能力较强，因而作业效率高，作业成本低，但灵活性差。而装卸搬运机械兼有装卸和搬运两种功能，如叉车等，灵活性较大。

(3)按装卸搬运货物的种类分类

装卸搬运机械按其装卸搬运货物和种类可分为长大笨重货物、散装货物、成件包装货物、集装箱货物四种货物的装卸搬运机械。

①长大笨重货物的装卸搬运机械。长大笨重货物通常指大型机电设备、各种钢材、大型钢梁、原木、混凝土构件等，具有长、大、重、结构和形状复杂的特点。这类货物的装卸搬运作业通常采用轨行式起重机或自行式起重机。

②散装货物的装卸搬运机械。散装货物通常是指成堆搬运无法计件的货物，如煤、沙子、白灰、矿石、木片、刨花、锯屑等。散装货物一般采用抓斗起重机、链斗装车机等进行装卸作业；搬运货物常采用带式输送机、刮板输送机、螺旋输送机、气力输送装置等。

③成件包装货物的装卸机械。成件包装货物一般是指为提高物料搬运灵活性而采用箱装、筐装、袋装、捆装等方式进行包装的成件物品，这类货物包装时多配以托盘进行

装卸搬运作业，还可使用牵引车、挂车、叉车、带式输送机、滚柱输送机等进行装卸、搬运作业。

④集装箱货物装卸搬运机械。集装箱货物通常采用叉车、门式起重机、臂架型起重机、集装箱跨运车、集装箱牵引车、集装箱搬运车等进行装卸、搬运作业。

在木材工业企业，常采用的装卸搬运机械有起重机械、搬运车辆、带式输送机、链式输送机、滚柱输送机、螺旋输送机、气力输送装置等几种。本书后续内容将主要介绍木材工业企业常用的装卸搬运机械。

5.2　装卸搬运机械的配置与选择

在装卸搬运过程中，根据装卸搬运货物的特性及客观条件，可采用不同的装卸搬运设备，组成不同的机械化装卸搬运系统。为了保证装卸搬运高效、经济，要特别注意装卸搬运机械系统设备配置及主体装卸搬运机械设备类型的选择。

5.2.1　装卸搬运机械的配置与选择原则

(1)根据作业性质和作业场合进行配置与选择

明确作业是单纯的装卸或单纯的搬运，还是装卸、搬运兼顾，从而可选择更合适的装卸搬运机械。作业场合不同，也需配备不同的装卸搬运设备。

(2)根据作业运动形式进行配置与选择

装卸搬运作业运动形式不同，需配备不同的机械设备。水平运动，可配备连续输送机械、叉车、牵引车等；垂直运动，可选用提升机、起重机等机械；倾斜运动，可选择连续输送机、提升机等机械。

(3)根据作业量进行配置与选择

装卸搬运作业量大小关系到机械设备应具有的作业能力，从而影响到所需配备的机械设备的类型和数量。作业量大时，应配备作业能力较高的大型专用机械设备；作业量小时，最好采用构造简单、造价低廉而又能保持相当生产能力的中小型通用机械设备。

(4)根据货物种类、性质进行配置与选择

货物的物理性质、化学性质以及外部形状和包装千差万别，有大小、轻重之分，有固体、液体之分，又有散装、成件的不同，所以对装卸搬运设备的要求也不尽相同。配置选择机械设备时，应尽可能符合货物特性的要求，以保证作业安全和货物完整无损。如输送刨花、木片等散装的颗粒状物料，可以选择带式输送机、斗式提升机、螺旋输送机、气力输送装置等；输送人造板、锯材等可以选择滚柱输送机、带式输送机、链式输送机等。

(5)根据搬运距离进行配置与选择

长距离搬运一般选用叉车、牵引车等运输设备，短距离搬运可选用连续输送机械、气力输送装置等，甚至可以选择手动液压搬运车。

除考虑上述原则外，对选用的装卸搬运机械本身，在技术上还应符合以下基本要求：机械设备应符合其本身的基本用途，可靠耐用，效率高，操作方便安全，便于装配和拆卸，自重轻，动力消耗小；能适应不同的工作条件，机械的生产率应满足现场作业的要求；对于同类货物应尽量选择同一类型的标准机械，便于维护保养，对于整个货场或仓库内的装卸搬运机械也应尽可能避免其多样化，这样可以减少这些机械所需的专用附属设备并简化技术管理工作；在作业量不大而货物品种复杂的场所，应考虑一机多用，扩大机械使用范围，以适应多种货物的装卸作业，提高机械的利用率。

5.2.2 装卸搬运机械数量的确定方法

货物装卸搬运时，为了提高作业效率，保证作业安全和装卸搬运质量，需要制订出详细的货物装卸搬运计划，其中很重要的一个方面就是要确定货物装卸搬运机械设备的数量。装卸搬运机械的数量，一般根据装卸作业量和装卸机械设备作业能力确定。

5.2.2.1 影响装卸搬运机械设备数量的因素

影响装卸搬运机械设备数量的因素有作业量、设备类型与性能、作业均衡性、作业时间和作业条件。

(1)作业量

一般情况下，作业的货物量越大，所需要的机械设备的数量就越多，反之则越少。但同样的货物量，由于货物的包装状态不同，作业环节不同和装卸次数不同，其作业量也不相同。因此，确定作业所需要的机械设备的数量时，要综合考虑货物的实际作业量。

(2)设备类型、性能

不同类型和性能的机械设备，在同样条件下，作业能力是有区别的。在确定作业所需设备的数量时，应根据设备的特点和实际作业能力来确定，其类型选择应合理，尽量选用作业效率高，适应性强，安全可靠的机械设备。

(3)作业均衡性

货物装卸搬运大多是多环节、多机联合作业，要保持作业的连续性和均衡性，各环节的机械设备的配备数量，要按照各个环节的作业内容和特点，做到基本均衡。

(4)作业时间

在一定的机械设备条件下，作业量越大，作业时间越长，而设备增加，可以使作业时间相对缩短，不过这种缩短是有限度的，超过一定限度，反而会使作业的效率下降。因此，作业时间要综合考虑，合理确定，以便于按规定完成作业任务。

(5)作业条件

在确定机械设备的数量时，要充分考虑作业面的大小，尽量避免机械设备作业时的相互干扰。当作业面受到客观条件限制，任务紧、时间短时，可采取分班轮流作业，以保持高效的连续作业。在确定设备作业能力时，应充分考虑作业条件，保证机械设备运行速度合理，运行既安全又经济。

5.2.2.2 装卸搬运机械设备需要量的确定

(1)机械设备作业能力的计算

机械设备作业能力是指机械设备完成一定的作业量所需要的时间，为机械设备数量的确定提供依据。作业能力计算方法如下：

①测定机械设备完成一个作业周期中每个动作所需的时间 t_i。

②一个作业周期的实际所用时间 $t = \sum_{i=0}^{n} t_i$。

③考虑一个作业周期中的允许延误时间$t_L = tK$，K 为允许延误时间系数。

④一个作业周期的平均耗时$t_p=t+t_L$。

⑤每小时机械设备作业的周期数$f=1/t_p$。

⑥每小时机械设备的作业量$A=fG$，G为每个作业周期的作业量(件或吨)。

机械设备的作业能力的计算方法适用于各类机械设备，也适用于不同的作业内容和环节。为使结果准确可行，数值一定要科学合理，K值要选择恰当，防止和排除人为因素的干扰，否则就失去计算的目的和价值。对于作业场地、距离、货物类型都比较固定的情况下，其机械设备的能力相对固定。

(2)作业环节机械设备需要量的计算

作业环节的机械设备需要量是根据该环节的作业量、完成任务时限、机械设备的作业能力三个参量按式(5-1)确定。

$$R=\frac{(V/T_m)}{(G/T_p)}$$

或

$$R=\frac{V}{(T_mA)} \tag{5-1}$$

式中：R——该作业环节的机械设备的需要量(台或套)；

V——该作业环节的作业总量(t 或件)；

G——每台设备一个作业周期的作业量(t 或件)；

T_p——每台设备一个作业周期的平均耗时(h)；

T_m——完成该作业总量的限定时间(h)，一般由车间或仓库内各作业环节要求决定；

A——每台设备每小时的作业量(t 或件/h)。

(3)一条作业线的机械设备需要量

当各作业环节的机械设备的需要量计算完毕并取得均衡后，把各环节相同作业内容的同类型的机械设备需要量相加，即可求得各类作业机械设备的需要量。由于机械设备有一定的故障率，作业线要有一定的备用设备，以保障物流作业活动的连续性和均衡性。

5.2.3　装卸搬运机械的配套

成套地配备装卸搬运机械设备，使前后作业相互衔接，相互协调，是保证装卸搬运工作持续进行的重要条件。因此，需要对各个作业工序中所有机械设备进行配套，以相互适应，提高效率。

(1)装卸搬运机械在生产作业区的衔接

为实现装卸搬运机械化，须根据装卸搬运工艺要求，配备各种装卸搬运机械设备。在配备时，要特别注意它们之间的配套。各装卸搬运机械设备在生产作业区内，应相互联系，相互补充，相互衔接。

(2)装卸搬运机械在数量、作业能力上的配套

为了经济、高效完成一定量的货物装卸搬运作业，充分发挥每台机械设备的能力，需使各机械设备在数量与作业能力上配套。如果某个环节机械设备作业能力不配套，必将带来整个作业过程的脱节。

(3)装卸搬运机械在作业时间上的协调

一个装卸搬运作业过程和下一个装卸搬运作业过程如能在完成每项作业任务的时间

上相近或相等，即装卸搬运速率相近或相等，则装卸作业过程在时间上就可得到很好的衔接。

5.3 起重机械

5.3.1 起重机械概述

5.3.1.1 起重机械的工作特点

起重机械是一种循环、间歇式运行的机械，用来垂直升降货物或兼作水平搬运，以满足货物的装卸、搬运等作业要求。

起重机械是现代企业实现生产过程，物流作业机械化、自动化，改善物料搬运条件，减轻劳动强度，提高生产率必不可少的重要机械设备。在工厂、港口、仓库、车站、建筑工地等各个领域和部门中都得到了广泛的运用。例如，在人造板成品仓库，桥式起重机可被用于成捆打包的人造板的装卸搬运，载重量大，可充分利用仓库空间，减少仓库用地面积。

起重机械是反复短暂工作的货物装卸搬运机械，一般具有一个起升运动和一个或几个水平运动。起重机械的种类不同，其构造和工作原理也不相同，但是各类起重机械的工作特性基本相同。它的工作程序：吊挂(或抓取)货物，提升后进行一个或数个动作的运移，将货物放到卸载地点，然后返程做下一次动作准备，这称为一个工作循环，完成一个工作循环后，再进行下一次的工作循环。因此，起重机械是一种间歇动作的机械，它具有间歇重复的特点。在运行中，起重机械的各工作机构经常处于反复起动、制动，而稳定运动的时间相对于其他机械而言则较为短暂。起重机以装卸为主要功能，搬运功能较差，搬运距离较短且因起重机种类不同而有较大差异。大部分起重机械机体固定安装，往往是仓库、料场的固定设备，移动困难，因而其通用性不强。另外，起重机的作业方式是从货物上部起吊，因而作业需要空间高度较大。

起重机械在木材工业中是用来对原木、锯材、人造板、木制品及其他原料或产品作起重、输送、装卸和安装等作业的机械设备。起重机械搬运的物品，可以是成件物品，也可以是散粒状物品。

5.3.1.2 起重机械的分类

国家标准 GB/T 20776—2006《起重机械分类》中，起重机械按起重机械功能和结构特点进行分类，可分为轻小型起重设备、起重机、升降机、工作平台、机械式停车设备五大类(图 5-1)。

5.3.1.3 起重机械的组成

起重机械主要由驱动装置、工作机构、金属结构三大部分组成。

(1)驱动装置

起重机械驱动装置用来驱动各工作机构动作的动力设备，是起重机械的重要组成部分，在很大程度上决定着起重机械的工作性能和构造特征。

- 起重机械
  - 轻小型起重设备
    - 千斤顶
    - 滑车
    - 起重葫芦
    - 卷扬机
  - 起重机
    - 桥架型起重机
      - 梁式起重机
      - 桥式起重机
      - 门式起重机
      - 半门式起重机
      - 装卸桥
    - 臂架型起重机
      - 固定式起重机
      - 台架式起重机
      - 门座起重机
      - 半门座式起重机
      - 塔式起重机
      - 铁路起重机
      - 流动式起重机
      - 浮式起重机
      - 甲板起重机
      - 桅杆起重机
      - 悬臂起重机
    - 缆索型起重机
  - 升降机
    - 升船机
    - 启闭机
    - 施工升降机
    - 举升机
  - 工作平台
    - 桅杆爬升式升降工作平台
    - 移动式升降工作平台
  - 机械式停车设备
    - 升降横移类机械式停车设备
    - 垂直循环类机械式停车设备
    - 水平循环类机械式停车设备
    - 多层循环类机械式停车设备
    - 平面移动类机械式停车设备
    - 巷道堆垛类机械式停车设备
    - 垂直升降类机械式停车设备
    - 简易升降类机械式停车设备
    - 汽车专用升降机

图 5-1 起重机械分类

(2)工作机构

起重机械工作机构是实现升降、运移货物的机械，它有起升、运行、变幅和回转四大机构。起升机构是用来升降货物的机构，也是起重机械最基本的机构；运行机构是用来实现起重机械或起重小车沿固定轨道或路面行走的机构；变幅机构是依靠臂架或小车运行的方式使吊具移动而改变幅度的机构；回转机构是使起重机械回转部分在水平面内绕回转中心转动的机构。任何一种起重机械，其机构部分都是由作为基本机构的起升机构与其他三个机构的不同组合。

这些机构除了使用一些通用性的零部件外，还有具有特殊作用的专用零部件，主要包括卷筒和滑轮组、制动装置及取物装置。卷筒和滑轮组是钢丝绳的承装零件，滑轮组在起升机构或变幅机构中用于导向和支承绳索，卷筒用于驱动和安放绳索；制动装置在起重机的各个机构中保证机构运行的安全性，如在起升机构中必须装设可靠的制动器，以保证起升的重物能安全可靠地停在空中。木材工业应用的起重机中所用的制动器有双瓦块制动器、带式制动器、棘轮停止器、载荷作用制动器；取物装置是用于吊挂或抓取物品的装置，木材工业企业常用的取物装置主要有吊钩、抓斗、夹钳和真空吸盘等。

(3)金属结构

起重机械的金属结构也就是起重机构的基本骨架，是用来布置和安装起重机械的驱动装置和工作机构，承载各种载荷并将载荷传递给起重机构的支承基础的钢质结构。

5.3.1.4 起重机械的技术性能参数

起重机械的技术性能参数是表征起重机械主要性能特征的技术经济指标，是起重机械设计计算和选择使用的主要依据，主要参数有：起重量、起升高度、跨度、幅度、各机构的工作速度以及起重机构的工作级别等，对于某些起重机，还有生产率、轨距、基距、外形尺寸、最大轮压等技术参数，更多技术参数可参阅国家标准 GB/T 6974.1—2008《起重机　术语　第 1 部分：通用术语》。

(1)起重量

起重量是指被起升重物的质量，单位为 kg 或 t。可分为额定起重量、最大起重量、总起重量、有效起重量等。

①额定起重量。额定起重量为起重机能吊起的物料连同吊具或属具质量的总和，但不包括吊钩、起重钢丝绳、滑轮组等长期固定在起重机上的吊具或属具。

②总起重量。总起重量为起重机能吊起的物料连同可分吊具和长期固定在起重机上的吊具和属具的质量总和。

③有效起重量。有效起重量为起重机能吊起的物料净质量。

起重机标牌上标定的起重量，通常都是指起重机的额定起重量，由国家标准 GB/T 783—2013《起重机械最大起重量系列》规定。

对于臂架型起重机来说，其额定起重量是随幅度而变化的，其起重性能指标用力矩来表征，起重机标牌上标定的是最大起重量。

带可分吊具的起重机，其吊具和物料质量的总和是额定起重量，允许起升物料的质量是有效起重量。

(2)起升高度

起升高度一般是指起重机支承面至取物装置最高工作位置之间的垂直距离，单位为 m。对于吊钩或货叉，量至其支承面；对于其他取物装置，量到其闭合状态时的最低点；对于桥式起重机，起升高度应从地平面量起。测定起升高度时，起重机应空载置于水平场地上。对于要求取物装置深入地面或轨道顶面以下工作的起重机，其起升总高度应为取物装置上极限和下极限位置之间的垂直距离，其中支承面到取物装置最低工作位置之间的垂直距离称为下降深度。

(3)幅度和跨度

幅度是指臂架型起重机的旋转中心线到取物装置中心线之间的水平距离。跨度是指桥式起重机的大车运行轨道中心线之间的水平距离。幅度和跨度单位均为 m。

选型时，幅度主要根据起重机的工作范围确定，跨度多由工作需要或场地确定。如桥式起重机跨度，由车间的吊车梁轨距确定。

(4)起重力矩和起重倾覆力矩

臂架型起重机的工作幅度与该幅度下的起重载荷的乘积称为起重力矩，单位为 kg · m 或 t · m。起重倾覆力矩是臂架型起重机的载荷中心线到起重机倾覆线的水平距离和与之相对应的起重载荷的乘积，单位为 kg · m 或 t · m。起重力矩、起重倾覆力矩综合考虑了起重量与工作幅度两个参数，它能够比较全面和确切地表征起重机的起重能力。

(5)工作速度

起重机的工作速度主要是指起升速度、变幅速度、旋转速度和运行速度四种。起升速度是指取物装置或物品的上升(或下降)速度，有快速、慢度和微速之分，单位为 m/s 或 m/min。变幅速度是指取物装置或物品从最大幅度到最小幅度沿水平方向移动的平均速度，单位为 m/s 或 m/min。旋转速度是指起重机上部旋转部分相对于下部固定部分每分钟的转数，单位为 r/min。运行速度是指起重机或起重小车的行走速度，单位为 m/s 或 m/min。

起重机工作速度的选择是否合理，对起重机性能有很大影响。一般来说，起重机的工作效率与各个机构的工作速度有直接关系，当起重量一定时，工作速度越高，生产率也越高。但是速度太高也会给起重机带来诸多不利因素，如惯性增大，起动和制动时引起的动载荷增大，机构的驱动功率相应增大，结构强度也相应增加。因此，工作速度一般要根据实际工作需要和起重机的构造型式确定，全面考虑以下因素：

①起重机的工作性质和使用场合。对于生产率要求较高的、经常性工作的起重机的工作机构的速度，应选高速；对于非工作性机构和调整性工作机构的速度，应选低速；对于一般用途的起重机，工作机构的速度选中速；对于散粒物料装卸用的起重机，工作机构的速度选高速；安装与造船用的起重机，应选择低速，部分机械采用微速；装卸、安装、转运的起重机，一般采用多种速度或可调速，起重机满载时，采用低速，空载工况采用高速。

②起重机起重能力。对于中小起重量的起重机，一般要求采用高速，以提高生产率；对于大起重量的起重机，主要解决大、重件的吊装问题，工作不频繁，工作速度选择低速，以降低驱动功率，减小动载荷，提高工作平稳性与安全性。

③起重机工作行程。工作行程小的起重机，工作速度应选择低速，而工作行程较大的起重机，可适当提高工作速度，其原则是保证在正常工作时机构能达到稳定运动。

④各机构工作速度协调性。起重机主要工作机构的工作速度，往往是电气或机械方法进行调速而适应生产工艺过程的需要，因此工作速度和工作循环时间应与工艺过程要求相协调。对于一台起重机的各个工作机构，由于运动特点和工作性质不同，可以选择不同的速度，但是要求起重机各个机构的工作速度的选择，应保证整机工作循环中平稳、安全和机构在联合操纵时的协调性。

(6)生产率

起重机的生产率 Q 是指起重机械在规定的工作条件下连续作业时，单位时间内装卸货物的质量，单位为 kg/h 或 t/h。它是表征起重机装卸搬运能力的综合性指标，与起重机的起重量、机构工作速度、工作行程、货物的种类、工作条件、生产组织以及司机的操作熟练程度等因素有关。理论上生产率可用式(5-2)计算

$$Q=n \cdot k \tag{5-2}$$

式中：k——有效起升重量(kg 或 t)；

n——单位时间内起重机的工作循环次数。

(7)轨距和基距

轨距[图 5-2(a)]一般是指臂架型有轨运行起重机运行中心线之间的水平距离，或

桥架型起重机的起重小车运行轨道中心线之间的水平距离，单位为 m。轨距主要根据起重机使用现场的具体条件、起重小车上机械布置的具体需要以及起重机整体稳定性要求等确定。

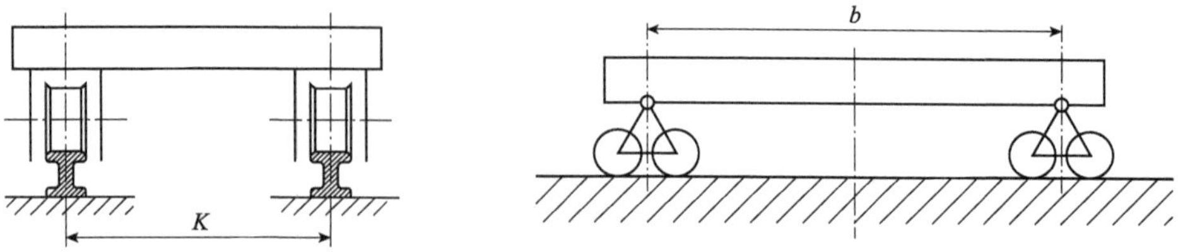

图 5-2 轨距与基距

基距[图 5-2(b)]一般是指起重机或起重小车运行轨道一侧两支承点中心线之间的距离，单位为 m。当起重机或起重小车运行轨道一侧只装有两只轮子时，基距就是车轮的轮距；当起重机或起重小车一侧装有均衡梁装置时，基距就是下横梁与最大均衡梁连接铰轴之间的距离。基距主要根据机械布置和起重机的整体稳定性要求来确定。

(8)轮压

轮压是指起重机或起重小车的一只车轮对运行轨道或地面的最大垂直载荷，单位为 N 或 kN。起重机在工作状态下，满载起动或制动、起重臂或起重小车处于最不利的工作位置、露天工作的起重机承受最大风压时所具有的轮压，称为起重机工作状态的最大轮压，与此同时，相对应的也存在着起重机工作状态的最小轮压。

轮压是起重机的一个重要参数，它影响着起重机或起重小车运行机构的设计、桥架门架的结构设计以及起重轨道基础的建筑费用投资。对于在原有轨道基础上添设起重机的设计，其最大轮压值必须控制在原有轨道基础承载能力所允许的范围内。

(9)工作级别

起重机械的工作级别是反映起重机械工作繁忙程度和载荷轻重程度的参数，是考虑起重量和时间的利用程度以及工作循环次数的起重机械特征。为了使起重机械具有先进的技术经济指标，保证其安全可靠，经久耐用，在设计和选用起重机械时必须考虑其工作级别。

起重机械的工作级别包括起重机整机的工作级别、金属结构的工作级别和机构的工作级别三个部分，其中起重机整机工作级别与金属结构的工作级别都是根据主起升机构来决定的，而且都属于同一工作级别。

①起重机的工作级别。是指起重机整机的工作级别，按起重机的使用等级 U_0 ~ U_9(表 5-1)和载荷状态 Q_1 ~ Q_4划分，可分为 A_1 ~ A_8共八个等级，见表 5-2。

表 5-1 起重机的使用等级

使用等级	最大工作循环数	使用频繁程度	使用等级	最大工作循环数	使用频繁程度
U_0	$\leqslant 1.60\times10^4$	很少使用	U_5	2.50×10^5 ~ 5.00×10^5	中等频繁使用
U_1	1.60×10^4 ~ 3.20×10^4		U_6	5.00×10^5 ~ 1.00×10^6	不经常频繁使用
U_2	3.20×10^4 ~ 6.30×10^4		U_7	1.00×10^6 ~ 2.00×10^6	频繁使用
U_3	6.30×10^4 ~ 1.25×10^5		U_8	2.00×10^6 ~ 4.00×10^6	
U_4	1.25×10^5 ~ 2.50×10^5	不频繁使用	U_9	$>4.00\times10^6$	

表 5-2　起重机整机的工作级别

载荷状态	名义载荷谱系数	起重机的使用等级									
		U_0	U_1	U_2	U_3	U_4	U_5	U_6	U_7	U_8	U_9
Q_1-轻	≤0.125	A_1	A_1	A_1	A_2	A_3	A_4	A_5	A_6	A_7	A_8
Q_2-中	0.125~0.250	A_1	A_1	A_2	A_3	A_4	A_5	A_6	A_7	A_8	A_8
Q_3-重	0.250~0.500	A_1	A_2	A_3	A_4	A_5	A_6	A_7	A_8	A_8	A_8
Q_4-特重	0.500~1.000	A_2	A_3	A_4	A_5	A_6	A_7	A_8	A_8	A_8	A_8

②起重机机构的工作级别。反映机构的工作繁忙程度和承受载荷的轻重程度，按机构的使用等级 T_0~T_9(表 5-3)和载荷状态 L_1~L_4划分，为 M_1~M_8共八个级别，见表 5-4。

表 5-3　起重机机构的使用等级

使用等级	总使用时间(h)	使用频繁程度	使用等级	总使用时间(h)	使用频繁程度
T_0	≤200	很少使用	T_5	3200~6300	中等频繁使用
T_1	200~400		T_6	6300~12 500	较频繁使用
T_2	400~800		T_7	12 500~25 000	频繁使用
T_3	800~1600		T_8	25 000~50 000	
T_4	1600~3200	不频繁使用	T_9	50 000~100 000	

表 5-3 中的总使用时间可根据平均日使用小时数、年工作日和预期工作年限估算。但需特别说明，表中的总使用时间只应作为理论上约定的时间，它是机构零件(例如滚珠轴承、齿轮和各种轴)的设计依据，在任何情况下，都不能将其视为机构的工作寿命保证期。

表 5-4　起重机机构的工作级别

载荷状态	名义载荷谱系数	机构使用等级									
		T_0	T_1	T_2	T_3	T_4	T_5	T_6	T_7	T_8	T_9
L_1-轻	≤0.125	M_1	M_1	M_1	M_2	M_3	M_4	M_5	M_6	M_7	M_8
L_2-中	0.125~0.250	M_1	M_1	M_2	M_3	M_4	M_5	M_6	M_7	M_8	M_8
L_3-重	0.250~0.500	M_1	M_2	M_3	M_4	M_5	M_6	M_7	M_8	M_8	M_8
L_4-特重	0.500~1.000	M_2	M_3	M_4	M_5	M_6	M_7	M_8	M_8	M_8	M_8

对起重机的工作级别作两点补充说明：

①起重机的工作级别与起重机的起重量是两个不同的概念，两者不能混淆。起重量是指一次起升货物的最大质量；工作级别是起重机的综合工作特性参数。起重量大，工作级别未必高；起重量小，其工作级别也未必低。即使起重量相同的两台同类型起重机，只要工作级别不同，零件、部件、构件采用的安全系数就不尽相同，型号、尺寸、规格也不相同。

②起重机和金属结构的工作级别与机构的工作级别是不同的，起重机工作级别的划

分，是以金属结构受力状态为依据。对于同一台起重机，由于各工作机构受载和工作的时间性不同，各个机构的工作级别不同，与起重机的工作级别往往也不一致。因而，在零部件的报废和更新时，要特别注意核对零部件所在机构或金属结构的工作级别。

除起重机整机的工作级别、机构的工作级别外，国家标准 GB/T 3811—2008《起重机设计规范》详细规定了起重机的总体、结构、机械、电气与安全等部分设计准则，以及起重机设计、计算要求和方法。

5.3.2 桥式起重机

5.3.2.1 桥式起重机的分类

桥式起重机的类别很多，按桥架结构不同可分为单梁式起重机和双梁式起重机两种。

单梁桥式起重机的主梁多采用工字型钢或型钢与钢板的组合截面，其主梁强度和刚度较小。起重小车通常采用葫芦，起重量在 10t 以下，跨度为 5~15m。

双梁桥式起重机通常由起升机构、大车运行机构、小车运行机构、桥与小车架等组成，其应用范围广，技术参数的变动范围也较大，因此在构造上也相应有多种形式。

按驱动方式可分为手动式和电动式两种。

按用途和取物装置不同，桥式起重机常分为吊钩桥式起重机、抓斗桥式起重机、电磁桥式起重机、桥式两用起重机和桥式三用起重机等。

5.3.2.2 桥式起重机的结构

桥式起重机一般是由大车和小车两部分组成。小车上装有起升机构和运行机构，整个小车沿装于主梁架上的小车轨道运行。大车部分则是由起重机桥架及司机室等组成。在大车桥架上装有大车运行机构和小车输电滑触线或小车传动电缆及电气设备等。司机室又称操纵室，其内装有起重机控制装置及电气保护柜、照明开关等。

桥式起重机由金属结构、机构部分和电气部分组成。

(1)金属结构

金属结构由起重机桥架、小车桥架和操纵室三部分组成，它是起重机的承载结构并使起重机构成一个整体。具有足够的刚度和强度及稳定性的金属结构，是确保起重机安全运行的重要因素之一。目前应用较广泛的桥架结构型式有箱型和桁架式两种。

(2)机构部分

它是起重机动作的执行机构，货物的升降和移动是靠相应的机械传动机构来完成的，机械传动机构是由起升机构、小车运行机构、大车运行机构组成。起升机构通常由电机、减速器、制动器、传动轴、联轴器、卷筒组、滑轮组、取物装置和钢丝绳组成，目前很多还配有称量装置和超载保护装置。

大车运行机构与小车运行机构的组成部件基本相同，由电动机、传动轴、制动器、联轴器、减速器及车轮组等组成。大车运行机械传动形式可分为分别驱动和集中驱动两大类。分别驱动形式的大车运行机构自重较轻，通用性好，安装和维修方便，运行不受承载重物时桥架变形的影响；集中驱动形式的大车运行机构结构复杂、自重大、安装和维修困难，只用于起升重量小和跨度小的桥式起重机上。

小车运行机构多采用电动机、制动器和减速器装配为一体的组合部件，带动小车车轮转动，可使结构尺寸紧凑，装拆方便，维修方便。

(3)电气部分

电气部分由电气设备和电气线路组成，是起重机的动力源，操纵控制起重机各机构的运转以实现吊运货物的升降、移动工作，并对起重机的各种安全进行保护。

5.3.2.3　桥式起重机的特点

桥式起重机具有以下特点：

①与其他类型的起重机相比，桥式起重机本身无支腿，稳定性较好，工作速度稍快些，单机生产率较高。

②桥式起重机用电动机提供动力，电动机的故障率远低于内燃机，各机构分别驱动，传动方式简单，使用、保养、维修方便。

③桥式起重机的桥墩是一种永久性建筑物，给货场的扩建、改建带来困难。受桥墩的限制，桥吊主架无法带悬臂，货位得不到充分利用，也给装卸作业带来影响。

5.3.2.4　桥式起重机的应用

(1)吊钩桥式起重机

吊钩桥式起重机是桥式起重机最基本类型，它的取物装置是吊钩(图 5-3)，广泛应用于企业生产车间、仓库、码头等场合，如胶合板生产企业的原木吊运等。起重量为 3~250t。当起重量在 12t 以下时，只有一套起升机构；当起重量超过 15t 时，有主副两套起升机构。

(2)抓斗桥式起重机

抓斗桥式起重机的结构与吊钩桥式起重机的相似，取物装置由吊钩换为抓斗(图 5-4)，以钢丝绳分别联接抓斗、起升机构、抓斗开闭机构。主要用于木片、锯屑等散货以及木

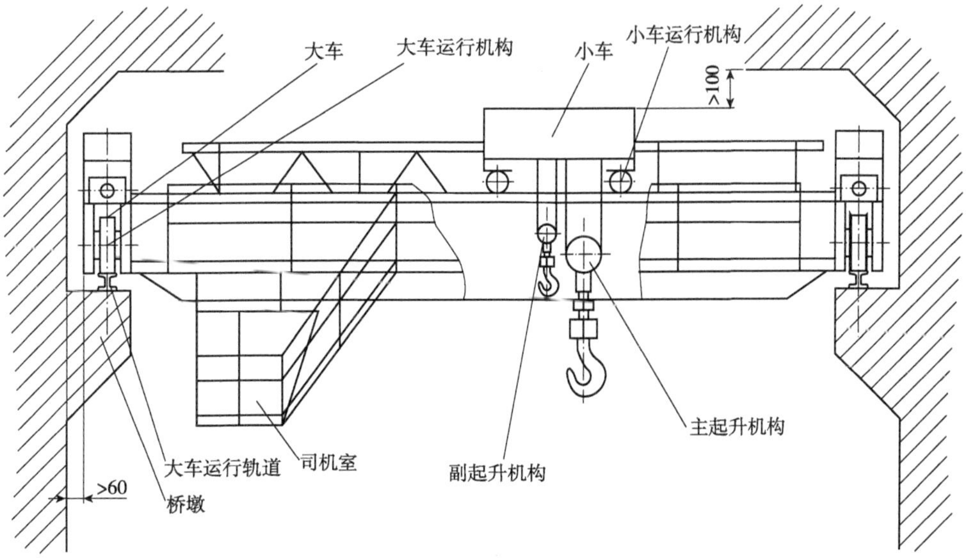

图 5-3　吊钩桥式起重机结构示意简图

（a）抓斗桥式起重机　　　　（b）抓斗

图 5-4　抓斗桥式起重机示意图

材、废旧钢铁等的装卸、吊运作业。这种起重机除了起升机构、闭合机构外，其他结构部件与通用吊钩桥式起重机的相同。起重量一般在 20t 以下。

(3)电磁桥式起重机

电磁桥式起重机的取物装置是电磁盘，其主要特点是电磁盘使用的直流电流通过在小车上的专用电缆卷筒将挠性电缆送到起重电磁铁上。这种起重机适用于吊运具有导磁性的黑色金属及其制品，目前有 5t、10t、15t、20t、30t 等机型。

5.3.3 门式起重机

门式起重机，俗称龙门吊或龙门起重机，它是由支承在两条刚性或一刚一柔支腿上的主梁构成的门形框架而得名。门式起重机的起重小车在主梁上行走，而整机则沿地面轨道行走，为了增加作业面积，主梁两端可以具有外伸的悬臂。

5.3.3.1 门式起重机的分类

①按主梁分为单主梁门式起重机和双主梁门式起重机。

②按悬臂分为双悬臂门式起重机、单悬臂门式起重机和无悬臂门式起重机。

③按取物装置分为吊钩门式起重机、抓斗门式起重机、电磁门式起重机、两用门式起重机和三用门式起重机。

④按操纵方式分为司机室操纵门式起重机、地面有线操纵门式起重机、无线摇控操纵门式起重机和多点操纵门式起重机。

5.3.3.2 门式起重机的结构

门式起重机与桥式起重机的组成结构相似，如图 5-5 所示，也由机构部分、金属结构和电气设备三部分组成。

机构部分包括起升机构和运行机构，运行机构又分为大车运行机构和小车运行机构两部分，起升机构和小车运行机构都安装在起重小车上。大车运行机构是用来完成起重机沿轨道方向移动的装置，采用分别驱动方式，即两边支腿下面的驱动轮分别由两套独立的驱动装置来驱动。驱动装置一般由电动机、减速器、制动器和联轴器和车轮组成。小车运行机构安装于小车架上，用来完成吊装物件沿主梁方向移动。小车运行机构传动形式一般为集中驱动，即采用同一台电动机作为动力驱动一对行走轮。

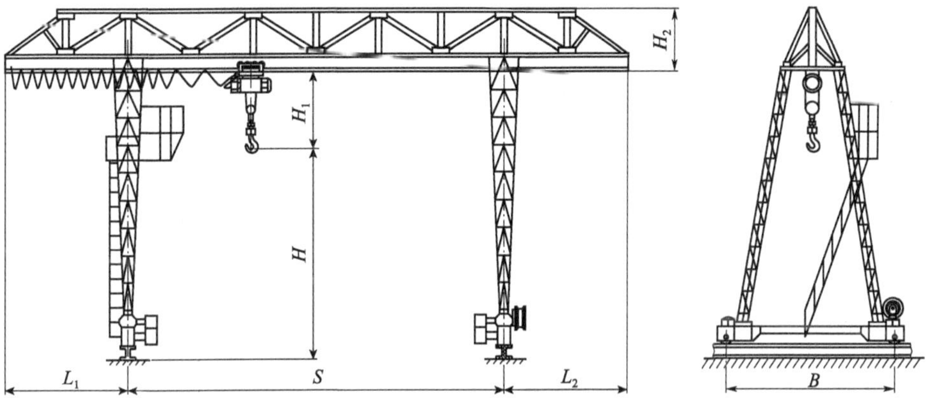

图 5-5　门式起重机结构示意图

金属结构包括小车车架和大车车架。大车车架主要包括主梁、支腿以及大车行走端梁等，用于安装机构部件和电气设备，并承受货重、自重、风力和大、小车制动时的惯性力等，要求具有足够的刚度和强度。主梁结构有桁架结构和箱式结构两种型式，桁架结构具有重量轻、用料省、迎风面积小等优点，而箱式结构制造简便、工时较少，但其自重较大，因此桁架结构常用于跨度大、起升重量小的起重机，箱式结构常用于跨度小、起升重量大的起重机。箱式结构主梁的断面以矩形较多，也有制成梯形、三角形的。

电气设备部分包括大车和小车的电动机、控制器、继电器、照明设备、电路线路等各种安全保护装置，以及操纵室、扶梯、防风装置等附属设备。

5.3.3.3　门式起重机的特点

门式起重机与桥式起重机等比较，具有如下特点：

①门式起重机的行走轨道直接铺设在作业场地，并且行走轨道面的高度可与作业场地在同一平面上，因此门式起重机的货位面积、通道等能得到充分利用。

②门式起重机没有固定永久性建筑物，只有行走轨道的基础埋置于地表面下，如果货场改建、扩建、变迁，影响相对小些。

③大多数门式起重机两端带有一定长度的悬臂，不仅作业面积增大，货位还可得到充分利用，而且汽车等短途搬运设备与铁路车辆可直接进行装卸或换装，提高了装卸效率，加速了车辆和货位的周转。

5.3.3.4　门式起重机应用

门式起重机应用十分普遍，其使用数量仅次于桥式起重机。门式起重机具有场地利用率高、作业范围大、适应面广、通用性强等特点，在库场、车站、港口、码头等场所，担负着生产、装卸、安装等作业过程的货物装卸、搬运任务，是企业生产经营活动中实现机械化和自动化的重要生产装备。在木材工业企业，门式起重机和装卸桥(跨度大于 35m、起重量不大于 40t 的门式起重机)广泛应用于原木的装卸、搬运、归楞、出河；装卸桥还常用于枝丫材、工艺木片等的装卸与搬运。

门式起重机的选用，除需考虑起重机的性能参数外，还需考虑主梁结构、跨度、悬臂长度、轮距、间距尺寸等因素，装卸桥的选用主要以生产率为主要衡量指标。

(1)主梁结构

一般来说，起重量在50t以下、跨度小于35m且无特殊使用要求，宜选用单主梁门式起重机。如果要求门腿宽度大，工作速度高，或经常吊运重物、长大物件，则宜选用双梁门式起重机。

(2)跨度与悬臂

确定门式起重机的跨度时，主要需要满足设备使用条件和符合跨度系列标准的前提下，应尽量减小跨度；悬臂长度的选择时，最基本的原则是当小车运行到悬臂极限位置时，主梁支腿处的强度与小车运行到跨度中点附近处主梁的强度应尽可能相等，或下挠度同时接近许用值，另外，还要考虑门式起重机跨度和悬壁长度合理的比例关系。

(3)轮距

轮距应能满足沿起重机轨道方向的移动要求，能使货物的外形尺寸顺利通过支腿平面刚架；轮距和跨度应保持轮距等于1/4或1/6跨度的比例关系。

(4)间距尺寸

在工作时，门式起重机外部尺寸与堆场的货物及运输车辆通道之间应留有一定的空间尺寸，以利于装卸作业。一般车辆在跨度内装卸时，应保持与门腿有0.7m以上的间距。吊具在不工作时应与运输车辆有0.5m以上的间距。货物通过门腿时，也应有0.5m以上的间距。

5.3.4 臂架型起重机

5.3.4.1 悬臂起重机

悬臂起重机，也称旋转起重机，是取物装置悬挂在刚性固定的悬臂(臂架)上，或悬挂在可沿悬臂(臂架)运行的小车上的起重机。其利用悬臂(臂架)或整个起重机的旋转来装卸、搬运货物，并能通过改变幅度来适应装卸搬运工作范围。

悬臂起重机按立柱支承和悬臂机构的不同，可分为壁式悬臂起重机、柱式悬臂起重机。

悬臂起重机的结构与其他起重机一样，由机构部分、金属结构与电气设备组成。不同类型的悬臂起重机，金属结构和机构部分有较大差异，但至少有起升机构和悬臂机构。

(1)壁式悬臂起重机

壁式悬臂起重机的构造型式很多，较为常见的金属结构是由转柱和臂架组成，如图5-6所示。转柱是金属构架的重要组成部件，转柱支承在上、下两轴承里，上、下两轴承承载全部起重机的自重和所吊起的物品重量，以及由起重机倾覆力矩所引起的水平载荷。上轴承总是与厂房墙壁或房架相联接，下轴承固定于建筑墙体或水平地基上，臂架联接在转柱上。壁式悬臂起重机除具有起升机构和悬臂机构外，有的还具有变幅机构，即其臂架是可伸缩的。

壁式悬臂起重机适宜在有建筑物或房架作为支撑的场合，只能旋转90°~270°，装在内墙角时可转90°，装在外墙角时可旋转270°，起重机的工作能力决定于建筑物墙体的强度，起重量一般不超过5t，载荷力矩小于100N·m。

(2)柱式悬臂起重机

柱式悬臂起重机结构(图 5-7)与壁式悬壁起重机的不同之处是不需要依靠起重机以外的任何建筑物来固定，有一根固定不动的金属立柱，该立柱固定在基础底板上，基础底板又被地脚螺栓固定在混凝土基础上；悬臂由安装于立柱顶端和根部的两轴承支承，上轴承承载起重机倾覆力矩所引起的水平载荷和起重机自重与所吊起物品重量引起的垂直载荷，下轴承主要承载由起重机倾覆力矩引起的水平载荷，因此上轴承采用径向轴承和止推轴承，而下轴承采用径向轴承。

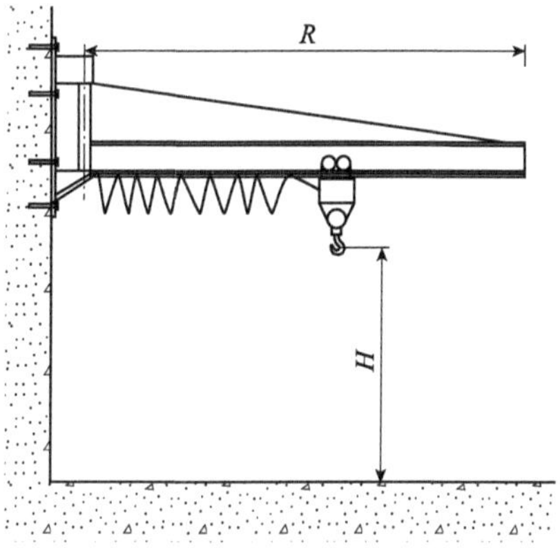

图 5-6　固定式转柱悬臂起重机

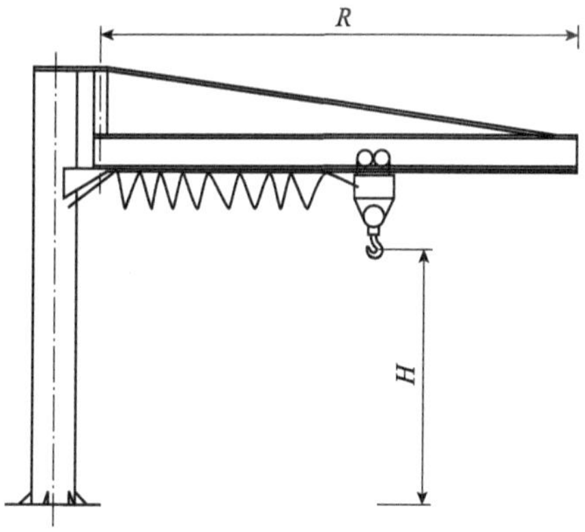

图 5-7　固定式定柱悬臂起重机

柱式旋臂起重机可用于车间内或车间外的任何地方，能旋转 360°，起重量一般不超过 10t，载荷力矩可达 250N · m。

5.3.4.2　行走式起重机

行走式起重机的结构型式也很多，在木材工业企业常用的是汽车起重机、轮胎起重机(图 5-8)、履带起重机和轨道起重机。这类行走式起重机有一个共同的特点，都有一个运行的台车，可以沿着轨道或在平地上运行。

图 5-8　轮胎起重机

汽车起重机通常是利用现有标准的或专用的载货汽车底盘作为运行台车，其行驶性能接近于汽车，有两个司机室，一个用于操纵起重机的行驶与转向，另一个用于操纵起升、旋转和变幅机构。还有一种与汽车起重机结构相同的轮胎起重机，用特制的专用底盘作为运行台车，仅有一个司机室，在这个司机室完成所有机构的操纵，因其轴距和轮距配合适当，所以稳定性好，并能在平坦的地面上吊货行驶，但行走速度低，仅适用于固定在一个货场内作业。

行走式起重机灵活方便，可以在一定范围内行走，运行范围较大，搬运功能较固定式悬壁起重机强，甚至可在条件较差的场合使用。其常用于木材工业企业车间外原木、锯材等的装卸与搬运，起重量一般也不超过 10t，灵活性大，可在车间内、外的任何地方使用，甚至可在野外使用，如履带式起重机可用于林区装卸搬运原木。

5.3.5 巷道式堆垛起重机

巷道式堆垛起重机是立体仓库中最重要的装卸搬运机械。巷道式堆垛起重机是随着立体仓库的出现而发展起来的专用起重机，如图 5-9 所示。它的主要用途是在高层货架的巷道内来回穿梭运行，将位于巷道口的货物存入货格，或者取出货格内的货物运送到巷道口。这种工作性质对巷道式堆垛在结构和性能上提出了一系列严格的要求。

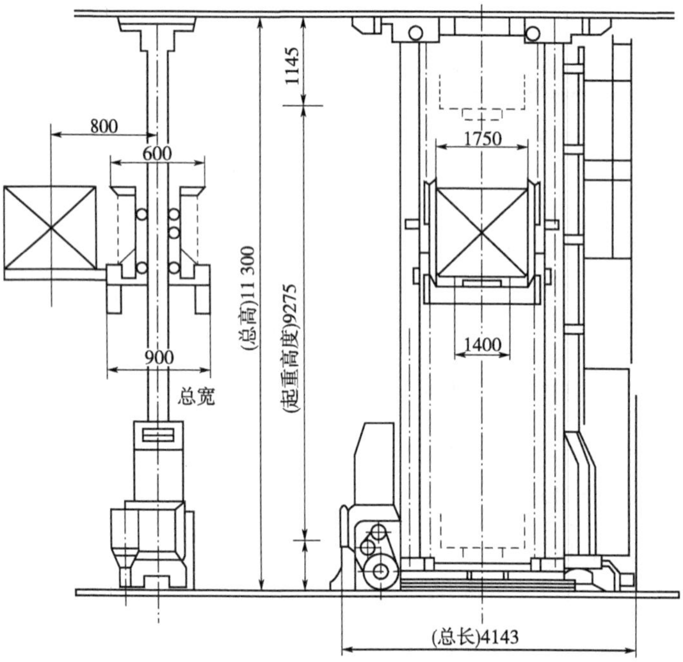

图 5-9 双柱巷道式堆垛机

轨道巷道堆垛起重机通常简称为堆垛机，它是由叉车、桥式堆垛机演变而来的。桥式堆垛机由于桥架笨重因而运行速度受到很大的限制，它仅适用于出入库频率不高或存放长形原材料和笨重货物的仓库，其优点在于可以方便地为多个巷道服务。目前高层自动化立体仓库(AS/RS)中应用最广的是巷道式堆垛起重机。堆垛机的额定重量一般为几十公斤到几吨，其中 0.5t 的使用最多，它的行走速度一般为 4~124m/min，提升速度一般为 3~30m/min。

5.3.5.1 巷道式堆垛起重机的特点

巷道式堆垛起重机因其结构与运用场合不同，有如下特点：

①整机结构高而窄。采用巷道式堆垛起重机的高架仓库很高，而货架巷道又非常狭窄，起重机宽度一般和所搬运的单元货物的宽度相等。

②起重机金属结构设计除需满足强度要求外，还应有足够的刚度和精度。制动时机架顶端水平位移一般要求不超过 20mm，而且振动衰减时间要短。机架立柱上升降导轨的不垂直度应严格控制，一般全长不应超过 3~5mm。

③起重机配备有特殊的取货装置，常用的有伸缩货叉或者伸缩平板，能向两侧货格伸出存取货物。

④起重机的电力拖动系统要同时满足快速、平稳、准确和安全四个方面的要求。

a. 快速性：工作速度高、起动制动快、尽量缩短搬运时间。

b. 平稳性：起动制动要平稳，以防止货物单元在货台上发生滑移或者装在托盘上的货物发生倒塌，减少金属结构的动载荷；保证司机舒适性和起重机上的电子元件免受冲击振动。

c. 准确性：起重机的电力拖动系统应能保证起重机与载货台准确地停靠在指定的位置，位置偏差一般不超过 5~10mm。

d. 安全要求高：必须配备齐全的安全装置，并在电气控制上采取一系列连锁和保护措施。这对于自动控制的巷道式堆垛起重机尤其重要。

5.3.5.2 巷道式堆垛起重机的分类与作用

巷道式堆垛起重机通常按其金属结构形式、起重机运行支承方式和取货作业方式进行分类，见表 5-5。

表 5-5 巷道式堆垛起重机

	分类	特点	作用
按结构形式分	单立柱型	金属结构由一根立柱和上、下横梁组成（或仅有下横梁）；自重较轻，但刚性较差	一般用于起重量 2t 以下，起升高度不大于 16m 的仓库
	双立柱型	金属结构由两根立柱和上、下横梁组成（或仅有下横梁）；刚性好，自重较单立柱大	能适用于各种起升高度的仓库；起重量可达 5t 或更大；适用于高速运行，快速起动、制动
按支承方式分	地面支承型	支承在地面轨道上，用下部车轮支承和驱动；上部设水平导向轮；运行机构布置在下部	适用于各种起重量、起升高度的仓库，用途广泛
	悬挂型	仓库屋架下装设轨道，起重机悬挂于轨道下翼缘运行；仓库货架下部设导轨，起重机下设水平导向轮靠在导轨上防止摆动过大；运行机构设在上部	适用于起重量较小、起升高度较低（不大于 15m）的仓库；便于转移巷道；使用较少
	货架支承型	巷道两侧货格顶部敷设轨道，起重机支承在两侧轨道上运行；仓库货架下部设有导轨，起重机下部设水平导向轮靠在导轨防止摆动过大；运行机构设在上部	适用于起重量和起升高度均较小的仓库，使用较少
按作业方式分	单元型	整个货物单元出、入库；起重机载货台须备有叉取货物的装置；自动控制时，机上无司机	适用于整个货物单元出入库的作业，或者“货到人”的拣选作业；使用广泛
	拣选型	堆垛机上设有司机室，由司机从货物单元中拣选一部分货物出库；载货台上可以不设叉取装置，直接由司机手工操作取货；全自动拣选式堆垛机用自动取货装置拣选	适用于“人到货”的拣选作业；大多为手动或半自动控制；全自动拣选机使用极少

5.3.5.3 巷道式堆垛起重机的结构

巷道式堆垛起重机由起升机构、运行机构、载货台、取货装置、机架、电气部分以及安全保护装置等组成。

(1)起升机构

起升机构由电动机、制动器、减速机、滚筒或链轮以及挠性牵引构件组成。常用的挠性牵引构件有钢丝绳和起重链条两种。除了一般的齿轮减速机外，由于需要比较大的速比，因而蜗轮蜗杆减速机和行星减速机也需经常使用。起重链传动装置多数装在上部，通常配有平衡配重，以减小提升功率。为了使起升机构结构紧凑，经常使用带制动器的电机。起升机构的工作速度一般为15~25m/min，最高可达45m/min。但不管选多大的工作速度，都应备有一个慢速档，一般为3~5m/min，主要是使运动机构能平稳准确地停在规定位置，以便存取货物。

(2)运行机构

运行机构由电机、联轴器、制动器、减速箱和行走轮组成。按运行机构所在位置的不同可以分为地面运行式、上部运行式、中间运行式等，其中地面运行式使用最广泛。这种方式一般用两个或四个车轮，沿敷设在地面上的单轨运行。在起重机的顶部有两组水平轮沿着固定在屋架下弦上的轨道导向。如果起重机车轮与金属结构通过垂直小轴铰接，起重机就可以走弯道，从一个巷道转移到另一个巷道工作。上部运行式起重机又可分为支承式和悬挂式两种，前者支承在货架顶部敷设的两条轨道上运行，起重机下部有两组水平轮导向。悬挂式的起重机则是悬挂在位于巷道上方的“工”字钢下翼缘上运行，下部同样有水平轨道导向。

起重机运行机构的工作速度视仓库长度和需要的出入库频率大小而选定。一般为80m/min以下，较高的速度为120m/min，最高可达180m/min。除工作速度外，还需要一个慢速档，为3~5m/min，这是为了便于存取货物，保证必要的停止精度。对于自动控制的起重机，为了在近距离运行(如小于6个货格的距离)时缩短起重机慢速爬行时间，在工作速度档和慢速档之间还需加一个20m/min的中速档。

(3)载货台及取货装置

载货台是货物单元承接装置，通过钢丝绳或链条与起升机构连接，可沿立柱导轨升降。取货装置安装在载货台上，堆垛机的司机室也一般装在载货台上，随载货台一起升降。对只需要拣选一部分货物的拣选式堆垛机，则载货台上可不设取货装置，只有平台供放置盛货容器之用。

取货装置一般是货叉伸缩机构，货叉可以横向伸缩，以便向两侧货格送入或取出货物。货叉结构常采用三节伸缩式。由前叉、中间叉、固定叉以及导向滚轮等组成，货叉的传动方式主要有齿轮-齿条和齿轮-链条两种。货叉伸缩速度一般为15m/min以下，高的可达30m/min，在超过10m/min时需配备慢速档，在起动和制动时使用。

(4)机架

机架由立柱和上、下横梁连接而成，是堆垛机的承载构件。机架有单立柱和双立柱结构两大类。单立柱结构的机架只有一根立柱和一根下横梁。这种结构重量比较轻，制造工时和消耗材料少，起重机运行时，司机的视野比双立柱的情况好，但刚度较差，一般适应于高度不到10m、轻载荷的堆垛机。双立柱的机架由两根立柱和上、下横梁组成一个长方形框架。这种结构强度和刚性都比较好，适用于起重量较大或起升高度较高的起重机。

(5)电气设备部分

电气设备部分包括电力拖动和控制装置两部分。

巷道式堆垛起重机的电力拖动除极个别外，都采用变速的电力拖动系统，常用的方式有以下几种：晶闸管供电直流调速、交流变极电动机换速、交流双电动机变速、晶闸管交流定子调压调速、涡流制动器调速、变频调速等。

巷道式堆垛起重机的控制装置主要有手动、半自动、全自动和远距离集中控制方式等几种形式。

①手动控制方式。手动控制是堆垛机最基本的控制方式。这种方式是由操作人员在司机室内，用手柄或按钮来操作纵向、横向运行、起升、货叉伸缩等动作。认址、变速、对准等全部靠司机来完成。该方式控制设备简单、经济，司机劳动强度较大，作业效率较低，适用于出入库频率不高，规模不大的仓库。

②半自动控制方式。这种控制方式是由手动控制方式改进而来的，不同型号的半自动控制巷道式堆垛起重机自动化程度也各不相同，但其基本功能是机构所配置的检测装置自动发出该机构停车信号，控制堆垛机自动停准。这种方式可显著提高堆垛机的作业效率，减轻司机的劳动强度。自动停准功能是半自动控制方式的主要功能，除自动停准功能外，有的堆垛机还有自动换速、自动认址、自动完成货叉伸缩存取货物的功能，控制设备除手动操纵盘外，一般还设有简单的继电器逻辑控制装置。它具有经济实用，便于维修等优点，适用于出入库比较频繁，规模不大的仓库。

③全自动控制方式。全自动控制的巷道式堆垛起重机上不需要司机。在便于操作人员操作的位置装有设定器，操作人员站在地面上操作设定器，设定出入库作业方式和地址等数据。起重机上装有自动认址装置和运动逻辑控制装置，在操作人员设定完成，并按下起动按钮后，堆垛机开始自动运行、升降、认址、停准及存取货物等运作，实现堆垛机的自动操作。

起重机上控制装置可以是电子式或继电器式的专用或通用顺序控制装置，也可使用单片微型计算机。

设定器可以采用数字按钮、选择开关、拨码开关、读卡器和液晶触摸屏等。读卡器可使用专用的，在专用卡片上穿有对应货格的地址的信息孔，通过专用读卡器进行地址设定。自动控制方式具有操作简单、作业效率高等优点，适用于出入频率高，起重机台数不多且未配置输送机的中小规模(货位数一般不超过 2000 个)仓库。

④远距离集中控制方式。出入库作业的控制装置和地址设定器安装在地面集中控制室内。操作者通过设定器设定出入库地址和作业方式，并输入控制装置中，经过计算和判断，发出堆垛机运行的控制命令，实现堆垛机的远距离集中控制。由于地面控制装置远离巷道和堆垛机，需要配备堆垛机和地面控制室内的信息传送系统，传输常用电缆传输和无线传输两种方法。该方式适用于出入库频繁，规模比较大，有多台起重机和输送机，有较大容量(货位数在 2000 个以上)的仓库，特别是低温、黑暗、有害等特殊环境的仓库。可以节省人力，改善劳动条件，提高仓库作业效率，但初始投资和维护费用较高。

(6)安全保护装置

由于巷道式堆垛起重机是在又高又窄的巷道内快速运行的设备，因此它的安全性必须受到特别重视。除一般起重机常备的安全装置与措施(如各机构的终端限位保护、缓冲电动机过热和过电流保护、控制电路的零位保护等)外，还应结合实际需要增加下列各种保护：

①在运行和起升方向，距终端开关一定距离处设强制减速开关，以确保及时减速。

②货叉伸缩机构只有在起重机运行机构和起升机构不工作时，才能起动。反之，如果货叉已离开中央位置，起重机运行机构便不能起动，而起升机构只能以慢速工作。

③起升机构钢丝绳过载和松弛保护。

④断绳捕捉器。对于司机室随载货台升降的起重机，必须装设断绳捕捉器。

⑤下降超速保护。无论什么原因，一旦载货台下降发生超速现象时，此保护装置起动，锁止载货台下降。

对于自动控制的起重机，除上述各种保护以外，还需增设下列安全装置：

①货格虚实探测装置。在入库作业中，货叉将货物单元送入货格之前，先用一个机械的或者光电的探测装置检查一下该货格内有无货物。如果无货，则伸出货叉将货物存入货格，如果已有货，则报警停止进行后续的动作。

②空出库检测。在出库作业中，货叉伸进货格完成取货动作后，如果在货台上检测不到有货物存在，则报警。

③伸叉受堵保护。货叉伸出受堵时，伸缩机构传动系统中装设的安全离合器打滑进行保护。如果延续一定时间后，货叉尚未伸到头，则报警。

④货物位置和外形检测。如果货物单元在载货台上位置偏差超过一定限度，或者倒塌失形，检测装置便报警，起重机不能继续工作。

⑤堆垛机停准后才能伸货叉。

⑥货叉在货格内作微升降时，用检测开关限制微升降行程或限制其动作时间，以防止货叉微升降过度，损坏货物、机构或货架。

⑦对系统中的关键检测器件，如货位探测开关、货叉原位开关等采用系统自检措施，以及时发现并更换失灵器件。

⑧堆垛机开动前发出声光警告。

5.3.6 起重机械的管理

由于起重机械各机构均属于重复的短时工作制，经常、反复地起制动或反转，负载也随之变化，而且载重量较大，属于对人身和财产安全有较大危险性的设备，我国将其列入特种设备管理。在起重机械的设计、制造、安装、改造、检查、维护、维修、使用、安全评估、报废等方面，均需遵守国家标准 GB 6067.1—2010《起重机械安全规程》的基本安全要求。

5.3.6.1 选型管理

选型管理是起重机械的前期管理，是保证起重机械正常使用的前提，影响着企业的经济效益。因此，应严格遵循起重机械选型依据和程序，做好技术、经济、功能评估，并按有关标准和规定，做好合同签订及管理工作。

合理选择起重机械的机型和性能参数，是正常使用起重机械的重要前提条件，对提高其作业效率，充分发挥起重机械的有效功能，满足使用要求，降低使用成本，提高经济效益，确保运行安全具有重要意义。起重机械的选型，首先是方案选择、选型的技术评估和经济论证，然后是确定起重机械的类型、总体结构、主要技术性能参数。选型过程通常是这几方面内容交叉考虑，反复分析与论证，才能保证所选机型在技术上先进、经济上合理、生产作业上适用，以及良好的投资效益。

5.3.6.2　运输管理

运输管理是继选型、订货后需进行的一项管理工作，是保证起重机械设备运输安全、设备安装顺利的重要环节。首先，通过调查、研究，确定科学合理的运输方案和运输方式，并严格计划实施，确保设备的运输安全、经济。起重机械运送完成后，要对整机进行检查，全面了解起重机械金属结构和零部件外观以及附件、备件等供货情况。对有严重质量问题的零部件，应及时与运输部门或制造企业联系，查清责任，并更换零部件。

5.3.6.3　使用管理

要严格按国家标准 GB 6067.1—2010《起重机械安全规程》规定的操作管理、人员选择与培训等安全规范要求，制定使用规程、操作保养规程，并建立定人、定机、定岗“三定”管理制度和交接班制度，制定切实可行的起重机使用管理、监督检查制度，以达到确保起重机械正确和最合理的使用。

5.3.6.4　故障和维修管理

起重机械在使用过程中，总会出现故障，因此应对故障进行记录和分析，以及采取有效措施来控制故障的发生和扩展。同时，要制订维修计划，及时对故障进行维修。

5.3.6.5　安全管理

起重机械是最易产生不安全因素的物流机械设备，起重机械常见的事故有脱绳、脱钩、断线造成的重物失落；作业人员被挤压在两个物体之间所造成的挤压、压伤、击伤；作业人员从高空处发生向下坠落而造成的摔伤；电力系统漏电，作业人员触电；起重机械因超载失稳等产生机体断裂、倾翻等。因此，应加强对起重机械的安全教育，采取有效措施防止事故发生。

5.4　搬运车辆

5.4.1　搬运车辆概述

5.4.1.1　作用

装卸搬运活动渗透到物流的各个环节，已成为物流活动能否顺利进行的关键。装卸搬运活动贯穿于物流的始终，联系着物流的其他功能，同时也成为了提高物流效率、降低物流成本、改善物流条件、保证物流质量最重的环节之一。物流的各个环节之间以及同一个环节的不同活动之间，都必须有装卸搬运作业。随着物流业的发展，对装卸搬运作业的要求越来越高，物流发展到今天，依靠人工的装卸搬运活动越来越少，为了提高物流作业的效率，依靠现代化的物流搬运车辆是必然的选择。

搬运车辆是指依靠本身的运行和装卸机构的功能，实现货物的水平搬运和短距离运输、装卸的各种车辆。搬运车辆机动性好，适应性强，已经广泛地应用于车间、仓库、港口、车站、货场，保证了装卸搬运工作的高效进行。

5.4.1.2 分类和特点

按搬运车辆所采用的动力装置，搬运车辆可分为手动搬运车辆、电动式搬运车辆和内燃式搬运车辆。手动搬运车辆，又称人力搬运车辆，依靠人力或人力驱动各工作构件进行货物的装卸与搬运，如手推车、平台搬运车等，结构简单，灵活方便，无污染，但劳动强度大、速度慢、效率低。电动式搬运车辆由蓄电池提供电能，由电动机驱动各工作构件工作，其结构简单，操作较容易，环境污染小，维修方便，但因受电池容量的限制，驱动功率小，作业效率低，只有在对环境要求较高的场合下才要求采用电动式搬运车辆。内燃式搬运车辆以内燃机作为动力，结构较复杂，维修不方便，环境污染大，但是因为内燃式搬运车辆动力大，工作效率高，对路面的要求低，在室外操作一般采用内燃式车辆。

按搬运车辆的作业方式不同，搬运车辆可分为固定平台搬运车、牵引车和起升车辆三大类。

5.4.1.3 主要性能参数

(1)额定载重量

搬运车辆的额定载重量是指车辆在规定条件下、正常使用时，可起升和搬运货物的最大重量。搬运车辆的不同或同一种搬运车辆型号的不同，额定载重量差别也很大。一般的叉车，额定载重量为3t左右，最大额定载重量可以达到60t。

(2)水平行驶速度

搬运车辆的水平行驶速度是指车辆在平直的路面上行驶时，所能达到的最大速度。搬运车辆水平行驶速度的高低直接影响着搬运车辆的作业效率。

(3)起升速度和下降速度

搬运车辆的起升速度和下降速度是指车辆在一定载荷条件下，所能达到的上升或下降的最大速度。搬运车辆的起升速度和下降速度也是影响物流作业的效率的重要技术参数。起升速度和下降速度的高低与搬运车辆本身的结构和制造材料有关。

(4)最小转弯半径

搬运车辆的最小转弯半径是指搬运车辆在空载低速行驶、打满方向盘即转向轮处于最大偏角时，瞬时转向中心与搬运车辆纵向中心线的距离。

(5)自重

搬运车辆的自重，即搬运车辆在空载时的总重量，也称为搬运车辆的轮压。从节省能源的角度考虑，搬运车辆的自重越小越好。选择搬运车辆时，对于自重的要求主要是考虑作业场地地基或底板的承载能力。

(6)外形尺寸

搬运车辆的外形尺寸包括搬运车辆的总长、总宽和总高。选择搬运车辆时，要考虑其尺寸是否满足作业空间的要求。

5.4.2　手动搬运车辆

手动搬运车辆(图 5-10)属于人力作业车辆，在物流作业过程中，人力车辆的作业也占有一定的比重，特别是在设施外的偶发的物流活动，难以实现机械化作业的场合。在家具生产车间，各种手动搬运车辆的使用尤其普遍，用来在各生产设备、各制造工序间搬运家具部件。

(a) 手车　(b) 手推车　(c) 手动液压搬运车　(d) 手动液压叉车

图 5-10　手动搬运车辆

5.4.2.1　手车

手车是一种两轮手动搬运车，车前带有叉撬装置，在搬运货物时，无须将货物举起装卸，手车将装卸搬运活动连在一起。手车在车间、仓库、配送中心等都有普遍的应用。

5.4.2.2　手推车

手推车是有手推扶手的四轮车，手推车的类型较多，根据手柄的不同，可分为单手柄式、双手柄式、带档板手柄式、固定手柄式和折叠手柄式等；根据层数不同，可分为单层式、双层式和三层式；根据手推车的底部结构不同，可分为平底式和骨架底式。

5.4.2.3　手动液压搬运车

手动液压搬运车是一种手动起升货叉、小起升高度和短距离运输的搬运工具。手动液压搬运车以一对货叉作为载物构件，由一个液压千斤顶作业货叉的起升机构，利用搬运车的推拉手柄来驱动液压油缸，货叉能方便地插入托盘下面，货叉起升不大的高度，便可将托盘和货物升起，小车的行走由人力推拉。

5.4.2.4　手动液压叉车

手动液压叉车，又称为人力叉车，是由人力驱动和牵引的简单叉车，主要用作物品的起升、堆垛或短距离的搬运。叉车的主要部分即门架及升降机构与电动或内燃式叉车相同，只是由手动驱动起升油缸起升货物，起重量较小，一般在 1t 以下。但手动液压叉车体形小，机动灵活，转弯半径小，适用于地面平整的室内作业。

5.4.3 叉车

5.4.3.1 概述

叉车又称叉式取货机，享有万能装卸机的美称，是物流领域最常用的具有装卸、搬运双重功能的机械。叉车以货叉作为主要的取货装置，依靠液压起升机构升降货物，由轮胎行驶系统实现货物的水平搬运。叉车除了使用货叉以外，还可更换各类的取物装置以适应各种货物的装卸、搬运和堆垛作业。

(1)类型

①按叉车的动力方式分类，可分为内燃式叉车、电动式叉车。

内燃式叉车，采用内燃机作动力装置，根据动力装置不同又分为汽油机式叉车、柴油机式叉车和液化石油气式叉车。内燃式叉车机动性能好，功率大，用途广泛。

电动式叉车，又称为电瓶式叉车。以蓄电池为能源，用直流电机驱动，具有操作容易，无废气污染，适合在室内作业的特点。

②按叉车的性能和功能分类，可分为平衡重式叉车、插腿式叉车、侧面式叉车、前移式叉车、集装箱式叉车、高货位拣选式叉车、三向堆垛叉车等。

平衡重式叉车，货叉位于叉车的前部，为了平衡货物重量产生的侧翻力矩，在叉车的后部装有平衡重，以保持叉车的稳定。

插腿式叉车，有两条腿向前伸出，支撑在很小的车轮上，支腿高度很小，可同货叉一起插入货物底部，由货叉托起货物，货物的重心落到车辆的支撑平面内，因此稳定性很好，不必再设平衡重。插腿式叉车一般采用电瓶式的，由直流电动机驱动，起重量较小、车速低、结构简单，外形小巧。

侧面式叉车，门架和货叉在车体的一侧，其进入巷道作业时不必转弯，且搬运的货物长度与巷道平行，不受通道宽度的限制，有利于装卸搬运条状长尺寸的货物，如锯材等。

前移式叉车，有两条前伸的支腿，与插腿式叉车比较，前轮较大，支腿较高，作业时支腿不能插入货物的底部，而门架可以带着整个起升机构沿支腿内侧的轨道移动，货叉取货后稍微起升一个高度即可缩回，保证叉车运行时的稳定性。前移式叉车与插腿式叉车一样，都是货物的重心落到车辆的支撑平面内，稳定性很好，适用于车间、仓库内作业。

集装箱式叉车，是专门用于集装箱的装卸搬运，也有正面式和侧面式两类，它的主要特点是可搬运较大重量的货物。

高货位拣选式叉车，主要作用是高位拣货，操作台与装卸装置一起上下运动，起升高度一般为4~6m，最高可达13m，适用于多品种少量出入库的拣选式高层货架仓库，可大幅提高仓库空间利用率。

三向堆垛叉车，主要用于窄巷道高架仓库的出、入库物流活动中，叉车配有一个三向货叉，叉车不需转向，货叉旋转就可以实现两侧货物的堆垛和取货。根据驾驶室的位置，可分为低位驾驶三向堆垛叉车和高位驾驶三向堆垛叉车。

③按叉车的用途分类，可分为通用叉车和专用叉车两类。通用叉车可多数情况下都可以使用；专用叉车是具有专门用途的叉车，如集装箱式叉车、堆垛式叉车、箱内作业

式叉车等。

(2)特点

①有很强的通用性。在物流的各个领域都有所应用，如仓库、车站、码头和港口都要应用叉车进行作业。如果叉车与托盘配合，它的应用范围更广，同时可有效提高作业的效率。

②具有装卸和搬运的双重功能。叉车是集装卸和搬运一体化的设备，可加快物流作业效率。

③有很强的灵活性。叉车底盘与汽车相比较，它的轮距小，叉车的转弯半径就很小，作业时灵活性增强。

5.4.3.2 主要技术参数

叉车的技术参数是反映叉车技术性能的基本参数，是选择叉车的主要依据。叉车的主要技术参数有载荷中心距、额定起重量、最大起升高度、最大起升速度、门架倾角、满载最高行驶速度、满载最大爬坡度、制动性能、最小转弯半径、直角通道最小宽度、堆垛通道最小宽度、回转通道最小宽度、最大高度和宽度、最小离地间隙及稳定性等。

①载荷中心距。是指叉车设计规定的标准载荷中心到货叉垂直段前臂之间的距离。

②额定起重量。是指货物的重心处于载荷中心距以内时，允许叉车举起的最大重量。如果货物的重心超出载荷中心距，为了保证叉车的稳定性，叉车的最大起重量需要减小。货物重心超出载荷中心距越远，最大起重量越小。额定起重量还与货物的起升高度有关，货物起升越高，额定起重量就越小。

③最大起升高度。指在额定起重量、门架垂直、货物起升到最高位置时，货叉水平段的上表面与地面间的垂直距离。

④最大起升速度。指额定起重量、门架垂直、货物起升的最大速度。

⑤门架倾角。指叉车在平坦、坚实的路面上，门架相对垂直位置向前或向后的最大倾角。门架前倾的目的是便于货叉取货，门架后倾的目的是防止叉车载货行驶时货物从货叉上滑落。一般叉车门架的前倾角和后倾角分别为 6°和 12°。

⑥满载最高行驶速度。指叉车在平直、干硬的路面上满载行驶时所能达到的最高车速。由于叉车工作环境的限制，没有必要具备太高的行驶速度。一般情况下，内燃式叉车的最高行驶速度是 20~27km/h，库内作业的最高行驶速度是 14~18km/h。

⑦满载最大爬坡度。指叉车在良好的干硬路面上，能够爬上的最大坡度。由于叉车一般在比较平坦的场地上作业，所以对最大爬坡度的要求也不高，一般情况下，内燃式叉车的最大爬坡度为 20%~30%。

⑧叉车的制动性能。是反映叉车的工作安全性的性能指标。我国的内燃平衡重式叉车标准对于制动性能做了如下规定：如果采用脚制动，叉车车速为 20km/h，空载运行时，紧急制动的制动距离不大于 6m，叉车在车速为 10km/h 满载运行时，紧急制动的制动距离不大于 3m；如果采用手制动，空载行驶时能在 20%的下坡道上停住，满载行驶时能在 15%的上坡道上停住。

⑨最小转弯半径。是指叉车在空载低速行驶、打满方向盘时，瞬时转向中心与叉车纵向中心线的垂直距离。

⑩直角通道最小宽度。是指可供叉车往返行驶的，呈直角相交的通道的最小理论宽

度。直角通道最小宽度越小，叉车的机动性越好，库场的利用率就越高。

⑪堆垛通道最小宽度。是指叉车在正常作业时，通道的最小理论宽度。叉车的正常作业是指叉车在通道内直线行驶，并且要做90°转向进行存、取货物。

⑫回转通道最小宽度。是指可供叉车调头行驶的直线通道的最小理论宽度。

⑬叉车的最大高度和宽度。叉车的最大外形尺寸，决定了各种通道的最小宽度等参数，决定了叉车能否进入仓库、集装箱、船、车厢内部等空间进行作业。

⑭最小离地间隙。是指在叉车轮压正常时，叉车最低点距地面的距离。离地间隙越大，则通过性能越好，但离地间隙太大会影响叉车的稳定性。

⑮叉车的稳定性。是指在作业过程中抵抗倾翻的能力，是保证叉车工作安全的重要指标。叉车的稳定性分为纵向稳定性和横向稳定性。平衡重式叉车由于货物重力及惯性力的作业有可能向前纵向倾翻，转弯时的离心力可能使叉车横向倾翻。

5.4.3.3 平衡重式叉车

平衡重式叉车(图5-11)是搬运车辆中应用最广泛的一种，它可以由司机单独操作完成货物的装卸、搬运和堆垛作业，并且通过更换属具扩大叉车的使用范围和作业效率。

图5-11 平衡重式叉车

(1)分类

按动力形式可分为平衡重式电瓶叉车和平衡重式内燃叉车，平衡重式内燃叉车又可分为柴油机叉车、汽油机叉车和液化石油汽叉车。

(2)工作装置的组成与功能

平衡重式叉车的工作装置由门架、滑架、货叉、滚轮、链条、起升油缸和倾斜油缸等部件组成。

①门架。是叉车工作装置的骨架，门架支撑着起升油缸，同时要承载货物的垂直作用力和纵向扭矩。根据工作的需要，门架可做成两节门架或三节门架。两节门架由不能升降的外门架和可沿外门架升降的内门架组成。叉车在未工作时，内门架和外门架的高度是一样的；当叉车进行装卸工作时，内门架沿外门架上升。

②滑架。滑架是一个垂直运动的承载小车，用来安装货叉或其他属具，并带动货叉或其他属具沿内门架升降。货物的重量通过滑架传给起重链条，货物的重量产生的力矩也通过滑架传递给门架。根据结构的不同，滑架可分为挂钩式滑架和轴套式滑架。

③货叉。货叉是承载货物的装置，由水平段和垂直段两部分组成。垂直段与滑架连接，连接的方式有挂钩式和铰接式两种形式；水平段用于支撑货物，水平段的前端做成楔形以利于插入货物的底部或托盘的叉孔。

④滚轮。滚轮是叉车滑架与门架或内门架与外门架之间导向和传力的部件，分为纵向滚轮、横向滚轮以及复合滚轮三种。

⑤起升油缸和倾斜油缸。起升油缸和倾斜油缸用于控制门架的起升和倾斜。起升时，起升油缸首先带动货叉升到极限位置，然后再带动内门架上升；倾斜油缸的作用可使门架前倾或后倾一定的角度，带动货叉前俯或后仰，以便于叉起或卸下货物。

⑥链条。链条带动滑架上升并承受滑架、货叉和货物的重量。叉车一般采用两套链轮链条组。如果只安装一个起升油缸，在起升油缸的两侧各布置一套链轮链条组；如果

采用两个起升油缸，起升油缸分别立于门架两侧的立柱后方，链轮链条组也分两侧贴近立柱布置。

另外，叉车的总体结构还包括叉车的车架、护顶架和平衡重等部分。车架是叉车的基本骨架，是支撑各个零部件的基础，承受的负载较大，同时还要承受较大的纵向扭矩；护顶架的作用是避免司机因跌落货物而受到伤害；平衡重的作用是平衡叉车前部的负载。

(3)特点及应用场合

平衡重式叉车是目前应用最广泛的一种，由于没有支撑臂，就需要较长的轴距和平衡重来平衡载荷，这样叉车的重量和尺寸都较大，还需要较大的作业空间。同时，它的货叉直接从前轮的前方叉取货物，对货物的体积一般没有要求；其动力较大，底盘较高，具有较强的地面适应能力和爬坡能力，适用于室外作业。

5.4.3.4 其他类型的叉车

(1)前移式叉车

前移式叉车(图 5-12)具有两条前伸的支腿，支腿较高，支腿前端有两个轮子。支腿的作用是确保叉车在负载时的稳定性；叉车的门架可以带着起升机构沿支腿内侧轨道前移，便于叉取货物，在叉取完货物，起升一小段高度后，门架又沿着轨道回退到原来的位置；前移式叉车起重量较小，通常采用电动机驱动。前移式叉车除具有前述的叉车性能参数外，还需要货叉的前移距离、起升和运行电动机功率和蓄电池电压与容量等性能参数。其中货叉的前移距离是指货叉在叉取货物时，货叉沿支腿内侧轨道所能移动的最大距离。

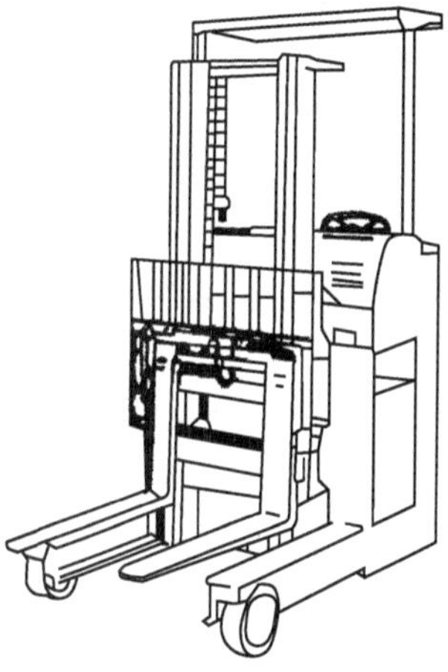
图 5-12 前移式叉车

前移式叉车具有平衡重式叉车和电动堆垛机的共同特征。当门架前伸到极限位置时，载荷重心落在支点的外侧，此时相当于平衡重式叉车；当门架完全收回时，载荷重心落在支点的外侧，此时相当于电动堆垛机。这两种性能的结合，使这种叉车具有操作灵活和高载荷的优点，同时体积和自重不大，可以节省空间，适合于通道较窄的室内仓库作业。

(2)侧面式叉车

侧面式叉车(图 5-13)的门架、起升机构和货叉位于叉车的中部，可以沿着横向导轨移动；货叉位于叉车的侧面，侧面还有一货物平台，货叉叉取货物时，当货叉沿门架上升到高于货物平台的高度后，门架沿着导轨缩回，降下货叉货物便放在叉车的货物平台上。侧面式叉车除具有前述的叉车性能参数外，还有载货平台面积、载货平台的高度和发动机功率，其中载货平台面积的大小决定了被运物尺寸。

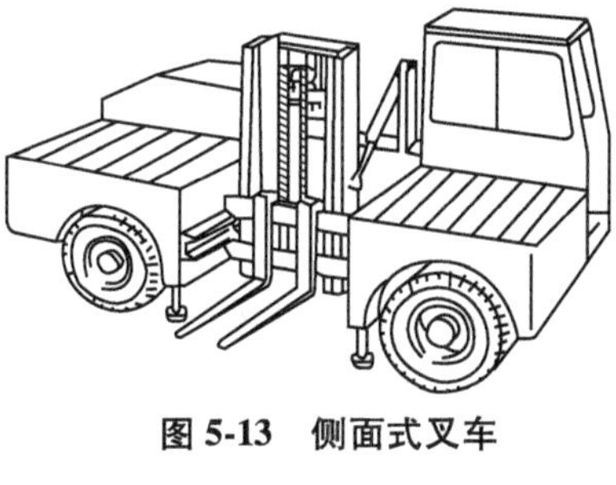
图 5-13 侧面式叉车

侧面式叉车的门架和货叉在车体的一侧，在出入库作业的过程中，车体进入通道，货叉面向货架或货垛，叉车不必先转向即可进行装卸作业；侧面式叉车的结构特点有利于装卸搬运长尺寸的条形货物，因货物长度与车体平行，不受通道宽度的限制。因此侧面式叉车适合于窄通道装卸搬运长尺寸的条形货物，如锯材、木线条等。

(3)伸缩臂式叉车

伸缩臂式叉车(图 5-14)适用范围广，可以跨越障碍进行货物的叉取、堆垛作业；通过更换叉车属具可进行多种作业；整车重心后移，利于提高叉车的运行稳定性；通过臂杆的移动而不需要车辆的移动来对准货位，利于提高装卸、堆垛的稳定性；驾驶员视野良好，便于操纵。伸缩臂式叉车的主要性能参数有额定起重量、最大起升高度、最大平伸起重量、最大运行速度、最大平伸距离、额定起重量时平伸距离、最小离地间隙和整车质量等。

伸缩臂式叉车适合于木材、锯材楞场，使用货叉和吊具装卸、搬运各种木材，包括小径材、枝丫材等；使用料斗时可用于中纤板木片料场搬运木片，或将木片送入其他输送装置。

(4)三向堆垛叉车

三向堆垛叉车如图 5-15 所示，主要用于窄巷道高架仓库的出、入库物流活动中，叉车配有一个三向货叉，叉车不需转向，货叉旋转就可以实现两侧货物的堆垛和取货。叉车左右两侧的导向轮沿货架底部的行动导轨运动，可防止叉车侧向偏移。根据驾驶室的位置，可分为低位驾驶三向堆垛叉车和高位驾驶三向堆垛叉车。低位驾驶三向堆垛叉车提升高度可达 12m，但叉车的驾驶室始终在地面不能提升，考虑到操作视野的限制，主要用于提升高度低于 6m 的工况。而高位驾驶三向堆垛叉车提升高度可达 14. 5m，因其驾驶室可以提升，驾驶员可以清楚地观察到任何高度的货物，也可以进行拣选作业。高位驾驶三向堆垛叉车在效率和各种性能都优于低位驾驶三向堆垛叉车，因此该车型已经逐步替代低位驾驶三向堆垛叉车。

图 5-14 伸缩臂式叉车

图 5-15 三向堆垛叉车

5. 4. 3. 5 叉车属具

叉车属具是叉车的辅助机构，是用于取货的各种取物装置。由于货物的形状和尺寸的差异，需要配备多种叉车属具以提高叉车的通用性。恰当的叉车属具可以扩大叉车的使用范围、保证作业安全、减少工人的劳动强度、提高叉车的作业效率。在木材加工企业常用的叉车属具有货叉、夹持器、铲斗等，如图 5-16 所示。

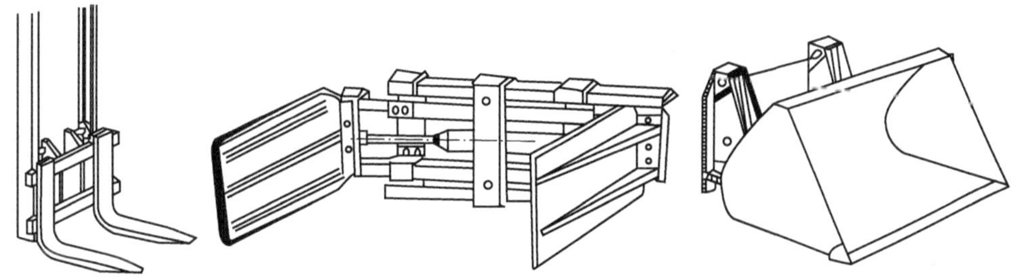

（a）货叉　（b）夹持器　（c）铲斗

图 5-16　叉车属具

(1)货叉

货叉是叉车最常用的属具，是叉车重要的承载构件。货叉的形状呈 L 型，水平段用来叉取并承载货物，水平段的上表面平直、光滑，下表面的前端略有斜度，叉尖较薄较窄，两侧带有圆弧。货叉水平段的长度一般是载荷中心距的两倍左右。如果需要搬运体积大、质量轻的大件货物，需换用加长货叉或在货叉上套装加长套。垂直段与滑架连接，根据连接方式有挂钩型和铰接型两种。中小型叉车一般采用挂钩型货叉，大型叉车一般采用铰接型货叉。

(2)夹持器

夹持器，也称为侧夹器或夹抱器，由两个夹臂组成，通过夹臂夹持货物，对于重量较轻、外形规则、不怕挤压的物品，如纸板、箱子、扎包物件等，可实现无托盘装卸搬运作业。夹持器的夹臂有直角型和圆弧型两种。直角型夹臂的前部平直、内侧面为平面，适合于搬运箱类和软包；圆弧型夹臂的内侧为弧面，适合于搬运筒型或卷材。

(3)铲斗

叉车铲斗的结构和外形与工程铲车的铲斗结构类似，适用于装卸散堆颗粒状物料，如人造板生产企业工艺木片存储场地的木片的装卸搬运。

5.4.4　搬运车辆的使用管理

搬运车辆品种繁多，使用环境和作业要求各异，如何在正确评价的基础上合理选择、配置对物流合理化具有重要影响。

选型需要根据用户的使用要求，如货流量、货物种类、搬运距离、堆垛高度等进行性能、经济性和维修条件进行综合评价。对于购置新车，先进行性能评价，以确定车辆能否满足使用要求；再在能满足性能要求的不同车型中进行经济性和维修条件评价，以确定该搬运车辆是否适宜选用。

一般地，如果物流中的货物种类单一或物流量较小，选用单一车型或少数几种搬运车辆搭配即可满足要求。反之，则涉及多种搬运车辆协同作业的问题，必须进行多种搭配方案的比较与选择，才能最终确定合理与经济的选型。

5.4.4.1　搬运车辆的评价

(1)性能评价

性能评价的目的是选择出几种基本适用的车型，以进一步进行经济性和维修条件的评价。性能评价须基于下述使用条件和车型性能的了解。

①作业场合。在室内、室外、还是室内外作业，环境的温度、湿度、大气压力，是否易燃易爆等；路面状况，如满载或空载时需通过的最大坡度和坡道长度，地面、楼层或货梯的承载能力等；通过空间的大小，如门的最小尺寸、最低楼层的净空高度等。

②装载的单位件货。托盘货箱尺寸、单元质量及其载荷中心距等；装载纸箱、袋装或多件货品的夹持保护等。

③仓储条件。货架存放还是堆叠码垛；最低层和最高层的堆放支撑高度；通道的最大和最小宽度。

④作业状况。作业班次和每班持续作业时间；搬运路程长度；每班搬运和装卸总量。

⑤车辆的适配性能。随载荷中心距和起升高度变化的实际起重量，载荷中心距和起重高度等；门架结构和高度，带护顶架时的通过高度；动力能力包括满载或空载时的运行速度、起升速度、牵引力和爬坡度等，能源种类与能耗大小等；人机关系，包括视野、噪声、乘坐舒适性等；属具和附件的配置。

⑥供货部门的用户服务。服务内容，包括检验维修、备件供应，对驾驶和保养人员的培训，服务质量与费用；服务网点配置和方便快捷程度。

(2)经济性评价

搬运车辆功能的经济性评价主要是计算单机使用时发生的各项费用，包括：

①固定费用，即购置设备的折旧费用和购置费用的利息；

②流动费用，包括保养维修费用和能源费用；

③驾驶人员劳务费用，一般不作为搬运车辆本身的费用计算，但对于无人驾驶的自动导向车辆与设有驾驶人员的搬运车辆进行比较时，这部分费用需予以考虑。

将以上的费用按该搬运车辆车型的使用寿命折算出每年花费的固定费用、流动费用或包括驾驶人员劳务费用的总费用，具体见表5-6。

表 5-6 搬运车辆经济性评价

<table>
<tr><th colspan="3" rowspan="2">费用类别</th><th colspan="3">待选车型</th></tr>
<tr><th>A</th><th>B</th><th>…</th></tr>
<tr><td rowspan="4">购置费用</td><td colspan="2">车辆</td><td></td><td></td><td></td></tr>
<tr><td colspan="2">蓄电池</td><td></td><td></td><td></td></tr>
<tr><td colspan="2">充电装置</td><td></td><td></td><td></td></tr>
<tr><td colspan="2">购置费用总计</td><td></td><td></td><td></td></tr>
<tr><td rowspan="5">固定费用</td><td rowspan="3">购置费用年折旧费</td><td>车辆</td><td></td><td></td><td></td></tr>
<tr><td>蓄电池</td><td></td><td></td><td></td></tr>
<tr><td>充电装置</td><td></td><td></td><td></td></tr>
<tr><td colspan="2">购置费用年利息</td><td></td><td></td><td></td></tr>
<tr><td colspan="2">年固定费用总计</td><td></td><td></td><td></td></tr>
<tr><td rowspan="4">流动费用</td><td rowspan="4">年维修费用</td><td>电动车辆</td><td></td><td></td><td></td></tr>
<tr><td>柴油车辆</td><td></td><td></td><td></td></tr>
<tr><td>汽轴车辆</td><td></td><td></td><td></td></tr>
<tr><td>液化石油气车辆</td><td></td><td></td><td></td></tr>
</table>

（续）

<table>
<tr><th colspan="3" rowspan="2">费用类别</th><th colspan="3">待选车型</th></tr>
<tr><th>A</th><th>B</th><th>…</th></tr>
<tr><td rowspan="5">流动费用</td><td rowspan="4">年能源费用</td><td>电能</td><td></td><td></td><td></td></tr>
<tr><td>柴油</td><td></td><td></td><td></td></tr>
<tr><td>汽油</td><td></td><td></td><td></td></tr>
<tr><td>液化石油气</td><td></td><td></td><td></td></tr>
<tr><td colspan="2">年流动费用总计</td><td></td><td></td><td></td></tr>
<tr><td colspan="3">年固定、流动费用合计=年固定费用总计+年流动费用总计</td><td></td><td></td><td></td></tr>
<tr><td colspan="3">驾驶人员年劳务费用</td><td></td><td></td><td></td></tr>
<tr><td colspan="3">年使用费用总计=年固定、流动费用合计+驾驶人员年劳务费用</td><td></td><td></td><td></td></tr>
</table>

搬运车辆的使用寿命一般按其经济寿命折算，搬运车辆如果继续维修已是不经济的，即购买新设备比继续使用旧设备的年发生费用少，视其经济寿命终结。

对于多种车型搭配组成的搬运系统，其经济性能需在单机的经济性评价基础上进行综合评价。如果单机购用高性能搬运车辆后配用属具时，虽然单机的固定费用增加，但由于作业效率高而使系统中少用了搬运车辆，系统固定费用未必增加，且总费用还会减少。

(3)维修条件评价

维修条件的评价指标，用两次大修之间的总工作小时数中因维修而停机的小时数所占比例来衡量。

影响停机的因素：故障的多少、排故所需的工作量、维修网点提供服务的及时程度、备用配件供应的及时程度、用户维修人员掌握技术的熟练程度等。

如作业不能因停机中断而必须配备备用供应车辆时，或如因备用件供应不及时而必须由用户加大其库存量时，则由此增加的相应费用，应作为维修条件的附加费用摊入每台该型搬运车辆所发生的总费用之中。由于停机除使流动费用指数上升之外，还会造成生产的额外损失，尤其在生产线或其他重要的物流中，这项损失往往是巨大的。但这项损失难于准确估计，故在经济性评价中一般不予列入，然而在维修条件的评价中必须予以重视。

5.4.4.2　搬运车辆的选型与配置

在物流领域，涉及多种搬运车辆，每一种搬运车辆都包括多种型号。在选择和配置过程中，都希望选择技术可靠、经济合理、操作方便的搬运车辆。但实际上，技术指标、经济指标以及人机关系指标相互间经常存在着矛盾，例如技术上先进的车辆价格却很高。因此在实际选用和配置过程中，必须根据企业的实际情况和侧重点进行合理的选择和配置。

(1)合理配置搬运车辆的指标体系

搬运车辆配置的指标体系主要由五个部分组成，即技术指标、经济指标、适应性指标、组织性指标和人机关系指标。

①技术指标。技术指标是搬运车辆的主要性能参数，是对搬运车辆性能评价的内容，要根据实际使用要求来决定各项指标的权重。

②经济指标。经济指标是搬运车辆在购置和使用过程中所涉及的费用问题，是对搬运车辆经济性评价的内容。

③组织性指标。是指搬运车辆作业和供货的及时性和可靠性。

④适应性指标。是指所选择的搬运车辆与其他搬运车辆或设备在作业时，相互适应的程度。

⑤人机关系指标。是指所选择的搬运车辆与驾驶人员的相互关系符合人机工程学的程度，包括易操作性、环保性能等。

(2)合理配置搬运车辆的相关因素

①搬运车辆或起升车辆。一般情况下，当搬运距离小于 50m 时，应选择堆垛用起升车辆；当搬运距离在 50~300m 时，一般应选择堆垛用起升车辆和非堆垛用搬运车辆的搭配；当搬运距离超过 300m 时，应选用牵引车或平台搬运车来进行搬运作业。

②电动车辆和内燃车辆。电动车辆和内燃车辆在性能上有一定的差别。一般来说，以室内作业为主的搬运作业选择电动车辆，以室外作业为主的搬运作业宜选择内燃车辆。从设备的经济性角度考虑，一般情况下，电动车辆的购置费用较高，但其流动费用较低，经济寿命较长，总的经济性能相对较好。

③高品质车辆或低品质车辆。选择低品质车辆还是高品质车辆，应从技术性和经济性上进行考虑。一般情况下，用户在选择搬运车辆时，过于重视一次性的购置费用。实际上，尽管高品质车辆的购置费用高，但是从长远角度来考虑，其经济性往往高于低品质车辆。但是，如果高品质车辆在使用过程中，作业强度不大，其经济性便低于低品质车辆的经济性。

思考题

1. 在工业企业内装卸搬运机械的应用与推广，可起到什么作用？
2. 装卸搬运机械有哪些类型？分别具有哪些特点？
3. 装卸搬运机械的配置与选择原则有哪些？在工业企业配置装卸搬运机械时，需注意哪些配套问题？
4. 装卸搬运机械设备数量的影响因素有哪些？设备需求量如何确定？
5. 起重机械有哪些工作特点？起重机械可在木材工业企业哪些车间使用？
6. 起重机械有哪些类型？由哪些部件构成？主要有哪些技术参数？
7. 巷道式堆垛起重机有哪些特点？对其电力拖动系统有哪些要求？主要应用于什么场合？
8. 起重机械的管理有哪些要求？
9. 搬运车辆有哪些作用？有哪些主要性能参数？
10. 叉车有哪些类型？主要技术参数有哪些？
11. 需购置搬运车辆时，如何选购搬运车辆？如何合理配置搬运车辆？

第 6 章
连续输送机械

[本章知识点]连续输送机械的基本特点、分类与主要技术参数；挠性牵引构件的主要类型；对挠性牵引构件的基本要求；输送带的类型、应用场合与要求；牵引链条优点、类型与特点；有挠性牵引构件的连续输送机的承装零部件、驱动方式与驱动装置；牵引构件的支承装置的作用与结构类型；牵引构件的安装张力与张紧装置；带式输送机的基本结构、使用管理；链式输送机的主要类型、结构与应用；滚柱输送机的结构与特点；螺旋输送机的结构与特点；连续输送机械的选择与配置。

在木材工业企业，采用连续输送机械所输送的物料，可以是原木、板材等成件物品，也可以是锯屑、刨花或其他散粒状物品。另外，许多时候采用连续输送机输送物料的同时，还伴随进行某些工艺处理，因此，连续输送机械有时既是输送机械，也是工艺设备。

6.1　连续输送机械概述

6.1.1　连续输送机械的概念与特点

连续输送机械也称连续运输机械，是沿着一定的线路从装货点到卸货点均匀、连续输送货物或物料的机械。由于连续输送机械可以在一个区间内沿一定的线路连续搬运大量货物，并且其搬运成本非常低，搬运时间比较准确，货物流量稳定，易于实现机械化、自动化，因而被广泛用于现代物流系统中，是自动化仓库、配送中心的生命线。同时，也是生产加工过程中组成机械化、连续化、自动化的现代流水线不可缺少的设备。

对比其他输送机械，连续输送机械具有以下特点：

①连续输送机械的装料和卸料是在输送过程中不停顿的情况下进行的，输送速度较快且稳定，因此可以获得较高的生产率。

②由于连续输送机械的供料均匀，而且运行速度较为稳定，因而它在工作过程中所消耗的功率变化不大。

③其工作可靠性、安全性及经济性不仅由输送机械性能的好坏来决定，也在相当大的程度上，依赖于各种辅助装置、控制装置的密切配合，若其中某一环节出现故障，就

会使整个系统停顿，而其他间歇动作的搬运机械则具有相对的独立性。

④连续输送机械一般不宜输送重量很大的单件物品或集装货物。

⑤它只能布置在物料的输送线上，而且只能沿着一定线路的一个方向输送。

⑥每一类型的连续输送机械一般只适合输送一定种类的物料。

6.1.2 连续输送机械的分类

连续输送机械的类型很多，由于作业环境及输送对象的不同，即使是相同类型的输送机械，也有不同的结构特点，因此种类特别繁多。

按安装方式不同可分为固定式连续输送机械和移动式连续输送机械两大类；按结构形式的不同可分成有挠性牵引构件的连续输送机械和无挠性牵引构件的连续输送机械。有挠性牵引构件的连续输送机械是利用牵引构件的连续运动使物料或货物在牵引构件的作用下向一定方向输送，常见的有带式输送机、链式输送机等。无挠性牵引构件的连续输送机械是利用工作构件的旋转运动、振动或介质的推力作用，使物料或货物向一定方向输送，常见的有滚柱输送机、螺旋输送机、气力输送装置等。气力输送装置是依靠具有较高压力和速度的气流推动物料沿气流运动方向输送，将在第 7 章详细阐述。

6.1.3 连续输送机械的主要技术性能参数

连续输送机械的主要技术性能参数有生产率、工作速度、充填系数、输送距离、提升高度等，是选用和管理连续输送机的重要依据。

(1)生产率

生产率是指连续输送机械在单位时间输送物料的质量或货物件数，它是反映输送机械工作性能的主要指标，它的大小取决于输送机械承载构件上每米长度所载物料的质量或每件货物的外形尺寸以及输送机械的工作速度。

(2)工作速度

连续输送机械的工作速度是指被运货物或物料沿输送方向的运行速度。其中，带速是指输送带或牵引带在被输送货物前进方向的运行速度；链速是指牵引链在被输送货物前进方向的平均运行速度。对于滚柱输送机来说，其工作速度是指滚柱外圆周的切线速度。

(3)充填系数

充填系数是指连续输送机械的承载构件被物料或货物填满程度的比例系数。

(4)输送距离

输送距离是指连续输送机械装载点到卸载点之间的输送路线总长度。

(5)提升高度

提升高度是指输送机械装载点到卸载点之间的垂直距离。

6.2 有挠性牵引构件的连续输送机械

有挠性牵引构件的连续输送机械，一般由挠性牵引构件、承载构件、支承装置、张紧装置、驱动装置、支架导轨及罩壳等部件组成。根据挠性牵引构件不同，有挠性牵引构件的连续输送机械有带式输送机、链式输送机和绳式输送机三大类。

6.2.1　挠性牵引构件

挠性牵引构件为连续输送机械的重要组成部分之一，它用来传递牵引力和固接工作构件。为了保证其工作效率，挠性牵引构件应具备下列条件：挠性大(包括挠曲方向与挠曲程度)；相对伸长小；便于固接工作构件(如料斗、刮板等)，同时，固定在牵引构件上的零部件不应妨碍机械的正常工作；使用寿命长，不易磨损及产生突然断裂现象；重量轻，价格低。

常用作连续输送机械的挠性牵引构件有输送带、链条及钢丝绳三大类。其中，绳式输送机在木材工业企业极少使用，绳式输送机的挠性牵引构件及其他构件，后续章节不作详细介绍。

6.2.1.1　输送带

带式输送机中，输送带既是承载构件，又是牵引构件，用来载运物料和传递牵引力。只有在钢丝绳牵引带式输送机中，橡胶带起承载构件的作用。

输送带是带式输送机中最重要也是最昂贵的部件，输送带的价格占带式输送机总投资的 25%~50%。所以设计带式输送机时，正确计算选择输送带是一个重要的问题，要充分考虑去保护输送带，使之有较长的寿命，至少要用 5~10 年。在设计其他部件时，应尽量减少引起输送带不正常损坏的可能，必要时要增加各种安全保护装置。

输送带与一般传动皮带不同，一般其长度很大，也应具有很大的强度；同时由于装载时易发生冲击与摩擦，输送带还必须具有足够的耐磨强度。一般要求输送带应具有强度高、延伸率小、挠性好、耐磨和抗腐蚀性强等。使用广泛的有橡胶输送带、塑料输送带和某些特种用途的输送带，但以橡胶输送带应用最为普遍。

(1)橡胶输送带

①结构与规格。最常用的橡胶输送带是织物芯橡胶带，织物芯橡胶输送带的结构简图如图 6-1 所示，它是用棉织物或化纤织物粘胶后叠成的多层带芯材料，四周用橡胶作为覆盖材料。上、下两边所覆盖的橡胶称覆面，上覆面为输送带的承载面，即与被输送物料接触的一面，其橡胶厚度 δ 为 2.0~6.0mm。下覆面为输送带与支承托辊接触的一面(或称运转面)，厚度为 1.5~2.0mm。具体厚度与被运物的性质有关，覆盖橡

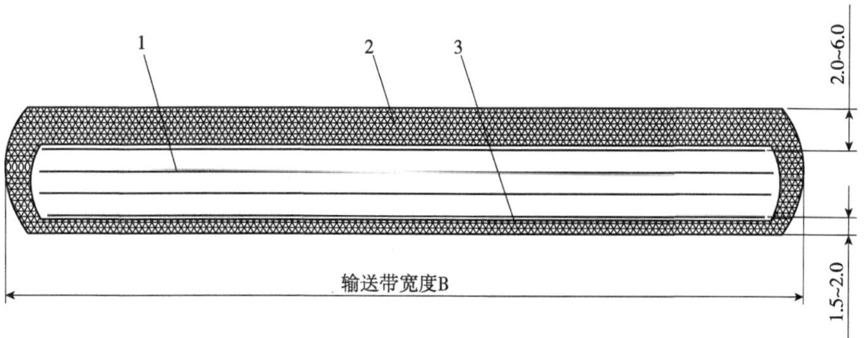

1. 胶布层；2. 上覆面橡胶；3. 下覆面橡胶。

图 6-1　织物芯橡胶输送带结构图

胶的厚度具体见表 6-1。橡胶输送带主要品种、工作环境及带宽系列等见表 6-2。橡胶覆盖层主要起保护带芯材料的作用，不承受牵引力，如当输送带跑偏、侧面与机架相接触时，侧边橡胶覆面保护带芯材料不受机械损伤。

表 6-1 橡胶输送带覆盖橡胶的推荐厚度

物料名称	物料特性	覆盖胶厚度(mm)	
		上胶厚	下胶厚
焦炭、煤、白云石、烧结混合料、砂	$\gamma<2t/m^3$，中小粒度或磨损性小的物料	3.0	1.0
破碎后的矿石、选矿产品各种岩石、油母页岩	$\gamma>2t/m^3$，块度≤200mm 磨损性较大的物料	4.5	1.5
大块铁矿石、油母页岩	$\gamma<2t/m^3$，磨损性大的大块物料	6.0	1.5

表 6-2 织物芯橡胶输送带主要品种和带宽

品种	带宽 B(mm)(GB 523—1974)									带芯每层强度	工作环境温度	物料最高温度
	300	400	500	650	800	1000	1200	1400	1600	(N/cm^2)	(℃)	(℃)
普通型	√	√	√	√	√	√	√	√	√	560	-10~40	50
耐热型		√	√	√	√	√	√	√	√	560	-5~125	120
维尼纶芯				√	√	√	√	√		1400	-5~40	50

注：500~1400mm 为常用带宽。

作为带芯材料的橡胶布层数有 3、4、5、6、7、8、9、10、11、12 共 10 种规格。根据我国标准，通用固定式带式输送机 TD 75 型系列中，橡胶布层数与输送带宽度 B 有一定对应关系，见表 6-3。

表 6-3 带宽 B 与橡胶布层数的对应关系

带宽 B(mm)	500	650	800	1000	1200	1400
橡胶布层数 i	3~4	4~5	4~6	5~8	5~10	6~12

②接头方式。输送机上的输送带要连接成无端的，就至少有一个带端的接头，对长距离的输送机，其橡胶带太长不便于运输，一般做成 100~200m 一段，运到目的地以后再接起来，因而都会有一个带的接头问题。

橡胶带接头的连接有机械接头、冷粘接头和热硫化接头等方式。机械接头采用卡扣连接，对带芯有损伤，故接头强度低，其强度相当于橡胶带本体强度的 35%~40%，使用寿命短，只适用于织物芯橡胶带，并且接头通过滚筒时，对滚筒有损害，故只用于短距离的或移动式的输送机上。冷粘接头采用冷固化黏合剂进行粘接，这种接头方法方便快捷，较经济，但黏合剂性能对接头质量影响大，不稳定，接头强度低，其强度相当于输送带自身强度的 40%~55%。织物芯橡胶带的热硫化接头，先将端头按衬垫数切成阶梯状，并涂以胶浆，将两个端头紧密贴合，在压力 50~80N/cm²、温度 140~145℃下热压一定时间，完成橡胶带无接缝的热硫化接头，这种接头的强度能达到橡胶带强度的 85%~90%，且能防止带芯腐蚀，带的寿命较长。

③对橡胶输送带的要求。

a. 要求橡胶带自身质量小，抗拉强度和抗弯强度大，成槽性能好；

b. 由于要承受交变弯曲载荷，因而在衬垫和橡胶层之间要求有较高的粘结强度，以防衬垫和橡胶之间的剥离和撕裂；

c. 较高加工质量，确保在受纯拉伸载荷时，所有衬垫均匀承受载荷；

d. 输送带的橡胶覆面和衬垫都应具有较高的抗冲击和抗机械磨损能力，尤其在输送机的装料处最具有受损伤的危险性；

e. 要求输送带寿命长，具有足够的耐磨性；

f. 为了使摩擦驱动时所需的预张力尽量小，因而需要输送带具有高摩擦系数；

g. 要求输送带端头连接简单，接头处厚度必须与输送带的其他部分相同，但接头强度减弱又不显著。

④橡胶输送带按衬垫层的材料分类。

a. 棉织物衬垫橡胶带，如图 6-2 所示。传统的橡胶输送带所用的织物衬垫几乎只用棉织物。随着输送机长度的增长，棉织物衬垫已不能满足其要求，被高强度、厚度薄的合成纤维所代替，参照国家标准 GB/T 7984—2013《普通用途织物芯输送带》进行选用。

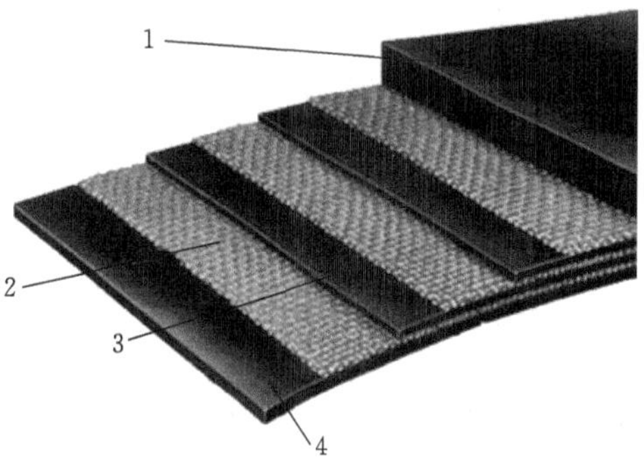

1. 上橡胶覆面；2. 棉织物芯层；3. 中间橡胶层；4. 下橡胶覆面。

图 6-2　橡胶带的棉织物衬垫

b. 合成织物衬垫橡胶带，具有合成纤维材料为核心、外包橡胶所形成的合成织物衬垫的输送带，其结构与棉织物衬垫橡胶带相同。

c. 钢丝绳芯橡胶带，具有细钢丝绳芯（直径为 1.2~9.5mm）的橡胶输送带，断面结构如图 6-3 所示，其主要规格、参数见表 6-4，参照国家标准 GB/T 9770—2013《普通用途钢丝绳芯输送带》进行选用。

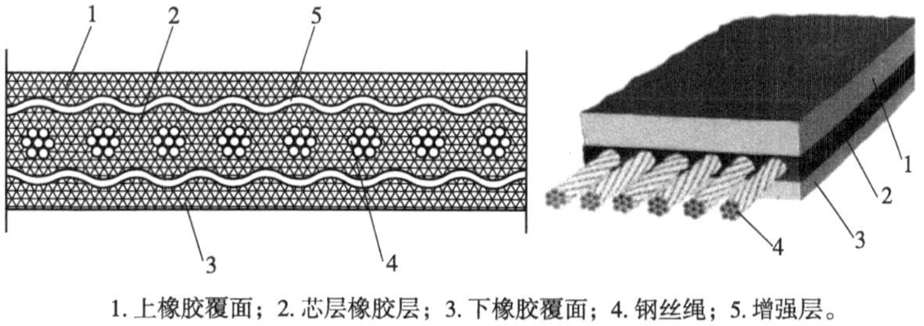

1. 上橡胶覆面；2. 芯层橡胶层；3. 下橡胶覆面；4. 钢丝绳；5. 增强层。

图 6-3　钢丝绳芯橡胶带

（2）塑料输送带

塑料输送带是维尼纶-棉混纺织物编织成整体平带芯，用聚乙烯、聚氯乙烯、聚氨酯等各种塑料作覆面的一种输送带。这种输送带具有较好的耐油、耐酸和耐碱等特点，但易老化、脆化，较适用于温度变化不大的地方，表 6-5 为常用塑料输送带的规格。

（3）钢带

用碳素钢或不锈钢冷轧制成很薄的钢带，厚度一般为 0.6~1.2mm，宽度可达 2m 以上。

表 6-4 钢绳芯带的主要参数

主要参数	GX-650	GX-800	GX-1000	GX-1250	GX-1600	GX-2000	GX-2500	GX-3000	GX-3500	GX-4000
带芯强度(N/cm^2)	6500	8000	10 000	12 500	16 000	20 000	25 000	30 000	35 000	40 000
钢绳直径(mm)	4. 5				6. 75		8. 1	9. 18		10. 3
钢绳结构	7×7×3-0. 25				7×7×7-0. 25		7×7×7-0. 3	7×7×7-0. 34		7×7×7-0. 38
钢绳破断张力(N)	14 000				33 000		43 000	55 000		69 000
上、下覆面厚度(mm)	6+6				7+7		8+8	8+8		8+8
带厚(mm)	18				22		25	27		28
钢绳间距(mm)	20	17	13. 5	11	20	16	17	18	15. 5	17
每平方米带重量(kg/m^2)	23. 54	24. 33	24. 63	25. 33	32. 25	33. 42	39. 93	41. 51	43. 23	47. 10
输送带宽度(mm)	800	800~1000	800~1200	800~1400	800~1800	800~2000	800~2000	800~2000	800~2000	800~2000

表 6-5 常用塑料带的规格

名称	带宽(mm)	总宽度(mm)	上覆面厚度(mm)	下覆面厚度(mm)	整芯厚度(mm)	带芯强度(N/cm^2)	每米重量(kg/m)
普通型	400 500	9	3	2	4	2240	4. 54 5. 67
	650 800	10			5	3360	8. 15 10. 00
强力型	800	11	3	2	6	5000	10. 80

钢带适用于输送高温、炽热(300℃)物品，它具有坚硬、平滑的表面，耐冲击、强度高，抗酸碱以及不怕黏性物等优点，在木材加工企业中的油漆和人造板生产车间等都可使用，用作连续热压机的输送带(热压钢带)。

钢带的强度较布织橡胶带大 10~20 倍，钢带的工作速度可达 0.2~2.0m/s。但钢带作为牵引构件的输送机允许倾角小，且因钢带挠性小，就需要较大直径的鼓轮及支承辊柱。一般钢带输送机所用的鼓轮直径为 1000~1200mm，同时要求安装精度高，张紧装置要有足够的张紧力，才能保证输送机的正常工作。

(4)网状带

根据材料不同网状带可分为金属网带和尼龙网带。金属网带是由金属丝(铜和钢)编织成的带，有各种不同的结构，如图 6-4 所示，它可应用在木材加工企业的胶合板车间的单板干燥机中，既能传送单板，又能使单板在传送过程中不断蒸发水分，它具有很大的挠性，而且可以在高温下使用。

尼龙网带由聚酰胺纤维绳编织制成，主要用于需透气、滤水的场合，如造纸厂的长网成型机、中密度纤维板气流铺装机上，既能传送，又能脱水或透气。

(5)特型橡胶输送带

①具有特殊凸面的橡胶带。在增加带的强度的同时，为了保证带能够在很大的倾角下工作，可采用如图 6-5 所示的具有特殊凸面橡胶带，它能够在 45°~60°倾角条件下工作。在刨花板、纤维板生产车间中用它以较大倾角输送刨花、木片等散碎物料。

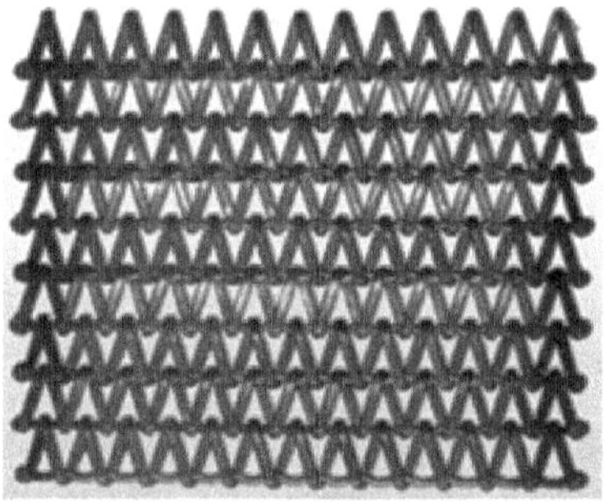

图 6-4　钢丝网带

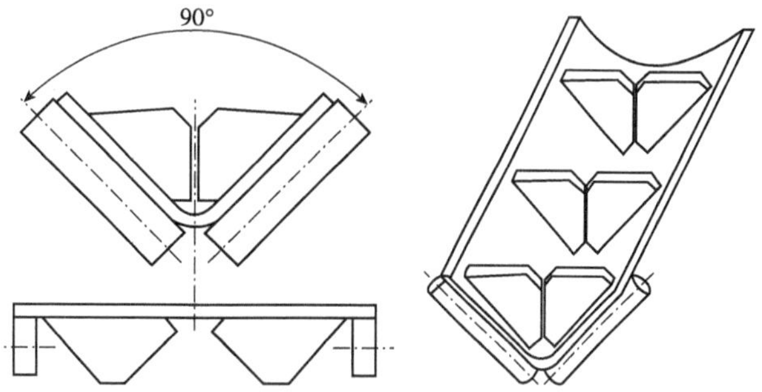

图 6-5　具有特殊凸面的布织橡胶带

②带裙边挡板的橡胶带。输送带两侧带有波形裙边[图 6-6(a)]，可防止被运的木片、刨花、砂石等散碎物料从两侧散落，也可提高装载率和输送效率；两裙边间还有横向挡板，可提高输送带大倾角输送时的输送能力。

③有表面花纹的橡胶带。这种输送带表面带有深或高 2~3mm 的各式花纹[图 6-6(b)~(d)]，增大被运物与输送带间的摩擦力，可适当增大输送机的倾角，常用于较大倾角输送人造板、锯材等。但其具有清刷困难、磨损较大等缺点。

6.2.1.2　牵引链条

链条广泛应用在连续输送机械之中，链条与其他挠性牵引构件比较，有以下优点：挠性较好，能绕过小直径的链轮与滑轮，特别是应用短节距链时更为突出；易于在链条上固接工作构件；链条通过啮合驱动能可靠地传递牵引力；当承受载荷时伸长量小。链条的缺点是：重量较大，价格较高；链条关节处容易沾污和磨损，有可能发生突然断裂；运动不均匀，会引起动载荷，因而不宜采用较高的运动速度。

（a）带裙边挡板　（b）人字纹　（c）条形纹　（d）棱形纹

图 6-6　带裙边挡板、表面各种花纹的输送带

在连续输送机中所采用的链条有各式各样的结构，其中以焊接链的结构为最简单，但是由于它自重大、不耐冲击等缺点而较少使用。片式关节链应用最广，在许多链式输送机中还采用各种特型链条。

（1）焊接链

焊接链有用圆钢制成的圆环焊接链[图 6-7(a)]、由圆环和扁环制成的链环相互交替连接的圆环扁环组合链[图 6-7(b)]两种类型。

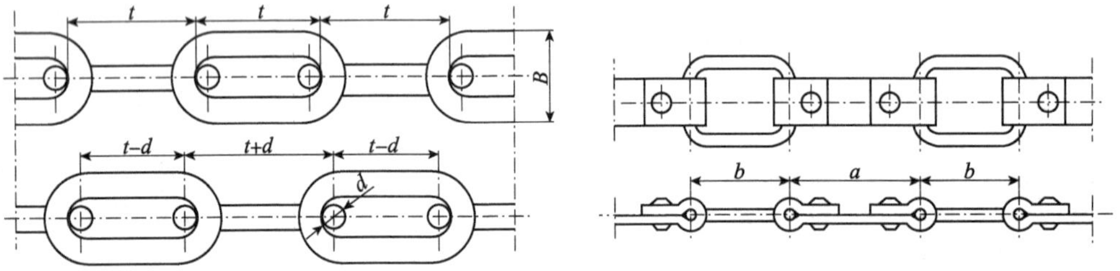

（a）圆环焊接链　（b）圆环扁环组合链

图 6-7　焊接链

根据制造精度，这些链条可分为校准链和未校准链两种。校准链在焊接后还要进行校准，使所有链环的尺寸相同，以免链条节距与多边链轮或有齿链轮的节距间的偏差超过允许误差。未校准链的节距误差较大，只能用于没有齿的、光滑的链轮上，采用这种光滑的链轮作牵引轮时，需要把链条张得比较紧，以免打滑。在链式输送机中，大多采用校准链，链条的节距经常由于链条铰接处的磨损而伸长，因此对于校准链张紧力不可过大，否则将会加快铰接处的磨损。

焊接链的优点是简单、便宜、挠性好；缺点是自重大、不耐冲击，由于链环接触处磨损大，因而不宜高速工作，在高寒地区其焊缝易开裂。

①圆环焊接链。圆环焊接链由直立环和水平环相间套接而成，其中直立环起导向作用，而水平环起啮合传递牵引力作用。它的链环要求塑性比较高，最好为低碳钢或中碳钢焊接而成。如图 6-7(a)中所示，d 为圆钢直径，t 为几何节距，$t-d$ 与 $t+d$ 为计算节距。

根据圆环焊接链环的几何节距 t 与圆钢直径 d 之比值不同，又分为长环链 $t \geqslant 3d$ 和短环链 $t<3d$ 两种。在起重机械中只用短环链，而作为连续输送机的牵引构件，除悬挂输送机外，常用长环链。

因为当链环节距较短时，单位长度上的链环数多，由于链环铰链处的磨损而引起的伸长也就越大，而长节距的链条，单位长度内铰链关节数较少，则重量也就较轻。所以同样长度的长链环较短链环具有重量轻、磨损伸长少、连接工作构件容易、工作稳定性好等优点，但其挠性较差，其链轮在齿数一定的情况下，由于节距大，则链轮直径越大，较为笨重。圆环焊接链的规格见表 6-6。

表 6-6　圆环焊接链的规格

类型	圆环直径 d(mm)		链环节距 t(mm)	外部宽度 B(mm)	负荷(kN)		重量 (kg/m)	应用范围
					试验	拉断		
短环链	5	+0.3 −0.5	19±0.5	19±0.5	3.13	6.27	0.5	起重机械与悬挂输送机
	6		19±0.6	21±0.6	4.9	9.8	0.74	
	7		21±0.7	24±0.7	7.84	15.68	1.05	
	8		23±0.8	27±0.8	11.76	23.52	1.4	
	9		27±0.9	32±0.9	15.19	30.38	1.76	
	11	+0.4 −0.5	31±1.1	36±1.1	22.54	45.08	2.58	
	13		36±1.3	43±1.3	32.34	64.63	3.7	
	15		41±1.6	53±1.6	49.98	99.90	5.6	
	18		50±1.8	58±1.8	62.72	125.44	6.94	
	20		56±2	66±2	78.4	155.8	8.76	
	23		64±2.3	76±2.3	102.9	205.8	11.4	
	26	+0.5 −0.75	72±2.6	84±2.6	130.34	260.68	14.51	
	28		78±2.8	91±2.8	152.88	305.76	16.94	
	30		81±3	98±3	174.44	348.88	19.35	
	32		91±3.2	104±3.2	200.9	401.8	21.9	
	35		98±3.5	114±3.5	227.36	454.72	26.4	
	38		106±3.8	122±3.8	258.52	537.04	31.1	
	40		114±4	133±4	298.94	593.88	35.8	
	44		123±4.4	148±4.4	358.53	717.36	42.25	
	48		134±4.8	151±4.8	472.28	854.56	46.5	
	52	+0.6 −1	145±5.2	174±5.2	501.76	1003.52	57.5	
	56		157±5.6	188±5.6	588	1176	68.5	
	60	+0.7 −1.1	168±6	201±6	666.4	1332.8	81	
长环链	19		102	66		133.28	6.32	原木输送机
	22		116	77		179.34	8.43	板材分类机
	22		136	77		179.34	8.18	原木输送机
	25		150	88		231.28	11.00	

②圆环扁环组合链。圆环扁环组合链结构如图 6-7(b)所示，由一个圆钢环和一个扁钢环相间排列连接而成。其中圆钢环是焊接而成的，扁钢环可以是焊接，也可以是铆接或螺钉连接，其主要尺寸见表 6-7。圆环扁环组合链便于装拆、更换，以及联接工作

构件。因为组合链的关节接触面面积大，则单位压力小，在有强烈磋磨性物料的环境中工作时，这种链条的磨损较小。

表 6-7　圆环扁环组合链的主要尺寸

链钢直径（mm）	链环尺寸(mm)					允许工作拉力（kN）	刮板间的距离(mm)			链条重量（kg/m）
	链环节距		扁钢环宽度		圆钢环宽度		缩短的	标准的	加长的	
	圆钢环	扁钢环	厚度	宽度						
8	50	70	4	25	45	1.47	240	360	500	1.85
10	70	90	5	30	55	2.45	320	480	640	2.75
12	90	120	6	35	65	3.43	420	630	840	3.85
16	130	150	8	40	80	5.83	540	810	1080	5.85
18	140	180	10	55	90	10.78	640	960	1296	7.95

这种链条的特点是：圆钢环起啮合传递牵引力作用，扁钢环上可以方便地连接工作构件，链条的宽度比较大，能得到较好的侧向稳定性，很适宜应用于输送机中，例如用于输送锯屑、碎木片等碎料的刮板输送机，也可用于输送较长物料的横向输送机和板材分类用的输送机中。

(2)片式关节链

片式关节链被广泛应用于链式输送机中，由若干链节通过销轴联接而成。链节主要有内链节、实心销轴外链节、空心销轴外链节、开口销式连接链节、螺栓式连接链节、实心销轴弯板链节、空心销轴弯板链节 7 种类型。弯板链节的使用，可使封闭链条由奇数个链节构成。按链条销轴处的结构，片式关节链可分为无套筒链、套筒链、小滚子链、大滚子链、带边滚子链等，如图 6-8 所示，主要规格尺寸和技术参数参照国家标准 GB/T 8350—2008《输送链、附件和链轮》。

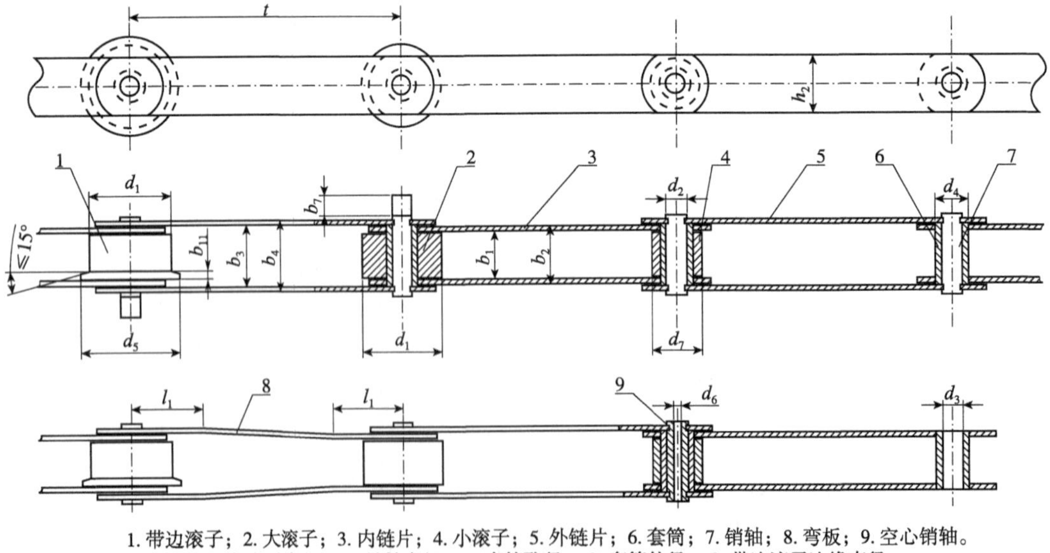

1. 带边滚子；2. 大滚子；3. 内链片；4. 小滚子；5. 外链片；6. 套筒；7. 销轴；8. 弯板；9. 空心销轴。
t. 节距；d_1. 大滚子直径；d_2. 销轴直径；d_3. 套筒孔径；d_4. 套筒外径；d_5. 带边滚子边缘直径；
d_6. 空心销轴内径；d_7. 小滚子直径；b_1. 内链节内宽；b_2. 内链节外宽；b_3. 外链节内宽；
b_4. 外链节外宽；b_7. 销轴止锁端加长量；b_{11}. 带边滚子边缘宽度。

图 6-8　片式关节链

（3）易拆链

易拆链是一种易于方便拆卸的链条，也称可拆链，具有便于迅速装拆、更换单个链环的优点，由制造方法不同有模压易拆链和模锻易拆链两种，如图 6-9、图 6-10 所示。

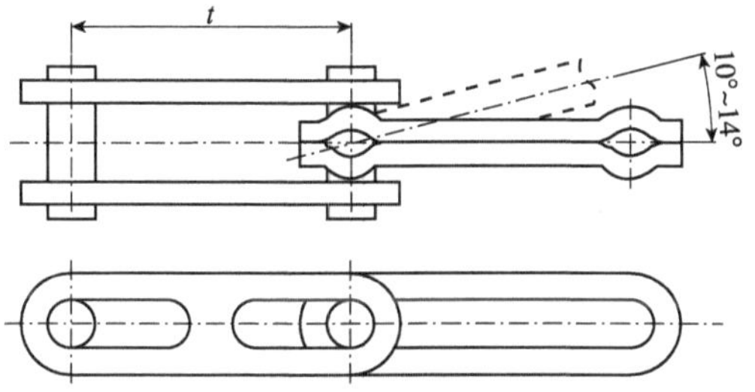

图 6-9　模压易拆链

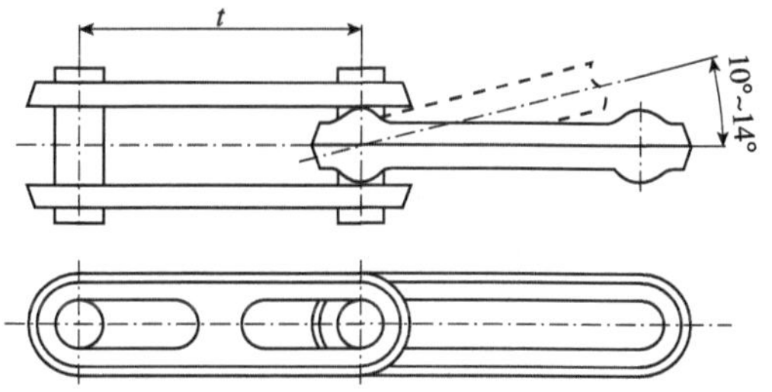

图 6-10　模锻易拆链

由于在易拆链的内链环与外链环之间有侧向间隙，以及由于链条关节支承表面单面接触，因而允许链环在链条挠曲的另一方向也能转动 10°~14°，易拆链的这种性能使它有可能在两个平面内具有挠性，从而允许这种链条构成空间线路，广泛应用于悬挂输送机、行车式输送机和刮板输送机以及其他各种类似用途的连续输送机械中。

（4）双铰接输送链

双铰接输送链如图 6-11 所示，主要有三种结构类型，分别为 A 型结构（双链板双走轮单导轮）、S 型结构（双链板双走轮双导轮）和 Q 型结构（轻型双链板双走轮双导轮）。

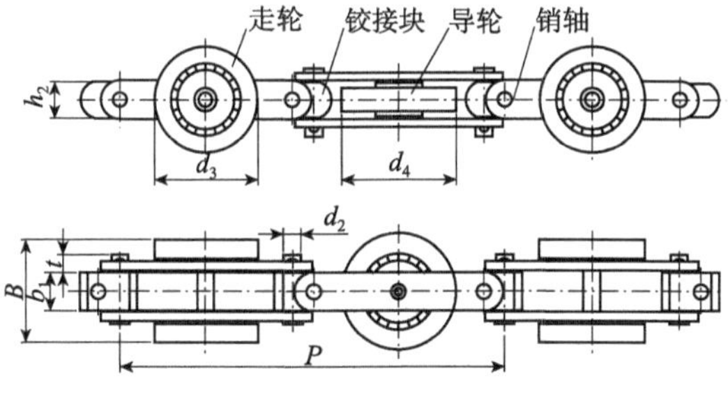

（a）A型结构

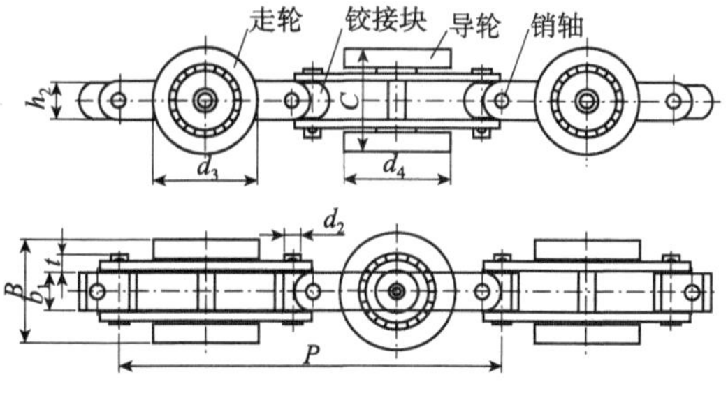

（b）S型结构

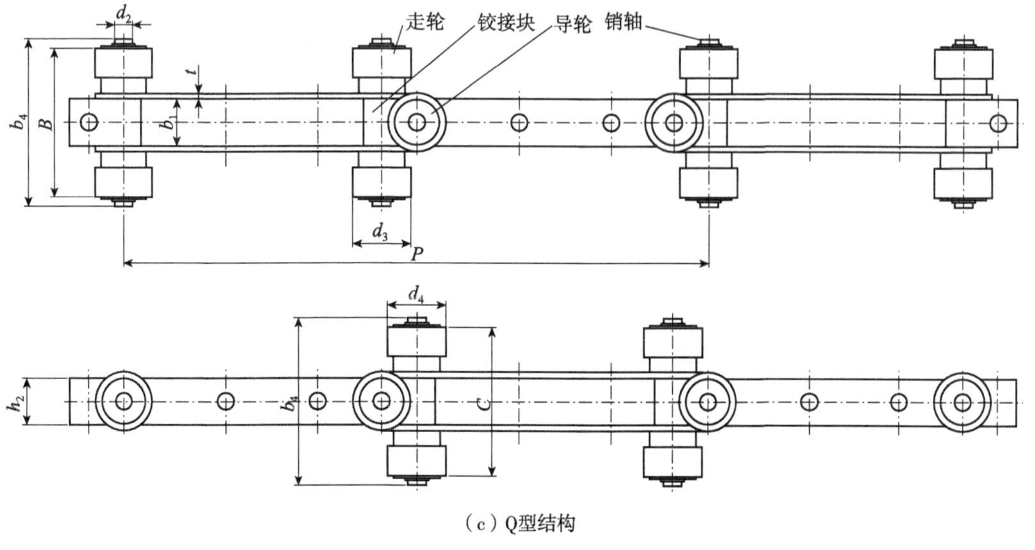

（c）Q型结构

图 6-11　双铰接输送链

以此链条作为牵引构件的悬挂输送机运行阻力小、噪声小、寿命长，常用于家具企业木制构件静电喷涂线。

6.2.2 牵引构件的承装零件

6.2.2.1 鼓轮

在带式输送机中，主动轮和导向轮都采用光滑的鼓轮。鼓轮通常用铸造的方式，但在运行式输送机中，为减轻机器重量，采用钢板焊制鼓轮。一般在主动鼓轮的中间，制造成略为突起，以防止传动皮带滑出鼓轮，起对中作用。图 6-12 为鼓轮的两种形式，右方是钢制焊接鼓轮，它安装在定轴的滚珠轴承上，左方是铸铁驱动鼓轮，固定在转轴上。

输送带的牵引力传递是靠输送带与鼓轮表面的摩擦来实现的。为了传递必要的牵引力，输送带与鼓轮间必须具有足够的摩擦力。

带式输送机驱动鼓轮传递牵引力的形式如图 6-13 所示，根据尤拉公式：

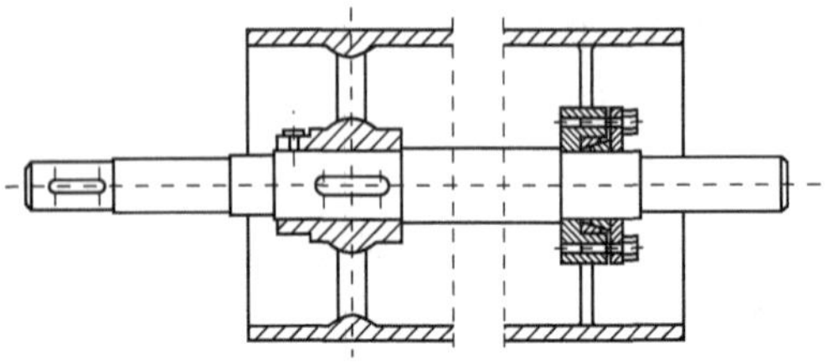

图 6-12 鼓轮

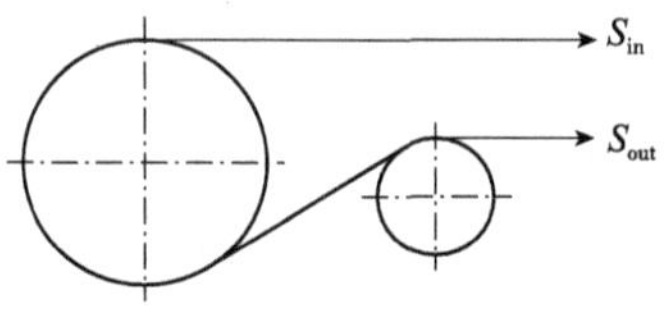

图 6-13 带的牵引力

$$S_{in}=S_{out}\cdot e^{\mu\alpha} \tag{6-1}$$

可得输送带的牵引力为：

$$P=S_{in}-S_{out}=S_{out}(e^{\mu\alpha}-1) \tag{6-2}$$

由式(6-2)可知，为确保足够的牵引力，可以增大绕出分支的张力S_{out}，摩擦系数μ或包角α。

增大输送带与鼓轮表面间摩擦系数，可在鼓轮表面镶覆皮质、橡胶或覆以木制轮缘。一般铸铁鼓轮与橡胶带的摩擦系数为 0.20~0.25，而木质套轮与橡胶带的摩擦系数可达 0.35~0.40，而且鼓轮的镶套是可以经常更换的。

通常采用增加辅助改向轮的方法增大输送带对鼓轮的包角，如图 6-13 所示。但增加包角的同时，也使输送带的弯曲次数增加，输送带包覆橡胶易疲劳而致剥层损坏，另外也使带式输送机的驱动装置复杂化。

输送机要有一定的生产率 Q，即要求有一定的速度 v，且知：

$$v=\frac{\pi Dn}{60} \tag{6-3}$$

式中：v——输送带的运行速度(m/s)；

D——鼓轮直径(m)；

n——鼓轮转速(r/min)。

从上式可知：当速度为常数时，直径 D 减小，则转速 n 就要提高，这会增加输送带的弯曲次数；反过来若降低转速 n，则直径 D 增大，而直径太大的鼓轮，无论在设计、制造还是操作上都不方便。

输送带绕过鼓轮时，所产生的弯曲应力与鼓轮的直径 D 对输送带厚度之比值有关系，而输送带厚度又是由输送带的芯垫层数来决定，因此带式输送机的鼓轮直径的确定决定于输送带的芯垫层数。通常取：主动鼓轮直径 $D=(125\sim130)i$；从动鼓轮直径 $D=(80\sim100)i$，其中：i 为输送带的芯垫层数；鼓轮的宽度一般比输送带宽度大 100mm 左右。

6.2.2.2　链轮

链轮通常有带齿的或无齿的两种，它的结构决定于链条的种类和用途。

等节距的片式关节链，每一个链环与一个轮齿相啮合；交变节距的片式关节链、圆环扁环链、圆环焊接链都是每隔一个链环与一个链轮轮齿相啮合。

牵引链的链环节距较长，如果链轮轮齿过多时，链轮的直径就很大，因此输送机的链轮通常齿数较少，一般取 5~10 个。链轮的损坏主要是轮齿的磨损，所以轮齿的表面应进行热处理，提高其硬度和耐磨性。

(1)链轮节圆直径

链轮应有正确的断面尺寸，使链轮轮齿与链环啮合时正常工作。链轮的尺寸最主要的是节圆直径，其他的尺寸都以此为依据。

链轮的节圆，即链条绕过链轮时，链环关节中心在链轮上所排列的圆。

链轮的节圆直径，是由链轮的齿数和链条的节距确定的，在计算时，这些条件是已知的。

无论是圆环焊接链、圆环扁环链或是片式关节链，在决定链轮的尺寸时，都可以按照交变节距的牵引链来讨论。如图 6-14 所示，弦 AB 和 BC 的长度为牵引链条的短节距 a 和长节距 b，设链轮齿数为 Z，据此可得链轮节圆直径 D 为：

$$D=\frac{1}{\sin\left(\frac{180°}{Z}\right)}\sqrt{a^2+b^2+2ab\cos\left(\frac{180°}{Z}\right)} \tag{6-4}$$

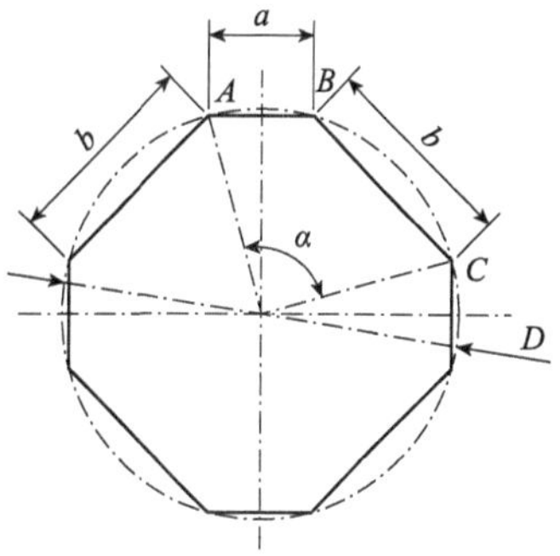

图 6-14　链轮节圆直径计算示意图

从式(6-4)可知，由链的节距和已知的齿数可得出链轮的节圆直径。

对于圆环焊接链，$a=t+d$，$b=t-d$，代入式(6-4)后简化得出：

$$D=\sqrt{\left(\frac{t}{\sin\left(\frac{90°}{Z}\right)}\right)^2+\left(\frac{d}{\cos\left(\frac{90°}{Z}\right)}\right)^2} \tag{6-5}$$

当牵引链为等节距链条时，$a=b=t$，链轮齿数应为交变节距链条的链轮齿数的 2 倍，即$Z_1=2Z$，将这些关系代入式(6-4)中，可得：

$$D=\frac{t}{\sin\left(\frac{180°}{Z_1}\right)} \tag{6-6}$$

(2)链轮结构

①圆环焊接链的链轮。作为输送机牵引用的圆环焊接链的链轮可用无齿(承窝)的链轮，如图 6-15 所示。这种链轮较适用于短节距圆环焊接链用，或用于传递较小牵引

力的输送机的主动链轮和从动链轮。另外也用于大功率的纵向链式原木输送机的从动轮；各种横向链式原木提升机的主动轮和从动轮；各种横向链式板方材输送机的主动轮和从动轮。

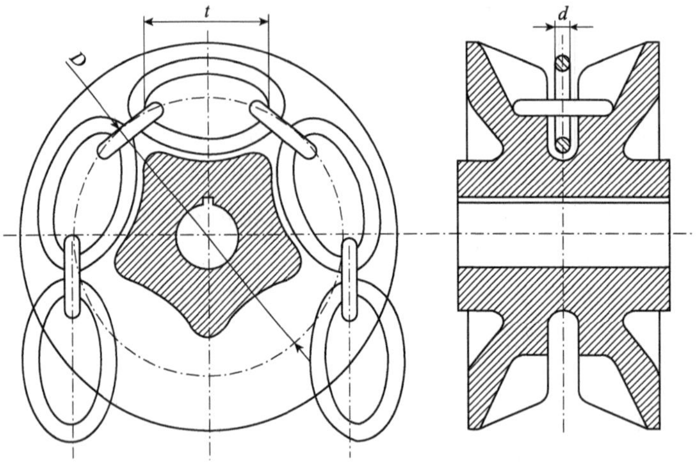

图 6-15 圆环焊接链的承窝链轮

对于纵向链式原木输送机的主动轮，为了更好地传递大功率，常采用带齿的链轮。如图 6-16 所示。

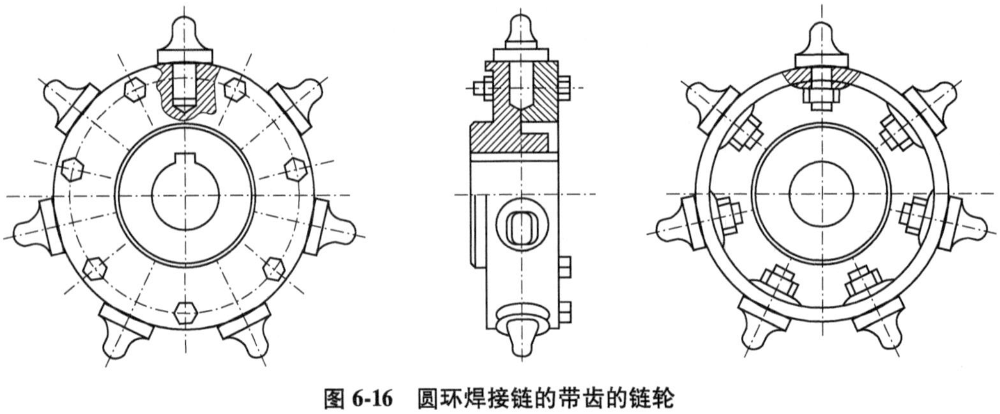

图 6-16 圆环焊接链的带齿的链轮

②圆环扁环链的链轮。圆环扁环链的链轮如图 6-17 所示，通常齿数采用 5~6 个。

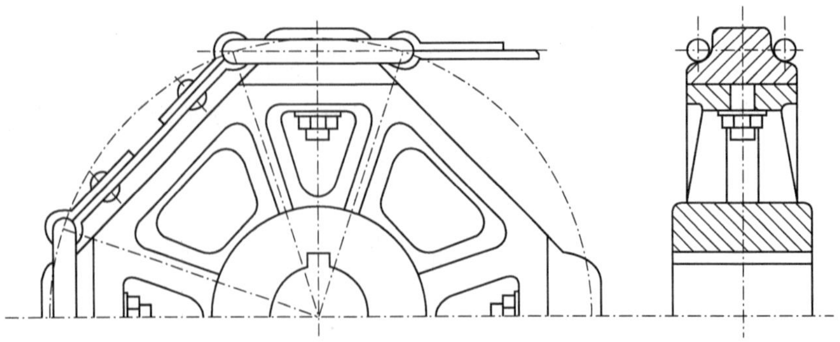

图 6-17 圆环扁环链的链轮

③片式关节链的链轮。片式关节链的链轮结构如图 6-18 所示，具体结构参数参照国家标准 GB/T 8350—2008《输送链、附件和链轮》，计算方法查阅机械设计手册。

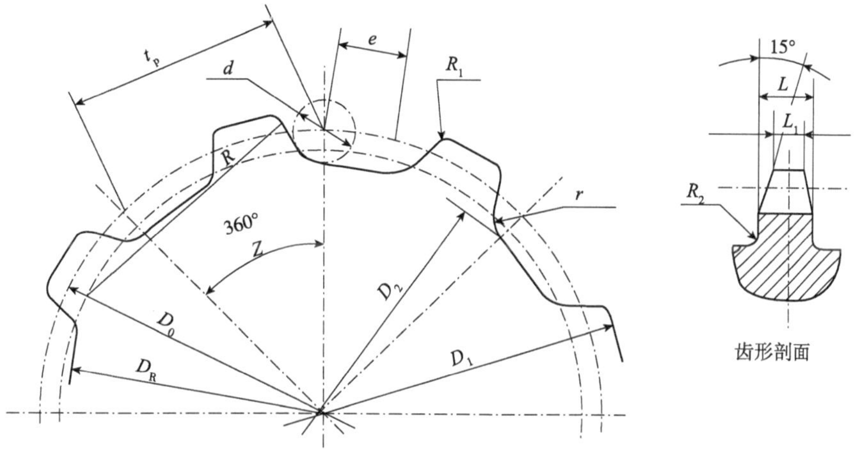

图 6-18　片式关节链的链轮

④模压可拆链的链轮。模压可拆链的链轮结构如图 6-19 所示。

6.2.3　牵引构件的支承装置

一般地，连续输送机械的输送距离都较长，为了防止牵引构件在货物和自重的作用下产生很大的下垂度，以及能使牵引构件沿着预定的方向平稳地运行，需用支承装置，支承牵引构件和被运物。

当输送距离短、工作速度低、被运物重量不大的情况下，也可以考虑不设支承装置。

支承装置一般可以分为滑动式支承装置、运行滚轮式支承装置、运行式支承滚柱、固定式支承滚柱四种。

(1)滑动式支承装置

有些输送机的牵引构件是直接在导轨上滑动，这时导轨一方面起导向作用，另一方面起了支承作用。例如锯材分等时常用的横向链式输送机，其链条就在导轨上滑行，这样的导轨可以是槽钢或由二条角钢组成。又如带式输送机的输送带，有时也沿着平滑的支承平板上滑动。

通常所用的滑动支承为滑块，它联结在牵引构件上，由牵引构件拉着沿导轨滑行。例如纵向链式原木输送机中的支承横档(图 6-20)和刮板输送机中的刮板等。

(2)运行滚轮式支承装置

运行滚轮式支承装置由运行于导轨上的滚轮支承牵引链条、工作构件和被运物的重量组成。滚轮轴一般与工作构件固接在一起，工作时牵引链条拖拽工作构件，带动滚轮在导轨上滚动运行，如图 6-21(a)、(b)所示。

运行滚轮增加了输送机运行部分的重量，而且必须经常地注意维护和润滑。其较明显的优点是减少了运行阻力，特别是在输送机较长时，表现更为突出。

运行滚轮的尺寸不宜太大，但也不可太小，否则将使滚轮转速增加，加快滚轮与滚轮轴的磨损。滚轮直径一般为 100～140mm，常为铸造，滚轮轴颈最好用滚动轴承，而且轴承须经常地进行润滑，维护不良滚轮会很快磨损。轮轴的直径与运行滚轮的直径之比通常为 1/4~1/3。

对带边缘滚子链、大滚子链等[图 6-21(c)、(d)]，只要将滚子支承于轨道，即为运行滚轮式的支承装置，常用于人造板生产线的链式输送机中。

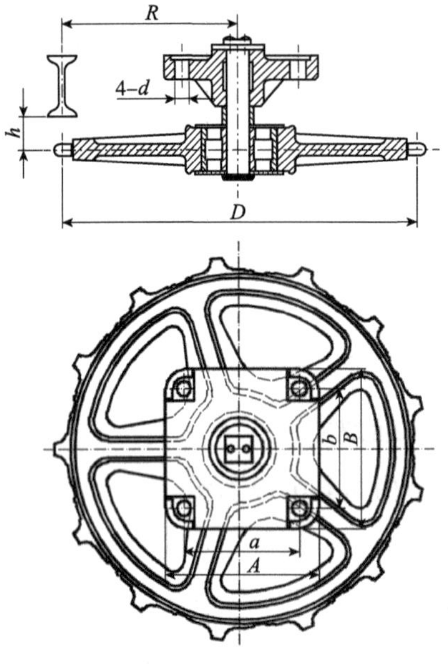

图 6-19　模压可拆链的链轮

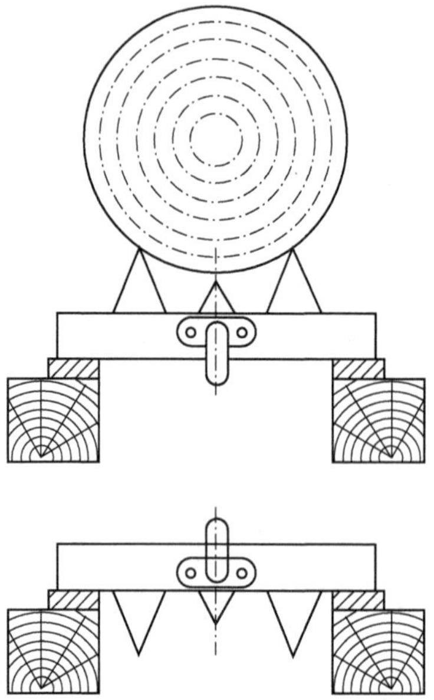

图 6-20　滑动式支承装置

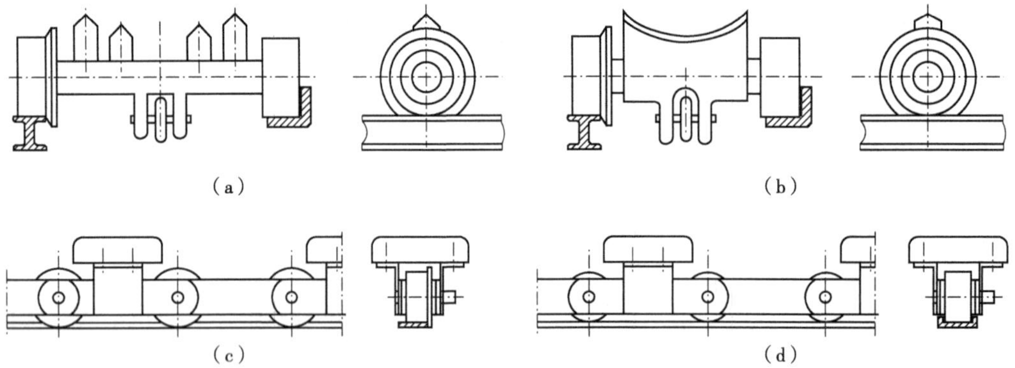

图 6-21　运行滚轮式支承装置

(3)运行式支承滚柱

运行式支承滚柱与运行滚轮式支承装置的区别在于：运行式支承滚柱除了是一种运行式支承机构外，还是一种特殊形式的工作构件，即货物是直接压在运行滚柱上，滚柱长度取决于所输送的物品尺寸，它的直径为 120~140mm，如图 6-22 所示。

采用运行式支承滚柱的输送机，被运物比较平稳，输送速度快，若物品不在滚柱上滑动，则物品的运动速度将为牵引构件速度的一倍，其缺点是结构复杂、比较笨重，不宜在长距离和有坡度场合使用。

(4)固定式支承滚柱

固定式支承滚柱常用作带式输送机的支承装置或滚柱输送机，平型支承滚柱偶尔用于不带工作构件的横向链式输送机的回空边。

在带式输送机中，这些支承滚柱常称为托辊。对带式输送机来说，托辊的数量较多，托辊的质量好坏、安装精度直接影响输送机的运行，而且托辊的维修费用也是带式输送机维修费用的主要组成部分。对托辊的基本要求是：经久耐用，转动阻力小，表面光滑，径向跳动小，密封装置必须可靠，轴承能得到很好地润滑，自重小，尺寸紧凑等。

托辊有钢托辊、塑料托辊等，其中钢托辊多用无缝钢管制成；按其结构型式不同，托辊可分为平形托辊（图 6-23）和槽形托辊（图 6-24）；托辊按用途不同可分为一般托辊和特种托辊，其中特种托辊包括缓冲托辊和调心托辊等。

最为常见的带式输送机采用平形托辊，可用于输送成件物品或散碎物料。输送成件物品的上托辊和所有带式输送机的下托辊均采用平形托辊，如图 6-23 所示。托辊的直径与带宽、物料堆积重度和带速有关，随着这些参数的增大而相应增大。

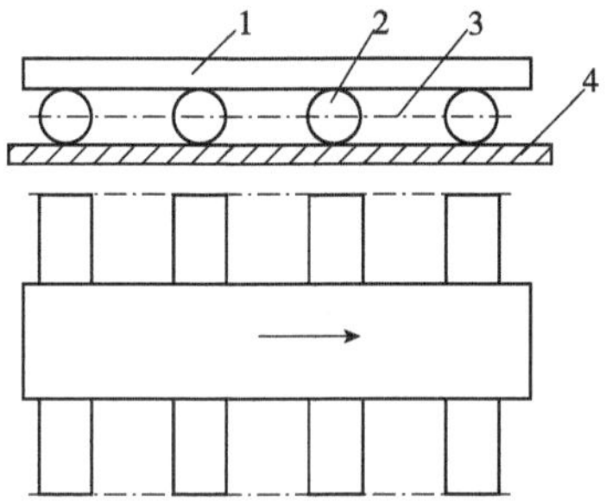

1. 货物；2. 运行滚柱；3. 牵引构件；4. 导轨。

图 6-22　运行式支承滚柱

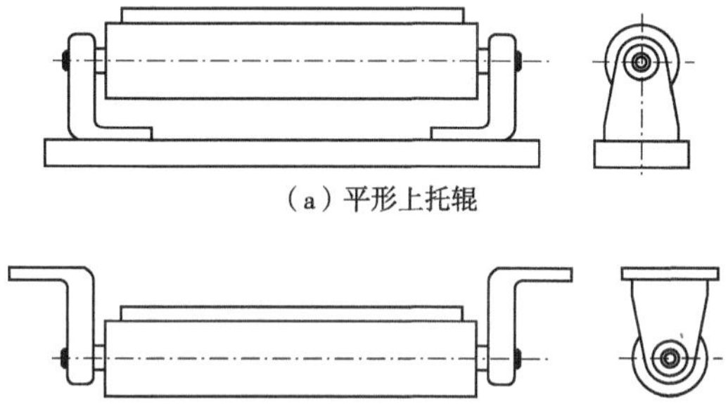

（a）平形上托辊

（b）平形下托辊

图 6-23　平形托辊

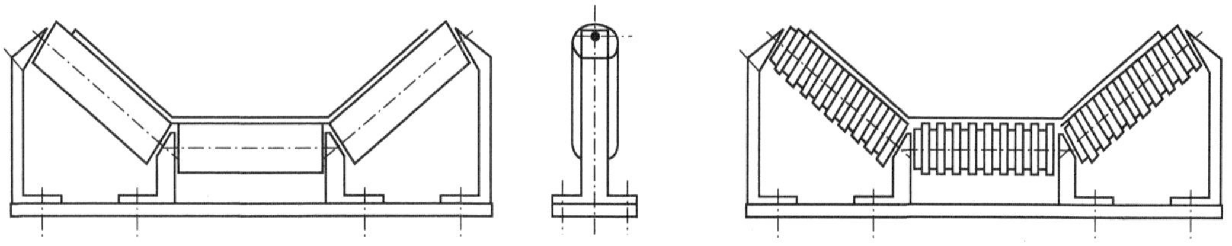

（a）槽形托辊

（b）缓冲槽形托辊

图 6-24　槽形托辊

为了提高木片、刨花等散碎物料输送生产率，上托辊可采用槽形托辊，使输送带上物料的横断面积增大，如图 6-24（a）所示，槽角 α 一般取 20°、30°、35°、45°。槽角由 20°增大到 30°，则在同样宽度时，可使物料横断面积增大 20%，输送量提高 13%。

带式输送机的装载处，由于物料不可避免地会对托辊产生冲击，易引起托辊轴承和输送带的损坏，因而常采用缓冲托辊，如图 6-24（b）所示。缓冲托辊是在托辊表面包一层较厚的橡胶圈，减缓装载处物料对托辊和输送带冲击力。

为了防止和克服工作边为槽形托辊的输送带跑偏，工作边每隔 10 组槽形托辊，可设置一组槽形调心托辊，如图 6-25（a）、（b）所示。回空边每隔 6～10 组平行托辊，设置一组平形调心托辊，如图 6-25（c）所示。输送距离较大的平形带式输送机，也常用设置平形调心托辊预防输送带跑偏。

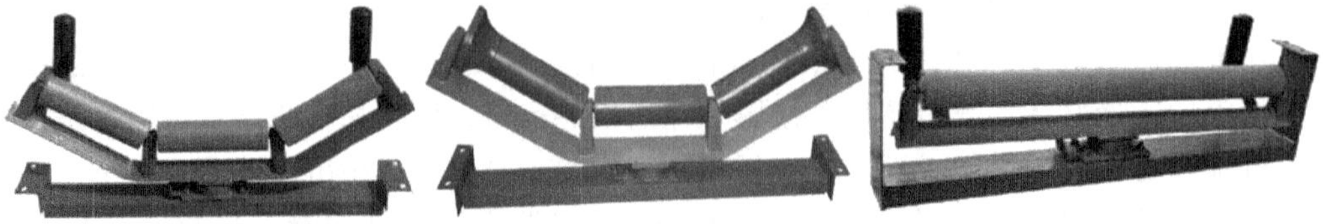

（a）槽形调心托辊　（b）槽形调心托辊　（c）平形调心托辊

图 6-25　调心托辊

6.2.4　连续输送机的安装张力与张紧装置

6.2.4.1　安装张力的作用

在各种具有挠性牵引构件的连续输送机中，必须设有张紧装置。张紧装置的作用是使牵引构件获得必要的初张力，即为牵引构件的预张力，也称安装张力，以保证输送机正常工作，当连续输送机工作时，其牵引构件上各点的张力均与此安装张力有关。

安装张力的作用有：防止牵引构件过分的下垂；使连接在牵引构件上的工作构件有足够的工作稳定性；保证驱动装置的正常工作，如输送带与鼓轮间需有足够的摩擦力；使链条比较均匀地运行，不发生过大的跳动等。

由于输送机工作时，其挠性牵引构件上各点的张力与安装张力有关，因此安装张力的大小，应根据输送机的工作情况，为保证达到上述目的而确定出最低限度的安装张力。因为过大的安装张力，将增大牵引构件的总运行阻力和牵引构件所承受的最大张力，导致在选用牵引构件时，须加大牵引构件的几何尺寸，同时将增加运行阻力功率消耗。

挠性牵引构件的安装张力可通过张紧装置来调节，在满足一定的工作条件下，不宜使安装张力过大。

6.2.4.2　张紧装置

挠性牵引构件的安装张力（初张力），并非是在安装时一次性张紧就能解决的，因输送机的牵引构件在工作时，牵引构件张力将不断地发生变化。如输送带、钢丝绳的伸长、链环关节的磨损等，必须根据运行情况随时调节，以保证输送机正常工作。

一般当横向链式输送机长度较小、被运物较轻时，可利用悬垂在空载边的牵引构件重量来实现自动张紧；如果输送机较长，则需设一定形式的张紧装置。

布置张紧装置时，应考虑以下两点：

①张紧装置应尽可能布置在牵引构件张力最小处，对长度在 300m 以上的水平或坡度在 5%以下的倾斜输送机，张紧装置应设在紧靠驱动轮的无载分支上；对距离较短的输送机和坡度在 5%以上的上行输送机，张紧装置多布置在输送机尾部，并以尾部的改向轮作为张紧轮。

②应使牵引构件在张紧轮的绕入和绕出分支的方向与张紧轮的位移线平行，而且施加张紧力要通过张紧轮的中心。

（1）螺杆式张紧装置

螺杆式张紧装置利用人力拧动螺杆进行张紧。如图 6-26（a）所示为受拉螺杆的张紧装置；如图 6-26（b）所示为受压螺杆的张紧装置。由于输送机牵引构件的张力在工作过程中并不是保持恒定，而是不断地变化，因此必须定期查看和不断调整。螺杆式张紧装置不能自动调节张力或调整张紧轮的位移行程来适应牵引构件的张力变化，但其结构简单紧凑，对污染不敏感，工作可靠，适用于湿度和温度变化不大的工作环境条件下的轻型和短距离(小于50m)的输送机。由于链条在工作时会产生动载荷而引起链条的振动，因此对高速运行的短距离链式输送机可以采用这种结构型式的张紧装置。

为了及时适应张力变化，可以采用弹簧螺杆式张紧装置，如图6-26(c)所示。由于弹簧的弹性，它比刚性的螺杆式张紧装置较能适应牵引构件的张力变化。

(2)坠重式张紧装置

坠重式张紧装置，如图6-26(d)~(f)所示。能够自动地保持恒定的张力，自动补偿由于温度改变、磨损而产生的牵引构件长度的变化，但结构比较庞大，需要张紧重锤安装空间。对于长距离的带式输送机、悬挂输送机等，一般考虑使用坠重式张紧装置。

坠重式张紧装置可以采用垂直安装和水平安装两种形式。

水平安装的小车坠重式张紧装置(也称小车式张紧装置)中，张紧鼓轮安装于可运动的张紧小车上。该张紧小车通过钢丝绳与张紧重锤相连，钢丝绳应与输送机分支在同一方向内，见图6-26(d)(f)。

在带式输送机中，采用垂直安装的鼓轮坠重式张紧装置[图6-26(f)]的先决条件是在输送机下面有足够的空间，能足以置放悬垂的张紧鼓轮及张紧重锤，并允许有预设的张紧行程所需高度。在这种结构中，改向鼓轮是固定的。

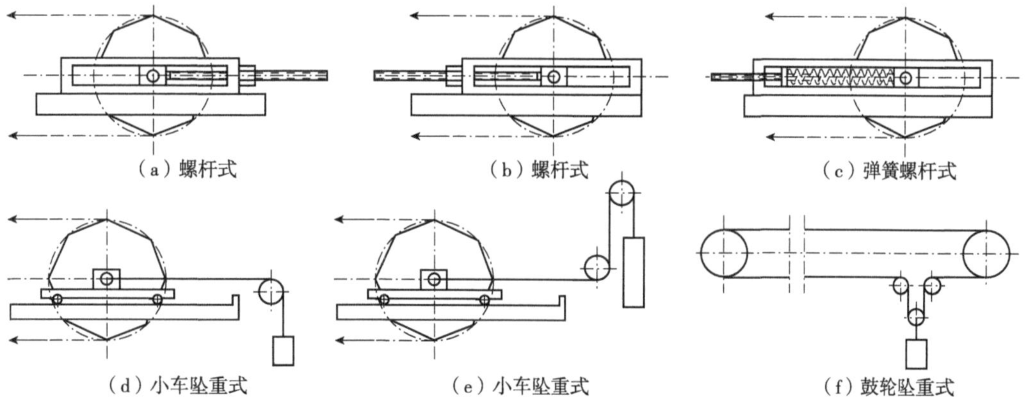

图6-26　张紧装置简图

张紧装置的行程，应根据输送机的长度、轮廓以及牵引构件的型式确定。织物芯衬垫的橡胶输送带的张紧行程为机长的1.5%~2.0%；钢丝绳芯橡胶带的张紧行程约为机长的0.5%。对于链式输送机，由于链条的伸长量较小，所以张紧行程一般应该较一对链环的长度大50~100mm，以便在磨损较大时，能够去掉链条的一节链环。

6.2.5　连续输送机的驱动装置

驱动装置一般包括原动机、传动机构、驱动鼓轮或链轮等主要部件，其作用是带动具有挠性牵引构件的输送机的牵引构件和工作构件，或者是驱动无牵引构件输送机的工作构件。

按照传递牵引力的方法，驱动装置可分为两种，通过摩擦传递牵引力的摩擦驱动；

通过啮合传递牵引力的啮合驱动。摩擦驱动应用于驱动带式输送机的输送带或绳式输送机的钢丝绳，啮合驱动应用于驱动链式输送机的链条。

由于输送机的工作性质，工作速度一般较低，因而驱动装置的传动比较大。传动比越大，驱动装置的结构就越复杂，因此在保证工作要求的前提下，应尽可能地降低传动比。

降低传动比，可选用低转速电机，而电机转速有一定的范围，特殊的低速电机成本较高；也可以用减小驱动轮的直径，但驱动轮直径过小，受牵引构件挠性的限制，增加牵引构件的刚性阻力，易使牵引构件损坏，缩短牵引构件使用寿命，而且当链轮尺寸减小时，会使链条动载荷增加。因而，宜采用具有大传动比的摆线针轮减速器、行星齿轮减速器，它们运转平稳、无噪声、效率高、体积小、重量轻。特别是带式输送机，驱动鼓轮直径、长度均较大，可将电机、减速器装在鼓轮内，使驱动鼓轮结构更紧凑，如图 6-27 所示的油冷式电动滚筒或油浸电动滚筒。

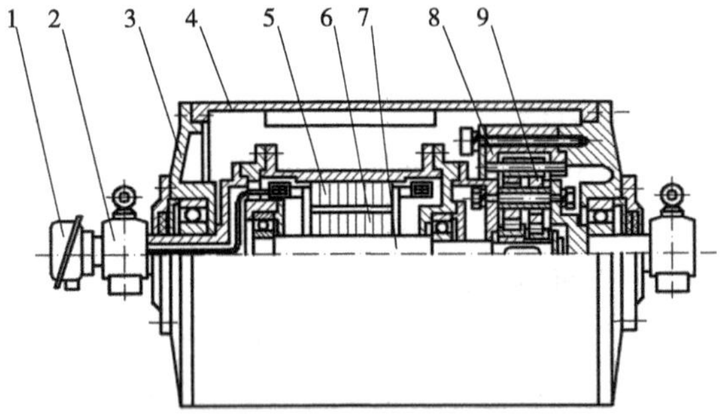

1. 接线盒；2. 轴承座；3. 端盖；4. 滚筒外壳；5. 电机定子；6. 电机转子；7. 轴；8. 针轮；9. 摆线轮。

图 6-27 油冷式电动滚筒结构

6.2.6 带式输送机

带式输送机是以输送带作为牵引构件的连续输送机，通常输送带也是承装被运物的工作构件。由于输送带可以有很大的宽度，它既能输送大件的、成捆成包的物料，也能输送各种散粒状、小块小件的物料，因此有很大的通用性。在木材工业中用于输送锯屑、刨花、工艺木片、碎单板等散碎物料，也用于运送板材、方材、板皮、人造板、木制品等。

除了作为输送工具外，在木材工业，特别是人造板生产中，带式输送机作为工艺性的传送设备应用也是很普遍的。如刨花板的铺装机，是将刨花铺在带式输送机上铺装成型的；胶合板的网带式单板干燥机，是将单板放在金属网带的输送机上进行干燥的；连续人造板热压机，是以钢带为输送带的带式输送机，在输送的过程中给输送的板坯传递热量、施加压力使板坯压缩胶合成型；纸板生产线的长网成型机，实际上也是以铜网或尼龙丝网带作为输送带，再加上一些其他辅助机构所组成等。这样的一些工艺性设备，有的主要是一台或一组带式输送机，只是附加了一些特殊的工艺要求，有的是将带式输送机作为工艺设备的一个重要组成部分。

带式输送机的一般结构形式和组成部分如图 6-28 所示。带式输送机可以水平输送也可以倾斜输送，并可在同一台输送机中既有水平输送的区段，也有倾斜输送的区段，常见的布置形式如图 6-29 所示。

倾斜输送时，允许的倾角取决于物料的堆积角(或称自然坡角)、物料与带的摩擦系数、带的运动速度等因素。当输送木材等成件物品时，最大倾角一般为 18°左右，当输送锯屑、刨花等散碎木料时，最大倾角为 25°~27°，当输送其他物料时允许倾角可参考有关资料或手册选取。

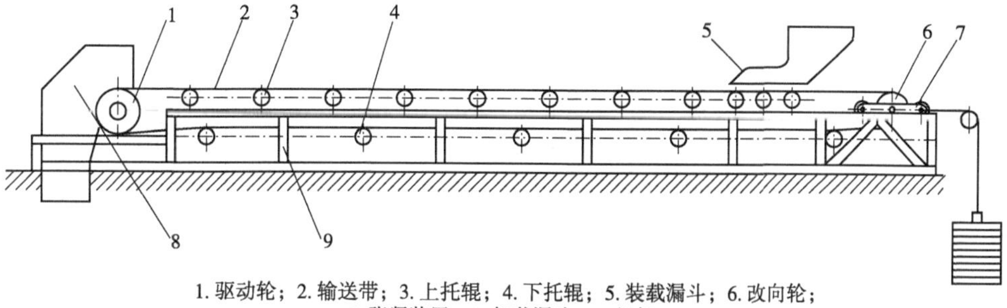

1. 驱动轮；2. 输送带；3. 上托辊；4. 下托辊；5. 装载漏斗；6. 改向轮；
7. 张紧装置；8. 卸载漏斗；9. 机架。

图 6-28 带式输送机结构简图

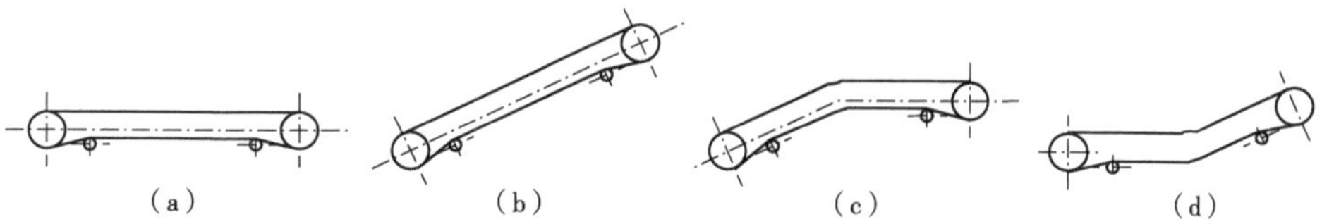

图 6-29 带式输送机的布置形式

当输送的距离较长时，由于带的强度有一定的限制，可由几台输送机连接使用。用这样的办法使带式输送机的输送距离延长，甚至可达数公里。木材工业企业车间中，带式输送机常采用固定式的。在仓储、码头、港口等场合，常采用运行式的，即将机架装在运行机构上，以便随时移动位置。

6.2.6.1 输送带

在木材工业企业车间，作为一般的输送机械时，通常只用表面光滑的橡胶输送带。为提高输送机的倾角，可用表面带有凸起花纹或凸块的橡胶输送带。当要求有较高的抗拉强度时，可用强力型的，高强度合成织物衬垫芯层的或钢丝绳芯的橡胶输送带。橡胶输送带一般可在-30~40℃时使用，温度过低或过高时，易脆化或软化。特制耐寒型的可在-50~-30℃时使用，耐热型的可输送高达 120℃的物料。

输送物料时要求平稳，输送过程中有进行加压、加热等工艺要求时可用钢带。输送过程中有透水、透气等要求时可用金属丝或其他材料编织的网状输送带。总之，输送带的选择应根据所运物料的性质和工艺要求，使其实用而又经济。

6.2.6.2 支承装置

输送带除承装于驱动鼓轮和导向鼓轮上外，中间还必须有支承机构，确保输送带在自重或被运物作用下不会过分下垂。输送带的支承机构通常都用转动灵活的托辊(固定式支承滚柱，图 6-23、图 6-24)，以减小输送带的运行阻力。当所运物品要求运行平稳、在运行过程中不产生波动时，也可用平滑的支承导板作为支承装置。

当输送成件物品时，常用圆柱形平形托辊。输送散粒状物料时，为了增大输送带的装载量和防止物料从两边散落，常用槽形托辊。输送机的回空边都用平形托辊。

槽形托辊是由 2~5 节圆柱形的托辊组合而成的，节数的多少取决于带的宽度，通常多用三节式的(图 6-24)。当输送带的宽度小于 500mm 时可用二节式的，带宽超过 800mm 时可用五节式的。托辊一般用钢管制造，在中心轴上装滚珠轴承。

输送机中每组托辊之间的间隔距离，当输送成件物品时，应使物品在任意时刻至少支承在两组托辊上。当输送散碎物料时，应使输送带的下垂度不致影响物料的输送和增大运行阻力。托辊间的距离与物料的性质、带的宽度和带的张力有关。可根据按最大允许下垂度计算安装张力的方法，合理地确定托辊间的距离。为了减小带的安装张力，当被运物的比重较大、输送带较宽时，应减小托辊间的距离。在实际应用中，通常可根据带的宽度，按式(6-7)的经验公式粗略的计算托辊间的距离。

$$L=\frac{1}{\sqrt{B}} \tag{6-7}$$

式中：L——托辊间的距离(m)；

B——输送带的宽度(m)。

更简单的选择是，当带宽不超过500mm时，托辊间距离可取为1200~1500mm；当带宽超过500mm时，可取为1000mm；对于带的回空边，托辊间的距离可比工作边大一倍以上，即可取为2500~3000mm。

带式输送机在安装时，应使托辊的轴线和输送带的中心线互相垂直(即托辊的轴线与鼓轮的轴线平行)，托辊之间的轴线要互相平行，否则将易致使输送机在运行过程中发生输送带跑偏。所谓跑偏是指带式输送机的输送带中心线偏离输送机理论中心线的现象。

带式输送机在安装调试和使用过程中，最常遇到的问题就是输送带的跑偏。输送带跑偏将影响输送机的使用和输送带的损坏。输送带跑偏的原因很多，除上述原因外，如：主动轮和导向轮的轴线不平行，输送带的接头处两端不平行，工作时受到横向载荷或偏心载荷等。因此，带式输送机在安装试运转中，如发现跑偏，应立即检查原因，进行调整，以消除跑偏现象。但这并不能保证使用中不再跑偏，在运行中纠正输送带跑偏的常用方法是调节张紧轮的位置，也可以设置如图6-25所示的调心托辊，便能自动调整带的跑偏。调心托辊在输送机中设置的数量主要取决于输送机的长度，一般为每隔10组托辊设置一个调心托辊。这种无动力的自动调心托辊是用于一般仅作为输送装置的、对带的跑偏量控制要求不高的，这是最简单的、有效的调偏方法。但对于用作工艺性传送的带式传送装置，如人造板的铺装机，对带的跑偏量有较严格的要求，对托辊左右转动应附加专设的小型动力装置，由限位的信号装置来自动控制托辊的左右偏转，以便能在规定的跑偏量的范围内自动调整带的跑偏。

6.2.6.3 带式输送机的装载与卸载

(1)装载

带式输送机装载成件物品，通常是由工艺性设备或装载装置来给料或是人工装载。输送机本身没有专设的装载机构。装载处由于受物料的冲击，输送带和支承机构都易于损坏，因此当装载有较大冲击时，应在装载处加强支撑机构。如：在装载处增加托辊，或用缓冲托辊，或用带弹簧支承的滑动导板等。

散粒状物料向带式输送机装载时，一般可以设一个装载漏斗，如图6-30所示。有的漏斗只起限位作用，使装到输送带上的物料有正确的位置，以避免载荷偏心或物料散落到输送带外。当输送粒度大、密度大、还有尖锐棱角的物料时，为使物料不直接冲击、刮损输送带，漏斗应设倾斜的底板，使物料由底板滑落到输送带上。当输送大块和细粒混合的沉重物料时，漏斗可采用带筛孔的底板，使细粒物料先通过筛孔落到输送带上，形成缓冲层。

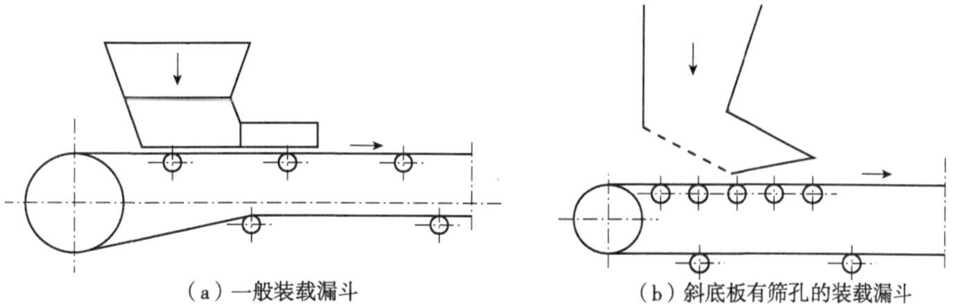

图 6-30　散粒物料装载漏斗

当物料通过容量较大的料斗或贮存的料仓向输送机供料时，不应由料仓直接落料，必须通过一个给料器来供料。可以避免输送机直接承受料仓中物料的压力，同时可有效地控制给料量。给料器可以是螺旋式的、振荡槽式的，或叶轮式旋转供料器等。

(2)卸载

带式输送机通常是从一端装载物料，到另一端卸下。但也有很多情况需在中间卸载物料的，或沿输送机的长度在几个地方卸载。

带式输送机若输送成件物品到端头卸载，一般不需要专设卸载装置，可直接抛落或进入别的转运装置。若输送散粒状物料直接抛落易于散洒时，可设置卸载漏斗，使物料正确地落入指定位置。

当平型带式输送机须在中间卸载时，可采用卸载挡板，即在卸载处设置倾斜的挡板，物料被挡板所阻，沿挡板向输送带的一侧横向滑下。挡板的倾斜方向决定物料向哪一侧卸载。挡板可设在固定位置，也可做成移动式的，可改变卸载位置。当物料需继续向前输送，中间暂不卸载时，可将挡板抬起。挡板也可做成犁形，使散粒状物料同时向输送带的两侧卸载。挡板结构简单，其缺点是阻力较大，有物料对输送带的相对摩擦，使带易损坏，并使输送带受到横向阻力，易致使输送带跑偏。

设置挡板时应分析物料沿挡板滑落的正常工作条件，这主要取决于挡板对输送带纵轴的适当斜度。分析物料在挡板上的受力情况，如图 6-31 所示。设有重量为 G 的物品，随着输送带的前进沿挡板滑动。设输送带的速度为 v，物品沿挡板滑动的速度为 v_2，物品应有对输送带的相对速度 v_1，物品与挡板间的滑动摩擦系数 μ_1，物品与输送带间的滑动摩擦系数 μ_2，这时作用在物品上的力：

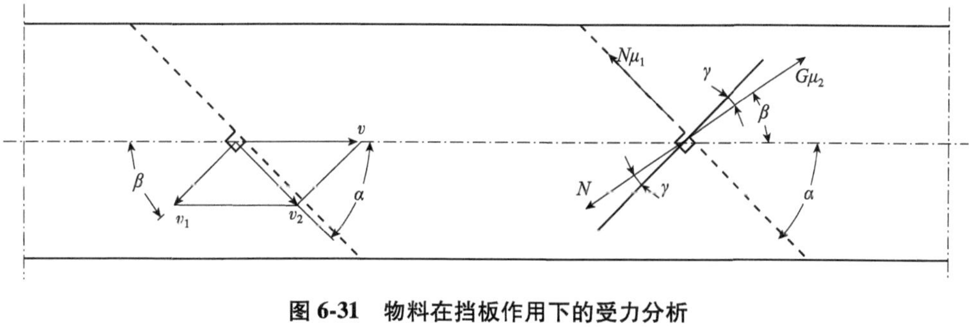

图 6-31　物料在挡板作用下的受力分析

①物品与输送带的滑动摩擦阻力 $G\mu_2$，方向与相对速度 v_1 相反；

②因物品的正压力而发生的挡板对物品的反作用力 N；

③物品与挡板的滑动摩擦阻力 $N\mu_1$，方向与 v_2 相反。

当这些力平衡时，物品以等速度v_2沿挡板滑动。以挡板的位置作纵坐标，可列出力的平衡方程：

$$N\mu_1 - G\mu_2\sin\gamma = 0 \text{ 或 } N\mu_1 = G\mu_2\sin\gamma \tag{6-8}$$

$$N - G\mu_2\cos\gamma = 0 \text{ 或 } N = G\mu_2\cos\gamma \tag{6-9}$$

两式相除得

$$\mu_1 = \tan\gamma \tag{6-10}$$

式中：γ——物品对挡板的摩擦角。

由图可知，$\alpha+\beta+\gamma=90°$，其中β显然不应当为零，如果$\beta=0°$，则表示物品没有横向移动。因此必须为$\beta>0°$，则可知挡板对输送带纵轴所成的夹角α应是

$$\alpha<90°-\gamma \tag{6-11}$$

式(6-11)决定了物品可能沿挡板横向滑出的条件，由此可知α角只决定于γ的大小，亦即根据μ_1来决定，μ_1是物品与挡板的滑动摩擦系数。

应当指出，由式(6-11)所决定的α值，是使物品可能沿挡板滑动的最大值。当然，α角越小物料沿挡板滑动阻力也越小，但斜度增大则挡板增长，结构就笨重，所占位置也增大，应适当选取。通常$\mu_1=0.4\sim0.5$，取$\alpha=40°$左右。

用卸载挡板对输送机的运行将产生附加的功率损失，虽可根据阻力进行计算，但当输送散粒状物料时，有物料的起堆和物料颗粒之间的相互摩擦，输送成件物品时，随卸载时长度的变化而阻力随之变化等因素，使精确的理论计算复杂化，为简化计算可用以下的经验公式：

$$N=C\cdot Q\cdot B(\text{kW}) \tag{6-12}$$

式中：B——输送带的宽度(m)；

Q——物品的重量(kg)；

C——经验系数，取0.01。

其中物品的重量Q，当为成件物品时，若物品长度不超过1m，可用一件物品的平均重量计算；若物品较长或为散粒状物料时，可按1m长度的重量计算。

(3)输送带的清扫装置

一些微细的粉末状物料或是带有一定黏性的散粒状物料，常常不易从输送带上卸干净，黏附在输送带表面。当输送带从工作边转到回空边时，输送带的工作表面与下托辊相接触，黏附在输送带上的物料就压紧在输送带表面上，有的可能会黏附到下托辊上，越积越厚，使输送带和下托辊表面形成不规则的凸块。输送带局部受挤压易于损坏，同时由于凸块使托辊表面局部增厚，易于使带跑偏。输送带的非工作面(内表面)在正常的情况下应该没有物料或杂物，但有时由于工作条件或偶然的撒落，使物料或杂物落入输送带的内圈。随着输送带的运行，这些物料将被带到输送机的后端，并可能被转入输送带与鼓轮的表面之间，使输送带受到很强的局部挤压，或使输送带跑偏。为了使输送机正常工作和保护输送带，应在输送机上设清扫装置。输送带工作表面的清扫装置通常设在主动鼓轮的下方，使没有卸干净的物料能及时被清扫。清扫装置常用的形式有转动毛刷、刮板。

转动毛刷如图6-32(a)所示，带毛的圆柱形刷子借助于附加在主动鼓轮轴上的链轮驱动。刷子的旋转方向和主动鼓轮相同，将被清扫的物料向前抛出。刷子的转动速度可根据所运物料的性质来决定，较干燥的物料刷子转速可较低，较潮湿或有一定黏性的物料刷子转速应较高。毛刷的直径一般为200mm左右，表面的切线速度一般为3~6m/s。

这种清扫装置的缺点是毛刷容易损坏，对于带黏性的物料容易使刷毛粘结在一起，影响清扫效果。

刮板式清扫装置如图 6-32(b)所示，结构简单，用平直的刮板在主动鼓轮的下前方刮除附着于带上的物料。为了避免硬性的刮板损坏输送带，常在刮板前端与输送带接触处加一条橡胶板。输送带内侧的清扫器，常用向两侧卸料的犁形刮板，设在靠近从动鼓轮处。

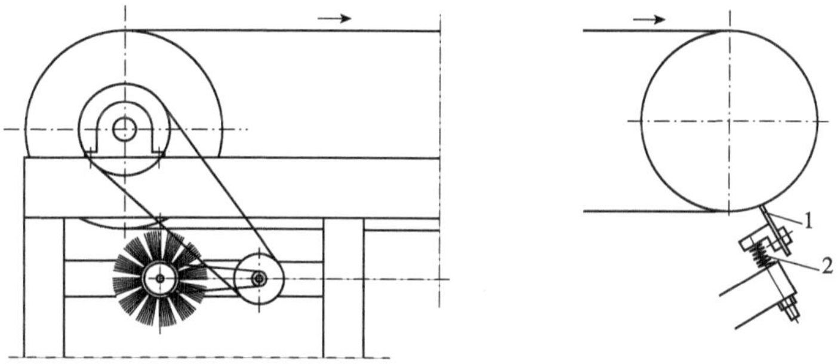

（a）转动毛刷　（b）刮板式清扫器
1. 刮板；2. 弹簧。

图 6-32　带的清扫装置

6.2.7　链式输送机

链式输送机是以牵引链条为牵引构件的连续输送机械。一些链式输送机可以将物品直接放置在链条上进行输送，而大多数的链式输送机是在链条上固接各种不同结构形式的工作构件，以适应输送不同性质的物料，因而链式输送机专用性较大，种类较多。

木材工业中常用的几种类型的链式输送机，按照所运物品的性质可分为：输送成件物品的链式输送机和输送散粒状物料的链式输送机。用于输送成件物品的链式输送机有：纵向和横向原木输送机、原木和板材的横向提升机、悬挂输送机、板式输送机等。用于输送散粒状物料的链式输送机：刮板输送机、埋刮板输送机、板式输送机、斗式提升机等。

6.2.7.1　纵向链式原木输送机

(1)应用和结构

纵向链式原木输送机是根据输送原木的需要而设计的专用输送机械，原木长度方向与输送机运行方向平行。常用于原木楞场中原木的输送和分选，将原木运送到加工车间，或将从江河运来的原木从水中起运到贮木场(常称为出河机)，或是从贮木池中将原木起运到制材车间等。这种输送机通常是单链式的，链上固接着承放原木的工作构件。

纵向链式原木输送机常用圆环焊接链或片式关节链。链上固接的工作构件通常是钢制的横梁，梁上固定着月牙形、锯齿形等托板(图 6-33)，以承放原木，防止原木侧翻。当水平输送时可用月牙形托板，当倾斜输送时可根据斜度的大小和工作条件，选用锯齿形、尖爪形托架，使原木不易滑落。

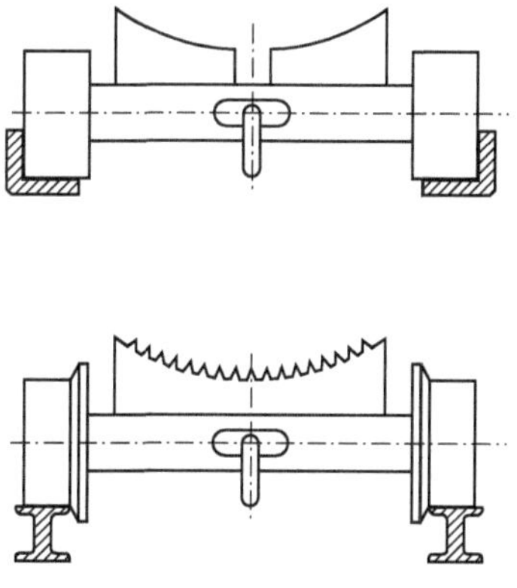

图 6-33　纵向原木输送的工作构件

工作构件在导轨上滑动或滚动运行。滑动式即为滑动支承方式，将横梁直接放在导轨上滑动。为避免横梁的磨损，可在横梁底边与导轨接触处装上垫块，垫块易于更换，使横梁能长期使用。滚动运行即为运行滚轮式支承方式，在横梁的两端装上滚轮，滚轮的直径通常取为100~140mm。当为水平输送时，显然运行滚轮式支承装置能减小阻力，但应适当润滑维护，使滚轮能灵活的转动。当为倾斜输送时，输送机的倾角越大则载荷的重力平行于导轨的分力也越大，摩擦阻力的影响相应的减小，而用滚轮时增加了加工的复杂性和工作构件的重量，因而可能节省的功率不多，而输送机的成本则将有较大的增高。所以选用滚动或滑动的工作构件应根据具体情况进行分析比较。

原木的厂内输送从出河、分选归楞，再送往加工车间，可能有很长的输送距离。大规格的链条虽能有较大的强度，但一台输送机的长度也不宜过长。因为随长度的增加载荷也增加，必然要增大链条的规格，这时链的自重也增大，成本提高。因此当输送线路过长时宜设几台输送机联合使用。但分段过多时虽能用小规格的链，每分一段则增加作为输送机的一整套装置，也将增加成本。每台输送机的长度，按所运原木的直径，一般不超过150~250m。

分段不仅是考虑链的强度和规格问题，也应结合工作条件进行考虑。如水平输送和倾斜输送工作构件可能不同，可以将水平输送段和倾斜输送段分段；经常开动和不经常开动的区段应分开等。

这种输送机倾斜输送时，倾角一般不超过22°，最大也可达25°~27°。当原木出河时，下端导向轮沉在水中，距水面的深度不应小于所运原木的最大直径。由于江河水位有变化，所以出河部分应当有一段输送机的机架做成铰接的，可以随水位调节高度。

(2)卸载与转载装置

纵向原木输送机若将原木运到终端通过主动轮卸载时，通常由别的转运装置进行转载和输送，无须卸载机构。当在输送机上进行选材，将原木送往楞场进行归楞堆存，或将原木供给锯机，将原木纵向输送机传送到横向输送机等，通常采取横向卸载或转载装置，如各类抛木机。作横向卸载的抛木机不仅可以在输送机终端卸载，也可以在输送机长度方向多点分选、卸载。因原木的尺寸、形状也比较复杂，抛木机的种类和形式是多种多样的。对抛木机的基本要求是：结构简单、使用和维修方便；能抛各种直径和长度的原木；所需抛木力小，抛木时尽可能无冲击；不影响后面原木通过而允许输送机上原木的间隔小，以提高选材和输送机的生产率。

6.2.7.2 横向链式输送机

横向链式输送机常用于原木、板材、方材和人造板及其垫板的输送，同时在输送过程中完成板材的分等、横截等工序。

横向链式输送机使用两条以上的圆环链或片式关节链，如图6-34所示。木材等被运物横向放在链条上进行输送。链的数目和各条链之间的距离决定于所运物品的长度和工作性质。被运物的长度规格多，链条的条数

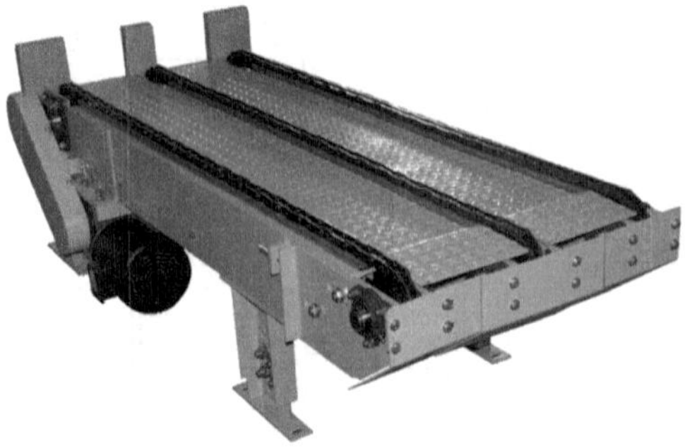

图6-34 横向链式输送机

就应较多，应使物品至少能支承在两条链条上。

横向链式输送机当水平输送时一般可不用工作构件，当输送原木、倾斜的输送物品或在输送机上进行横截时，通常在链上固接推钩或挡块。为防止链条上的润滑油污染被运物，常在链条上面增加塑料或橡胶垫块。

通常在链条工作边以一条槽钢为简单导轨，链条直接在导轨上滑动，或选用滚子链以减小运行阻力，提高被运物的平稳性。回空边一般不设导轨，只装一些固定的支承滑轮。在输送机较短时甚至没有支承滑轮，链条自由地悬挂着。

输送机的主动轮可用同一根轴集中驱动，而改向轮则不可共用一根轴，便于根据各条链的不同磨损和拉伸的情况调节张力，采用独立的张紧装置调整。若在回空边中间张紧则所有改向轮也可同轴。在输送机很短，载荷较轻时也可以不设张紧装置，利用回空边链条的自重保持张紧力。

6.2.7.3　刮板输送机与埋刮板输送机

(1)刮板输送机

刮板输送机用于输送散粒状物料，在木材工业中常用于输送锯屑、刨花、木片等物料。

刮板输送机是在链条上固定竖立的刮板在槽中刮推物料而实现输送的一种输送机械，其结构形式如图 6-35 所示，由输送槽、刮板和牵引链条等部件组成。输送较轻的锯屑或刨花时常用圆环扁环组合链作牵引构件，多为单链式的；输送木片等粒度较大的物料时常用套筒滚子链，采用两条链。当用圆环扁环组合链时，刮板通常固接在特制的扁环上。

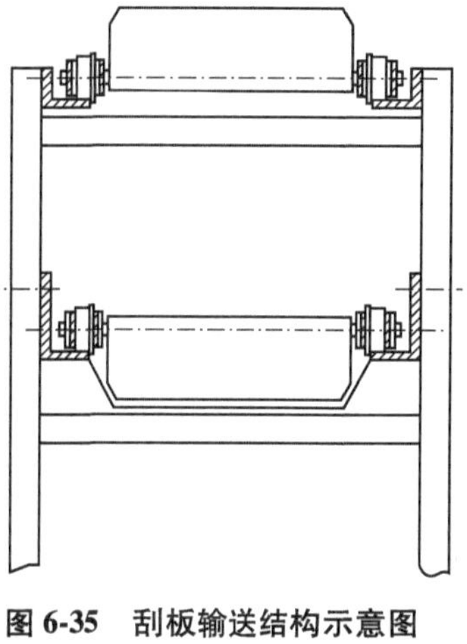

图 6-35　刮板输送结构示意图

木材工业中输送槽和刮板可采用木板制成，单链式的刮板和链条的重量都直接压在槽底拖动，因结构简单，便于制作，但阻力很大且易损坏，应在槽底铺设薄钢板，以减小阻力，并延长槽的使用寿命。其他如输送砂石、矿石等大块或较重的物料时，多用钢板制造输送槽和刮板。较合理的结构是使刮板的两端支承在导轨上滚动，木材工业中链和刮板的重量相对于被运物的重量大，这种结构对减小其运行阻力有决定性的作用。当为双链式时，则链条设在刮板两端，滚子链直接支承于两侧导轨上滑动或滚动。

木质刮板多为矩形，为减小运行阻力可制成梯形。槽的形状应和刮板的形状相一致。刮板输送机的槽是敞开的，一般不需要专门的装、卸载装置，卸载可在槽的端头抛落，或在槽底的任意位置开设闸板或活门。单链式的刮板输送机通常上边是回空边，下边是工作边。双链式的刮板输送机可以将链条固定在刮板两端的中间，使上边和下边都能工作，但两边都工作时输送的方向相反。

(2)埋刮板输送机

一般刮板输送机的装填充满系数小，生产率低，特别是倾斜输送时，随着倾角的增大生产率急剧下降。而且，输送槽敞开，物料在输送过程中不断的翻滚，易使木粉和细小的纤维状物料扬起。

埋刮板输送机将工作边与回空边隔开，并将输送槽封闭，减小刮板的间距，使一块刮板所输送的物料对输送槽的摩擦阻力小于物料颗粒间的内摩擦阻力，刮板向前移动时物料没有翻动，只随刮板向前滑移，形成连续的物料流。这样，刮板只需能克服输送槽对物料流的摩擦，使输送槽对物料流的摩擦阻力小于物料颗粒间的内摩擦阻力，刮板的高度小于物料深度而埋在物料流中，而物料的装填量也就不以刮板的高度为依据。

埋刮板输送机不仅可以水平输送，而且可以倾斜输送，甚至直立提升。水平输送时，刮板主要需克服输送槽的槽底对物料流的摩擦阻力；倾斜输送时，刮板需克服槽底和两侧壁对物料流的摩擦阻力；在直立提升时，刮板需克服输送槽四侧壁的摩擦阻力和物料流的重力，因而刮板的形状要与槽的形状和尺寸相适应，但不能是整体的板，而是矩形的环形刮板。因物料流的重力和刮板向上的推力对物料起压实的作用，在横向又封闭的槽中，使物料形成较大的内摩擦阻力，同时由于下部不间断地给料，相继对上面的物料产生的推力。当内摩擦阻力和下部物料的推力足以克服物料对槽壁的外摩擦阻力和物料自重力时，物料就不会下落，形成连续向上的整体物料流而被提升。

埋刮板输送机装填的充满系数大，生产率大，生产率相同时输送机体积比一般刮板输送机小；可以倾斜甚至直立输送，且倾角对生产率的影响小；在封闭的槽中输送，不会扬起灰尘，有利于降低粉尘污染、改善车间卫生条件。

木材工业企业常用的埋刮板输送机主要有三种布置形式：用于水平输送的或允许15°以下倾角的MS型；用于大倾角或垂直提升的MC型；具有水平供料段、直立提升段和水平输送卸料段的MZ型，如图6-36所示。除此以外，还有三种较少采用的平面环型(MP型)、立面环型(ML型)和扣环型(MK型)。

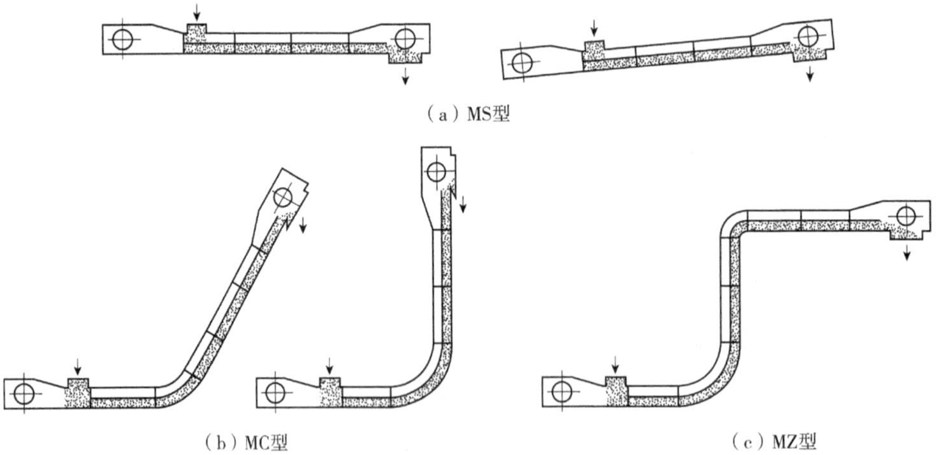

图6-36 埋刮板输送机的三种机型

埋刮板输送机的刮板形式如图6-37所示，当水平输送时，刮板主要需克服物料与槽底间的摩擦阻力，采用T型刮板；当物料粒度小、流动性较好时用U型刮板。当垂直提升时，刮板需要克服物料与槽壁间的摩擦阻力，因而用O型或H型。当输送机布置形式为MZ型时，因二次拐弯时刮板受物料挤压而易损，刮板需选用上边开口的环，即采用U型或V型刮板。

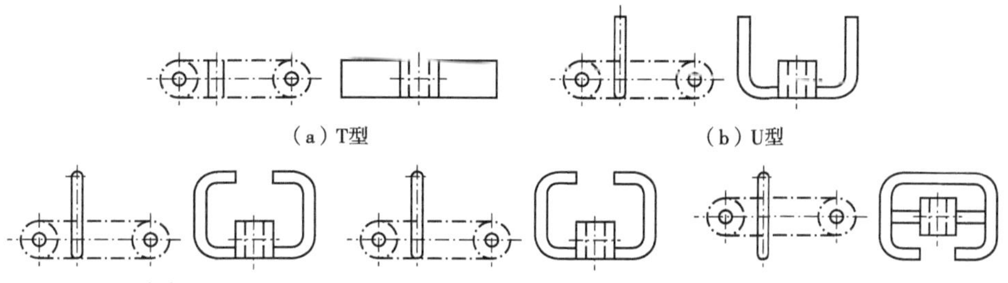

（a）T型　（b）U型

（c）V型　（d）O型　（e）H型

图 6-37　埋刮板输送机的刮板型式

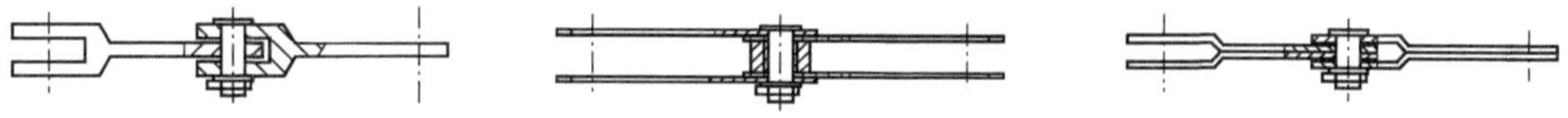

（a）模锻链　（b）滚子链　（c）双板链

图 6-38　埋刮板输送机常用链条结构型式

在埋刮输送机常用的链条为模锻链、滚子链和双板链，其结构如图 6-38 所示。

6.2.7.4　悬挂输送机

悬挂输送机是将它的运行轨道和支架大部分悬挂在建筑物上的一种连续输送机械，可以构成三维空间闭环物料自动化连续输送系统，在机械加工、汽车制造、家电等企业的流水线作业生产线中得到广泛应用。适用于厂内、车间内部成件物品或集装单元物料的空中输送，由于它的工作构件可以是吊钩、挂架、斗或桶等各形式的附件，因此所运物品的形状和性质几乎不限制。在输送过程也可以完成一些工艺操作，如在家具车间完成家具部件的静电喷涂、漆膜烘干等作业。

(1)悬挂输送机的分类

按照输送机的功能要求，悬挂输送机可分为通用悬挂输送机、积放式悬挂输送机和拖式悬挂输送机三大类，前两大类最为常用，拖式悬挂输送机的应用最少。

①通用悬挂输送机。通用悬挂输送机也称为牵引式悬挂输送机，输送机的牵引构件直接与承载吊具相连并牵引其运行，如图 6-39 所示。通用悬挂输送机根据其结构又分为重型通用悬挂输送机和轻型通用悬挂输送机两类。重型通用悬挂输送机采用工字钢作轨道，以冲压易拆链或模锻易拆链为牵引构件，输送机承载能力主要由运行于工字钢轨道的滑架决定。轻型通用悬挂输送机采用双铰接链作牵引构件，双铰接链的滚轮运行于开口方管异型钢轨内，承载能力主要决定于双铰接链的滚轮结构与尺寸。

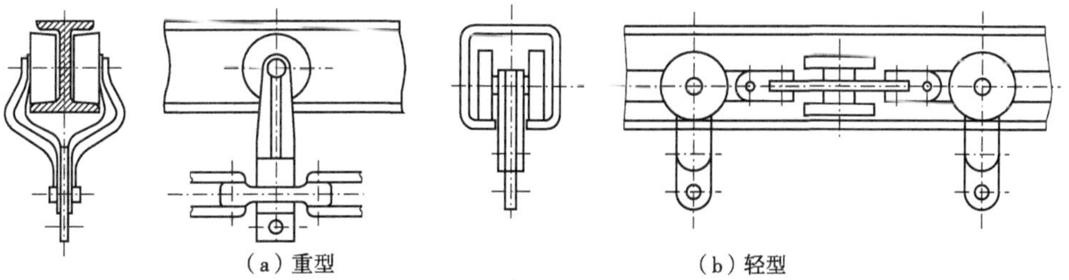

（a）重型　（b）轻型

图 6-39　通用悬挂输送机

②积放式悬挂输送机。积放式悬挂输送机(图 6-40)，也称推动式悬挂输送机，牵引构件与承载小车分别运行在各自的轨道上，承载小车是由牵引构件上的推杆推动运行，承载小车可以根据需要在输送线路上的任意位置自动积存和释放。还可以设支线，借助道岔，使承载小车进入支线或转移到另一台输送机的承载轨道上，从而实现分类或贮存。

③拖式悬挂输送机。拖式悬挂输送机(图 6-41)的轨道、牵引构件、滑架结构等通常采用前两大类悬挂输送机的结构，但牵引构件、滑架不直接承载被运物，牵引构件通过滑架下端的吊钩或吊环牵引地面上的承载小车运行实现输送。

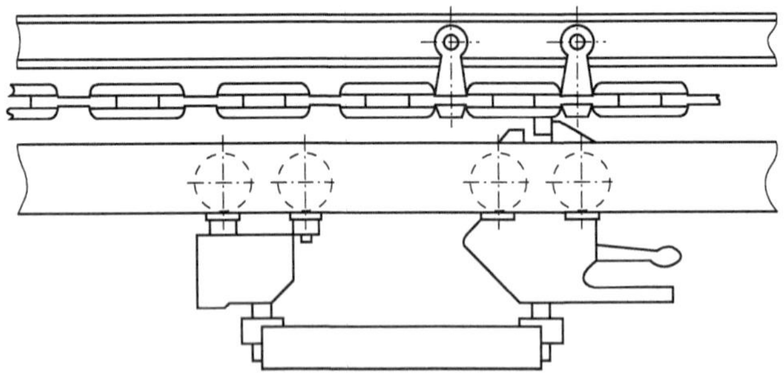

图 6-40　积放式悬挂输送机

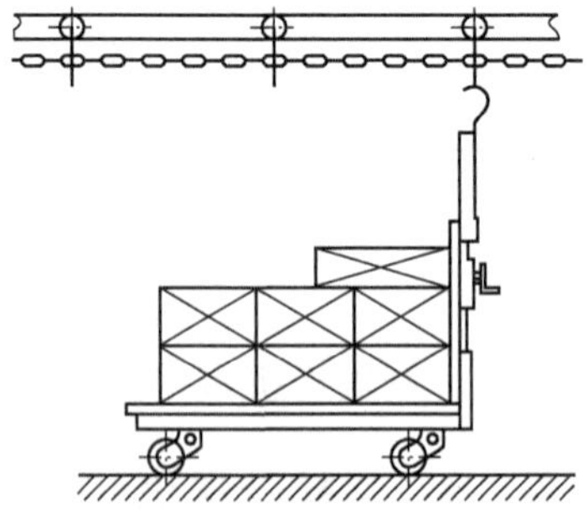

图 6-41　拖式悬挂输送机

(2)驱动装置

悬挂输送机的驱动装置通常设于轨道在水平面上拐弯的转角处，主动链轮或导向链轮通常是水平设置的，且使牵引构件对主动轮有 90°或 180°的包角。有些悬挂输送机在直线区段用履带式的驱动装置。当输送线路很长时，为了减小链条的最大拉力，可在同一台悬挂输送机中设置几个驱动装置同时驱动，但要求驱动装置的电动机严格的同步，使速度相同，否则较快的驱动装置仍然承受全部载荷，而较慢的驱动装置则起不了应有的作用。

(3)张紧装置

悬挂输送机的张紧装置多用坠重式的，设置张紧装置之处必须使张紧轮的绕入边和绕出边小车行进的轨道有一段是互相平行的，并使轨道在一定范围内能随张紧轮的移动而伸缩，且轨道可伸缩的距离要与张紧装置所要求的张紧行程相适应。对于线路不太长的水平悬挂输送机可采用弹簧式、气动式等张紧装置。

6.2.7.5　斗式提升机

斗式提升机是在牵引构件上连接斗状工作构件的输送机械，用于提升散粒状物料，如木片、刨花、锯屑等。

按所用牵引构件不同，斗式提升机可分为带斗式提升机和链斗式提升机。带斗式提升机以橡胶带或芯层加强的橡胶带为牵引构件，提升机运行平稳，无噪声，工作速度可较快，一般为 0.8~2.5m/s，检修方便，但是橡胶带的强度低，对于比重较大的物料，使其提升高度受到一定限制。链斗式提升机常用片式关节链为牵引构件，偶尔用圆环焊接链，链斗式提升机可用于较大载荷的提升，但运行较不平稳，噪声大，工作速度较低，一般为 0.4~1.25m/s。

提升机的驱动装置常设在上端，在驱动装置中应设有电磁制动器，以防止提升机在有载荷的情况下停止工作，或由于重力使牵引构件反向运动。张紧装置设于提升机下部的改向轮轴上，常用螺杆式或坠重式。直立的提升机，为了安全和车间卫生，通常设矩形的封闭外壳，牵引构件垂直悬挂在主动轮上，不需要别的支承装置。当倾斜的提升时，不加支承装置则下垂度过大，常用套筒滚子链或带滚轮的牵引链，在导轨上运行，不设封闭的外壳。

斗式提升机在下部装载，装载的方式分为挖取式和流入式两种(图 6-42)。挖取式的装载，是料斗通过下部导向轮时，以挖取的方式将物料装入料斗中，这种装载方式常用于细小的、流动性较好的物料。挖取式的装载要求料斗的强度较大，速度可较快，料斗与料斗之间的距离通常也较大。当被运物料的块粒较大或磨磋性较大时，若用挖取式的装载，料斗易损坏，提升机的运行阻力也较大。这种情况可采用流入式装载方式，物料从提升机下部料斗上升的一侧通过装料口流入料斗中。在装载处料斗与外壳的间隙较小，料斗与料斗之间的距离较小或互相密接。采用流入式装载时，料斗的工作速度应较慢，装料的流动速度、料斗的提升速度及料斗的容积应相互配合。

(a) 挖取式装载 (b) 流入式装载 (c) 离心式卸载 (d) 重力自落式 (e) 重力附导式

图 6-42 斗式提升机的装卸方式

斗式提升机在上部卸载，卸载的方式其本上可以分为两种，即离心式和重力式。离心式卸载，是当料斗以一定的速度绕过主动轮时，使料斗中的物料的离心力大于物料的向心力，物料被向前抛出而卸载。重力式卸载，是当料斗绕过主动轮时，物料以在自重的作用下沿料斗的内壁滑落。为了使物料卸出而不落入提升机壳体内，应使卸完料的料斗向内避让一段距离；或卸料口向下扩大一些，使卸落的物料经由前一个斗的外壁滑落，这种方式称为重力附导式卸载。

6.3 无挠性牵引构件的连续输送机械

6.3.1 滚柱输送机

滚柱输送机在木材加工企业中普遍用于输送板材、方材、人造板及木箱等较长大的物品，也可将小件的物品放在长大的承垫物上进行输送。

滚柱输送机可以分为有驱动的和无驱动的。没有驱动装置的滚柱输送装置，当为水平输送时，只是为了减轻工人的体力劳动，不能自动输送；当为倾斜输送时，总是由上往下输送，依靠物品的重力向下滚动，这种输送装置属于重力式输送装置。物品放在滚柱上，依靠滚柱的转动推动物品前进，驱动装置可以驱动所有的滚柱，也可以是驱动一部分滚柱，一部分滚柱只起中间支承作用。

(1)滚柱的结构形式

滚柱输送机中最常用的是表面光滑的圆柱形滚柱，滚柱可以铸造或用钢管制成。当为输送原木、或在滚柱上进行一些锯截等加工时，常用凹槽形滚柱，如图 6-43 所示。还有一些特殊形式的滚柱，如进料用的滚柱有时表面有尖刺的菠萝滚柱，横向卸载用的滚柱表面有凸起的螺纹滚柱等。

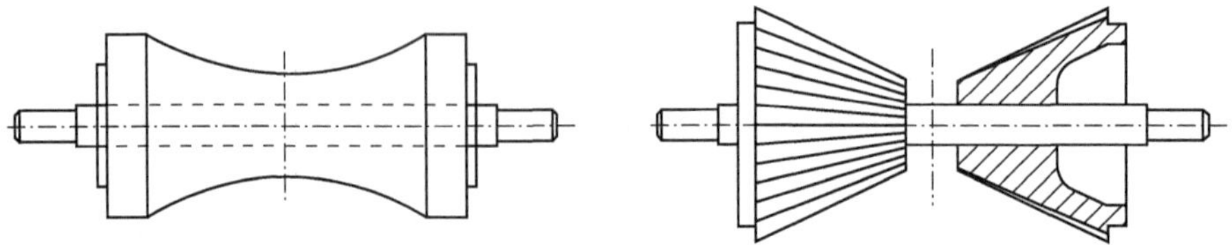

图 6-43 凹槽形滚柱

滚柱的长度决定于所运物品的宽度。输送板材、方材等较沉重的物品时，滚柱的直径一般为 150~220mm，输送面积较大、重量轻的物品时，滚柱长度较大，达 1200~1800mm，直径为 60~100mm。滚柱间的距离决定于所运物品的长度，应使物品至少能被两个滚柱所支承，在制材车间中常取为 0.8~1.5m，当输送较薄的胶合板、纤维板时，还应考虑板的刚性，不应使板端下垂，因而滚柱间的距离应较小。

(2)驱动装置

滚柱输送机的驱动装置主要有圆锥齿轮驱动和链驱动两类。

①圆锥齿轮驱动。图 6-44 是用圆锥齿轮驱动的滚柱输送机的结构形式。电动机驱动一根很长的轴，轴上每隔一定的距离设一个圆锥齿轮，与滚柱端头的圆锥齿轮相啮合，轴转动时滚柱就被驱动。这种驱动方式是较常用的，它制造方便，易于维护，但是轴的长度过大时将使结构笨重，轴所受的扭矩很大。通常在输送机的长度超过 10~15m 时应分段驱动。

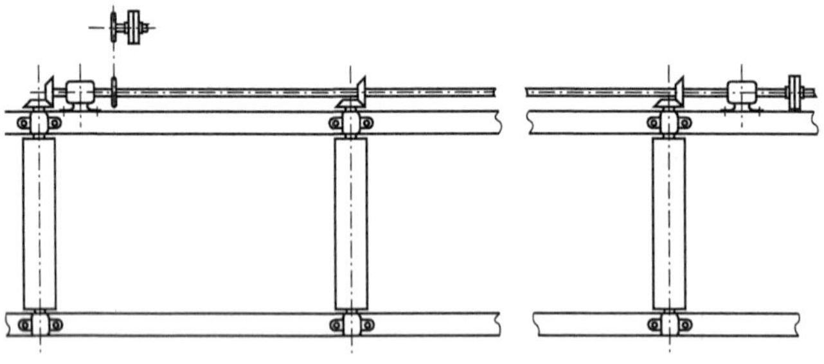

图 6-44 圆锥齿轮驱动的滚柱输送机

②链驱动。链驱动的常见形式如图 6-45 所示。滚柱的一端装有链轮，当驱动装置带动链条时滚柱就被驱动。链驱动时输送机的长度可比圆锥齿轮驱动时较长。在一台输送机中通常不是用同一条链驱动所有的滚柱，而是一条链带动一组滚柱，组与组的联接点上的滚柱轴端设有两个链轮，一个滚柱被一条链驱动，同时它又将动力传给下一组的链条，有的将每段链带动两个滚柱。因同一条链所带动的滚柱过多时，对加工和安装的精度要求较高，也有驱动链的张紧等问题。但分段多时所用链的总长度和链轮的数量都将增大，应根据加工、安装条件及载荷等情况适当分组。当输送机较长，载荷较大时，分组还可以用不同规格的链，即在起始几组受力较小时用较小规格的链。

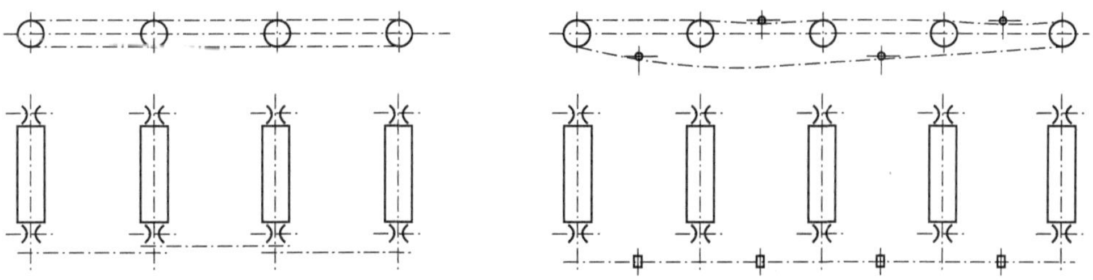

（a）滚柱间逐个传递　　（b）单链驱动多滚柱

图 6-45　滚柱输送机的链驱动结构形式

（3）转向机构

滚柱输送机通常为水平直线输送，当所运物品的长度较小时，也可以在水平面内通过一段圆弧作转向输送。图 6-46 是滚柱输送机作 90°转向的一种结构形式，直线区段的滚柱 1 用链驱动，直线与圆弧过渡点上的圆柱形滚柱 2 被水平设置的（轴直立）的圆锥齿轮 3 驱动。圆弧段中的锥形滚柱 5 被同一根立轴上的另一个圆锥齿轮所驱动（因所有滚柱的上表面应在同一个平面上，圆锥形滚柱的轴线就必然有一定的斜度，所以不能用同一个水平锥形齿轮驱动），曲线段中的其余锥形滚柱 4，通过一组互相啮合的锥形齿轮被滚柱 5 上的锥形齿轮驱动。

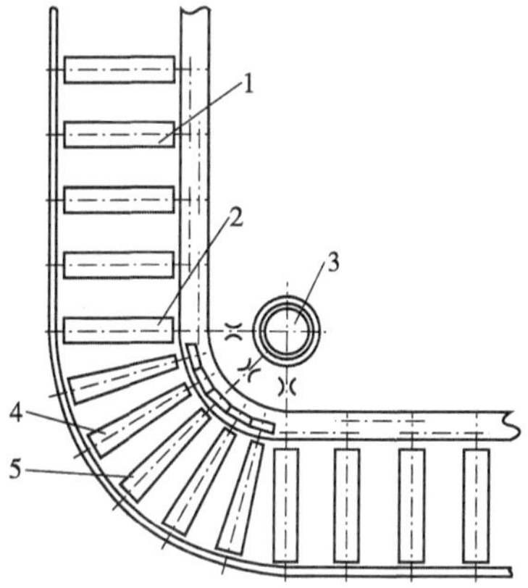

1、2. 滚柱；3~5. 圆锥形滚柱。

图 6-46　滚柱输送机的转向机构

（4）卸载装置

滚柱输送机当在末端为纵向卸载时，不需设卸载装置。当在末端为横向卸载时，可根据物品的长度在末端卸载处设几个表面有凸起螺纹的滚柱，依靠螺纹的作用把物品横向推出，如图 6-47（a）所示；另一种方式是将一部分滚柱倾斜地安装，如图 6-47（b）所示，对被运物品产横向推力而实现横向卸载。

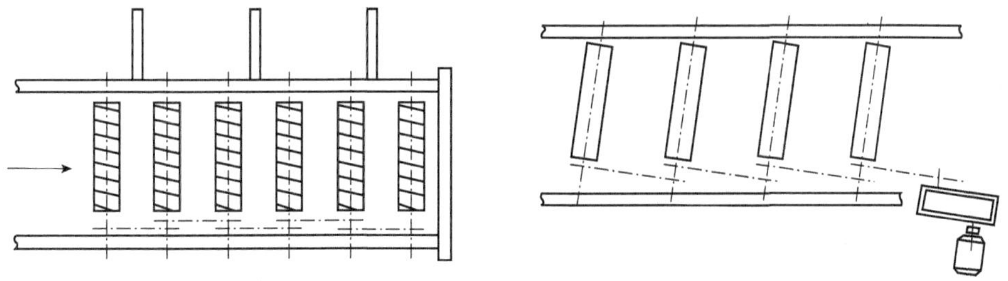

（a）螺纹滚柱　　（b）滚柱倾斜安装

图 6-47　滚柱输送机横向卸载装置

滚柱输送机当有物料需在中途横向卸载时，常用一种链式卸载装置，如图 6-48 所示。它是横向设置在滚柱间的链式传送装置，改向轮由液压缸或气压缸支撑。当不进行卸载时，链条的顶面低于滚柱上表面，进行卸载时可将支承改向轮的活塞杆向上顶起，当链条的顶面高于滚柱表面时，物品被链条托起，并随着链的运动被横向卸出。改向轮升降除采用液动或气动方式外，还可用凸轮机构、曲柄机构或电磁机构等。

若被运物底面被摩擦损伤无影响时，也可采用如图 6-49 所示的气动或液动横向卸载装置。

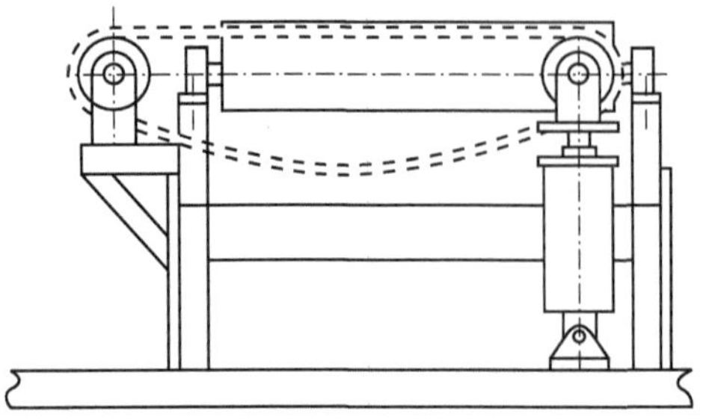

图 6-48　链式卸载装置

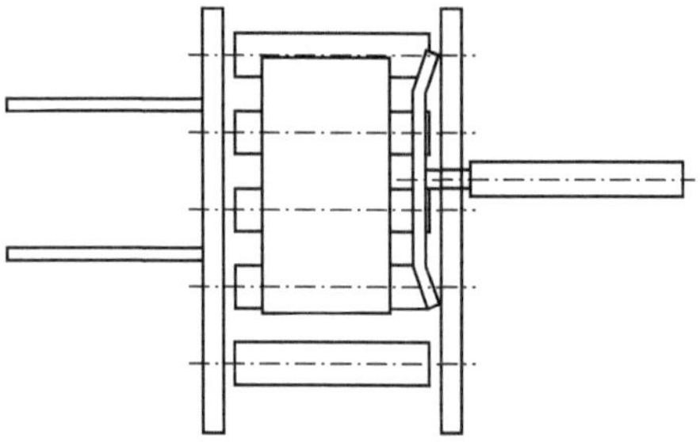

图 6-49　气动式横向卸载

6. 3. 2　螺旋输送机

螺旋输送机的一般结构如图 6-50 所示。它用一个封闭的或敞口的槽，槽中的转轴上固接着螺旋片，物料在槽中依靠螺旋片的转动，被推动往前输送。

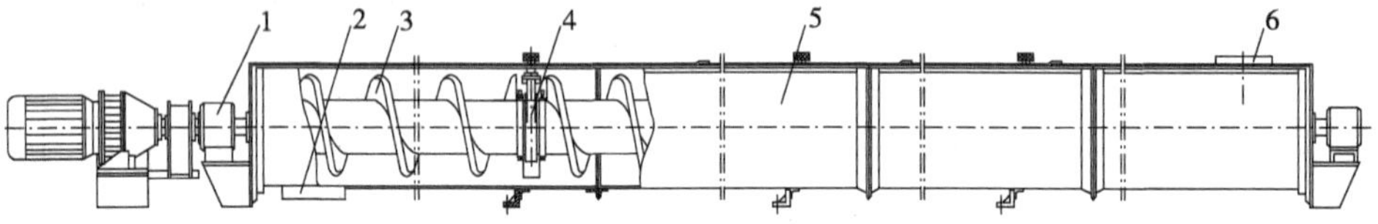

1. 驱动装置；2. 出料口；3. 螺旋片；4. 中间吊轴承；5. 料槽；6. 进料口。

图 6-50　螺旋输送机结构简图

螺旋输送机常用于在不太长的距离内输送散粒状或小块的物料。它不仅可以输送干燥的物料，也可以输送湿的和带一定黏性的物料。它除了用于输送外，也被应用于物料的搅拌、混合等工艺操作。由于它易于较准确地控制单位时间的输送量，因而也常被用作其他输送机或工艺设备的定量供料或出料装置。螺旋输送机可以水平输送，也可以有很大的倾角，甚至可以垂直输送。

螺旋输送机的转轴，当螺旋片的直径较小时是实体的，当螺旋片的直径较大时，可以用较粗的空心轴。螺旋片常为钢板锻压，焊接在轴上，其形状可以根据所运物料的性质和特定的工艺要求进行设计或选择。常见的螺旋片形状有实体螺旋、带状螺旋、桨叶状螺旋和齿形螺旋，如图 6-51 所示。实体螺旋，常用于小颗粒流动性较好的物料；带状螺旋，用于块粒较大或湿的、带一定黏性的物料输送；桨叶状、齿形或其他特定形状的螺旋片，通常用于除输送以外，同时进行物料的混合、搅拌、松散等工艺操作。

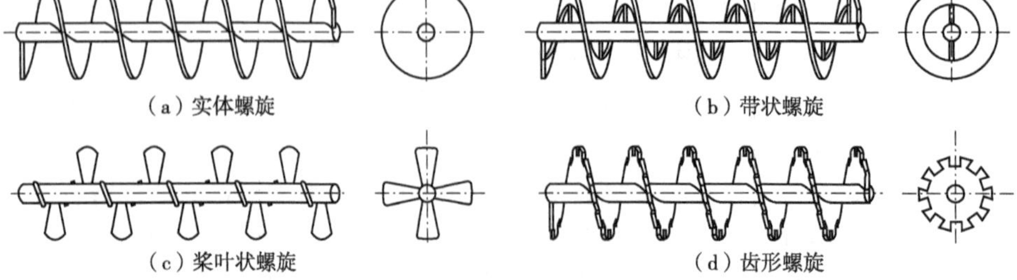

（a）实体螺旋　（b）带状螺旋

（c）桨叶状螺旋　（d）齿形螺旋

图 6-51　螺旋片的形状

螺旋输送机的螺旋片推动物料时，螺旋轴受到轴向推力，应按受力方向设置止推轴承。当螺旋轴较长时应设中间支承轴承，为了避免阻碍物料的输送，中间轴承应是悬式安装，并尽可能地减小轴承支座的结构尺寸。一般地，每隔2.5~3.5m装一个中间轴承。

螺旋输送机的装载和卸载比较方便，一般为从槽的上面装料，从槽底卸料口卸料。它可以从一端进料，另一端出料；也可以从两端进料向中间卸料，或是中间进料向两端卸料。甚至，可沿螺旋输送机的整个长度上的任意地点都可设装料或卸料口，多点装卸。

螺旋输送机具有如下优点：结构简单、紧凑；占地面积小；可在封闭的槽中工作，输送散粒状或粉末状物料及在输送过程中进行搅拌，避免在车间中扬起灰尘；易于实现多点装卸，并在同一台输送机中向两个方向输送，也可改变螺旋转动方向作逆向运行。但是，螺旋输送机受到物料对槽、物料对螺旋片的滑动摩擦，并有物料的翻动和推挤等多种阻力，工作阻力大；槽和螺旋片都易磨损；当为封闭的输送时，要求供料均匀，如进料量过大时易堵塞。

6.4 连续输送机械的选型与管理

6.4.1 连续输送机械的选型

正确配置和选择连续输送机械，加强设备管理，是充分发挥设备效能、完成输送任务的根本保证。

(1)根据被运物的性质选用

对于成件物品，输送包装物料常选用带式输送机或滚柱输送机，原木、板材、人造板等常采用链式输送机或滚柱输送机输送。对于散碎的颗粒状物料，如木片、刨花、锯屑等常用带式输送机、刮板输送机、斗式提升机、气力输送装置等。

(2)根据物料输送量大小选用

一般地，输送速度大则物料的输送量大。在选择连续输送机械时，应考虑输送机械的工作速度、生产率、充填系数等，随着物料输送量的增大，工作速度提高，使输送机的工作稳定性下降。因而，应选择生产率高的输送机械，同时根据输送机械的输送稳定性、能耗、机械性能及物料特性等因素，选择合适的工作速度。

(3)根据物料输送距离和方向选用

输送距离长的水平输送，一般可选用带式输送机、滚柱输送机等；对于垂直输送多采用斗式提升机；对于既要水平输送又要垂直输送，可以采用斗式提升机、埋刮板输送机、气力输送装置输送散碎颗粒状物料，如刨花等；一般采用横向链式提升机、纵向链式输送机等输送原木、板材等成件物品。

(4)根据物料在输送中工艺要求选用

在输送散碎颗粒状物料过程中需搅拌、混合，可选用螺旋输送机、气力输送装置；若输送过程中除了搅拌、混合以外，还需要进行分选时，则一般选用气力输送装置。对于输送锯材、人造板等过程中，需进行截断、检查、分等操作，可选用链式输送机或滚柱输送机。

(5)根据工作场地选用

一般地用于生产线上的连续输送机械，一般可采用固定式的；用于料场、仓库、码头等场合，可采用运行式的连续输送机械。

正确选用输送机械，须综合考虑和权衡各方面因素，进行综合分析比较，选择经济合理的优质输送机械。

6.4.2 连续输送机械的管理

对于连续输送机械的管理，重点在设备的选型、操作和维护三个方面。选型时，应认真进行调研和考察，确定备选方案，然后进行技术性能、经济性、维修条件评价，做出科学的配置决策。操作管理中，要严格执行连续输送机械操作规程，加强对有关人员的培训，并在使用中按要求检查，发现问题，应尽快解决。此外，还要科学保养，保证输送机械始终处于良好技术状态之中，以达到最佳输送效果。

思考题

1. 与其他类型输送机械相比，连续输送机械有哪些优点？连续输送机械有哪些类型？
2. 有挠性牵引构件的连续输送机对挠性牵引构件有哪些要求？
3. 带式输送机的输送带有哪些类型？分别在木材工业企业中的哪些场合中使用？
4. 牵引链条有哪些优缺点？有哪些类型？分别有哪些特点？
5. 如何保证输送带的牵引力传递可靠、稳定？
6. 牵引构件的支承装置有哪几种类型？各有何优缺点？
7. 链式输送机的支承装置主要有哪些类型？各应用哪些场合？
8. 什么是安装张力？有何作用？有挠性牵引构件的连续输送机的张紧装置有哪些类型？
9. 带式输送机在运行过程中，常会出现什么现象？如何预防与调整？
10. 带式输送机安装清扫装置的目的是什么？一般安装于哪些位置？
11. 刮板输送机与埋刮板输送机对比各有哪些优缺点？
12. 悬挂输送机的基本结构有哪几类？在木材工业企业常用于哪些场合？
13. 斗式提升机的装载方式有哪些？各有哪些特点？
14. 滚柱输送机的滚柱有哪些类型？在木材工业企业分别适合应用于哪些场合？
15. 螺旋输送机的螺旋有哪些结构类型？适合输送哪类物料？
16. 哪些条件作为连续输送机械的选型依据？

第 7 章
气力输送装置

［本章知识点］气力输送装置的定义；气力输送装置在木材工业中的应用、类型；气力输送的流体力学原理与应用；混合浓度、气流速度的定义与确定；压力损失类型与计算；管道与附件的结构、基本要求及压力损失计算；供料装置类型、结构与应用；分离装置的类型、原理与应用；风机的原理、性能与应用；木材工业气力输送装置的设计计算方法。

7.1 概述

7.1.1 气力输送装置在木材工业中的应用

气力输送装置，是采用风机使管道内形成气流来输送散粒物料的机械装置，其原理是将物料与管道内具有较高压力和一定速度的空气流混合，形成悬浮的混合气流，并沿着气流管道输送到目的地，再将物料从气流中分离出来。气力输送装置在木材工业生产中被广泛应用于各类木材碎料的输送设备，被运的木材碎料主要有木片、刨花、木纤维、锯屑、木粉、木丝及碎木块等。各类木材加工车间拥有多种不同类型与规格的木工机床，它们在工作过程中会排出大量的木材碎料，如机床刨花、锯屑、木粉等，使用木工车间气力吸集装置可以将这些由木工机床排出的木材碎料及时地、干净地、连续不断地吸运到指定的收集点。在人造板生产中，除利用气力输送装置输送木材碎料外，还能在输送过程中完成某些生产工艺过程，如干燥、分选与分级、冷却与混合、气流铺装成型等，因而气力输送装置的运用在很大程度上促进了人造板生产过程的自动化。

在木材工业中应用气力输送装置的优点如下：

①气力输送装置的结构简便，主要由装料装置、管道系统、分离装置及风机构成。气力输送管道充分利用空间，且输送管道无回空部分，占地面积小。

②气力输送装置的灵活性大。它可以具有复杂的输送路线，输送管道可以方便地改变方向，可以沿水平或直立方向输送，能绕过各种障碍物。气力输送装置可完成从若干个物料装载点向若干个物料卸载点进行输送工作。

③气力输送装置的设施投资成本较低于其他类型的连续输送机械，特别是对于长距离（输送距离超过 100m）的输送情况，显得更为突出。另外，由于气力输送装置的运转和活动部分较少，故其维修及管理费用相应较低。

④气力输送装置易于实现自动控制，易于实现物料输送过程的装、卸、运等工序的全面自动化。

⑤在人造板生产过程中，气力输送装置可作为“流态化”生产工艺的设备。

⑥采用气力输送装置可有效地解决木工车间内木工机床产生的刨花、锯屑等废料的自动收集与分离问题。对于改善车间的卫生条件与防火条件、防止环境污染、提高劳动生产率、改善生产条件及提高产品质量等方面均有重要的作用。此外，由于机床排屑被及时吸走，可以增加机床的使用寿命，减少切削刀具磨钝及切削功率的消耗。

⑦密封的气力输送管道可防止输送过程中物料泄漏，被输送的物料不会受到外界环境的影响，且管内物料也不会对输送沿途的环境引起污染。

但气力输送装置的应用存在若干缺点：

①气力输送装置的单位能耗较其他的连续输送机械大。一般说来，气力输送装置的动力消耗比带式输送机大 15 倍左右、比链式刮板输送机大 2 倍左右。但从综合经济评价来看，考虑包括设备投资、维修管理与操作费用、电能消耗等的总费用，气力输送装置与其他的连续输送机械所需的总费用一般相差不大。

②气力输送装置的风机运转及物料在管道内运行会产生较大的噪声。

③在高速气流输送的过程中，由于物料与管道内壁及其他构件(如风机叶片、装料器、卸料器及弯管等)的碰撞，而引起物料破碎。

7.1.2 木材工业气力输送装置的分类

7.1.2.1 按散碎物料在管道或槽道内运动的物理性质分

按散碎物料在管道或槽道内运动的物理性质分，气力输送可以分为以下三种类型：

①稀释流输送(或称悬浮流输送)。是依靠气流动压来输送物料，使物料在水平管道内呈悬浮状态输送。为此，管道内必须具有足够大的气流速度。在稀释流输送状况下，混合气流的浓度是比较低的。

②密集流输送(或称柱塞流输送、栓流气力输送)。物料在管道内呈柱塞状直接被气流的静压差压送前进，物料挤满了管道的横截面而被输送。在密集流输送方式下，气流速度很小(一般仅有 4~6m/s)，消耗的空气量较少，输送的混合浓度较高。但是，密集流静压输送一般仅适用于输送呈均匀粉状的物料(如面粉、水泥、化肥、农药、木粉、活性炭及其他粉末状的物料)，对于一般的木材碎料，由于它们的松散性较差、粒度较大，因而一般不宜采用密集流输送方式。

③其他特种性质的气力输送。如有采用重力式空气槽输送、喷射气流输送等。

在木材工业中，主要采用稀释流悬浮输送的气力输送装置。本章仅介绍稀释流气力输送的相关内容。

7.1.2.2 按照气流输送管内的气流压力形式分

按照气流输送管内的气流压力形式及风机在输送管道系统中的位置，可将稀释流气力输送装置分为：吸气式(吸入式)、压气式(压出式)、混合式(吸入-压出式)三种，如图 7-1 所示。

①吸入式。吸入式气力输送装置的气流输送管道内的气流压力是负压，即低于大气

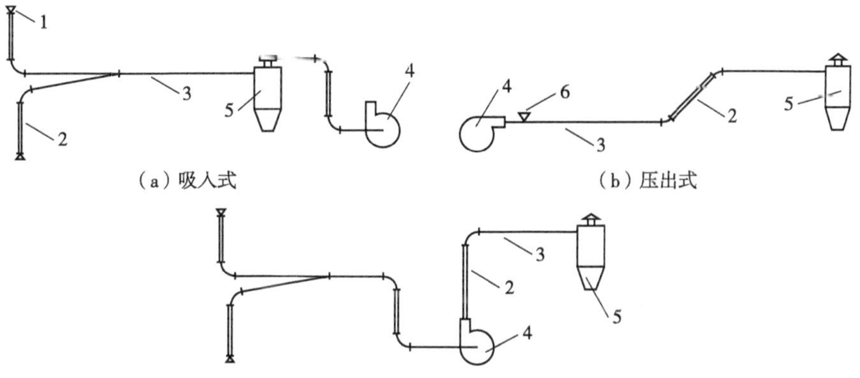

1. 吸料器；2. 垂直管段或倾斜管段；3. 水平管段；4. 风机；5. 旋风分离器；6. 装料器。

图 7-1 气力输送装置的结构类型

压力，所有气流输送管道均接在风机的进风口端。

②压出式。压出式气输送装置的气流输送管道内的气流压力是正压，即高于大气压力，所有气流输送管道均接在风机的出风口端。这种形式的气力输送装置，物料不通过风机，对于延长风机的工作寿命有利。

③混合式。混合式气力输送装置的一部分管段工作在负压下，一部分管段工作在正压下。

7.1.2.3 按照气流输送管道内气流压力大小分

对于木材工业气力输送装置，按照气流输送管道内气流压力大小，大致可以分为低压式的、中压式的和高压式的三种气力输送装置。

①低压式的其风机的工作风压在4900Pa以下。

②中压式的其风机的工作风压在4900～19 600Pa的范围内。

③高压式的其风机的工作风压高于19 600Pa以上。

7.1.2.4 按照气力输送装置工作的气流重量混合浓度(μ)分

对于木材工业气力输送装置来说，按混合气流的重量混合浓度可以分为低浓度、中浓度和高浓度三类。低浓度的重量混合浓度值为$\mu<0.5$；中浓度的重量混合浓度值为$\mu=0.5\sim2.0$；高浓度的重量混合浓度值为$\mu>2.0$。

7.1.2.5 按照木材工业气力输送装置的工作性质分

按照木材工业气力输送装置的工作性质，可以分为两大类别：

(1)木材碎料的气力运输装置

在木材工业中，气力运输装置主要用于刨花板、纤维板生产线的备料工段各工序以及料仓之间输送木片、刨花、纤维等木材碎料，其完成刨花板、纤维板生产线备料段的生产物流作业，输送物料量大、生产率高。

由于吸入式气力运输管道所许用的最大负压差受到限制，吸气管内负压差一般不得超过50～60kPa，因而它不适用于长距离输送物料，吸入管段的输送距离通常不超过100m。

混合式的气力运输装置，在其吸气管段、压气管段内均有物料被输送，若木材碎料要通过风机，则应采用叶片数较少的叶轮离心式风机，且通过风机的混合气流流出重量混合浓度不得超过0.7。

压出式气力运输装置中的物料输送管道均为压气管段。由于压气管段内的气流压力高于大气压力，所以必须采用专门的供料装置进行供料。在压气管道内可使用压力高达700~1000kPa的高压气流输送，所以压出式气力运输装置适合进行高生产率、高混合浓度及长距离的物料输送工作。

(2)车间木屑气力吸集装置

车间木屑气力吸集装置通常具有多根吸气分支管道，通过与木工机床的刀头工作处的吸料器连接，将生产车间内由各类加工机床排出的各类废料吸集后，输送到废料收集处，即完成车间内的废弃物物流或回收物流作业。车间木屑气力吸集装置可以是吸入式的或混合式的。车间木屑气力吸集装置有以下几种型式：

①普通型车间木屑气力吸集装置。图7-2示出了普通型车间木屑气力吸集装置的结构简图，吸气支管呈树枝状顺序连接在主管段上。普通型的车间木屑气力吸集装置存在一些主要缺点，如：不能在已有的主管段上增加联接新的吸气支管；不宜改变原有吸气支管的长度，否则易使原先各吸气支管的正常吸集工作遭到破坏。因此，普通型车间木屑气力吸集装置一般只宜用于车间内的机床数量及位置固定不变的场合。

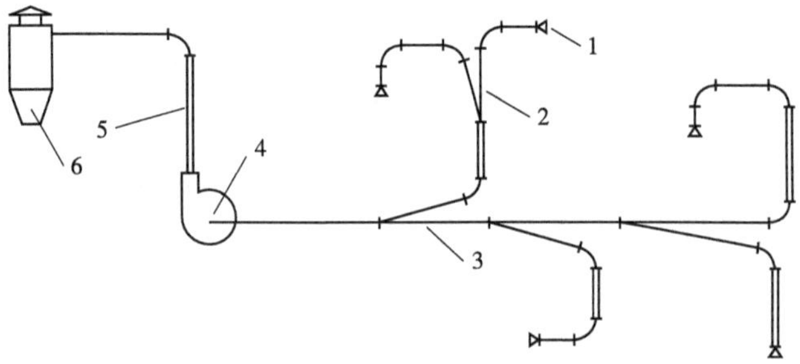

1. 吸料器；2. 吸气支管；3. 吸气主管段；4. 叶轮离心式风机；
5. 压气主管段；6. 旋风分离器。

图7-2 普通型车间木屑气力吸集装置的结构简图

②通用型车间木屑气力吸集装置。通用型车间木屑气力吸集装置可以为车间范围内的任何位置处的机床服务，其工作性能不会因为车间内各机床的位置有所变动或者机床的数目有所增减而受到影响。但是，在增加机床数量时，总气流量应在配用风机的额定风量范围之内。所以，通用型木屑气力吸集装置在应用上有较大的灵活性，通用型的车间木屑气力吸集装置主要有两类：一是具有等截面主管道的通用型车间木屑气力吸集装置；二是聚集器式通用型车间木屑气力吸集装置。

a. 具有等截面主管道的通用型车间木屑气力吸集装置，如图7-3所示。具有等截面主管道的通用型车间木屑气力吸集装置的缺点是结构较笨重、设备投资较大及整体高度尺寸较大，所以它一般只适用于拥有大量机床的大型木材加工车间。

b. 聚集器式通用型车间木屑气力吸集装置。聚集器式车间木屑气力吸集装置是简易的通用型气力吸集装置。它具有所有通用型气力吸集装置的优点，而其结构最为简单轻便，灵活性及工作可靠性很大，且造价较低廉，使用效果较好。图7-4示出了几种聚集器式通用型木屑气力吸集装置的结构简图。

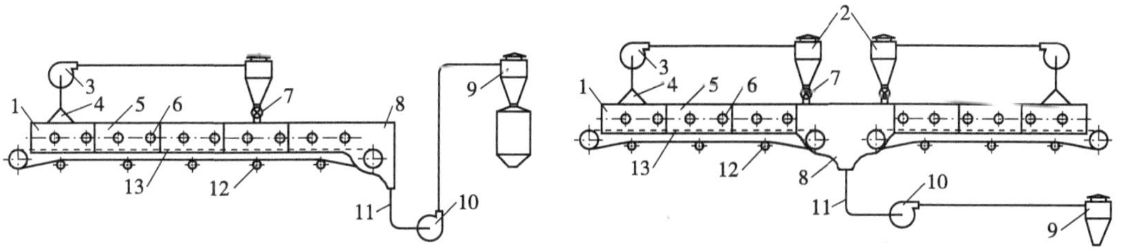

（a）采用末端卸料漏斗　　（b）采用中间卸料漏斗

1. 通直主管道的端盖板；2. 供辅助风机（附加吸入空气）用的旋风分离器；3. 辅助风机；4. 附加吸空气的进气漏斗；5. 通直主管道；6. 主管道上的用于连接吸气支管的开孔管；7. 叶轮旋转式卸料器；8. 卸料漏斗；9. 主用旋风分离器；10. 主风机；11. 吸送管段；12. 支承滚柱；13. 带式输送机。

图 7-3　具有等截面主管道的通用型车间木屑气力吸集装置

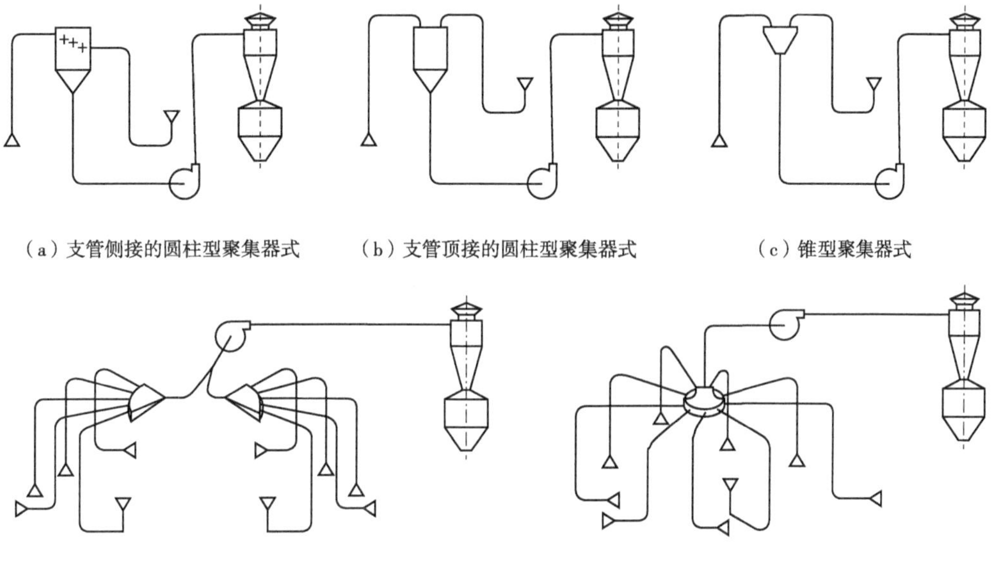

（a）支管侧接的圆柱型聚集器式　（b）支管顶接的圆柱型聚集器式　（c）锥型聚集器式

（d）扇型聚集器式　（e）吊灯型聚集器式

图 7-4　聚集器式通用型车间木屑气力吸集装置的结构简图

7.2　气力输送的流体力学原理

7.2.1　稳定流动连续性方程

当流体在管道中流动时，按照在任一断面处流体的流速和压力等物理量是否随时间而变化，可以将流体的流动分为两类：稳定流动和不稳定流动。

流体作稳定流动时，任一断面处流体的流速、压力等物理量都不随时间而变化。对于一般的气流管道系统在正常运转的情况下，各种流动参数的波动幅度不大，所以可当作稳定流动。

流体作不稳定流动时，在任一断面处流体的流速、压力等物理量随时间而变。例如，水从水槽中经排水口流出时，水的流出速度将随时根据槽内水位的变化而改变。

流体作稳定流动时的连续性方程：当流体在密闭管道中作稳定流动时，若既不向管道中添加流体，也不发生泄漏，则根据质量守恒定律，通过管道任一断面的流体质量流

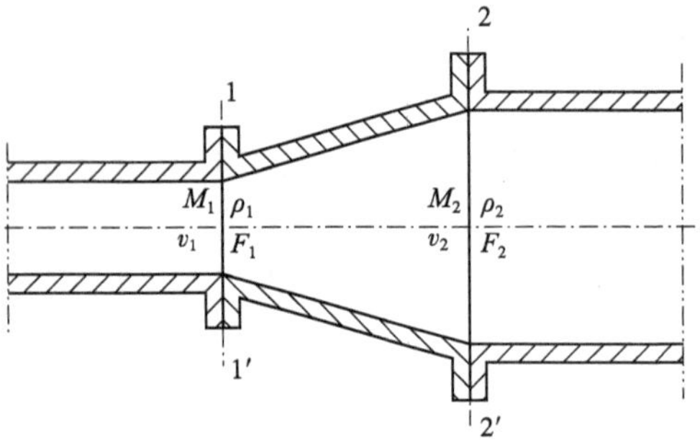

图 7-5 流体连续方程示意图

量应相等，这个现象称为流体流动的连续性。

如图 7-5 所示，在管路中任取一段锥形管，流体在此锥形管内从断面 1—1′到断面 2—2′作稳定流动，流体完全充满管道。

设 M_1 与 M_2——流过断面 1—1′与 2—2′的流体质量流量(kg/s)

v_1 与 v_2——流过断面 1—1′与 2—2′的流体流速(m/s)

F_1 与 F_2——断面 1—1′与 2—2′的断面积(m^2)

ρ_1 与 ρ_2——断面 1—1′与 2—2′处流体的密度(kg/m^3)

根据质量守恒定律，可得 $M_1=M_2=C$(C 为常数)，即：

$$F_1v_1\rho_1=F_2v_2\rho_2=C \tag{7-1}$$

式(7-1)即为流体流动的连续性方程。假设流体是不可压缩的，则其密度不变，即 $\rho_1=\rho_2$，则式(7-1)可以写为：

$$F_1v_1=F_2v_2=C \tag{7-2}$$

如管道的断面是圆形，则上式可写成：

$$v_1\frac{\pi d_1^2}{4}=v_2\frac{\pi d_2^2}{4}=C \tag{7-3}$$

即：

$$\frac{v_1}{v_2}=\frac{d_2^2}{d_1^2}=C \tag{7-4}$$

7.2.2 伯努利方程

伯努利方程是管流的能量方程，在推导这一方程时，首先作出四个假设：假设管道内的流体作稳定流动；假设流体均匀充满整个管道；假设管道内的流体是理想流体，所谓理想流体是指绝对不可压缩、完全没有黏性的流体；假设管道对流体没有阻力。

如图 7-6 所示，F_1 与 F_2 表示从某一气流管道上任意截取的两个横截面的面积，流体在 F_1 与 F_2 两处的流速分别为 v_1 和 v_2，这两处管道的高度分别为 h_1 和 h_2。设在 Δt 时间内这部分流体移动到了截面 F_1'和 F_2'之间，由于理想流体是不可压缩的，截面 F_1 和 F_1'之间流体的质量一定等于截面 F_2 和 F_2'之间流体的质量。用 m 表示截面 F_1 和 F_1'之间，亦即截面 F_2 和 F_2'之间加流体的质量。流体作稳定流动，原来在截面 F_1 和 F_2 之间的流体在时间 Δt 内动能的变化量是等于截面 F_2 和

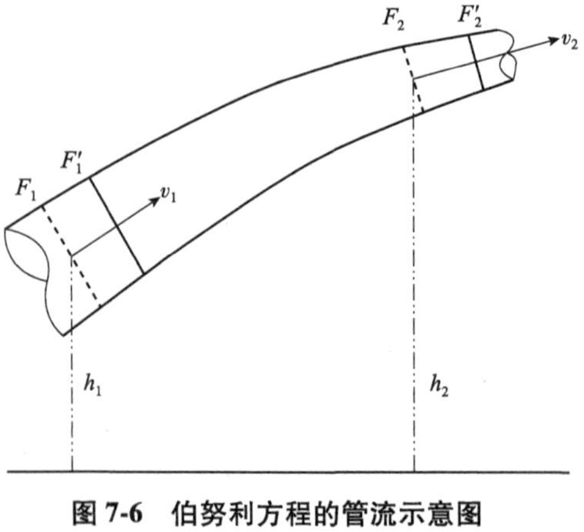

图 7-6 伯努利方程的管流示意图

F_2'之间流体的动能与截面 F_1 和 F_1'之间流体的动能之差，即：

$$\Delta E_1=\frac{1}{2}mv_2^2-\frac{1}{2}mv_1^2 \tag{7-5}$$

这部分流体在时间 Δt 内势能的变化量为：

$$\Delta E_2=mgh_2-mgh_1 \tag{7-6}$$

于是，这部分流体在时间 Δt 内机械能的变化量为：

$$\Delta E=\Delta E_1+\Delta E_2=\frac{1}{2}mv_2^2+mgh_2-\frac{1}{2}mv_1^2-mgh_1 \tag{7-7}$$

设截面 F_1 和 F_2 处的压强分别为 P_1 和 P_2，在时间 Δt 内作用于 F_1 上的压力P_1F_1做正功；作用在 F_2 上的压力P_2F_2做负功，即流体的压力在时间 Δt 内所做的总功为：

$$A=(P_1F_1v_1-P_2F_2v_2)\,\Delta t \tag{7-8}$$

根据连续性方程，$v_1F_1=v_2F_2$，且它们等于单位时间内流过任一截面的流体体积，即：

$$F_1v_1=F_2v_2=\frac{m}{\rho\cdot\Delta t} \tag{7-9}$$

式中：ρ——流体的密度(kg/m^3)。

$$A=(P_1-P_2)\,\frac{m}{\rho} \tag{7-10}$$

根据能量守恒定律，周围流体所做的功等于截面 F_1 与 F_2 间流体的机械能变化，即有 $\Delta E=A$，所以有：

$$\frac{1}{2}mv_2^2+mgh_2-\frac{1}{2}mv_1^2-mgh_1=(P_1-P_2)\frac{m}{\rho} \tag{7-11}$$

整理后得：

$$P_1+\frac{1}{2}\rho v_1^2+\rho gh_1=P_2+\frac{1}{2}\rho v_2^2+\rho gh_2 \tag{7-12}$$

因截面 F_1 与 F_2 是任意选取的，所以对于同一流体管道内的任一截面处，有：

$$P+\frac{\rho v^2}{2}+\rho gh=\mathrm{C} \tag{7-13}$$

式中：P——管道断面上流体的压力(Pa)；

v——管道断面上流体的平均流速(m/s)；

ρ——流体的密度(kg/m^3)；

g——重力加速度(g=9.81m/s^2)；

h——管道断面中心离基准面的高度(m)。

式(7-13)即称为理想流体的能量方程或理想伯努利方程。

由于空气的密度比较小，所以在气力输送系统中空气位能的变化可以忽略，则理想伯努利方程应用于气力输送中可以简化为：

$$P+\frac{\rho v^2}{2}=\mathrm{C} \tag{7-14}$$

推导理想伯努利方程前作了四个假设，其中第一个假设和第二个假设基本上与实际流体在管道内流体情况相同。但是，在气力输送中，实际上气体是会被压缩的，可是在中、低压力的条件下，气体体积的变化不大。例如，对于一定体积的空气来说，当温度不变，若将其所受的压力改变 300kgf/m^2，则此空气体积的改变量仅为 3%，改变量较小，所以按伯努利方程来计算气力输送的压力情况，所产生的误差可以忽略，在工程上是允许的。另外，实际流体是有粘滞性的，所以在流动过程中有流体内部摩擦阻力发生，且管道对流体也有阻力，将损耗流体的能量 ΔP，因此，实际气流在管内流动时的伯努利方程式可以写成：

$$P_1+\frac{1}{2}\rho v_1^2=P_2+\frac{1}{2}\rho v_2^2+\Delta P \tag{7-15}$$

式(7-15)即称为实际伯努利方程。

通常称 P 为静压，静压可大可小、可正可负，是一矢量，其作用方向是任意方向；$\frac{1}{2}\rho v^2$(也可用 $H_{动}$ 或 H_d 表示)为动压或速度压力，动压可大可小，但总是大于或等于 0，其作用方向与流体速度方向相同；静压与动压之和称为全压(H)，全压是静压与动压的标量和，是一标量，用于表示管道内某截面上流体的能量总和。ΔP(有时也写作 ΔH)称为管段起始断面 1 与终止断面 2 之间的压力损失。

伯努利方程式是流体动力学中最主要的方程式，可以用来确定各项压力(压头)之间的转换关系，所以它是应用于管道内流体运动的能量转换的基本方程式。

由式(7-15)得知：

$$\Delta P=\left(P_1+\frac{\rho v_1^2}{2}\right)-\left(P_2+\frac{\rho v_2^2}{2}\right)=H_1-H_2 \tag{7-16}$$

式(7-16)说明，在气流输送管的任何两个断面之间的区段内，气流压力损失即等于该两个断面上的气流全压力之差。如果气流是流过一段等管径的气流输送管段，对于管道上的断面 1 与断面 2 来说，则知：

$$v_1=v_2 \tag{7-17}$$

则：

$$\frac{\rho v_1^2}{2}=\frac{\rho v_2^2}{2}\text{或 } H_{d1}=H_{d2} \tag{7-18}$$

因而：

$$\Delta P=\left(P_1+\frac{1}{2}\rho v_1^2\right)-\left(P_2+\frac{1}{2}\rho v_2^2\right)=P_1-P_2 \tag{7-19}$$

所以，对于等管径的气流输送管段，其任何两个断面之间的气流压力损失值不但可以用该两个断面上的气流全压之差来表示，也可以用该两个断面上的气流静压之差表示。

7.3 木材工业气力输送系统压力损失计算

7.3.1 混合浓度

在气流输送管道内，利用气流输送散碎物料，空气与散碎物料便会形成混合气流。在气力输送系统中，固、气两相中，固体物料量与空气量的比值，称为混合浓度(或称混合比、料气比、输送比)。它是气力输送中的一个重要参数，它可以反映物料输送量及输送状态的标准，它关系到输送气流量、压损、功率消耗及物料在管道内的输送稳定性。

混合浓度的表示方式可分为重量混合浓度与体积混合浓度，其中体积混合浓度的数值很小，在实际使用上不方便，故而很少采用。重量混合浓度又可分为流出重量混合浓度与实际重量混合浓度。

7.3.1.1 流出重量混合浓度

流出重量混合浓度 μ 是指在单位时间内通过输送管道截面的固体物料重量 G_m 与空气的重量 G_a 的比值，即：

$$\mu=\frac{G_m}{G_a}=\frac{G_m}{Q_a\rho} \tag{7-20}$$

$$Q_a=\frac{G_m}{\mu\rho} \tag{7-21}$$

式中：Q_a——单位时间内通过输送管道截面的空气体积流量(m^3/s)；

G_m——单位时间内通过输送管道截面的物料重量(kg/s)；

G_a——单位时间内通过输送管道截面的空气重量(kg/s)；

ρ——空气的密度(kg/m^3)。

目前，在木材工业气力运输装置中，输送木材碎料所取用的流出重量混合浓度 μ 值，最大可达到8，而当取 $\mu=2\sim4$ 时，常可获得比较经济的效果。用于车间内或厂区内的木材碎料气力运输装置，往往取 $\mu=1\sim2$ 也能够很好满足要求。用于输送木片的高压气力运输装置所取用的 μ 值多数为 $\mu=2\sim6$。

对于车间内的木屑气力吸集装置，由于它的作用不同，为了吸净木工机床加工所排出的木材碎料，必须同时吸进大量的空气，所以其混合浓度是很低的，通常 $\mu\leqslant0.2$。

7.3.1.2 实际重量混合浓度

实际重量混合浓度 μ_0 是指在单位长度的输送管段中，物料的重量与空气的重量之比。

设在长度为 l 截面积为 F 的管段内，存在的物料重量为 G'_m，则得：

$$\mu_0=\frac{G'_m}{\rho lF}=\frac{G'_m}{G'_a} \tag{7-22}$$

式中：G'_m——在单位长度的输送管段中，物料的重量(kg/m)；

G'_a——在单位长度的输送管段中，空气的重量(kg/m)。

应该说明，在式(7-22)中，忽略了此管段内由于物料占有的体积而使空气体积有所减小的因素，这是由于在管段内物料所占的体积相对于空气体积很小，可以忽略。

在计算上，实际重量混合浓度 μ_0 可以表示为：

$$\mu_0=\frac{G'_m}{G'_a}=\frac{\dfrac{G_m}{v_m}}{\dfrac{G_a}{v_a}}=\frac{G_m}{G_a}\cdot\frac{v_a}{v_m}=\mu\frac{v_a}{v_m} \tag{7-23}$$

式中：v_m——管道内物料的运动速度(m/s)；

v_a——管道内空气的运动速度(m/s)。

将式(7-20)代入式(7-23)，可得：

$$\mu_0=\frac{G_m}{Q_a\rho\frac{v_m}{v_a}} \tag{7-24}$$

表7-1列出了几种常见木材碎料在水平管段内输送时的v_m/v_a值。如果$v_m=v_a$，则$\mu_0=\mu$，即实际重量混合浓度等于流出重量混合浓度。但是，在气流输送管道中，气流速度总是大于物料的运动速度，且当两相流体进入稳定输送阶段后，v_m/v_a比值一般是比较固定的，气流运动总是超前，所以实际重量混合浓度μ_0总是大于流出重量混合浓度μ。

表7-1　几种木材碎料在水平管段内处于稳定运动状况下的相对速度v_m/v_a的平均值

输送的物料类型	v_m/v_a 的平均比值($\mu<2$)
锯屑类：	
细微的(呈木粉状)	0.90
大粒的	0.85
刨花类：	
细小的	0.85
大片的	0.80
经分选的工艺木片(长度小于35mm)	0.65
大块的未经分选的木片(长度大于40mm)	0.60

为了提高气力输送系统的技术经济指标，必须合理地提高输送的混合浓度。对于输送一定的物料量，若所取用的混合浓度较高，则所耗的空气量较少。因而当要求的管内气流速度为一定时，气流输送管直径就会减小。但是，气流输送管的管径也不可过小，否则易引起物料在管内发生堵塞的情况。例如，在车间木屑气力吸集装置中，所取用的吸气支管的管径一般不得小于100mm，用于木片气力运输装置的输送管道直径一般不得小于150mm，而对于运输距离较长者，其管径不小于200mm。另外，须指出提高混合浓度还会受到所用风机的风压限制，这是因为当输送管径及气流量为一定时，输送的混合浓度增加，必然会导致混合气流的流体阻力增大。

7.3.2　木材碎料混合气流在管道内的气流速度

在设计气力输送装置时，一个非常重要的问题就是如何正确合理地确定气流速度，以保证在水平管段与直立管段内对给定的物料量进行悬浮状态的稳定可靠的输送工作。

如果气流速度过低，不能保证物料在管道内进行正常的稳定输送，甚至会引起物料堵塞管道。但是，如果气流速度过高，当管径为一定时，则气流量增大，会引起管路的沿程摩擦阻力增大，会使功率消耗增加。此外，管内的气流速度过大还会引起对管道的磨损加剧，以及使物料的破碎率增加。

7.3.2.1　木材碎料的特性

木材碎料一般都是具有不规则的形状，且随树种及含水率的不同而使木材碎料在密度等方面存在较大差异。木材工业中木材碎料的类别一般有：锯屑、刨花、木片、木纤维、木丝及木粉等。

锯屑的形状常为近似立方体或直角平行体，锯屑的形状及尺寸是与锯切时的进料速度及锯割方式(横切锯或纵切锯)有关，横切锯出的锯屑尺寸是小于纵切锯出的，在纵切据时还常会出现长丝状的岔片碎料，当管道直径或气流速度不够大时，长丝状岔片常易引起管道堵塞。

木片及刨花大多呈扁平状，木材加工中产生的木片及刨花尺寸与木材加工的进料速度、刨削加工的厚度、被加工木材的尺寸、木材材种及木材的纤维方向相对于加工进给的方向等多种因素有关。

用于制浆造纸、制造木质纤维板与刨花板的工艺木片的尺寸规范各不相同，但一般所用的工艺木片的宽度为 10~50mm、长度(指沿木材纤维方向的尺寸)为 15~40mm，厚度为 0.5~5mm。

用于制造刨花板的由各类刨片机加工出的工艺刨花的厚度为 0.2~0.8mm，宽度最大可达到 20mm，长度可以达到 40~50mm，对于长度较大的刨花，气流输送管的直径要求大于 250~300mm，否则极易引起管道堵塞。

四面刨、平刨、压刨及铣床加工木材时排出的机床刨花厚度一般为 0.2~1.5mm，长度与切削或铣削木材的方向有关，作横向切削时(切削方向垂直于木材纤维方向)，产生的刨花长度较大，一般机床加工木材时排出的刨花长度通常不超过 15mm。但是机床刨花呈“C”型，一端厚一端薄，薄的一端常呈卷曲状。输送此类机床刨花的气流速度太低时，易堵塞。

木纤维横断面近圆形，直径小，一般 0.3mm 以下，长度相对较大，最长可达 10mm，木材纤维柔软易结团，当含水率较高或已施胶黏剂时，更容易结团，因而输送气流速度也相对较高。

木材工业企业木粉多由砂光机进行各类板材磨削时产生，近似球体或短棒状，尺寸小，粒径一般不超过 0.1mm，最小的大约只有几微米，相对其他木材碎料易输送，但难分离，易随空气排往大气。木粉在空气中能够长时间地处于悬浮状态，不仅易被吸入肺部对于人体健康有害，而且空气中干燥木粉密度达到一定程度时，遇明火易发生空气快速燃烧而发生粉尘爆炸。

木材碎料的含水率的变化范围很大，一般可适用于气力输送的木材碎料的绝对含水率不宜超过 80%。

木材碎料的密度变化范围也很大，随树种、含水率及碎料形状等因素而变化，一般为 400~800kg/m^3，在通常情况下，可取木材碎料的密度 $\rho_m = 500 \sim 600$kg/m^3。

各种木材碎料的流动性皆较差，表现在木材碎料由漏斗落下的难度是较大的，例如木材碎料由漏斗落下的难度级别属于 8~10 级，而谷类则属于 1~2 级。

7.3.2.2　混合气流在水平管段内的速度

在水平管道内，由于作用于物料的空气动力、气流方向与物料的重力方向相垂直，因而使物料在水平管道内的悬浮与运动情况显得比较复杂。物料在水平管道内的输送条件比在相同管径的直立上升管道内要差些，物料在水平管道内输送要求的气流速度比在相同管径的直立上升管道内输送要求的气流速度要大。

物料在水平气流管段内的各种流动状态是根据气流速度、物料的形状与尺寸、物料的密度、管道直径、水平气流管段的整段长度以及物料的输送量等因素而变化的。由于影响物料在水平管段内的流动状态的因素很多，所以物料在水平管段内流动状态的变化是相当复杂的。总的来说，物料在水平管道内的输送可分为靠气流的动能推动与靠气流的压力能(静压)输送两大类别，而在动能输送的状况中又可分为浮游流动与集团流动两类。物料在输送管内处于动能输送的浮游流动状态时，即认为是属于稳定输送的流动状态；而物料在输送管内处于动能输送的集团流动状态时，就属于不稳定输送的流动状态。

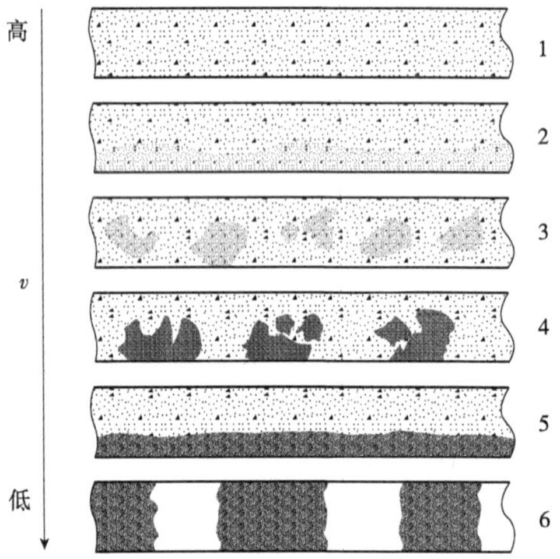

1. 悬浮流；2. 底密流；3. 疏密流；
4. 停滞流；5. 部分流；6. 柱塞流。

图 7-7 水平管段内物料粒子的运动状态

木材碎料混合气流在管道内呈现以下几种运动状态(图 7-7)：

①悬浮流。当输送气流速度大时，物料粒子在管内基本上接近于均匀分布的状态，物料在气流中呈悬浮状态输送。

②底密流。当输送气流速度降低时，水平管内上半部分物料粒子稀少，而下半部分较密，越接近管底物料粒子分布越密，但没有出现停滞，物料粒子一边作不规则的旋转与碰撞，一边被输送前进。

③疏密流。当输送气流速度再降低时，是物料粒子作浮游流动输送的极限状态，成为疏密不均的流动，也有一部分物料粒子在管底滑动，但还没有停顿。

④停滞流。大部分物料粒子失去悬浮的能力，停滞在管底的粒子在局部地区聚集在一起，使输送管的局部断面变狭窄。因而在该狭窄断面处的气流速度增大，在下一瞬间又把停滞的粒子群吹走。粒子就是这样聚集停滞、吹走，如此相互交替地呈不稳定的输送状态。

⑤部分流。当输送气流速度过小时，会发生部分分流现象。此时，物料粒子堆积在管底，气流在上部流动。堆积的物料粒子层表面，有部分物料粒子在气流作用下作不规则的移动，并且堆积层也随着作沙丘移动似的向前移动。

⑥柱塞流。堆积的物料层充满了输送管道，是依靠空气的压力能(静压)推动物料进行输送。

悬浮流、底密流及疏密流均属于输送的浮游流动状态，即物料能达到稳定输送的流动状态；停滞流及部分流是属于输送的集团流动状态，物料处于不稳定输送的流动状态。

在水平管道内，当气流速度不大时，物料沉在管底不运动，当气流速度逐渐增大后，虽然沉在管底的物料还未能离开管底浮起来，但是气流对物料的推力大于物料与管底间的摩擦力，这时，物料就会开始沿管底滑行移动或者沿管底作翻滚前进，但是物料并不能脱离管底，此时的气流速度即称为对于该物料的“启动速度”，即物料的启动速度是物料在水平管道内开始沿管底滑动时的气流速度。若再继续增大管内气流速度，对物料作用的上升力也随之增加，使物料自管底升浮起来，但是，这时的上升力还不足以将物料在水平管内保持于稳定的悬浮状态，物料沿着水平管轴线的浮游前进运动仍属不稳定的，物料时而落到管底时而又重新自管底悬浮起来，物料的运动速度大幅低于管内气流速度。这时，物料在水平管道内的输送状态还是属于不稳定输送状态。

随着水平管道内的气流速度的增大，当气流速度增大达到一定值时，就使物料在水平管内开始进入稳定的浮游输送状态，即水平管内气流作用于物料的升浮力足以稳定地超过了物料的重力，此时，物料在水平管道的横截面的垂直方向上只是以很小的幅度作上下摆动，但物料并不触及管底，物料运动速度与气流速度的比值开始较为稳定，在此后，若气流速度再增加，则物料运动速度亦会按固定的 v_m/v_a 比值相应增加。这个使物料在水平管内开始达到稳定的浮游输送状态的气流速度即称为对于该物料的“临界速度”，又可称它为“要求的最小气流速度”。即临界速度是指使某种物料在水平管道内达到稳定输送状态时所要求的最小气流速度。当用临界气流速度对某种物料进行输送时，既可以达到物料稳定的输送状态，又可以获得良好的经济效果。所以，通常可称某种物料的临界气流速度为该物料输送的最适气流速度。

对于确定木材碎料的临界气流速度，通常是基于实验的方法确定。根据实验的结果，可以归纳得出实用的计算公式。

对于输送一般的木材碎料，当流出重量混合浓度 $\mu \leqslant 2$ 时，可按式(7-25)来计算其临界气流速度值 $v_{\min}$(m/s)。

$$v_{\min}=C\left(4\mu\frac{v_a}{v_m}+0.01\rho_m+b\right)\sqrt{\frac{1.2}{\rho_a}} \tag{7-25}$$

式中：C——考虑到在弯管及其他局阻处，物料运动的速度会有所降低而取的系数。对于车间木屑气力吸集装置，由于在其管道系统中存在的弯管数量较多，故取 C=1.1~1.15；对于短距离的气力运输装置，取 C=1.05~1.1；对于长距离(>100m)的气力运输装置，由于其通直管段很长，局阻所占的比例较小，故可取其 C=1；

μ——流出重量混合浓度；

v_a/v_m——气流速度与物料运动速度的比值。在水平管道内，稳定输送状态下，对于锯屑，可取 $v_m/v_a=0.85\sim0.90$；对于木材刨花，可取 $v_m/v_a=0.80\sim0.85$；对于长度小于 35mm 的木片，可取 $v_m/v_a=0.65$；对于长度超过 40mm 的木片，可取 $v_m/v_a=0.60$；

ρ_m——木材碎料的密度(kg/m³)；

b——按木材碎料的形状及尺寸所取的系数，见表 7-2；

ρ_a——输送管道内的空气密度(kg/m³)。

对于流出重量混合浓度 μ 较大的多种木材碎料的临界气流速度 $v_{\min}$，可按式(7-26)计算，该式可适用的流出重量混浓度可以达到 5。

$$v_{\min}=(C_1\mu^{0.46}+m_1\rho_m^{0.40})\sqrt{\frac{1.2}{\rho_a}} \tag{7-26}$$

式中：μ——流出重量混合浓度；

ρ_m，ρ_a——分别木材碎料、空气的密度(kg/m^3)；

C_1，m_1——根据木材碎料的类别取的系数，见表7-3。

7.3.2.3 混合气流在直立管段内的速度

在直立气流管段内，为使物料向上输送，气流速度必须大于该物料的悬浮速度。所谓某种物料的悬浮速度，是指使该物料在直立管段内处于悬浮状态的最小气流速度。因为在垂直的物料上升管段内，空气动力与物料的重力是处于同一铅垂线上，所以在直立上升管道中的气流速度要大于物料的悬浮速度，才能保证物料的正常向上输送。

表7-2 几种木材碎料在水平管道内处于稳定输送状态下的系数 *b*

木材碎料的类别	系数 *b*
锯屑类：	
细微的	7
粗粒的	8
刨花类：	
细小的	9
大片的	10
经过分选的工艺木片(长度小于35mm)	11
大块的未经分选的木片(长度大于40mm)	13

表7-3 系数 C_1 与 m_1 之值

木材碎料的类别	C_1	m_1
锯屑类：		
细微的	5.12	1.03
粗粒的	5.46	1.12
刨花类：		
细小的	5.47	1.18
大片的	5.46	1.25
一般的工艺木片	5.15	1.30

在直立管段内，自下向上通一气流，则管段内物料受到使其下降和向上运动的两个力，一个力是物料本身重力 mg 与空气浮力 ρgV 之差，即为 $mg-\rho gV$，此力使物料下降；另一个力是空气动力 P，使物料上升。当作用在物料上的上述两个力平衡时，该物料就会悬浮在直立管段内的某一高度处，既不上升也不下降，此时的气流速度即为该物料的悬浮速度。即：

当 $P<(mg-\rho gV)$ 时，物料下降；

当 $P>(mg-\rho gV)$ 时，物料上升；

当 $P=(mg-\rho gV)$ 时，物料处于悬浮状态。

式中：P——作用于物料的空气动力(N)；

m——物料的质量(kg)；

g——重力加速度(m/s^2)；

V——物料的体积(m^3)；

ρ——空气密度(g/m^3)。

当物料粒子在垂直管段中达到平衡时，即 $P=(mg-\rho gV)$，可借助理论方法推导出物料悬浮速度的计算式。但是，物料的悬浮速度大小与物料的密度、形状及物料表面状况等因素有关，由于在推导过程中物料形状与表面系数等参数难以准确确定，并考虑各种因素的影响，因而一般由此得到的理论计算式得出的物料悬浮速度值是不够准确的。因而，通常最可靠的方法还是用实验方法测定出某种物料的悬浮速度值。

图7-8是用于测定物料悬浮速度的实验装置。实验测定时，首先将要测定的物料放置在物料盘2上，关闭风量调节阀门9，然后开动风机11，再将物料盘拿起，靠近测管3的扩大口处，此时，即可徐徐打开风量调节阀9，使管内风量逐渐增大，物料会随之被提升起来，通过调节管内风量，终会使物料悬浮在测管3与4之中。若风量调节阀9开得过大，物料就会上升至扩大管5内，此时，则应慢慢关闭风量调节阀，使物料下降至测管3或4内，呈悬浮状态。待物料悬浮在测管3或4内稳定后，即可用比托管7及补偿式微压计10测量出管道6内的气流动压 H_d，而可推算出管内的气流，从而又可根据管道3或管道4的截面尺寸计算出该物料的悬浮速度值。

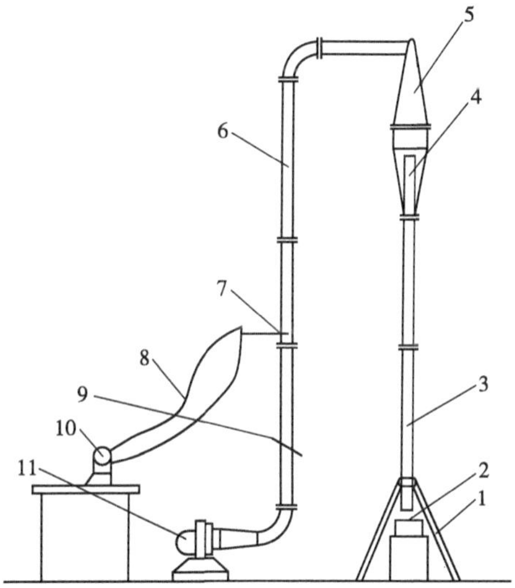

1. 三角撑架；2. 物料盘；3. 测管（透明有机玻璃管）；4. 观察孔；5. 扩大管；6. 风管；7. 比托管；8. 橡皮管；9. 风量调节阀；10. 补偿式微压计；11. 风机。

图7-8　测定物料悬浮速度的实验装置

对于木材碎料，按计算分析原理并结合实验数据可以得到下面的一个比较接近于实际的悬浮速度计算式：

$$v_s = 0.14\sqrt{\frac{\rho_m}{\left(0.02+\frac{a}{h}\right)\rho_a}} \tag{7-27}$$

式中：v_s——木材碎料的悬浮速度(m/s)；

ρ_m——木材碎料的密度(kg/m^3)；

ρ_a——空气密度(kg/m^3)；

h——木材碎料的厚度(mm)；

a——根据木材碎料的形状而取的系数，对于片状木材碎料以及具有直角形或近似直角形横截面的木材碎料，可取 $a=0.9$；对于厚度 h 和宽度 b 近于相等(具有正方形或圆形横截面)的木材碎料，可取 $a=1.1$。

式(7-27)是对于密度为400~1000kg/m^3、厚度 $h=1\sim20$mm、宽度 $b=1\sim40$mm、长度 $l=2.5\sim60$mm 的木材碎料，通过实验结果并按理论分析计算得出的。因而，对于厚度超过1mm的木材碎料，用式(7-27)计算木材碎料的悬浮速度与实验结果较接近。实际上在直立上升管内，使木材碎料能够顺利上升的运动所需要的气流速度一般为(1.3~3)v_s，这是因为由于物料颗粒之间及物料颗粒与管壁之间均有碰撞及摩擦情况存在。

7.3.2.4　混合气流在管道内的速度

临界气流速度是关系到物料在水平管道内获得稳定且合理的气力输送的重要参数。但是，这个保证物料在水平管道内作稳定浮游输送所要求的最小气流速度只是一个理想的速度值，由于物料在输送过程中受多种因素(如物料粒子翻转、物料粒子之间及物料粒子与管壁之间的碰撞摩擦、物料粒子在管道横截面上所处位置的变化等)的影响，这个理想的最小气流速度在物料的整个输送过程中难以经常保持物料处于稳定的浮游输送状态。所以，在气力输送管道系统中，所取用的实际气流速度一般皆应比物料所要求的临界速度适当增大一些，通常是增大一个悬浮速度值，这样能更好保证正常可靠的输送工作。

在一套具有水平及直立上升管段（包括倾斜上升管段）的输送木材碎料的气力输送系统中，实际取用的气流速度可建议如下：

$$v=v_{\min}+v_s \tag{7-28}$$

式中：$v_{\min}$——混合气流在水平管段的临界气流速度（m/s）；

v_s——物料在垂直管段的悬浮速度（m/s）。

在此是将 v_s 作为 $v_{\min}$ 的增大值来考虑，采用此法确定的气流速度 v 值，可以比较合理地保证在整个管道系统内达到稳定输送的要求，既可使物料在直立管段内向上稳定输送，也可满足水平管段内物流粒子处于稳定浮游输送状态，还能克服管道系统内各种因素引起的气流阻力变化。

7.3.3 混合气流管道输送系统的压力损失计算

7.3.3.1 混合气流在输送管道内的压力损失来源与类型

（1）混合气流在输送管道内的压力损失来源

混合气流在气流输送管道内的压力损失主要包括两个方面，即纯空气在管道系统内的压力损失和物料在气流中运动引起的压力损失。

纯空气在管道内的压力损失主要来源于气流与管道内壁间的摩擦阻力和气流流体内部空气分子间的黏滞阻力，其中后者因空气密度小、分子间的粘滞性低，相对前者要小得多，可以忽略不计。

物料在气流中运动引起的压力损失主要源于以下几个方面：

①使物料加速，需消耗气流的能量。物料被装入输送管道时沿气流方向的速度为零或近于零，需消耗能量使物料粒子加速，使其达到正常输送的物料运动速度；混合气流经过弯管时，由于气流改变运动方向，物料粒子与弯管壁碰撞、摩擦等，使物料运动速度降低，经过弯管后需重新使物料加速；物料粒子大小不一，细小的物料粒子加速时间短，速度较快，细小的粒子追过较大的粒子时，发生碰撞造成能量损失的同时，细小的物料粒子速度下降，需重新加速。

②物料在气流中升降、跳跃、碰撞、翻滚、旋转、摩擦等运动消耗气流能量。

③物料粒子形状不规则，迎风面受力不均或与其他物料粒子碰撞、摩擦使物料粒子高速旋转，带动周围空气旋转而形成涡旋，且还可能将细小的物料粒子卷入，而造成气流的能量消耗。

（2）纯空气流在管道系统内的压力损失类型

纯空气流流经管道系统，其压力损失主要分为两类，即直管压损和局部压损。

①直管压损。直管压损又称为沿程损失，是指气流流经通直管段时气流能量的消耗，主要来源于空气流与管道壁的摩擦阻力。

在中、低压或中、低真空的气力输送系统中（压差≤20 000Pa），由于沿程的气流压力损失较小，可以认为管道内的空气是未被压缩的气体，即沿程空气的密度无变化，空气的容积不随沿程压力损失发生变化。因此，是按等容过程进行计算。

按等容过程计算时，对于纯空气紊流在通直的具有圆形截面的管道内流动的摩擦压损，可以直接按达西威斯巴哈公式计算，即：

$$\Delta P_s = \frac{\lambda l}{d}\frac{\rho v^2}{2} \tag{7-29}$$

式中：ΔP_s——在圆形截面的直管内流过紊流纯空气的沿程摩擦阻力(Pa)；

l——通直管段的长度(m)；

d——通直管段的管道直径(m)；

v——管道截面上的平均气流速度(m/s)；

ρ——管道内空气的密度(g/m^3)；

λ——纯空气气流在管道中的摩擦阻力系数。

对于用薄钢板(厚度 $\delta \leq 2$mm)焊制的气流输送管道，其管道摩擦阻力系数 λ 值可按式(7-30)计算，即：

$$\lambda = 0.0125 + \frac{0.0011}{d} \tag{7-30}$$

式中：d——管道内径(m)。

对于用较厚钢板制作的气流输送管道或铸造的钢管道，建议可按表 7-4 选取λ/d值。

表 7-4　钢管的 λ/d 值

管径(mm)	气流速度(m/s)							管径(mm)	气流速度(m/s)						
	10	15	20	25	30	35	40		10	15	20	25	30	35	40
100	0. 230	0. 220	0. 215	0. 212	0. 210	0. 208	0. 205	240	0. 078	0. 075	0. 074	0. 072	0. 071	0. 070	0. 070
110	0. 204	0. 198	0. 190	0. 189	0. 186	0. 182	0. 181	260	0. 071	0. 068	0. 066	0. 065	0. 064	0. 063	0. 063
120	0. 184	0. 175	0. 171	0. 167	0. 165	0. 163	0. 162	280	0. 065	0. 062	0. 061	0. 060	0. 059	0. 058	0. 057
130	0. 165	0. 160	0. 156	0. 154	0. 151	0. 150	0. 150	300	0. 058	0. 057	0. 056	0. 054	0. 053	0. 053	0. 052
140	0. 150	0. 146	0. 143	0. 139	0. 137	0. 136	0. 136	350	0. 049	0. 047	0. 047	0. 046	0. 045	0. 044	0. 044
150	0. 140	0. 133	0. 130	0. 129	0. 127	0. 126	0. 125	400	0. 042	0. 040	0. 040	0. 039	0. 038	0. 038	0. 038
160	0. 128	0. 122	0. 120	0. 117	0. 116	0. 115	0. 114	450	0. 036	0. 034	0. 033	0. 033	0. 032	0. 032	0. 032
170	0. 121	0. 113	0. 112	0. 109	0. 108	0. 107	0. 106	500	0. 032	0. 030	0. 030	0. 029	0. 029	0. 029	0. 029
180	0. 111	0. 105	0. 104	0. 102	0. 101	0. 100	0. 099	550	0. 029	0. 027	0. 027	0. 026	0. 026	0. 026	0. 025
190	0. 103	0. 099	0. 098	0. 095	0. 094	0. 093	0. 092	600	0. 026	0. 025	0. 024	0. 024	0. 023	0. 023	0. 023
200	0. 098	0. 092	0. 091	0. 089	0. 088	0. 087	0. 086	650	0. 023	0. 022	0. 022	0. 022	0. 021	0. 021	0. 021
220	0. 087	0. 083	0. 082	0. 080	0. 0078	0. 077	0. 077								

②局部压损。局部压损或称局部阻力，是指气流流经管道系统的局部阻力处时气流能量的消耗。管道系统的局部阻力处包括弯管、三通管、渐扩管、渐缩管、进风口、出风口、阀门、装料口、分离装置等构件。局部压损的来源除了气流流经这些局部阻力处时与壁面的摩擦阻力外，可能与壁面的碰撞、气流速度或运动方向的变化以及由此引起的涡流等现象。

在局部阻力处的气流压力损失 ΔP_L 是与气流在局阻处的气流速度 v 所对应的气流速度压力$\frac{\rho v^2}{2}$成正比关系。

$$\Delta P_L = \xi \frac{\rho v^2}{2} \tag{7-31}$$

上式中的比例系数 ξ 称为局部阻力系数，它表示该局阻处的局部阻力与速度压力之间的比例。借助于它，可以以速度压力来反映局部阻力处的压损，即：

$$\xi = \Delta P_L / \frac{\rho v^2}{2} \tag{7-32}$$

局部阻力系数 ξ 是用实验方法确定的，各种局阻部件都对应有一定的局阻系数 ξ 值。

在局部阻力处的气流速度 v 一般是指气流在局部阻力构件入口断面的气流速度。

(3)混合气流在管道系统内的压力损失类型

混合气流在管道系统内，物料粒子混合在气流中，使气流的物理性质发生较大的变化。混合气流在管道系统内的压力损失除了纯空气本身引起的压力损失外，还有物料在气流中的运动造成能量消耗或压力损失，因而混合气流在管道系统内的压力损失有直管压损或沿程损失、直立管段的压力损失、局部压损、使物料加速的压力损失等几种。

7.3.3.2 混合气流在水平输送管段内的压力损失

混合气流与纯空气流的物理性质是不同的，当所有其他条件相同时，混合气流在管道内运动引起的阻力总是大于纯空气流在相应管道内的运动引起的阻力。

若以 ΔP_{Sm} 表示一定流量的混合气流流过某水平通直管段的沿程压损、以 ΔP_{Sa} 表示相同流量的纯空气流在相同管段的沿程压损，则此 ΔP_{Sm} 与 ΔP_{Sa} 的比值 ε 即称比压降，或称压损增大系数、压损比，即：

$$\varepsilon = \frac{\Delta P_{Sm}}{\Delta P_{Sa}} \tag{7-33}$$

比压降 ε 的变化服从如下的直线规律，即：

$$\varepsilon = 1 + K\mu \tag{7-34}$$

式中：μ——流出重量混合浓度；

K——综合阻力系数，它与物料类别、管内物料的运动状态、管径大小、混合浓度及气流速度等因素有关，表 7-5 列出了多种木材碎料在水平通直管段内输送时，对应于不同的管径 D、气流速度 v_a 及流出重量混合浓度 μ 的综合阻力系数 K 之值，可供实际设计计算的参考。

$$\Delta P_{Sm} = \Delta P_{Sa} \cdot \varepsilon = \Delta P_{Sa} \times (1 + K\mu) \tag{7-35}$$

一般地，在相同条件下综合阻力系数 K 与气流速度成反比，与管径成正比关系。

表 7-5 在水平气流输送管道中处于稳定输送状况下的混合气流对于输送木材碎料的综合阻力系数 *K* 值

气力输送的物料类别	流出重量混合浓度 μ	气流速度 v_a(m/s)	管道直径 D (mm)	综合阻力系数 K	备注
木刨花	0.2~0.6	10~17	>400	1~1.33	在通直水平管道内
锯屑	0.2~1.0	10~17	<300	0.7	在通直水平管道内
锯屑	0.2~1.0	10~17	300	0.82	在通直水平管道内

（续）

气力输送的物料类别	流出重量混合浓度μ	气流速度v_a(m/s)	管道直径D(mm)	综合阻力系数K	备注
锯屑	0.2~1.0	10~17	>300	0.96	在通直水平管道内
木刨花	0.2~1.5	10~17	<300	0.65	在通直水平管道内
木刨花	0.2~1.5	10~17	300	0.78	
木刨花	0.2~1.5	10~17	>300	0.90	在通直水平管道内
木刨花	0.2	10~17	270	1.4	管道呈螺旋线复杂轮廓
用制材边料制成的工艺木片	2	25	<300	0.6	在通直水平管道内
用制材边料制成的工艺木片	2	25	300	0.7	在通直水平管道内
用制材边料制成的工艺木片	2	25	>300	0.8	在通直水平管道内
用树干制成的工艺木片	1~6	25~40	260	0.55	在通直水平管道内
用树干制成的工艺木片	1~6	25~40	319	0.64	在通直水平管道内
用树干制成的工艺木片	1~6	25~40	357	0.7	在通直水平管道内
用树干制成的工艺木片	1~6	25~40	600	1.0	在通直水平管道内
用伐木残料制的工艺木片	0.25~1.2	17~28	200	0.97	复杂轮廓路线的气力输送
用伐木残料制的工艺木片	0.25~1.2	17~28	280	1.10	复杂轮廓路线的气力输送
用伐木残料制的工艺木片（绝对含水率为60%~70%）	0.25~0.50	17~45	240	0.54	在通直水平管道内
用伐木残料制的工艺木片（绝对含水率为60%~70%）	0.25~0.50	17~45	280	0.60	在通直水平管道内
用伐木残料制的工艺木片（绝对含水率为100%~120%）	0.25~1.2	17~28	240	0.63	在通直水平管道内
细碎树皮	0.3~1.5	20~25	260	0.75~0.90	在通直水平管道内

7.3.3.3 混合气流在直立上升管段内的压力损失

混合气流在直立上升管段内的总压损ΔP_E包括三部分：混合气流在直立管段内的沿程损失ΔP_{Sm}；在直立上升管段内为提升空气到一定的高度h所消耗的能量（引起的压

损）ΔP_{Ea}；在直立上升管段内为提升物料到一定的高度 h 所消耗的能量ΔP_{Em}，即：

$$\Delta P_E=\Delta P_{Sm}+\Delta P_{Ea}+\Delta P_{Em} \tag{7-36}$$

其中，ΔP_{Sm}是混合气流在直立管段内的沿程损失，相当于相同直径和长度的水平管段的沿程损失，可按混合气流在水平管段的压力损失方法计算，即：

$$\Delta P_{Sm}=\Delta P_{Sa}\times(1+K_v\mu) \tag{7-37}$$

式中：ΔP_{Sa}——纯空气流在直立管段内的沿程损失（Pa）；

K_v——混合气流在直立管段（包括倾斜管段）内的综合阻力系数。

对于木材碎料在直立上升管段内运动（当管径 $D\leqslant 630$mm，气流速度 $v=15\sim35$m/s）的综合阻力系数 K_v，可按式（7-38）计算。

$$K_v=\frac{\mu}{1+0.9\mu} \tag{7-38}$$

但在工程计算中，常可取相应条件下的水平通直管段的综合阻力系数 K 值作为 K_v 近似地计算ΔP_{Sm}。

对于在直立管段提升空气和物料的压力损失 ΔP_{Ea}及ΔP_{Em}分别为：

$$\Delta P_{Ea}=\rho gh \tag{7-39}$$

$$\Delta P_{Em}=\mu\rho gh\frac{v_a}{v_m} \tag{7-40}$$

式中：h——直立管段的高度（m）；

v_a——输送管道内气流速度（m/s）；

v_m——输送管道内物料的运动速度（m/s）。

因此可得：

$$\Delta P_E=\frac{\lambda l}{d}\frac{\rho v^2}{2}(1+K\mu)+\rho gh\left(1+\mu\frac{v_a}{v_m}\right) \tag{7-41}$$

对于倾斜上升管段的压损计算，式（7-41）中 l 为倾斜上升管段的实际长度（m），h 为垂直提升高度（m），即 $h=l\cdot\cos(\alpha)$，其中，α 为管段倾斜角度。

7.3.3.4 混合气流在局部阻力处的压力损失

混合气流通过局部阻力处的压损，一般可参照通直管段的计算方法，即：

$$\Delta P_{ML}=\Delta P_L(1+K\mu)=\xi\frac{\rho v^2}{2}(1+K\mu) \tag{7-42}$$

式中：ΔP_{ML}——混合气流通过局阻处的压损（Pa）；

ΔP_L——相应条件下，纯空气通过局阻处的压损（Pa）；

ξ——纯空气通过局阻构件的局部阻力系数；

K——综合阻力系数。在近似计算中，可以沿用对通直管段计算时取用的综合阻力系数 K 值。

各局部阻力部件的局部阻力系数不同，下面介绍气力输送管道统中几种主要局部阻力构件的局部阻力系数。

（1）弯管的局部压损

气力输送管道系统中的弯管是最常用的构件，用于改变气流运动方向。弯管处会产生较大的压力损失，弯管的压力损失与管径、弯曲角度、曲率半径、混合气流的浓度、物料的物理性质以及气流在弯管内的流向等因素有关。其中，气流在弯管内的流向可分为在水平面内配置的弯管与在垂直面内配置的弯管。对于在垂直面内配置的弯管，根据气流的流向还可分为四种情况：气流由水平管段通过弯管进入直立上升的管段；气流由直立上升的管段通过弯管进入水平管段；气流由水平管段通过弯管垂直向下；气流由直立管段向下通过弯管进入水平管段。弯管的局部压损的计算要综合考虑这些因素，要获得准确的弯管压损计算公式是困难的，以下只是概要地介绍有关弯管引起的压力损失问题。

图 7-9 为一个弯管的结构示意图。当气流流过弯管时，由于流动方向的改变，在离心力的作用下，会在弯管内壁的前后两处产生涡流区（图 7-10）；另外，弯管还会使主气流产生螺旋形运动，这一运动可持续到离弯管后面 10～15 倍管径的距离处。由于两个涡流区和螺旋形运动的形成，会使气流在弯管处损失相当一部分的能量。

为尽量减小弯管的压力损失，要求将弯管做成平整均匀地弯曲，最重要的是弯管的内壁尽量平滑，因为在弯管内壁的凸起不平情况会引起很大的气流阻力，且这种不良情况往往也是使气流管道发生阻塞现象的重要原因。另外，为减小弯管局部阻力的一个重要措施，是增加弯管的曲率半径与直径之比 R/d（图 7-9）。因为随着 R/d 的增大，气流的螺旋形运动会逐渐减弱，局部阻力就随之减小。所以在弯管处，一般要求其曲率半径 $R \geqslant 2d$，通常所采用的是 $R=(3\sim6)\,d$。对于车间气力吸集装置 R/d 值可小些，而对于气力运输装置的弯管，由于其混合浓度较大，R/d 值应适当取大些。

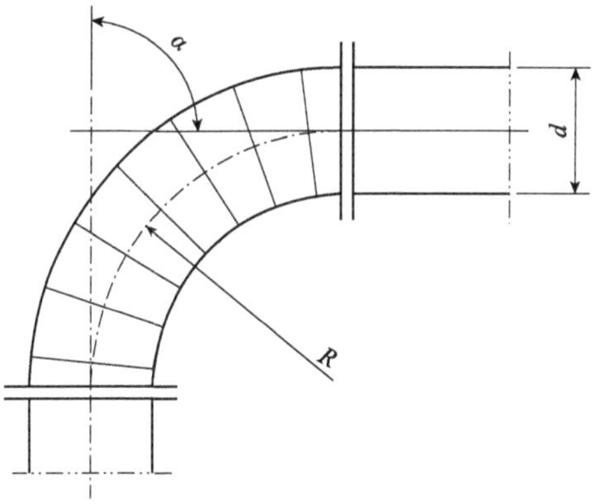

图 7-9　弯管头结构

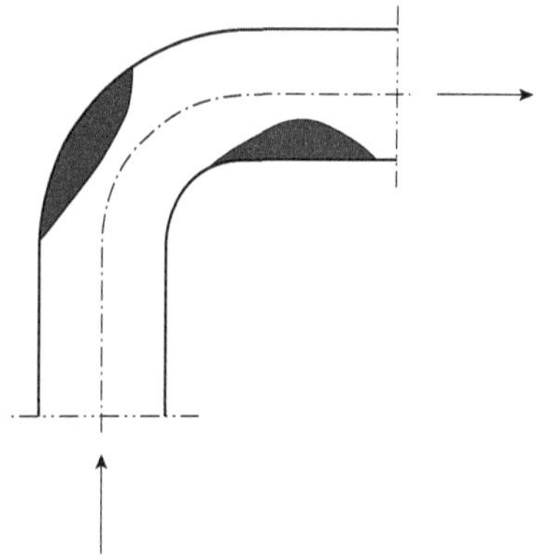

图 7-10　弯管内壁涡流

当混合气流中的散碎物料从水平管段向垂直上升管段过渡时，其在弯管处的物料速度为最小，因此，在弯管处发生物料阻塞的可能性最大。

木材工业气力输送系统中的弯管常采用若干片薄钢板（折叠钢板片）咬合或焊接制成，如图 7-9 所示。对于 90°的弯管，一般要求叠片数不得少于 6 片，以保证弯管较圆顺的弯曲过渡。

对于圆形断面的气流管道，当弯管的角度 $\alpha=90°$，且通过纯空气时，R/d 值与弯管的局部阻力系数 ξ 之间的关系见表 7-6。

表 7-6 弯管的 R/d 比值与局部阻力系数的关系

R/d	1	1.5	2.0	2.5	3.0	4.0	6.0
ξ	0.35	0.25	0.2	0.17	0.15	0.12	0.10

当弯管的角度 $\alpha \neq 90°$，则须对上述的 ξ 值乘以修正系数 k。在表 7-7 中列出了修正系数 k 之值，当 $\alpha=90°$时，$k=1$。

表 7-7 弯管角度 α 与修正系数 k

α	15°	20°	25°	30°	35°	40°	45°	50°	55°	60°	80°	120°	140°	160°	180°
k	0.02	0.03	0.05	0.08	0.11	0.14	0.18	0.25	0.40	0.55	0.75	1.80	2.40	3.20	4.00

对于含有木材碎料的混合气流通过弯管时，混合气流的局部阻力系数 $\xi_1=\xi(1+K\mu)$ 中的综合阻力系数一般取 $K=0.25$，即：

$$\xi_1=\xi(1+0.25\mu) \tag{7-43}$$

对于木材工业气力运输装置，当流出重量混合浓度 $\mu \geqslant 0.5$ 时，且考虑了木材碎料性质及管内的气流流向等因素时，混合气流流过 $\alpha=90°$的弯管的局部阻力系数 ξ_1 可由表 7-8 中选取。

表 7-8 不同气流方向下混合气流通过弯管的局部阻力系数 $\xi_1(\alpha=90°)$

流出重量混合浓度 μ	气流由水平到立上升的弯管			气流由直立上升到水平的弯管			流出重量混合浓度 μ	气流由水平到直立上升的弯管			气流由直立上升到水平的弯管		
	锯屑	刨花	木片	锯屑	刨花	木片		锯屑	刨花	木片	锯屑	刨花	木片
0.5	0.48	0.48	0.49	0.71	0..71	0.67	3	0.79	0.82	0.85	1.37	1.37	1.32
1	0.6	0.61	0.61	0.95	0.95	0.91	4	0.83	0.85	0.9	1.45	1.45	1.42
2	0.72	0.74	0.77	1.23	1.22	1.18	5	0.86	0.89	0.94	1.51	1.52	1.48

(2)三通管的局部压损

在气力输送管道系统中采用三通管构成并联支路，使气流流过三通管时，完成气流的汇合(合流三通管)或分流(分流三通管)，其中最为常用的是合流三通管。一般情况下，两股气流汇合时，会发生一股气流对另一股气流的冲击，产生涡流现象，从而引起阻力(图 7-11)。当一股气流在分流三通管处分离成两股气流时，亦会产生阻力。

在一般情况下，三通管处是有流体阻力存在的，特别是结构不合理的三通管(图 7-12)会引起较大的流体阻力。但是，如果三通管的结构设计合理，可使两股气流在并联汇合时的流体阻力减至很小，甚至可以忽略。

图 7-13 示出了能够满足这个要求的三通管。对于这种合理结构的三通管的流体阻力在实际计算中可以忽略不计，即可取其流体阻力系数 $\xi \approx 0$。这种三通管在结构上具有如下一些特点：两股气流汇合的角度很小(不超过 8°，几乎是成平行地汇合)；两股气流在汇合处的 Ⅰ-Ⅰ 断面上的速度是相同的；支管上的弯头距离两管汇合处必须有相当的一段距离($L \geqslant 3d$ 或 $L \geqslant 500mm$)。

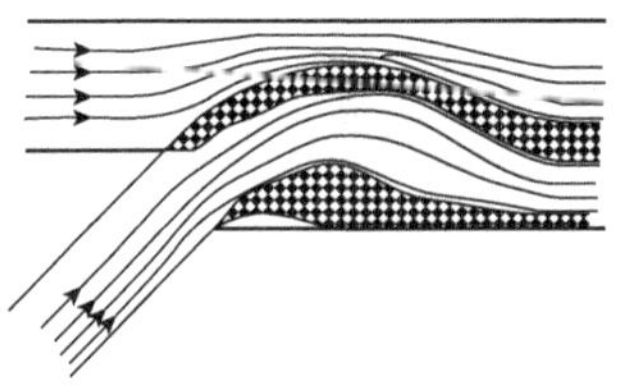

图 7-11　气流通过吸气三通管时

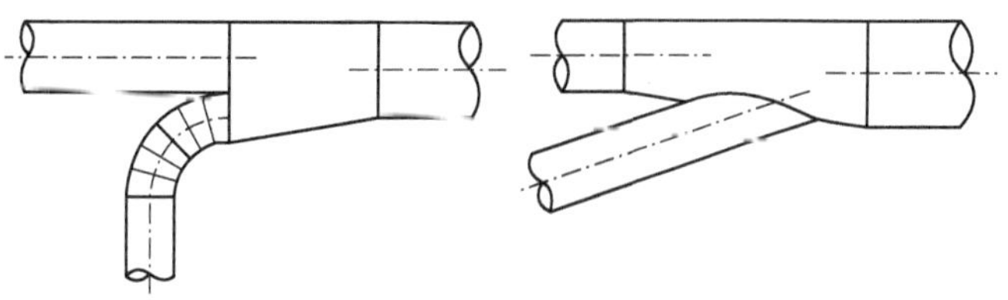

图 7-12　有较大阻力的三通管型式产生涡流情况

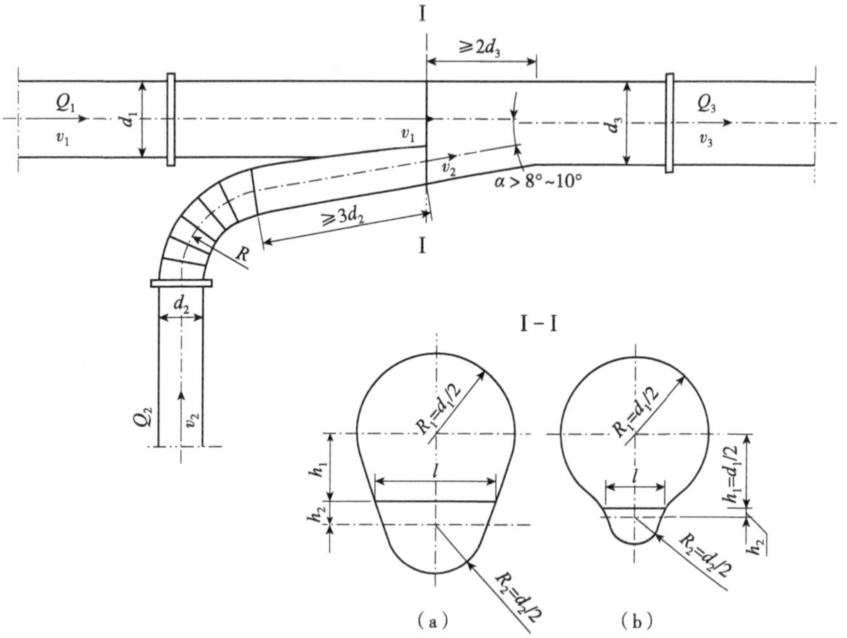

图 7-13　合理结构的三通管

为使两股气流的速度在并联汇合处达到相等，必须正确确定截面 I－I 的形状与尺寸。

设 F_1 与 F_2 为两根支管道在汇合处的截面积，Q_1 与 Q_2 两根支管内的气流量，由于其汇合截面 I－I 处两股气流速度相等，则以下关系成立：

$$\frac{F_1}{F_2}=\frac{Q_1}{Q_2} \tag{7-44}$$

当 $Q_1/Q_2 \leqslant 6.4$ 时，最好采用图 7-13 中的(a)型断面，这种断面的具体尺寸可按下列公式计算确定：

$$h_1=K_1 d_1 \tag{7-45}$$

$$l=K_2 d_2 \tag{7-46}$$

$$R_2=\frac{d_1}{2}\sqrt{1-K_3\frac{Q_2}{Q_1}} \tag{7-47}$$

$$h_2=K_4 d_1-K_5 R_2 \tag{7-48}$$

式中：d_1、d_2、R_1、R_2 和 l 为图 7-13 所示三通管断面形状尺寸；K_1、K_2、K_3、K_4、K_5 的值可按表 7-9 选取。

表 7-9 系数 K_1、K_2、K_3、K_4、K_5 的值

Q_1/Q_2	K_1	K_2	K_3	K_4	K_5	Q_1/Q_2	K_1	K_2	K_3	K_4	K_5
1.01~1.34	0.393	1.0	0.0	0.785	0.785	3.5~3.9	0.445	0.715	2.45	0.90	2.65
1.34~1.73	0.405	0.935	0.314	5.35	11.5	3.9~4.4	0.448	0.695	2.90	0.77	2.45
1.73~2.3	0.417	0.87	0.72	2.48	5.78	4.4~4.9	0.452	0.67	3.40	0.70	2.30
2.3~3.1	0.43	0.80	1.29	1.50	3.87	4.9~5.6	0.455	0.645	3.92	0.60	2.10
3.1~3.5	0.44	0.74	2.07	1.01	2.93	5.6~6.4	0.458	0.62	4.62	0.51	1.95

当 $Q_1/Q_2>6.4$，则此三通管的汇合断面应该采用图 7-13 中的(b)型断面型式，这种断面型式的特殊尺寸部分可按式(7-49)和式(7-50)计算：

$$l=\sqrt{1.14d_1^2-\frac{Q_2}{Q_1}+0.55d_2^2} \tag{7-49}$$

$$h_2=1.37l-1.46d_2 \tag{7-50}$$

对于木工车间气力吸集装置的吸气管段，有时也可采用图 7-14 所示的三通管型式，这种三通管的结构比较简单，其两根支管的汇合角度为 15°，虽然两股气流在这种吸气三通管汇合时会产生一定的气流阻力，但此气流阻力比较小。

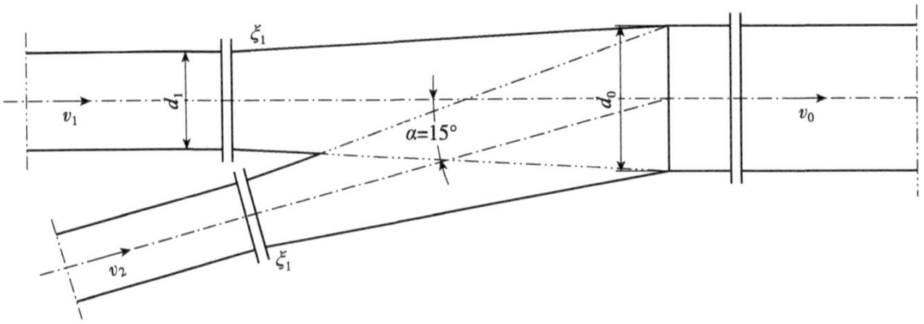

图 7-14 木工车间气力吸集装置的三通管

对于三通管的流体阻力 ΔP，可以用局部阻力系数 ξ_1 与 ξ_2 来分别计算，即：

$$\Delta P_1=\xi_1\frac{\rho v_1^2}{2} \tag{7-51}$$

$$\Delta P_2=\xi_2\frac{\rho v_2^2}{2} \tag{7-52}$$

式中：ξ_1——在三通管汇合处，通直支管气流的局阻系数，其对应的气流速度为 v_1；

ξ_2——在三通管汇合处，旁侧支管气流的局阻系数，其对应的气流速度为 v_2。

在计算管道系统压力损失时，应将上述的局阻 ΔP 分别计入相应支管的总阻力之中。

在三通管汇合或分流时，如果两股气流速度 v_1 与 v_2 相差不大，则将出现局阻系数 ξ_1 与 ξ_2 均为正值的情况，因为在三通管汇合处两股气流汇合时总是会有碰撞混搅而引起压力损失。如果并联支管两股气流速度差值较大时，流速大的支管内气流失去能量，所以它通过三通管时的局阻系数表现为正值，而流速较小的管段的气流是获得能量，则其在三通管处的局阻系数应表现为负值。

合流三通管与分流三通管的阻力情况是不同的，在附表 1 与附表 2 中列出了合流三通管与分流三通管的局阻系数。

（3）突扩管与突缩管的局部压损

当气流在管道内流过一个突然扩大或突然缩小的接头（图7-15）时，会产生较强烈的涡流。突扩管内的流体自小断面流向大断面，由于流体质点具有惯性而不能突然转弯，因而空气不能立即充满整个断面，所以就在突扩断面处形成涡流区，如图7-15（a）所示。在涡流区内，由流体质点间的相互摩擦而会消耗一些能量；另外流体在进入断面较大的管道以后，气流速度发生了变化，管内流体速度重新分布，会对气流运动产生干扰，也要消耗一些能量。

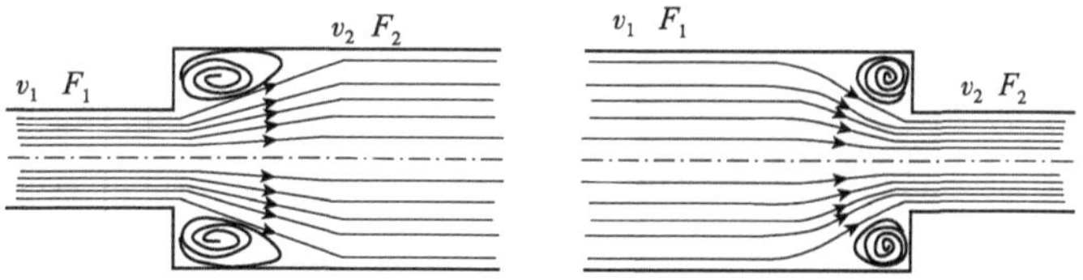

（a）突扩管　　（b）突缩管

图7-15　气流通过突扩管与突缩管时产生涡流的现象

气流流经突缩管时气流从大断面流向小断面，外围环形气流与断面缩小处的管壁发生强烈碰撞，而在此处产生涡流，且气流或气流速度重新调整与分布，而产生较大的能量消耗。一般突扩管和突缩管的局部阻力系数参见表7-10。

表7-10　突扩管和突缩管的局阻系数

	F_2/F_1	局阻系数 ξ	F_2/F_1	局阻系数 ξ
突扩管	10	0.81	2	0.25
	5	0.64	1.66	0.16
	3.3	0.49	1.43	0.09
	2.5	0.36	1.25	0.04
突缩管	F_2/F_1	局阻系数 ξ	F_2/F_1	局阻系数 ξ
	0.1	0.29	0.6	0.16
	0.2	0.28	0.7	0.09
	0.3	0.25	0.8	0.04
	0.4	0.21	0.9	0.01
	0.5	0.18	1.0	0

（4）渐扩管与渐缩管的局部压损

图7-16示出渐扩管与渐缩管的形式。渐扩管的截面是逐渐扩大的，气流流经渐扩管时速度逐渐减小，因而引起的压损也较突扩管小得多。当气流通过渐扩管时，气流速度降低，气流的一部分动压转换为静压。当渐扩管的扩张角 $\alpha \leqslant 6° \sim 10°$ 时，气流在通过渐扩管的过程中会较均匀、完全地充满整个渐扩管段的断面，基本上无涡流现象发生，因而其局阻系数接近于零，可以忽略其局部压损，仅当成一般通直管段计算其沿程损失。当扩张角 $\alpha > 6° \sim 10°$ 时，则会出现涡流现象，引起较大的压力损失；而当 $\alpha > 40°$ 时，会引起很大的压力损失。

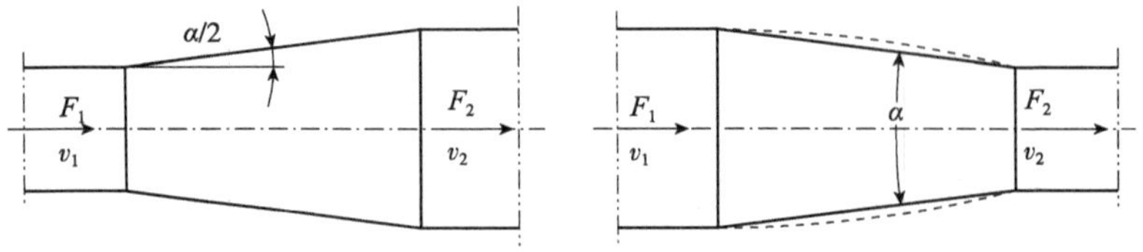

（a）渐扩管　　（b）渐缩管

图 7-16　渐扩管与渐缩管

在渐缩管内，渐扩管的截面渐小，气流速度逐渐均匀地增大。在气流速度逐渐增大的过程中，气流中的一部分静压会转换成动压。渐缩管与相同尺寸的渐扩管相比，渐缩管的压损较小，特别是曲线型的渐缩管[图 7-16(b)中的虚线所示]的压力损失接近等于零，在实际计算中往往只考虑其相应的通直管段的气流沿程损失。表 7-11 列出了部分渐扩管与渐缩管的局部阻力系数。

表 7-11　渐扩管与渐缩管的局部阻力系数

渐扩管　局阻系数 ξ(任意形状截面)							渐缩管　局阻系数 ξ(任意形状截面)					
F_2/F_1	扩张角 α						F_2/F_1	收缩角 α				
	5°	10°	15°	20°	25°	28°		10°	15°	20°	25°	30°
1.25	0.02	0.02	0.02	0.02	0.03	0.04	0.8	0.01	0.02	0.03	0.03	0.04
1.5	0.03	0.03	0.03	0.05	0.07	0.08	0.66	0.02	0.03	0.05	0.08	0.11
1.75	0.05	0.05	0.05	0.06	0.09	0.11	0.57	0.03	0.05	0.07	0.11	0.15
2	0.07	0.07	0.07	0.09	0.13	0.15	0.5	0.04	0.06	0.1	0.15	0.16
2.25	0.08	0.08	0.08	0.12	0.17	0.19	0.44	0.05	0.08	0.13	0.18	0.19
2.5	0.1	0.1	0.1	0.14	0.2	0.23	0.4	0.06	0.1	0.15	0.19	0.2

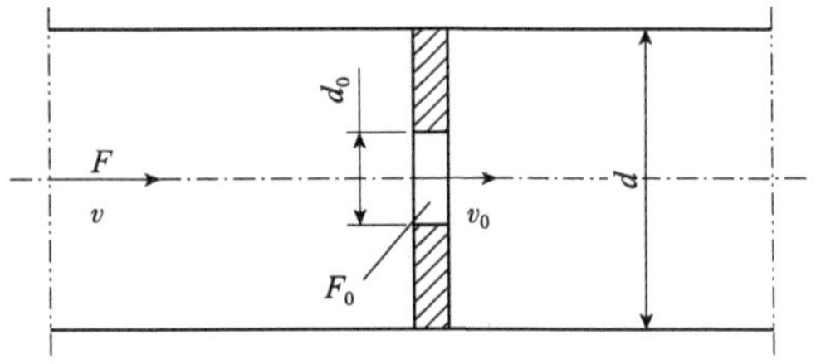

图 7-17　孔板

(5)孔板、阀门处的局阻系数

①孔板的局阻系数。如图 7-17 所示，在气力输送管道系统中，孔板常用于调节管路阻力或测量气流量等用途。孔板的局阻系数 ξ 可按式(7-53)计算。

$$\xi=\left(1+0.707\sqrt{1-\frac{F_0}{F}}-\frac{F_0}{F}\right)^2\left(\frac{F_0}{F}\right)^2 \tag{7-53}$$

式中：F——管道截面面积(m^2)；

F_0——孔板孔眼截面面积(m^2)。

式(7-53)是当雷诺数 $Re>10^5$ 时适用，雷诺数按 $Re=\frac{v_0 d}{v}$ 计算求得，其中 v_0 是孔板孔眼中气流速度，v 是管道气流速度。

②矩形截面的管道内闸板阀的局阻系数，见表 7-12。

③圆形截面的管道内闸板阀的局阻系数，见表 7-13。

表 7-12　矩形截面的管道内闸板阀的局阻系数

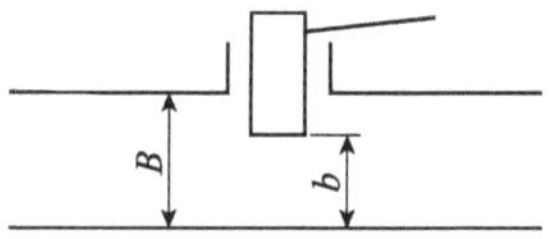

b/B	1	0.9	0.8	0.7	0.6	0.5	0.4	0.3	0.2	0.1	0
ξ	0.10	0.23	0.5	1.0	2	4	8	17	40	200	∞

注：B 是矩形截面管道的截面高度(mm)；b 是闸板阀底端与管道底面间的垂直距离(mm)。

表 7-13　圆形截面的管道内闸板阀的局阻系数

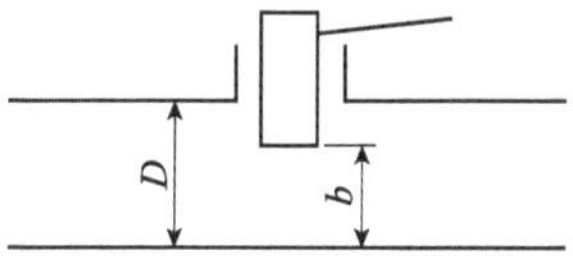

b/D	1	0.875	0.75	0.625	0.5	0.375	0.25	0.125	0
ξ	0.05	0.07	0.26	0.81	2.05	5.52	17.0	97.8	∞

注：D 是圆形截面管道的直径(mm)；b 是闸板阀底端与管道截面最低点间的垂直距离(mm)。

④旋转阀的局阻系数旋转阀有蝶阀(图 7-18)与转芯阀(图 7-19)两种，表 7-14 列出了它们的局阻系数。

表 7-14　蝶阀与转芯阀的局阻系数

α	0°	5°	10°	15°	20°	25°	30°	35°	40°	45°	50°	55°	60°	65°	70°	80°
蝶阀 ξ	0.05	0.24	0.52	0.9	1.54	2.51	3.91	6.22	10.8	18.7	32.6	58.8	118	256	751	∞
转芯阀 ξ	—	0.05	0.23	0.75	1.56	3.10	5.47	9.68	17.3	31.2	52.6	106	208	486	—	—

注：α 是蝶阀、转芯阀的阀芯中心线与管道中心线间的夹角。

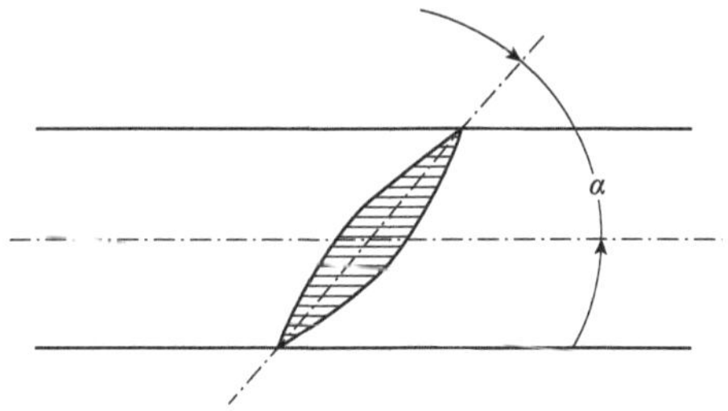

图 7-18　蝶阀

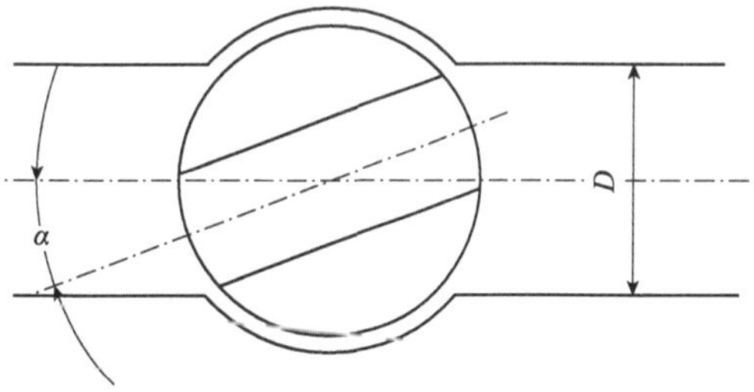

图 7-19　转芯阀

(6)进、出风口处的局阻系数

①进风口处的局阻系数，见表 7-15；

②出风口处的局阻系数，见表 7-16。

表 7-15 进风口处的局阻系数

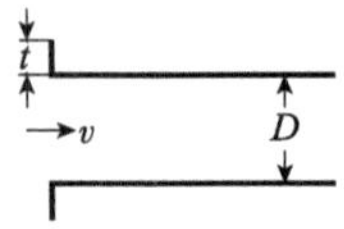	$t=D/20$ $\xi=0.5$ $t>D$ $\xi=0.43$
	$\xi=0.35$
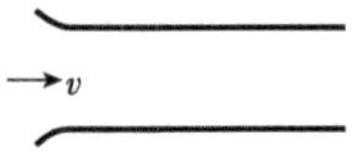	$\xi=0.03$
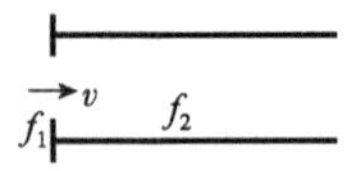	f_1/f_2: 0.4 0.6 0.8 1.0 ξ: 9.61 3.08 1.17 0.48
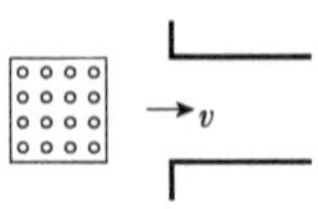	孔眼静面积系数 0.2 0.4 0.6 0.8 ξ: 35~41 7.6~8.6 3~3.7 1.2

表 7-16 出风口处的局阻系数

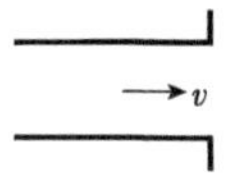	$\xi=1.0$
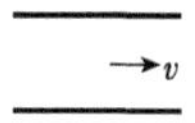	$\xi=1.0$
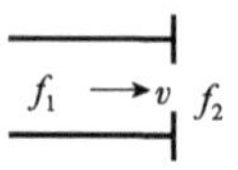	f_1/f_2: 0.4 0.6 0.8 1.0 ξ: 7.76 4.65 1.95 1.00

7.3.3.5 使物料加速引起的压力损失

当向气流输送管道内装入物料时，物料在气流运动方向上的速度为零或接于零，为使装入输送管道的物料产生加速度，必然要消耗气流的能量。另外，在各个局部阻力处(特别是弯管)的后方，为使物料恢复运动速度也要消耗气流的能量。在气力输送系统中，装料处或局阻处，空气与物料皆要求获得加速度运动，以达到正常的运动速度，其中为使空气加速引起的压损比较小，所以通常只计算使物料加速所引起的压损。

①装料处使物料加速的压力损失。当物料刚装入输送管道时，通常可以认为物料的初速度为 0，其压力损失计算方法为：

$$\Delta P_{ac}=\frac{v_m}{v_a}\mu\rho v_a^2 \tag{7-54}$$

式中：ΔP_{ac}——装料处使物料加速的压力损失(Pa)；

v_m——稳定输送状态下物料速度(m/s)；

v_a——气流速度(m/s)；

μ——混合气流的流出重量混合浓度；

ρ——空气密度(g/cm^3)。

②弯管后使物料恢复运动速度的压力损失。木材碎料通过弯管后，物料速度下降，需重新使物料加速度而造成压力损失。对于弯曲角度 $\alpha=90°$ 的普通弯管，通过木材碎料后的加速压损，一般按式(7-55)作近似计算。

$$\Delta P_{acb}=(4.75v_a-100)\mu^{0.9} \tag{7-55}$$

7.3.3.6 分离器的压力损失

旋风分离器的作用是将混合气流中的空气与物料加以分离。一般旋风分离器对于分离出粒径大于40μm的木材物料粒子是很有效的，高效旋风分离器甚至可以分离出粒径为10μm的木材物料粒子。

旋风分离器的流体阻力(压力损失)包括从气流进入旋风分离器的进口处一直到空气由排气管口逸出的全部阻力。亦即旋风分离器引起的压力损失等于旋风分离器的气流进口处与气流出口的全压力之差，当分别测得旋风分离器的气流进口处与空气排出口处的全压值后，即可得知该旋风分离器的压损值。

旋风分离器的流体阻力(压损)ΔP_C，可按式(7-56)计算：

$$\Delta P_C = \xi_C \frac{\rho v^2}{2} \tag{7-56}$$

式中：ξ_C——旋风分离器的流体阻力系数；

v——旋风分离器进气口处的气流速度(m/s)。

与其他构件的局部阻力损失情况相反，旋风分离器在通过混合气流时引起的压损反较通过同流量的纯空气时引起的压损小，这是因为当被分离的物料粒子沿着旋风分离器的外筒内壁回旋下降时，由于物料粒子与壁面的不断摩擦，使物料粒子回旋运动的速度逐渐减小，从而也会使在外筒内壁面附近的空气的速度也随之减小，这样就导致旋风分离器的压损降低。所以，通常是应该按通过纯空气流的情况来确定旋风分离器的压损，并由此来确定出该旋风分离器的流体阻力系数。

7.3.3.7 并联气流管道的平衡计算

任何复杂的气流管道系统，实质上都是由串联及并联管路的组合。

所谓并联管路，是指由若干根分支管管路并列交汇联接而成的管路，汇合主管内的总气流量等于各根分支管路内的气流量之和，在各根分支管汇合的断面上的气流速度趋于相等，各根并联支管内的阻力损失相等。

并联管道汇合截面上的压力只有一个值，各根分支管道内的压力损失是相同的，即：

$$\Delta P_1 = \Delta P_2 = \Delta P_3 \tag{7-57}$$

且知：

$$Q = \sum_{i=1}^{n} Q_i \tag{7-58}$$

在进行并联管路的计算中，存在支管阻力平衡问题。所谓支管阻力平衡，是指各根在其相应规定的支管气流量情况下，要求各根支管的气流压力损失值达到相等。否则，由于在各支管的汇合截面上具有的压力总是相同的，而会使各根支管自动地改变其气流量(不等于原来相应规定要求的支管气流量)，使各个支管内实际的气流压力损失值获得相等，而这时各支管内的实际气流量就不能够满足设计中所相应规定要求的气流量了，这就出现了所谓的不平衡的现象。

当并联管路出现不平衡情况时，可以重新选择支管的管径、气流速度等，再重新计算支管内的阻力，直到各根并联支管内的气流阻力达到满足式(7-59)为止，而同时支管内的实际气流量与所要求的气流应相同。

$$\delta = \left| \frac{\Delta P_1 - \Delta P_2}{\Delta P_1} \right| \times 100\% \leqslant 5\% \tag{7-59}$$

7.3.3.8 气力输送管道系统的总压力损失

气力输送管道系统的总压力损失是指该系统的串联管路上的压力损失的总和。对于一定布置形式和结构的气力输送管道系统，计算其气力输送系统的压损的基础是输送的物料量、各串联管段的长度、局阻部件的结构与数量、输送管段内要求的气流量与气流速度，以及气力输送管道直径等因素。

气力输送管道系统的总压力损失ΔP_T按式(7-60)计算，总压力损失ΔP_T包括水平管段的沿程损失ΔP_{SH}、直立管段的沿程损失ΔP_{SV}、提升物料与空气的压力损失ΔP_E、气流在局部阻力处的局部压损ΔP_L、装料口处和弯管后使物料产生加速度的压力损失ΔP_{ac}、分离装置的压力损失ΔP_C 等。

$$\Delta P_T = \Delta P_{SH} + \Delta P_{SV} + \Delta P_E + \Delta P_L + \Delta P_{ac} + \Delta P_C \tag{7-60}$$

气力输送管道系统的风机要求的风压 H_b 等于：

$$H_b = (1.1 - 1.2)\Delta P_T \tag{7-61}$$

对于于木工车间内的木屑气力吸集装置，因为木工车间气力吸集装置的气流混合浓度很小，计算其管道系统的压损时，可以先按纯空气的情况计算，不计及在直立管段中提升物料与空气的压力损失、装料口处和弯管后使物料产生加速度的压力损失，最后将按纯空气计算得到的总压力损失值乘上比压降 ε，计算得到混合气流通过时的总压力损失。

7.4 气力输送装置的主要构件

气力输送装置的主要组成构件有：管道及其附件，作为气力输送气流通道；供料器，包括有吸嘴、吸料器、喷射注入式供料器、旋转叶轮式供料器等，其作用是将被输送的散碎物料装入气流输送管道，并使其与空气均匀混合，且得到加速；分离装置，将混合气流中的固体物料分离出来并集中在一处，空气排回大气；动力源，为气力输送系统提供具有一定能量和较高速度的气流。

7.4.1 气流输送管道及其附件

气流输送管道在气力输送装置的结构中是最简单的部分，但却是十分重要的部分。管径的选择及管路的配置对于整个气力输送装置的工作效果是至关重要的，由于整个输送系统的大部分动力被消耗于输送管道内，所以在设计与安装工作中应对气流输送管道及其附件的选用与结构给予足够的重视，否则难以确保气力输送装置的工作性能。总体上，对于气流输送管道的要求有：管内壁要尽量光滑；管段的接口应平整；管道应具有足够的强度、刚度、耐磨性与密封性；对于输送磨削性大的物料及安装在室外的管道，应适当采用管壁较厚的管道；对于输送不允许混入铁锈的物料，应采用不锈钢、铝或塑料制成的管道；当使用橡胶管或塑料管作气流输送管时，易产生静电，必须采取相应安全措施；为防止管道堵塞，应设置检查孔和清扫孔；由于被输送的物料温度及环境温度的变化，气流输送管会有热胀冷缩，因而必要时应加装适当的伸缩补偿装置；在地下布置输送管道时，应将管道敷设在地下槽道内，并需刷上防锈漆。

在管道系统中，除直管段以外，还有弯管、三通管、可伸缩管等，还有管道转换器、管接头、检查孔(清扫孔)及大块物料收集器等管道附件。

7.4.1.1 气流输送管道

(1)直管

对于车间木屑气力吸集装置，在车间内部的吸气支管大多是采用厚度为0.7～1.0mm的薄钢板，用摺合咬边的方式连接的；在车间内部的主管道、车间外部的管道则选用厚度为1～2mm的钢板，焊接的方法连接制成，法兰连接。对于用薄钢板制作的吸气管道，若管径超过350mm，应每隔一定距离(如每隔2～3m)装设刚性套环，以防止吸气管道发生内凹变形的现象。

在车间木屑气力吸集装置的主管道，有条件的应尽量采用精度较高的焊制钢管或无缝钢管，可降低直管沿程阻力，同时还可减少长期维修、维护费用。由于规格化的钢管的直径难以正好与设计计算所要求的管径相同，所以选用规格化的钢管时允许有一定的管径误差。通常对于管径为100～300mm的管道，其允许管径误差为1～4mm；对于管径大于300mm的管道，其允许管径误差为1～8mm。

对于低压式的气力运输装置，其所用的输送管道一般与车间木屑气力吸集装置的室外管道相同，如用于刨花板生产车间内的气力输送装置的管道是常用管壁厚度为1～2mm的薄钢板制作，采用法兰或焊接方式连接。

对于中压及高压式的气力运输装置，应该采用管壁较厚(2～6mm)的热轧钢管或电焊钢管。对于用于高浓度或高压式气力运输装置的厚壁管道的连接要求很高，要有足够的密封性及保证管段连接的同心性。

图7-20示出了高浓度或高压式气力运输装置的输送管段的几种连接方法。

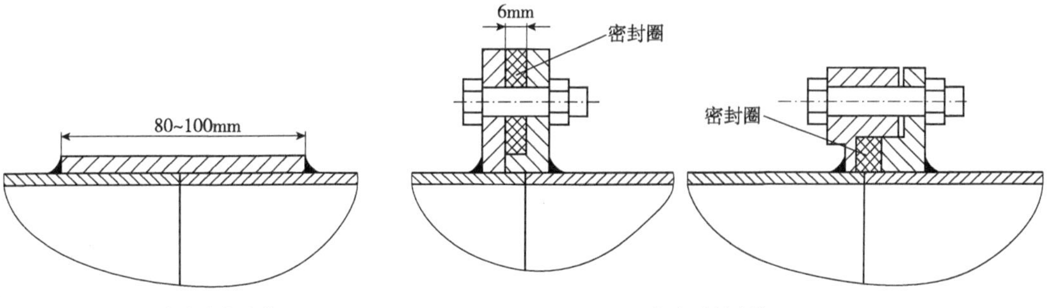

(a)电焊连接　　(b)法兰连接

图7-20　高压气力运输装置的输送管段的连接方法

当管道作为固定安装在支撑上时，每隔100m左右的直线管道上应该设置一个允许管道伸缩的接头，以适应温度变化时管道长度发生伸缩的情况。图7-21示出了一种套筒式的伸缩补偿装置。

为了便于安装、制作加工与管道运输，一般每段气流输送管的长度应不超过5m。对于管壁较薄(壁厚小于1mm)的管段，可采用折合咬边的连接方式；而对于管壁较厚(超过1mm)的管段连接，则通常是采用法兰连接或焊接。

车间木屑气力吸集装置的吸气支管的管径一般取为100～200mm，其主管道的管径取为200～600mm(多数为350～520mm)。木材碎料气力运输装置的输送管道的直径范围一般是取为150~800mm。气力运输装置所取用的管道直径与运输生产率、混合浓度、要求的气流速度及气流量、物料密度与物料外形尺寸等因素有关。

(2)软管

在气力输送管道系统中，除采用刚性的管道外，在活动部分还必须采用软管。软管的种类很多，一般有橡胶软管、塑料软管和金属软管等。

橡胶软管，用橡胶浇涛而成，中层有钢丝和帆布以提高软管强度，这种软管不易漏气，但易产生静电而致火灾。

塑料软管，用小钢丝先绕成螺旋形骨架，再浇上塑料(聚乙烯、聚氨酯等)，$D=60\sim160$mm不等，具有较好的气密性、耐磨性和弯曲性能。

金属软管，薄钢带卷曲而成，内外镀锌防锈，较轻，抗拉强度低，可套上一层帆布和橡胶管，以防漏气。如图7-22所示重叠钢板式软管，外层采用钢板制作的套筒通过交替的铰链连接，内由橡胶套管保证气密性，这种软管笨重、内层橡胶，与橡胶软管一样易产生静电而导致火灾，且阻力较大、间隙易卡死。

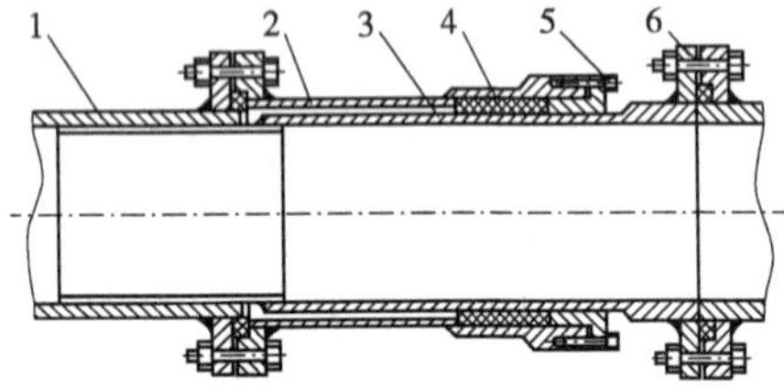

1. 气流输送管道；2. 外壳；3. 内套环；4. 密封填料；5. 调节螺栓；6. 法兰盘。

图7-21 套管式伸缩补偿装置

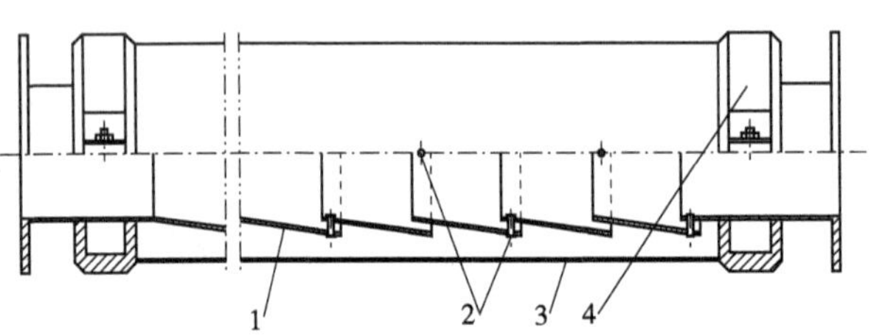

1. 重叠的钢板片；2. 螺栓铰链；3. 橡胶套管；4. 坚固套环。

图7-22 重叠钢板式软管

软管的阻力一般比相应长度(管径相同)的刚性钢管大3倍左右，应尽量减少软管的使用。

若在气流输送管道系统的中部连接使用软管，在输送压力或真空度较高时，应特别注意其耐压性。当输送物料中含有形状尖锐的物料时，不宜采用橡胶软管，以免物料刺破管道发生危险。在风机的进风口及出风口的管道连接处，常采用长度不大(一般50~60cm)的一段软管，以防止风机的振动影响到整个输送管道系统。

(3)弯管

在弯管处引起的气流阻力较大，易发生物料堵塞，且在弯管处管壁的磨损也最为严重。

普通型的弯管构件如图7-23所示。曲拐头[图7-23(a)]的内外曲率半径都是相等的，其横截面是变化的，其阻力较大，很少使用。如图7-23(b)所示的是常见的典型的弯管结构形式，内外曲率半径则不相等，为同心圆弧，其横截面都是相同的，气流阻力较小。

低压车间木屑气力吸集装置中的弯管可以用厚度小于1mm的薄钢板折合咬接制成，如图7-23(c)所示，为了保证获得比较圆整平滑的弯曲形状，减小弯管的气流阻力，这类弯管的钢板折片数一般不得少于6片。当采用厚度超过1mm的钢板制作弯管时，由于折边咬接不易，而常采用焊接的方式，但是焊接制成的弯管的内表面常不易达到平滑的要求，建议采用无缝钢管在弯管机上直接弯制成整体型的如图7-23(c)所

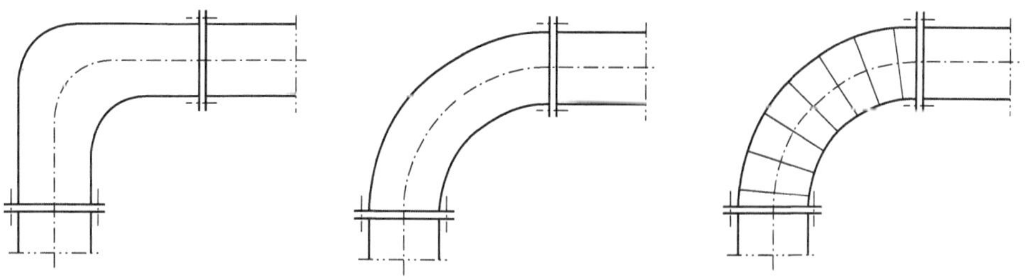

（a）曲拐头　（b）整体型弯管　（c）用钢板折片咬接制成的弯管

图 7-23　普通型式的弯管构件

示的弯管。

表征弯管的形状特征有弯曲角度 α 和 R/d 值（R 为弯管的平均曲率半径，d 为弯管截面的直径）。对于车间木屑气力吸集装置所用的弯管，一般取其 $R/d\geqslant3$；对于木材碎料气力运输装置所用的弯管，一般取其 $R/d=5\sim8$。但是对于混合浓度较高（$\mu\geqslant2$）的输送木片的气力运输装置，则常取其弯管的 $R/d=8\sim12$。若弯管的平均曲率半径 R 过小，易引起物料在弯管处堵塞。增大弯管的曲率半径 R 有利于降低弯管的压力损失，避免堵塞，还可减少物料通过弯管时的破碎率。但是曲率半径 R 过大又导致弯管的外形轮廓增大，占用空间较大。

为减小物料对弯管外侧内壁的磨损，可采用耐磨性强的材料制作弯管（如有铸铁弯管）或将弯管的外侧管壁加厚（由于受离心力的作用，物料通过弯管时压向弯管外侧，而使对弯管外侧内壁的摩擦加剧），也可在弯管外侧壁采用便于更换的衬垫层。

弯管的横截面形状有圆形与方形两种。圆形横截面有利于减小流体阻力，方形横截面弯管的外侧壁（受磨耗影响大）便于更换。方形横截面的弯管可采用整片钢板来制作其每一个侧边，从而使弯管内面达到十分光滑圆整，所以对于高混合浓度的气力运输装置，采用方形横截面的弯管是合理的。

图 7-24 示出了用于木材工业气力运输装置中的两种方形横截面的弯管。如图 7-24（a）所示方形横截面弯管的外侧壁是加厚的，且能拆下更换，这种弯管的内壁光滑平整，因而可减少物料通过弯管的破碎率，且能使物料通过弯管时产生的速度降低较小，这种弯管的压损也比较小。如图 7-24（b）所示的后方具有偏心接头的弯管，当物料在通过弯管进入直立管段时，这种偏心管接头可以使物料处于弯管出口的后接管截面的中心位置，从而可使物料较快地恢复其稳定运动速度，即可减少物料在通过弯管之后的加速压损。

图 7-25 示出了几种用于木材工业气力运输装置的弯管结构型式。图 7-25（a）为具有方形截面的焊制弯管，其外侧壁加厚（通常其外侧壁厚度不小于 15mm）；图 7-25（b）为采用铸铁或铸铜制造的弯管，其外壁是用一个加厚的可以装拆的盖板，可便于更换；图 7-25（c）为用于压气管段的橡胶弯管，为了保持弯管的形状，沿着橡胶弯管的外侧面用具有加强筋的钢板加固。

（4）三通管

在气力输送装置的并联管路中采用三通管，合理结构的三通管结构如图 7-13 所示，在木材工业车间可采用如图 7-14 所示简化三通管结构。

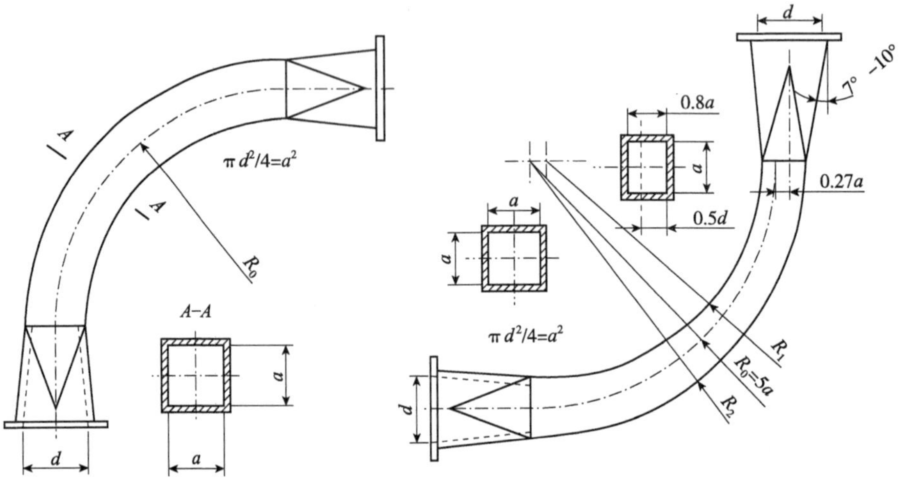

（a）具有方形横截面的焊接弯管　　（b）方形截面的后方具有偏向管接头的弯管

图 7-24　方形截面弯管

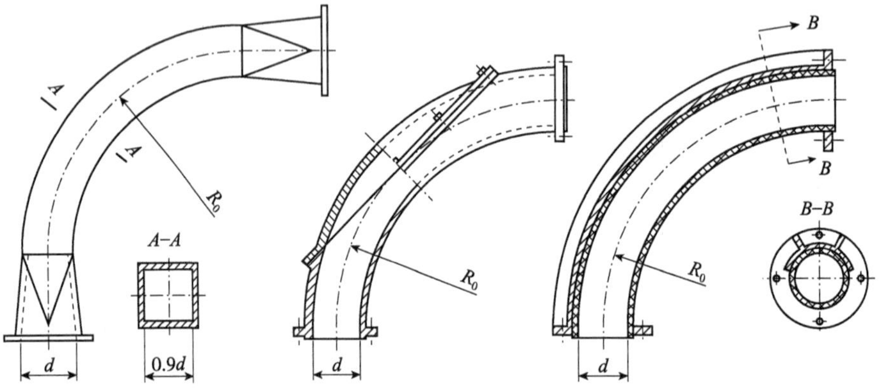

（a）方形截面的焊制弯管　　（b）外壁可装拆的铸造弯管　　（c）具加强筋的橡胶弯管

图 7-25　几种用于木材工业气力运输装置的弯管结构型式

7. 4. 1. 2　闸门与管道转换器

在气力输送管道系统的工作中，常有必要对某些管路进行截断或切换。闸门是用于截断管路，而管道转换器是用于输送管道系统中进行管路切换的装置。

（1）闸门

按其工作原理，可以分为插板式闸门、滑板式闸门及转芯式闸门。

①插板式闸门。插板式闸门的构造很简单，是用一块插板插进两个导板的中间间隙而构成的。如图 7-26所示插板式闸门的结构。导板插入闸门的部分应制成能够拆卸的结构，以便拆卸进行清扫。

②滑板式闸门。滑板式闸门的闸板是呈锥形踏面，因而在关闭时可保证很好地密闭，且物料不会夹在闸门和导面之间，在整个结构里无积存物料的空隙，这是该闸门的优点。图 7-27 示出了滑板式闸门的结构原理，滑板式闸门可用于吸入式或压出式管道中，管道内气流压差

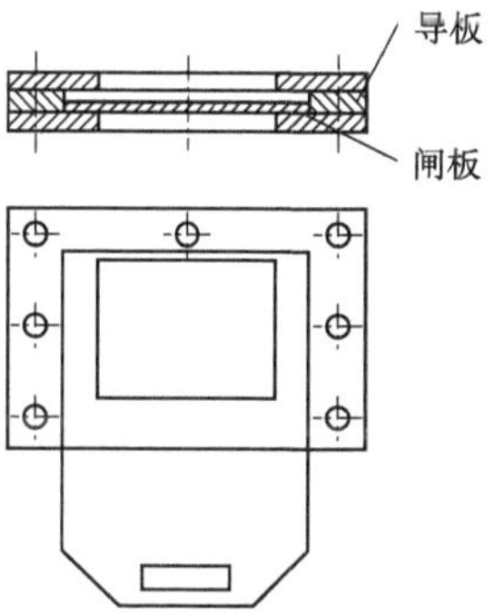

图 7-26　插板式闸门

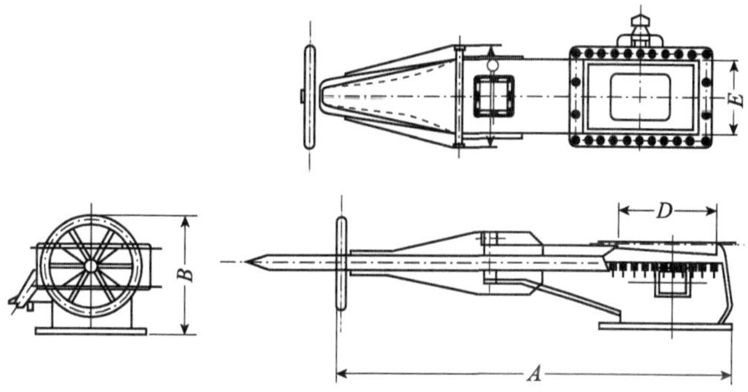

1. 闸体；2. 锥面闸板；3. 螺杆；4. 螺杆导槽；5. 密封压盖；
6. 回转挡销；7. 螺旋罩壳；8. 手轮；9. 检查孔。

图 7-27　滑板式闸门

大时也适用。

③转芯式闸门。转芯式闸门又可称为旋转式闸门，其基本结构是在旋转阀的壳体内设开孔的转子，每当转子转动 90°时，即可使管路全开启或全封闭，它对于输送细粉状物料很适用。图 7-28 示出了转芯式闸门的作用原理。

(2)管道转换器

管道转换器是安装在压出式或吸入式管道的分叉部，由于物料是要通过管道转换器的，所以要求勿使物料卡入或堆积于内，且要求管道转换器的动作灵活、阻力小，物料通过时的破碎率小，以及空气泄漏量尽可能减小。管道转换器有双向、三向及多向的，按其操作方式可有手动式、气动式及电动式的。在一个大型的气力输送系统中，为满足生产工艺的需要，常要求采用可从各个供料器向任意一个料仓进行输送的切换系统，因而在一个气力输送系统中所用的管道转换器的数量可达 10 多个，一般常用的管道转换器有以下几种：

①S 形转换器。如图 7-29 所示，它是通过 S 形弯管的 180°移转来进行管道的转换。

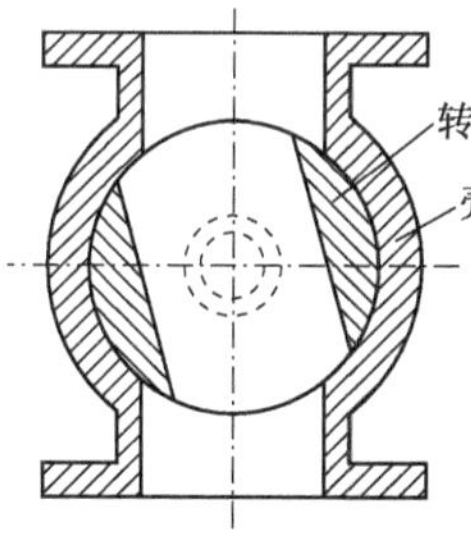

图 7-28　转芯式闸门

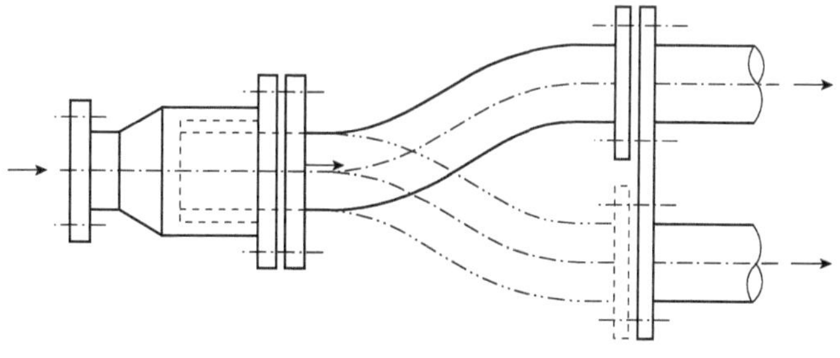

图 7-29　S 形转换器

②挠性软管式转换器。这种切换装置的工作可靠，适用于吸入式或低压压出式气力输送装置中。它可以是手动的转换器，也可用气动的或电动的。

③回转式多向转换器。它可以具有多达 8 个转换接头，其动作是靠电动机使曲管回转，由限位开关进行控制，当曲管旋转到一定位置时，电动机就停止转动。

④回转式两向转换器。在一个密封的壳体内，可按一定角度旋转带有弯管的转子，使管路在各通道之间交替转动。这种转换器因为是在密闭的壳体内转向，所以不会漏气，但当输送细微粉粒状物料时，常易有物料进入壳体和转子之间的空隙内。

⑤舌板式转换器。这种转换器靠气动活塞使连杆机构动作，当打开一方的舌板时，另一方向的舌板就关闭，它适用于从一个方向向两个方向的切换。

对于上述这些管道转换器的动作情况，可用限位开关控制，在远距离的操作台上可用灯光指示信号，并采用联锁动作，以保证安全。这些管道转换器还可与探测料位的各种测量仪表联动，进行全自动切换和自动记录。

7.4.1.3 检查孔、大块物料收集器

在气力输送管道系统中，有些地方容易发生物料积聚或堵塞的情况，如在弯管后方、供料器后方及直立上升管段的下方等部位。为了能及时地检查和清理管道，就在易堵处设置检查孔或清扫孔。管道上开设的检查孔必须便于开启且密闭性好。

在木工车间的木屑气力吸集装置中，往往可能吸入一些大块的木料或一些金属零件，为了防止这类物料被吸进风机，打坏风机的叶轮或在风机内壳中引起物料堵塞，常在风机吸风口前方的吸气管段上设置大块物料收集器，如图 7-30 所示的一种简易型式的大块物料收集器。大块物料收集器的物料收集室的底部有一个作倾斜位置安装的闸门，借助于配重重量及管道内的空气负压可将此闸门关闭。当风机停止运转或当大块物料充满收集室时，闸门就会克服配重的重量作用而自动打开，物料收集室内的物料即由闸门开启处落下来。

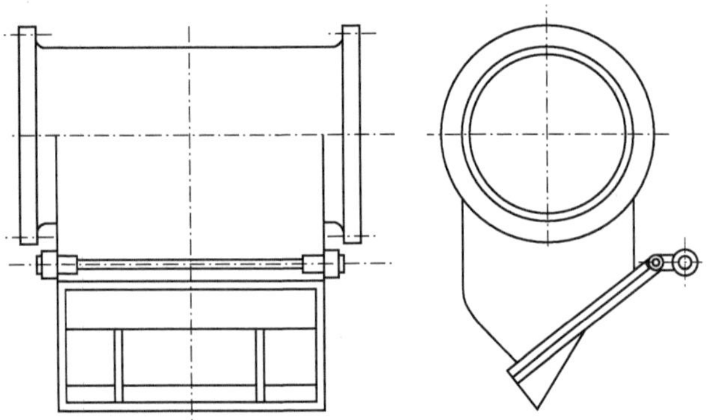

图 7-30 配重式大块物料收集器

7.4.2 供料装置

供料装置是气力输送装置中一个很重要的构件，其作用是将物料装入管道，并使它加速；使物料与空气形成一定的混合比，使物料悬浮于空气中。供料装置的结构与性能关系到整个气力输送装置的工作性能，如吸集装置中吸料器的性能差，设计或安装不合理，会影响到能否将木工机床排出的废料吸净；又如气力运输装置中的供料器，对气力输送的生产率、管道内的气流输送状况均起着决定性的影响，直观表现有：物料能否装入管道；空气泄漏量是否最小；是否会发生反喷和堵塞现象等。

按压力形式可将气力输送系统分为吸入式和压出式。在吸入式管段中，管道内气流压力低于大气压力，在管道的任意处开设一个孔都可以将外界的空气和物料吸入管道中，故而吸入式管段中的供料装置，结构简单，不需要考虑泄漏和反喷现象。但在压出式管段中，管道内气流的静压力高于大气压力，若与吸入式管段一样，在管道上开一个孔口，不是将空气和物料吸入管道，而是气流将向外面喷射，物料就无法装入管道，

需要考虑反喷和泄漏问题，故而需采用专门的供料装置。为达到稳定输送物料的目的，要求在压出式管段中使用的供料装置能将物料定量、均匀地装入输送管道内，能使物料与空气均匀地混合，使物料被装进管道后易于被加速，使物料在输送管段内呈悬浮输送状态。此外，还要求供料装置能够尽量保证密封，防止或减少压出式管段内的空气外逸。

因此，根据供料装置的工作压力形式来分，可分为两大类：在吸入式管段的供料装置、在压出式管段的供料装置。

7.4.2.1　吸入式管段的供料装置

在吸入式管段使用的供料装置，根据其工作性质可分为两大类：吸嘴和吸料器。吸嘴用于吸入式气力运输装置，用于吸取堆积的物料。吸料器是用于吸取木工机床工作时由刀头所排出的散碎物料。

(1)吸嘴

吸嘴用于吸入式气力运输装置，吸取堆积在场地或车箱内的物料。为便于吸取一定堆积面积的堆积物料，要求吸嘴可以搬动。根据其工作性质，对吸嘴的设计与安装要求如下：轻便、牢固、装卸方便；工作可靠，方便操作；在进风量一定时，吸入物料要多且均匀，可以提高生产率，减少管段中的阻力；要有二次进风口，可以调节风量的大小，以获得良好的物料与空气的混合比；发现物料在吸风口卡死时，要可以及时排除。

根据吸嘴的结构形式，可以分为两大类：单筒形吸嘴和双筒形吸嘴(也称套筒式吸嘴)。单筒形吸嘴又有直口式、斜口式、喇叭口式、扁口式等几种结构，如图 7-31 所示。其中，直口式吸嘴结构最管单，但吸到底部剩余物料不多时容易堵死；斜口式吸嘴易于插入料堆，进风量大，对角落物料能吸干净；喇叭口式吸嘴阻力小，二次进风量可调节；扁口式吸嘴入口断面矩形，在其四角有支承点，有利于空气吸入管道，可避免吸料口被卡死，适用于颗粒小的物料。套筒式吸嘴具有不同的三次进风口，而改变内外筒的相对高度，便可达到调节的目的，可根据输送物料的种类，调节到适当的进风量，获得最佳的输送条件。

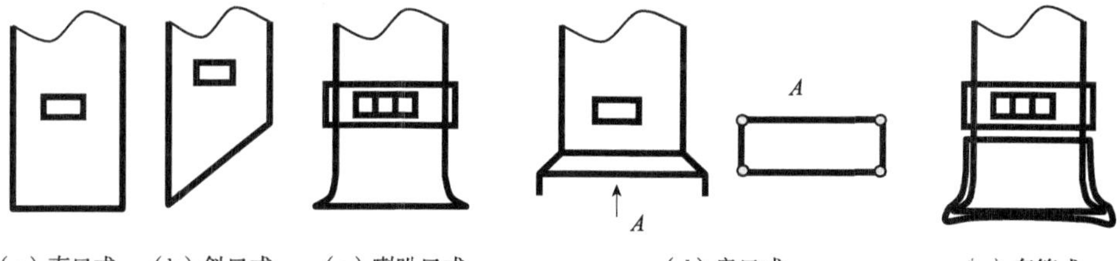

图 7-31　吸嘴的结构形式

由于木材碎料的流动性较差，且形状与尺寸不一，特别是有一定湿度甚至有一定黏度的木材碎料，可用如图 7-32 所示带有疏松器的吸嘴。

(2)吸料器

①吸料器的作用与气流特性。吸料器的作用是吸取木工机床工作时由刀头所排出的散碎物料。吸料器是气力吸集装置中的一种非常重要的构件，在一套木工车间气力吸集

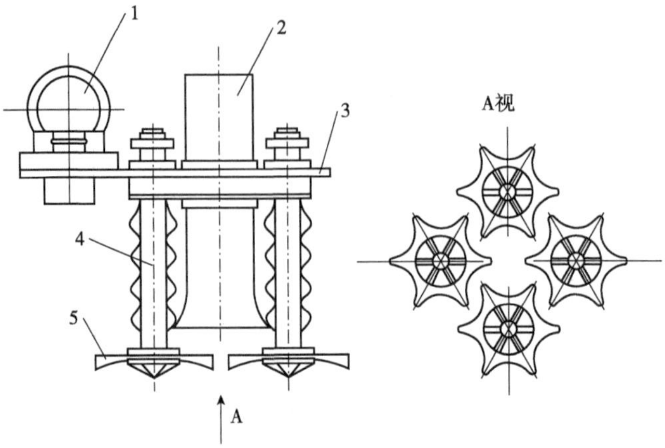

1. 电动机；2. 吸入管道；3. 支承板；4. 直立的梳形木片疏松器；5. 叶片头。

图 7-32 带疏松器的用于吸取木材碎料的吸嘴

装置中，若其他部分(如管道系统、风机与分离器等)的设计与结构都很合理，仅由于吸料器的设计或安装不当，也会导致气力吸集装置的工作效果不良。所以，在实际工作中必须十分重视对于吸料器的结构设计与安装的问题。

吸气口的气流特性与出风口的气流特性是完全不同的。在出风口处，气流是在一个比较有限的圆锥形范围内逐渐扩大，流速衰减比较缓慢，因此，气流能够作用到离送风口较远的地方。而在吸气口处，气流是从四周各方面汇集而来，流速衰减很快，因此其流速只能在离吸气口较近的范围内产生作用。在吸气口处的气流速度剧烈衰减现象是吸气口的一个很重要特点，对于气力吸集装置的吸料器，必须吸入较大量的从四周汇集来的空气，才能保证将散布的木材碎料吸入。

图 7-33 示出在吸气口与出风口的气流速度变化情况。通常在出风口处，在离送风口 20~30 倍直径的地方，气流速度仍能保持出口时的 10%左右。而在距吸气口仅一个吸气口断面直径的位置，气流速度就仅有进口断面处气流速度的 5%左右，如图 7-34 所示圆形吸气口的速度场。

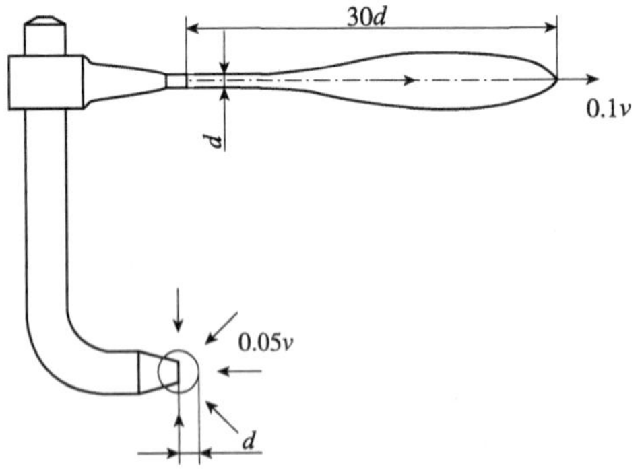

图 7-33 在出风口与吸气口的气流速度变化

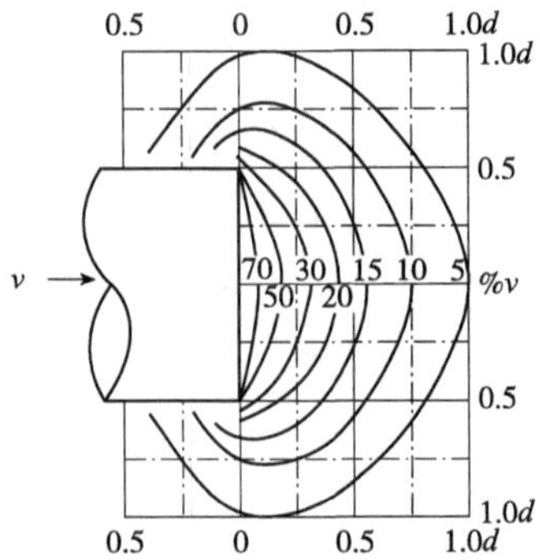

图 7-34 圆形吸气口的速度场

②吸料器设计与安装原则。吸料器的结构与形状取决于木工机床的构造与加工方式，因而是多种多样的，经常需要根据具体情况来设计，不同的机床、不同的刀头，吸料器的结构尺寸不同。但是，按照吸料口附近的气流速度急剧衰减的特性及切屑扩散的方向，可以根据以下这些原则来考虑有关设计与安装吸料器的问题：

a. 吸料器的气流运动方向应该顺着切屑由机床的刀具排出时的运动方向，要尽量避免使较多的碎料在进入吸料器时发生速度方向的急剧改变，减少使切屑加速所需消耗的能量。例如，对于在图7-35中所示的吸料器可能安装的几个位置，可知其中最左侧的那个吸料器的位置是比较适宜的。

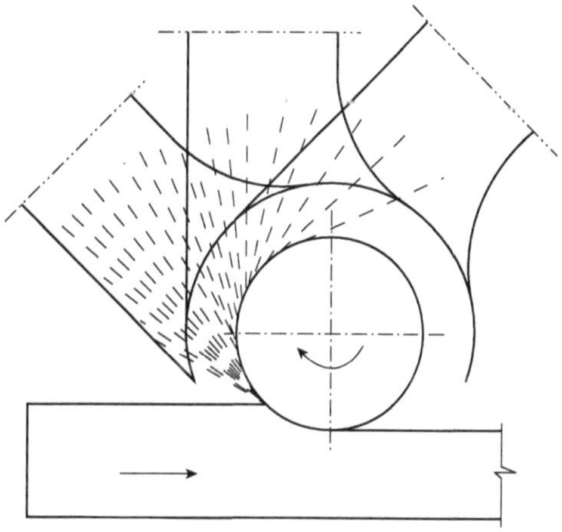
图7-35　吸料器的安装位置分析

b. 吸料器应尽可能地把尘源封闭起来，尽可能接近尘源。在设计时，以不妨碍加工操作、刀具更换前提下，应使吸料器将尘源尽可能地封闭，尽可能地减小吸料器与切削刀具的距离，尽量将全部的切屑吸入管道，而且可以减少吸入的气流量。

c. 吸料器的轮廓应当尽可能地光滑，避免出现转角甚至死角，让气流和切屑通过吸料器流入管道的路径顺畅，以减少气流阻力，降低吸料器的压力损失。

d. 吸料器不可妨碍机床刀具的切削加工、工人操作以及刀具更换与维护，吸料器的结构要便于拆、装以利于机床维修、刀具更换等作业。

e. 吸料器入口面积应适当，入口面积过大会降低气流速度，影响吸集效果；入口面积过小，则不能封闭尘源，不能将刀具切削产生的切屑吸取干净，而且气流阻力过大。

f. 对于手工进料机床，应尽量使吸料器兼作为机床刀具的防护罩。

③吸料器的压损与吸气量测定。测定吸料器的压损及吸气量，目的在于了解吸料器在动力消耗方面是否经济，即是否可用较小的风量、较小的动能达到较好的吸集效果，为改进吸料器的结构型式、安装方式及安装位置等积累必要的数据。

吸料器的吸气量可以通过测量吸料口处的平均风速求得。测定吸料口风速所用的仪器是翼型风速计或杯型风速计等。测定方法视具体情况而定，当吸料口的面积很大时，可将其分成若干个相等面积的小块，用翼型或杯型风速计分别测出各小块上的风速，然后取其加权平均值即得吸料口的平均风速。当吸料口面积不大时，可用风速计沿整个断面徐徐移动，测得结果可认为是该断面上的平均风速。测得吸料口的平均风速及吸料口的面积后，即可根据式(7-62)计算出吸料器的吸气量。

$$Q=3600vA \quad (\mathrm{m^3/h}) \tag{7-62}$$

式中：v——吸料器测量断面的气流平均速度(m/s)；

A——吸料器测量断面的面积($\mathrm{m^2}$)。

当吸料器的吸气口气流速度难以测量时，可以通过测定吸料器后的管段中的气流量来代替吸料口的吸气量。即可用动压法来测定吸料器的吸气量，但应注意找到气流比较稳定的测量断面。当测得吸料器的连接管处的平均动压后，即可按式(7-63)计算出吸料器的吸气量 Q。

$$Q=3600A\sqrt{\frac{2H_d}{\rho}} \quad (\mathrm{m^3/h}) \tag{7-63}$$

式中：A——测点处的管道断面的面积(m^2)；

ρ——空气的密度(kg/m^3)；

H_d——吸料器的连接管处的平均动压值(Pa)。

吸料器的压损的测定方法如图 7-36 所示，采用比托管(图 7-37)和 U 型压力计测量。因在吸料器的吸气口端面处的全压等于零，故按图 7-36 所示的测点处断面的气流全压的绝对值，就是吸料器的局部压损值。即吸料器的局部压损 H_s 为：

$$H_s = H_q - 0 = H_q \tag{7-64}$$

式中：H_q——吸料器连接处的气流全压(Pa)。

为了便于各种吸料器的压损的比较，通常用局部阻力系数 ξ_s 来表示吸料器的压损情况，即：

$$\xi_s = \frac{H_s}{H_d} = \frac{H_q}{H_d} \tag{7-65}$$

式中：H_d——吸料器连接处的平均动压(Pa)。

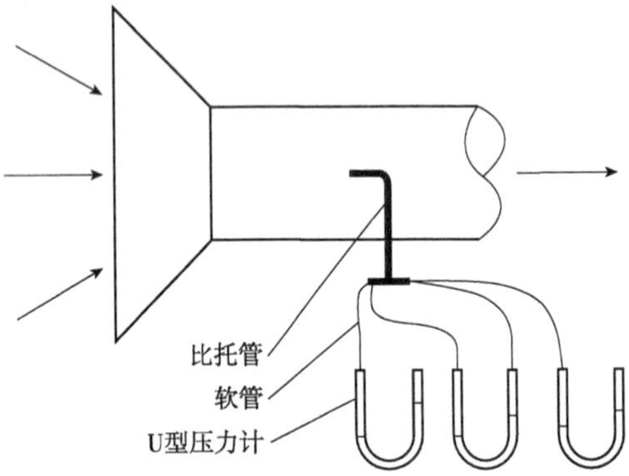

图 7-36 吸料器阻力测定

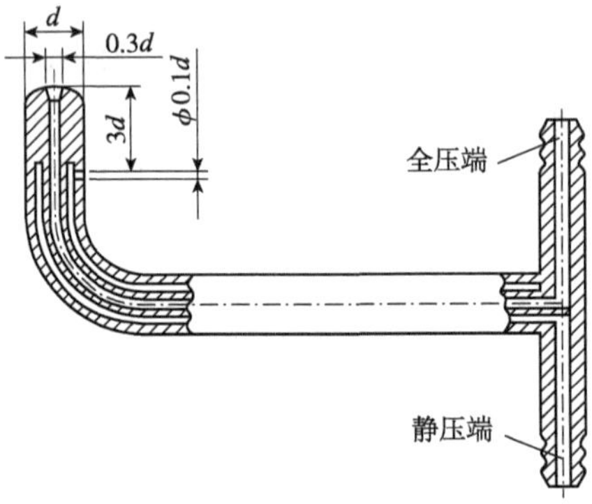

图 7-37 比托管结构示意图

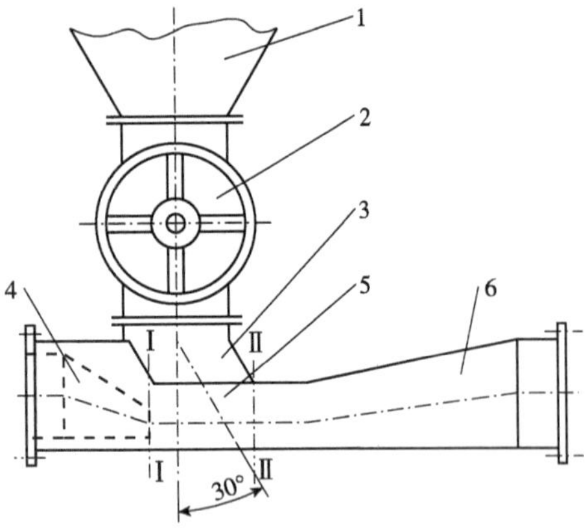

1. 料斗；2. 旋转供料器；3. 下料管；
4. 喷嘴；5. 混合室；6. 渐扩管。

图 7-38 喷射注入式供料器

7.4.2.2 压出式管段的供料装置

一般在木材碎料的压出式气力运输装置中，最广泛使用的装料装置有喷射注入式供料器、旋转叶轮式供料器。其中，喷射注入式供料器仅适用于低压的压出式气力运输装置，输送压力一般不超过 5kPa；旋转叶轮式供料器可适用于各类型的压出式气力输送装置所用供料器，当压出式管段内的压力高达 50~100kPa 时，也能够进行正常的供料工作。

(1)喷射注入式供料器

图 7-38 示出喷射注入式供料器的结构图。喷射注入式供料器是在一定条件下用于压气管段的、结构最简单的、具有较好工作可靠性的供料装置。

由于在压气管段的任何管道截面上，气流的相对全压值等于相对静压值与动压值之和。将图 7-39 所示喷射注入式供料器的截面Ⅰ-Ⅰ与Ⅱ-Ⅱ减小，就可以增大此断面处的气流速度及气流的动压，同时会相应地降低此断面处气流的静压。当此断面处的动压增到大于或等于该断面的全压时，该断面处气流的静压将降低到小于或等于0。此时，在截面Ⅰ-Ⅰ与Ⅱ-Ⅱ间的装料口段范围内，管道内的气流就不会由装料口向外冲出，而外面的物料即可经由装料口在物料自重、外界空气压力作用下装入输送管道内。

为了保证实现上述的要求，必须合理确定喷射注入式装料器的横截面Ⅰ-Ⅰ与Ⅱ-Ⅱ的尺寸。如在Ⅰ-Ⅰ截面上的气流全压为H_{I}，Ⅱ-Ⅱ截面上的气流全压为H_{II}，则Ⅰ-Ⅰ截面上的全压H_{I}与Ⅱ-Ⅱ截面上的全压H_{II}之间的关系见式(7-66)。

$$H_{\mathrm{I}}Q\eta=H_{\mathrm{II}}(Q+q) \tag{7-66}$$

式中：Q——经气流管段1流过来的气流量(m^3/s)；

q——由装料漏斗口随物料带入管道的空气量(m^3/s)，一般取$q=(0.1\sim0.15)Q$；

η——喷射注入式供料器的效率。

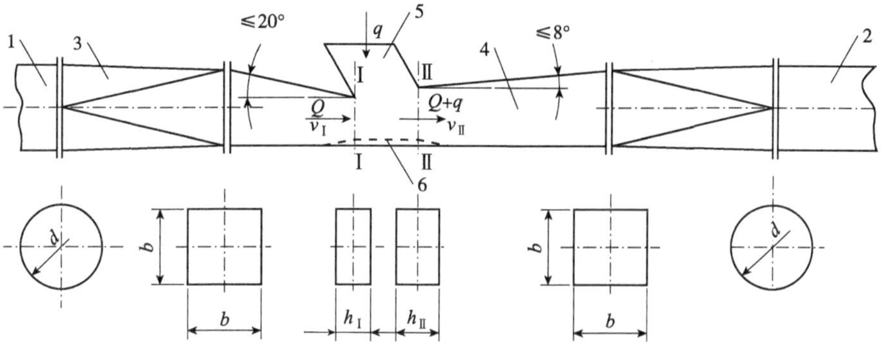

1. 流过纯空气的气流管道；2. 气流输料管；3. 过渡管（方管接圆管）；4. 混合室；5. 装料口；6. 调节板。

图7-39 喷射注入式供料器的简化图

当气流通过Ⅱ-Ⅱ截面后，气流输送管截面逐渐扩大，形成渐扩管段，从而使管道内气流速度逐渐降低，而使管段内气流的部分动压转换为静压，即在截面Ⅱ-Ⅱ之后的管段内气流的静压又增加到正常情况。所以在装料口的前后有着气流静压与动压的压力形式转换过程，在压力形式转换过程中会引起气流压力的损失，这个压力损失由喷射注入式供料器的效率反映出来，见式(7-67)。由于总是有一定的压力损失，η始终小于1，一般地$\eta=0.7\sim0.8$。

$$\eta=\frac{H_{\mathrm{II}}(Q+q)}{H_{\mathrm{I}}Q} \tag{7-67}$$

喷射注入式供料器的截面Ⅰ-Ⅰ与Ⅱ-Ⅱ处的高度一般按式(7-68)和式(7-69)确定。

$$h_{\mathrm{I}}=\frac{Q}{v_1 b} \tag{7-68}$$

$$h_{\mathrm{II}}=\frac{Q+q}{v_2 b} \tag{7-69}$$

通常在结构中可取：

$b=(0.65\sim0.85)d$，d为管道直径，b为装料口的宽度；

$l=(0.8\sim1.2)d$，l为截面Ⅰ-Ⅰ与Ⅱ-Ⅱ之间的距离，即装料口的长度。

在实际应用中，常将h_{I}、h_{II}在按式(7-68)和式(7-69)计算值上再增大10%~20%。

在截面Ⅰ-Ⅰ与Ⅱ-Ⅱ之间设置调节板，用螺栓顶上，使调节板的位置上升，就使 $h_{Ⅰ}$、$h_{Ⅱ}$减小，从而可以增大气流速度，以调节供料器的工作条件。

为了避免或减小在装料管段内有涡流形成，在装料口后方的渐扩管的扩散角不得大于 8°，而在装料口前方的渐缩管的收缩角不得大于 20°。

上方的进料漏斗的方向应合理地向后倾斜，以使物料进入气流输送管段的方向能够尽可能地与管内的气流方向一致，但是进料漏斗的倾斜度也不宜过大，否则会引起下落阻力增大，或物料停滞在进料管处。

喷射注入式供料器优点：结构简单，外形尺寸小，无传动及旋转部件，在使用中有足够的可靠性。

喷射注入式供料器主要存在两个缺点：它的能量损失大，效率低；仅可用于低压式的气力输送装置，这是因为一般当装料口的截面Ⅱ-Ⅱ与到管道系统的气流出口断面间的气流输送管道的阻力过大时(通常指达到 5000Pa 时)，则截面Ⅱ-Ⅱ处的气流全压 $H_{Ⅱ}$ 必须相当大，因此截面Ⅰ-Ⅰ处的气流全压 $H_{Ⅰ}$ 也相应的增大，这就意味着在截面Ⅰ-Ⅰ与Ⅱ-Ⅱ处气流具有相当高的速度，因为这两个截面处的气流动压大于或等于全压。但是，若将截面截面Ⅰ-Ⅰ与Ⅱ-Ⅱ的气流速度提高，就必然要减小截面高度 $h_{Ⅰ}$、$h_{Ⅱ}$，而截面高度的减小是有限的。如果截面Ⅰ-Ⅰ与Ⅱ-Ⅱ的高度 $h_{Ⅰ}$、$h_{Ⅱ}$过小，易导致装料口处发生堵塞。对于输送木材碎料，一般在喷射注入式装料器后方的水平管段长度要 $\geq 15d_2$(d_2 为装料器后方的水平管段直径)，装料器后方的压出输送管段总长度不宜超过 60m，输送管道内混合气流的流出重量混合浓度应取为 $\mu \leq 1$，供料生产率一般不超过 5t/h。

(2)旋转叶轮式供料器

①基本结构。旋转叶轮式供料器是压出式木材碎料气力运输装置中常用的供料器型式，基本结构如图 7-40 所示。壳体 1 呈圆柱形，其内有旋转的叶轮转子 2，物料由上部的受料口 3 进入旋转叶轮的格槽 4 内，随着叶轮的旋转，物料经由卸料口 5 落下进入气流输送管混合室 10 内。

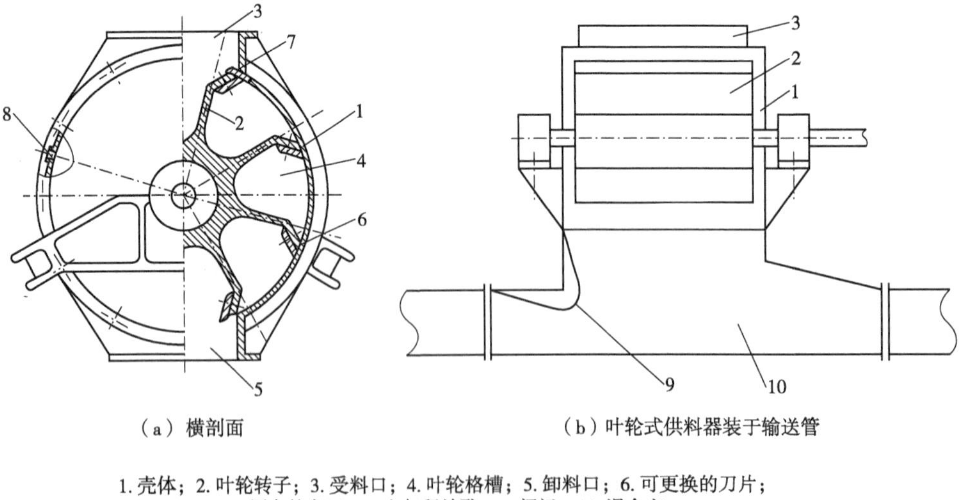

(a) 横剖面　　(b) 叶轮式供料器装于输送管

1. 壳体；2. 叶轮转子；3. 受料口；4. 叶轮格槽；5. 卸料口；6. 可更换的刀片；
7. 固定的底刀；8. 空气释放孔；9. 阀门；10. 混合室。

图 7-40　旋转叶轮式供料器的结构

为了防止压出式气流输送管内的气流从装料器的上部受料口处逸出，而妨碍料斗内的物料下落装入叶轮格槽，要求在叶轮转子与壳体内壁之间保持很小的间隙，这个间隙范围一般要求 0. 05~0. 5mm。为保证叶轮转子与壳体内壁之间保持要求的间隙，必须提高叶轮转子、壳体内壁以及端盖的加工精度，使叶轮转子、壳体及端盖轴孔之间保持严格的同轴度，要求转子轴没有轴向移动。为防止空气泄漏，保证使物料能均匀地进入供料器的受料口，可以在叶片的端部安装橡胶条等软性材料，以减小叶片端部与壳体内壁之间的间隙。

如果装进的木材碎料卡在叶片尾端与壳体内壁之间时，可由叶片尾端的刀片 6 与安装于机壳的底刀 7 将木材碎料切断，避免发生卡死现象，以防损坏叶片或电机。但在叶片长度方向上可能同时被多片木材碎料卡住，因两刀片间剪切力不足而致卡死，则可将叶片倾斜安装，这样在任意时刻只需剪切一片碎料，如图 7-41 所示。叶轮式供料器的叶片倾斜角度(相对于叶轮圆柱体的轴向)一般为 5°~6°。除此外，图 7-41 所示叶轮式供料器在其受料管口处装设有一个可以调节角度的挡板 1，促使物料落入叶轮格槽内，不会落在固定底刀上。由于压出式管道内气流压力较高，混合室空间较大，一部分气流向上冲入混合室上部空间和供料器下部格槽，甚至在一些空间区域产生涡流，影响叶轮格槽中物料下落而卸不干净，将物料带回装料口，降低装料效率。因而在混合室前装设可调节的闸阀，如图 7-40 的阀门 9 和图 7-41 的阀门 6 所示，当将阀门向下压时，可使通过的气流向下压缩，减小截面面积，提高气流速度，限制或减少进入格槽的上吹气流量，从而可以改善供料器格槽内物料的卸料条件。但是，将门阀向下压低时，会增大气流运动的阻力。

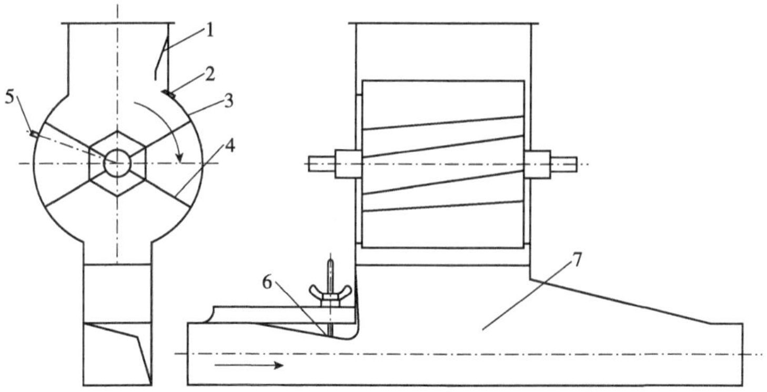

1. 均平档板；2. 固定的刀片；3. 壳体；4. 叶轮转子；
5. 空气释放管接头；6. 阀门；7. 混合室。

图 7-41　具有斜向叶片的叶轮式供料器

当叶轮格槽通过卸料口，将物料卸入混合室后，叶轮格槽被管道内的高压空气充满。若叶轮格槽将高压空气带回到受料口，则当叶轮格槽转到受料口的瞬间，格槽内高压空气释放，将受料口下落的物料向上喷起，阻碍物料下落装入叶轮格槽，降低装料效率。在叶轮回空侧的壳体上开设空气释放孔，使叶轮格槽中带的高压空气在格槽未到受料口前通过空气释放孔释放压力，避免喷料问题。常见高压空气的释放方式如图 7-42 所示，(a)图表示将高压空气由壳体壁上的开孔通过管道释放，并引入受料漏斗内，可利用释放气流疏松料斗中的木材碎料，避免搭桥起拱现象，但空气释放管道易被细碎物料混入而堵塞；(b)图表示上部的受料漏斗的贮槽中心部插入排气管，此方式有效且结

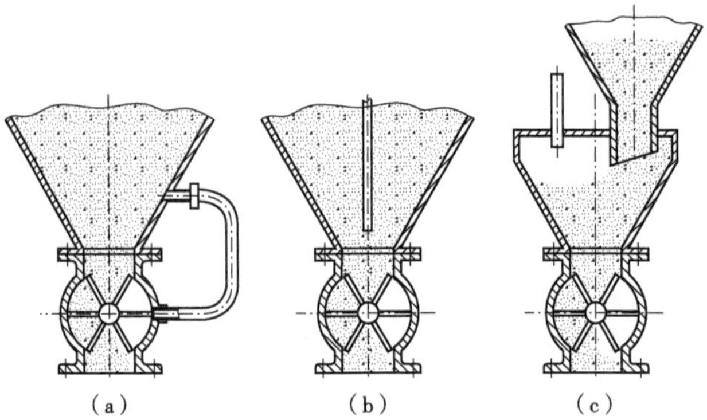

图 7-42 叶轮式供料器逆流空气释放方式

构简单；(c)图表示在受料漏斗下方再安置一个副漏斗贮槽，使用效果也比较好，但结构较复杂。

在压出式管道系统中工作的旋转叶轮式供料器的受料口与卸料口间由于有压力差存在，总是存在有气流由下向上吹，会影响受料口处物料下落。当此压力差达到一定阈值时，就会引起受料漏斗内发生物料架桥、无法下落的现象，甚至料斗对叶轮格槽的供料完全停止。一般地，在木片气力运输装置中，叶轮式供料器的压力差阈值约为 8000Pa，当超过此阈值时，则可将两台旋转叶轮式供料器上下串接起来，将上方供料器的卸料口与下方供料器的受料口对接，这样有利于供料工作正常进行，但下供料器的生产率最好比上供料器大。

在气力输送压出式管道系统中，若需在若干点设置旋转叶轮式供料器，则需两个相邻的旋转叶轮式供料器的距离必须大于物料装入气流输送管道后的运动加速段的长度，以保证物料在管道内获得稳定输送的状态。对于输送木片来说，间隔距离一般不小于 10~12m。

②结构类型。根据叶轮对于输送管道的相对安装位置，可将旋转叶轮式供料器分为开式、半遮式及全遮式三类，如图 7-43 所示。

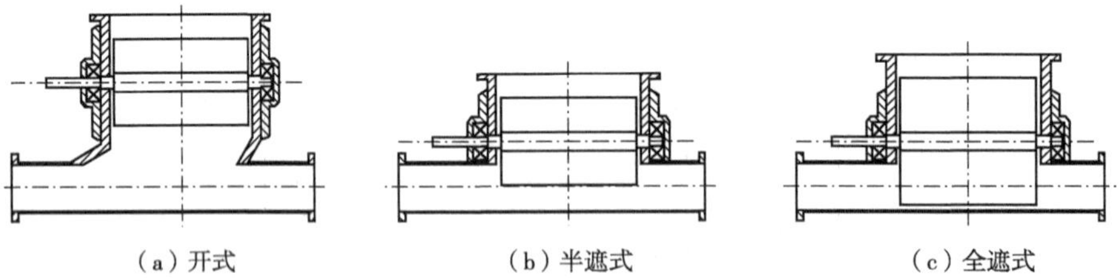

图 7-43 叶轮式供料器的几种安装型式

开式结构的旋转叶轮式供料器，整个转子处于输送管道的上方，叶轮格槽中物料的落下过程会受到卸料口处上升气流或涡流的影响；半遮式结构的转子叶片的最低位处于输送管道断面的一半位置；全遮式结构的转子叶片的最低位处于输送管道断面的底部位置。半遮式与全遮式的叶轮供料器有利于落料，特别适用于流动性较差的木纤维、刨花等木材碎料的供料工作。

图 7-44 示出一种用于木材碎料供料的半遮式的旋转叶轮式供料器的结构型式，它又被称为嵌管式的旋转叶轮式供料器。这种嵌管式叶轮式供料器的格槽底部装有一个截面呈半圆形的底板，当格槽旋转到下部卸料位置处时，半圆形底板与输送管底合组成一

个圆形截面的管道。当格槽运转到下部进行卸料时，由于格槽空间本身已成为气流输送管道的一部分，可利用管道内气流流动的动能清除格槽内附积的物料，达到较好的卸料效果。这种嵌管式叶轮供料器的流体阻力(压损)比较小，阻力系数为$\xi_G=0.25\sim0.3$。当气流输送管道内的静压为6000Pa时，这种旋转叶轮式供料器的外泄空气量为10%~15%，静压为4000~5000Pa时，外泄空气量为7%~10%。

不可将两个或多个半遮式和全遮式的旋转叶轮供料器串联安装在同一条输送管道上使用，否则第二个供料器的叶轮叶片在输送管道内会搅动由前方输送过来的已达到稳定输送的混合气流，致使其中的物料输送速度降低而引起堵塞。

图7-45示出一种叶轮轴垂直于气流输送管道轴线的旋转叶轮式供料器，可有效减小物料在装入输送管时引起的气流压力损失，使装入输送管道内的物料加速，并较快地形成均匀的混合气流。除此外，这种型式的旋转叶轮式供料器的压损较小，只有普通型式的旋转叶轮式供料器的压损的2/3左右。由于整个输送管段的长度不大，物料装进管道内的使物料加速的压损在管道系统的总压损中所占的比例较大，因此对于输送距离不长且输送生产率很高的情况下，采用如图7-45所示的这种旋转叶轮式供料器是最有效的。

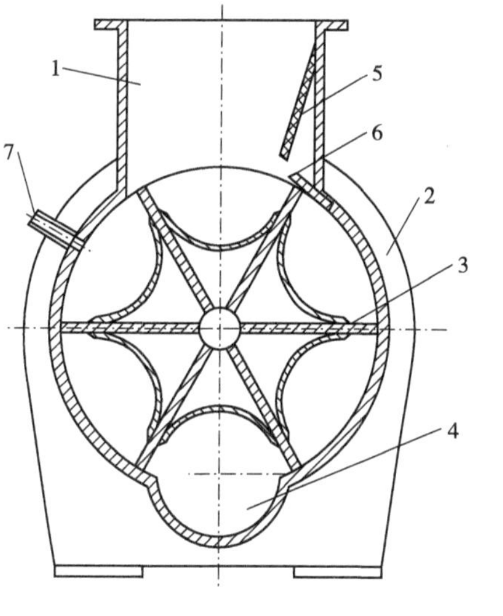

1. 受料漏斗；2. 机架；3. 叶轮转子；4. 混合室；5. 均平挡板；6. 刀片；7. 空气释放管接头。

图7-44 用于木材碎料供料的嵌管式(半遮式)叶轮供料器

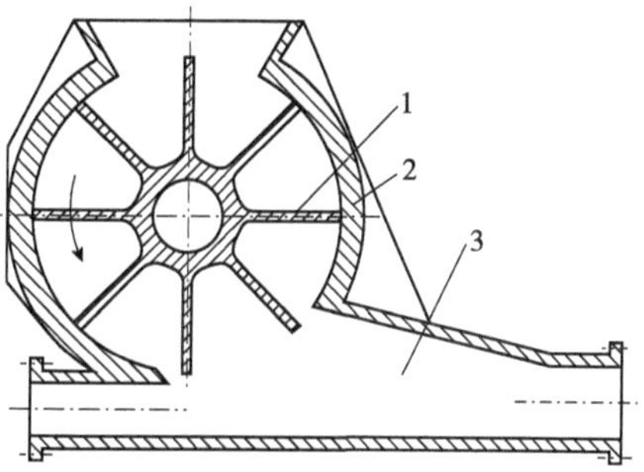

1. 叶轮转子；2. 机壳；3. 混合室。

图7-45 叶轮轴垂直于输送管轴向的叶轮式供料器

③压力损失。供料器的压损H_G(流体阻力)是按供料器的阻力系数乘以ξ_G气流输送管内的动压来计算，见式(7-31)。对于如图7-40与图7-41所示的这类供料器，当阀门9(或6)处于最上位置时(即阀门处于不起调节工作的状态时)，可取$\xi_G=0.5$；当阀门位置压下到气流输送管道截面的1/4位置时，可取$\xi_G=1.0$；当阀门9(或6)压至气流输送管道截面的一半位置处时，可取$\xi_G=3.0$。特别说明：按式(7-32)计算出的供料器的压损中，不包括使经由供料器装入输送管内的物料加速所引起的压损部分，这只是供料器本身的气流压力损失。

④生产率。旋转叶轮式供料器的生产率可按式(7-70)计算，即：

$$G_m=60L\left(\frac{\pi D^2}{4}-\frac{\pi d^2}{4}-\frac{D-d}{2}\delta c\right)\gamma_m\varphi n \quad (\text{t/h}) \tag{7-70}$$

式中：G_m——旋转叶轮式供料器的生产率(t/h)；

L——供料器叶轮转子的长度(m)，一般取 $L=(0.8\sim1.5)D$；

D——叶轮转子的外径(m)；

d——叶轮转子的内径(m)，一般取 $D=(4\sim5)d$；

δ——转子叶片的厚度，一般取 $\delta=0.01\sim0.025$m，对于装载工艺木片的叶轮式供料器常取 $\delta=0.012\sim0.014$m；

c——转子上的叶片数，对于木材碎料，一般取 $c=6\sim12$ 片。叶轮的格槽数量等于叶片数，当物料的尺寸较大时，宜使格槽数减少，格槽数的增多有助于减小供料器的空气泄漏量；

γ_m——供料器装载的散碎物料堆积容积重，对于工艺木片，取 $\gamma_m=0.36\sim0.38\text{t/m}^3$，对于其他木材碎料，取 $\gamma_m=0.3\sim0.45\text{t/m}^3$；

φ——物料对于格槽的充填系数，一般可取 $\varphi=0.4\sim0.6$；

n——叶轮的转速，在工艺木片的装载中，为了避免过多地泄漏空气及保证供料生产率稳定不下降，一般是取 $n=15\sim45$r/min，对于一般的木材碎料的供料，则可取 $n=10\sim30$r/min。

叶轮转子的旋转速度一般是 10～25r/min。当叶轮在低转速范围时，旋转叶轮式供料器的装料生产率与转子转速呈直线的正比例关系。当叶轮转速的增加，装料生产率反而下降，这是因为当旋转叶轮的转速过快时，叶轮格槽的物料来不及排净，残留于叶轮格槽内，被叶轮带回，而影响供料器的装料生产率。至于叶轮转速的临界值，是根据物料形状和物料的湿度、黏性、粒度、流动性能等性质而定。对于木材散碎物料，通常所采用的叶轮转速不宜超过 30r/min。

为了提高旋转叶轮式供料器连续均匀、定量供料的效果，常将叶片制成与叶轮轴呈倾斜的型式，或者将供料器上部的物料进口制成与叶轮轴成倾斜的型式，这样能够促使物料较均匀地同时装入多个格槽之内，使各个格槽的装料量达到均匀。

7.4.3 分离装置

7.4.3.1 分离装置的作用与分类

分离装置的作用是将混合气流中的空气与散碎物料分离开来，使空气排入大气，而散碎物料则被集中于指定的地点。因而，分离装置实际上是气力输送系统中的一种卸料装置，其性能指标主要有分离效率和压力损失。分离装置的工作效果直接关系到气力输送系统的工作性能。

分离装置的类型一般以其作用原理进行分类。分离装置的作用原理有多种，包括：利用离心力作用、重力、惯性力作用、纤维袋过滤、湿滤、超声波振荡、静电吸尘等，其中静电吸附式不宜用于分离木粉，由于静电吸尘易使木粉发生燃烧造成火灾。在木材工业中较常用的主要是离心力、惯性力、重力作用和纤维袋过滤式四类。

①利用离心力作用原理进行分离。使混合气流以较小半径旋转，利用混合气流旋

转过程中散碎物料与空气间的离心力不同，在离心力作用下将散碎物料从混合气流中分离，具体地，采用旋风分离器完成混合气流分离工作，此法是木材工业中最广泛使用的一种分离方法。旋风分离器的优点是外形尺寸比较小，结构与使用操作都较简单。

②利用惯性力作用原理进行分离。当使混合气流突然急剧地改变运动方向时，则混合气流中散碎物料的惯性力显著地大于空气流的惯性力，散碎物料保持原有的运动方向，而空气可以改变运动方向，便将散碎物料从混合气流中分离出来。若散碎物料粒子的质量越大，混合气流的速度越高，且混合气流的转弯半径越小，则越有利于将散碎物料从混合气流中分离出来。

这种分离方法在气力输送系统中常与其他分离方法结合使用。惯性分离器的外形尺寸小，结构与使用也比较简单，惯性分离器的阻力一般比旋风分离器小，但它的分离效率较旋风分离器差。

③用重力作用进行分离。即利用散碎物料的重力沉降方法分离混合气流中的物料。当混合气流速度小于散碎物料的均势速度时，散碎物料就会在其重力的作用下沉降下来。用于分离粒度小、质轻的细微物料的沉降室，要求具有很大的空间尺寸，因此这种较大的沉降室在实用上不便推广，这种方法只适用于分离比较大颗粒的物料，或与其他分离方法配合起来使用。

④用纤维袋过滤作用进行分离。例如袋式除尘器，它是利用过滤布做成的布袋，靠纤维袋的纱线网状骨架和纱线纤维上绒毛黏附粉尘形成的捕捉层，将混合气流中的细微物料过滤分离出来。这种分离方法的分离效率很高，可将粒度非常小的木粉高效地分离出来，但压损较大，一般是在必要时用来分离很细微的物料。

7.4.3.2　旋风分离器

(1)旋风分离器的基本原理

旋风分离器是一种使混合气流作旋转运动，借助散碎物料的离心力，而使散碎物料从气流中分离出来的一种设备。普通旋风分离器的基本结构与作用原理如图7-46所示。旋风分离器结构简单、体积小、使用维护方便，它可有效地分离粒径为10μm以上的物料粒子，也可用作多级分离工作中的第一级分离装置。

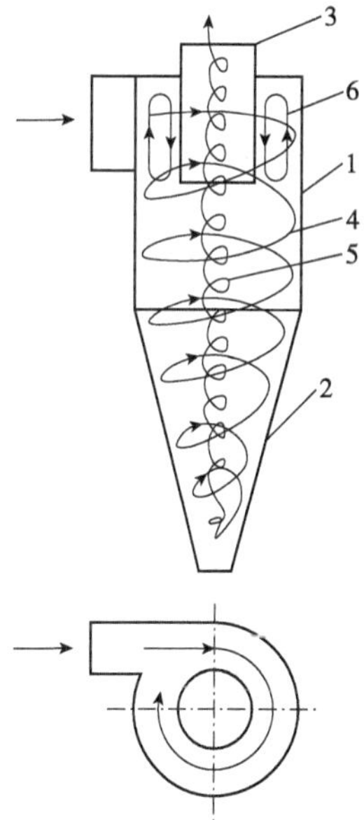

1. 筒体；2. 锥体；3. 排气管；4. 外涡旋；5. 内涡旋；6. 上涡旋。

图7-46　旋风分离器的基本结构与作用原理

普通的旋风分离器是由筒体、锥体及排气管三部分组成。混合气流从旋风分离器圆筒体上部切向入口，自上而下地作螺旋形旋转运动，这股向下旋转的气流称为外涡旋，外涡旋逐渐到达锥体底部。混合气流中散碎物料在离心力的作用下被甩向外筒壳体的内壁，碰到内壁的散碎物料在重力的作用下及气流的带动而沿内壁由圆锥部下端的排料口排出。向下回旋的外涡旋气流在逐渐到达圆锥部底部的进程中，气流回转半径逐渐缩小，使外涡旋气流越向下旋进，受到的阻力越大。而同时由于外涡旋气流在离心力的作用下，使在旋风分离器的轴心部位形成了低压区。因此，当外涡旋气流向下旋进遇到的阻力大于气流向旋风分离器上方的排气管出口的前进阻力时，下旋气流便会沿旋风分离器的轴心部位转而向上，形成旋转上升的内涡旋，并由上部的排气管口排出去，内涡旋旋转向上过程中继续利用离心力将气流中物料分离出来，而且因内涡旋旋转半径较小，可分离粒径较小的物料。另外，由于气流从分离器上部切向入口，然后旋转向下，而会引起旋风分离器顶部压力下降，因此在混合气流进入旋风分离器作螺旋向下运动的同时，也会有少量的气流旋转向上，而形成上涡旋。由于旋转运动离心力的作用，分离器上部的排气管外壁周围压力低，从而使上涡旋气流最终会围绕排气管的外壁旋转向下，然后混入上升的内涡旋经排气管排出。上涡旋气流夹带的尘粒同样受离心力的作用而得到分离，但由于尘粒的下降路线受到旋转向上的上涡旋气流的阻挡，而在分离器顶部出现一圈粉尘环(称为上灰环)，它在上部兜圈子，随着灰环尘粒浓度的升高，最后迫使尘粒旋转向下掉落，当这些尘粒进入下旋气流的离心力的作用范围时，尘粒也就被分离甩至外壳体的内壁。因此，分离器的排气管的插入深度不宜过浅，否则会使上灰环中的尘粒直接由排气管排出去，从而降低分离器的分离效率；但为了充分发挥内涡旋的物料分离作用，排气管的插入深度也不宜过大，否则会影响上升内涡旋的旋转运动距离和回转次数。

在旋风分离器下部，由于旋转向下的外涡旋和旋转向上的内涡旋的作用，在其下部的中心部位可能出现负压，甚至处于正压状态下工作的旋风分离器也会出现此现象。因此，一般来说不但对于处于负压状态下工作的旋风分离器的下部出口要求气密，即使对于处于正压状态下工作的旋风分离器的下部出口也要求保持气密。如果有外部空气自旋风分离器的下部排料口进入旋风分离器，这种现象称为漏风或泄漏，则会降低旋风分离器的分离效率。实验证明，一般当旋风分离器的漏风量达 10%~15%以上时，就会使其分离效率接近于零。由于上升气流中心负压区的影响，含尘气流在旋转向下过程中，也会有少量粉尘被上升气流(内涡旋)带走，此现象称为“返混”。

(2)旋风分离器的性能参数

①分离效率。旋风分离器的分离效率表示方法主要有以下两种：

a. 分离效率：分离器分离出来的(从排料口处排出的)物料重量与进入分离器的物料重量之比称为分离器的分离效率 η，用百分数表示，即：

$$\eta=\frac{G_2}{G_1}\times 100\% \tag{7-71}$$

式中：G_1——在单位时间内进入分离器的物料重量(kg/h)；

G_2——在单位时间内由分离器分离出来的物料重量(kg/h)。

b. 穿透率：在分离器排气口随空气排出的物料重量与进入分离器的物料重量比，称为穿透率 P。设 G_3 为在分离器的空气排出口处，单位时间内随空气逸出的物料重量，即 $G_3=G_1-G_2$。

$$P=\frac{G_3}{G_1}\times 100\%=\frac{G_1-G_2}{G_1}\times 100\%=(1-\eta)\times 100\% \tag{7-72}$$

②压力损失。旋风分离器的压力损失用于表征旋风分离器能量消耗的大小，前述章节已介绍了旋风分离器的压力损失计算，其压力损失可按式(7-56)计算，其中局部阻力系数依不同结构而不同。

③处理风量。处理风量为单位时间内旋风分离器所能处理的气流量，其决定了旋风

分离器的生产率，主要由旋风分离器的结构尺寸、气流入口断面面积、入口气流速度决定。

④气流速度。旋风分离器的气流速度包括入口气流速度 v_i 和出口气流速度 v_o，其中入口气流速度 v_i 是旋风分离器的气流入口处的气流速度公式如下：

$$v_i=\frac{Q}{3600F}(\mathrm{m/s}) \tag{7-73}$$

式中：Q——每小时进入旋风分离器的气流量($\mathrm{m^3/h}$)；

F——旋风分离器的气流入口处的截面面积，$F=a\cdot b(\mathrm{m^2})$；

a——气流入口截面的高度(m)；

b——气流入口截面的宽度(m)。

一般取旋风分离器的入口气流速度为12~25m/s，与管道气流速度相当。

出口气流速度 v_o 是指在旋风分离器排气管处的气流速度，按式(7-74)计算。

$$v_o=\frac{Q}{3600\left(\frac{\pi d^2}{4}\right)}=\frac{4Q}{3600\pi d^2}(\mathrm{m/s}) \tag{7-74}$$

式中：d——旋风分离器的排气管的内径(m)。

对于不同结构类型的旋风分离器，要求的出口气流速度的范围也是不同的，根据旋风分离器设计参数或出厂参数要求选择合适的出口气流速度。

在实际生产应用中，若进入旋风分离器的气流量过多，致使旋风分离器的排气管出口的气流速度超过了规定的范围时，就必然会影响到该旋风分离器的分离效果，则应该考虑选用更大型号的旋风分离器，或者采用两个并联的旋风分离器来代替原来的一个旋风分离器。

(3)影响旋风分离器性能的有关因素

①入口气流速度。由于在旋风分离器内，物料主要是靠离心力的作用而与空气分离，此离心力 P 为：

$$P=m\frac{v^2}{R} \tag{7-75}$$

式中：m——物料颗粒的质量(g)；

R——旋风分离器的筒体半径(m)；

v——物料在旋风分离器内的筒体半径 R 处旋转运动的切向速度(m/s)。

由式(7-75)可知，提高入口气流速度，能加快旋风分离器内气流的旋转运动，而使物料颗粒受到的离心力 P 增大，从而可提高分离效率，同时也可增大旋风分离器处理的风量。但是，随着入口气流速度的提高，会使旋风分离器的阻力迅速增加。另外，过分地提高入口气流速度，会使旋风分离器的处理风量超过许可限度，出口气流速度也随之超出许可范围，从而会导致分离效果降低。旋风分离器一般取用的入口气流速度范围为12~25m/s，多数取为14~20m/s，而当入口气流速度超过30m/s时，风分离器的阻力仍继续增大，但分离效率的提高却并不显著，甚至会有所降低。这是因为入口气流速度过大了就有可能使出口气流速度超出允许范围，而且会使气流在旋风分离器内壁形成很多的涡流，阻碍物料颗粒到达旋风分离器的外筒内壁，以及由于物料颗粒被甩出的速度过大(因离心力过大)，筒壁将物料颗粒反弹回到旋转气流中。

②旋风分离器结构尺寸。影响旋风分离器性能的结构尺寸包括筒体直径、排气管直径、排气管的插入深度、圆筒柱体高度、锥体部分的高度和排料口直径等。

a. 筒体直径 D 与排气管直径 d：由式(7-76)可知，旋风分离器的筒体直径越小，混合气流的旋转半径 R 越小，在同样的切向速度下，相同质量的物料颗粒所受到的离心力越大，分离效率可得到提高。但是，当旋风分离器的高度为一定时，若筒体直径越小，则其处理的风量也越小。另外，若筒体直径 D 过小，则排气管与外筒内壁之间的距离近，使混合气流从排气管逸出的可能性增加；且混合气流进入旋风分离器后的气流通道过窄，气流阻力增加。一般用于木材工业中的旋风分离器的外筒体直径不得小于 250mm。

排气管直径也不宜过小，排气管直径越小，内涡旋的上升阻力增大，因可能会使下旋的外涡旋气流冲入灰箱，而引起反喷现象；另外，还会引起旋风分离器的压损增加，一般取用 $d/D=0.5\sim0.6$。

b. 排气管的插入深度：最合适的排气管插入深度与分离器的具体结构型式有关。对于普通旋风分离器来说，排气管的插入深度过浅，上灰环的粉尘易于绕经排气管逸出；但若插入深度过大，则缩短了内涡旋的运动距离和旋转次数，将妨碍上升的内涡旋对含尘气流的继续分离。一般地，排气管的最底端应低于进风口的最低处为宜。

c. 旋风分离器圆筒柱体和锥体部分的高度：适当增加旋风分离器的圆筒体和锥体的总高度，有利于增加气流在旋风分离器内的旋转圈数，从而使混合气流中的散碎物料获得更多的分离机会。但是，实际上由于上升的内涡旋对下旋的外涡旋的牵引作用，内涡旋会带走部分下旋的外涡旋含尘气流，此现象称为返混。所以，分离器的圆筒体和锥体的总高度过大，会使返混现象更加严重。一般地，旋风分离器的总高度 H 以低于圆筒体直径 D 的 5 倍为宜($H<5D$)。对于锥体部分，由于断面直径的不断缩小，使混合气流中的散碎物料受到的离心力增大，有利于提高对散碎物料的分离能力，因此，现在大多数高效旋风分离器都采用缩短圆筒体部分的高度，增加圆锥体部分的高度。一般地，取圆筒体高度 $H_1=1.5D$；锥体高度 $H_2=(2.5\sim3)D$，可以获得较满意的分离效率。

d. 排料口直径：排料口直径与圆锥体部分的高度有关，而当锥体部分高度一定时，排料口直径越小，则锥体部分的圆锥角越大，由于旋转气流的回旋半径迅速变小，使沿圆锥壁面旋转的粉尘下落困难。排料口的直径过大时，锥体部分的圆锥角变小，排料口处对于向下冲的外涡旋气流的阻力减小，而会导致有较多的下旋气流冲入灰箱，形成激烈的涡旋，易将已分离的粉尘重新扬起，夹带到上升气流中，即形成“二次飞扬”，下旋气流进入灰箱的风量越大，则二次飞扬越剧烈。在实际设计中，一般取排料口直径 $d_1=(0.3\sim0.5)D$(D 为圆筒体直径)。

③进风口形式。旋风分离器的进风口形式主要有：内旋型、下旋型和外旋型三种类型，各种进风口形式的特点如下：

a. 内旋型(切向进口)：内旋型的进风口采用沿外圆筒的内壁切线进入的直入式，如图 7-47 所示。这种旋风分离器的分离效率较低，它的阻力系数随旋风分离器直径的增大而增大，目前这种进口形式的旋风分离器已渐被下旋型代替。

b. 下旋型(切向进口)：下旋型的进风口形式的外圆筒的顶部呈螺旋形向下，如图 7-48 所示，一般取向下螺旋角为 10°左右，使混合气流进入旋风分离器后，能够自然地形成向下旋转的趋势，以避免上涡旋和上灰环的产生，分离效率较高。其阻力系数与分离器直径大小的关系不大，通常其阻力系数为 $\xi_C = 2\sim5.7$。

c. 外旋型(蜗壳式)：外旋型的进风口形式是从圆筒外侧旋入的蜗壳形，又称为渐开线进口形式，如图 7-49所示。蜗角有 180°和 360°两种，一般前者较常用。外旋型进风口可减少刚进入旋风分离器的混合气流对内部气流的干扰，增大入口气流与排气管的距离，避免进入气流与排气管撞击，分离效率较高，但阻力系数随旋风分离器直径的增大而增大。

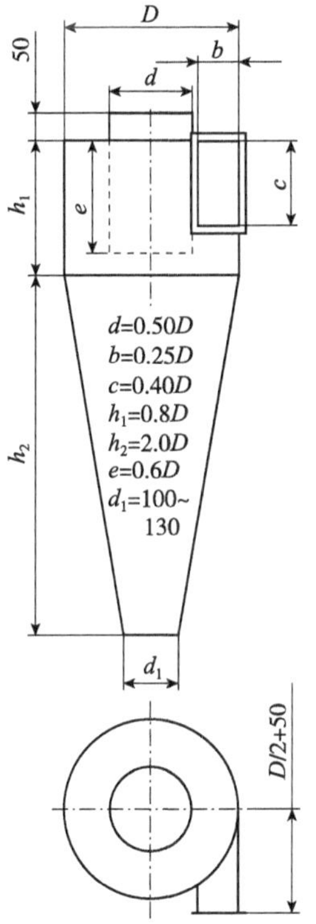

图 7-47　内旋型进口

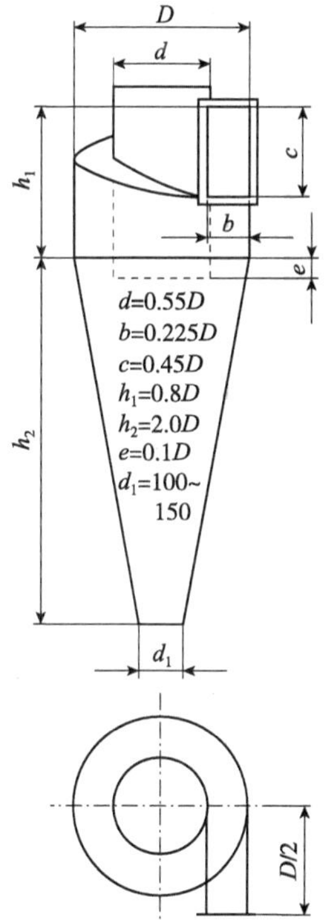

图 7-48　下旋型进口

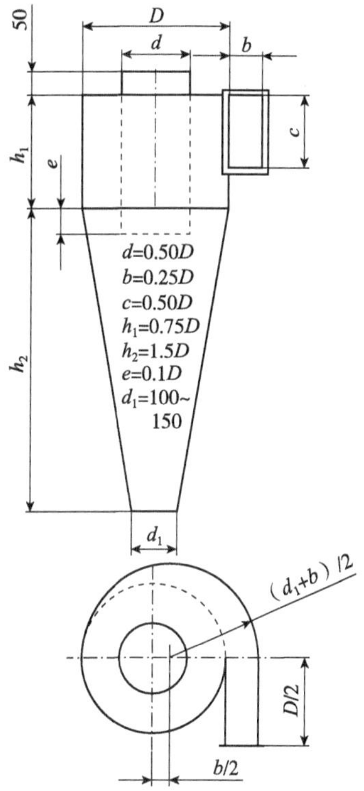

图 7-49　外旋型进口

不管采用哪种进风口形式，进风口断面尺寸须适当。若采用狭长形的进风口，进口断面宽度较小，可使进入的气流径向减薄，因此使尘粒到达分离器外筒内壁的距离缩短，同时混合气流距排气管较远，而可避免没有充分分离的含尘气流由排气管直接排出，这些都有利于提高分离效率。但是，对一定的进风口面积来说，宽度越小则高度越大，这就相应地要求较长的变断面连接管，否则气流流态的剧烈变化将产生强烈的涡流，这样会增大压损、降低分离效率，故一般取 $b=2a$(b 为矩形进风口的高度，a 为矩形进风口的宽度)。与旋风分离器的进风口相连接的管段，即从圆形气流管道过渡到矩形截面段面的圆变方管段，要求此连接管段的锥度变化要小，不宜超过 15°。

7.4.3.3　旋风分离器的组合使用

(1)旋风分离器的串联组合

当需要将混合气流内的粗料及细料加以分选，或需提高其分离效率时，可以采用两个或两个以上分离性能不同的旋风分离器作串联使用，即将前一个分离器的排气口与下一个分离器的进气口相接，如图 7-50 所示。

串联时，第一级采用进风口气流速度较小的、压损小、分离效率较低的旋风分离器，将大部分颗粒较大的物料先分离出来。而后级则采用较高进风口气流速度、较高分离效率的旋风分离器，以将更为细小的物料分离出来。

旋风分离器串联组合使用的特点：

①旋风分离器组的处理风量仍为单个旋风分离器处理的风量，即 $Q=Q_i$；

②旋风分离器组的压损等于各个旋风分离器的压损之和，即 $H=\sum H_i$；

③分离效率比单个旋风分离器的效率高，但比各旋风分离器效率之和小，若两个旋风分离器串联的分离效率为 $\eta=\eta_1+\eta_2-\eta_1\eta_2$。

(2)旋风分离器的并联组合

一般来说，特别是对进风口形式为内旋型、外旋型的旋风分离器，旋风分离器的分离效率及阻力(压损)与其圆筒体直径有很大的关系。当处理风量增大时，需采用筒体直径较大的旋风分离器，其分离效率下降，且阻力系数也随之增大。在此情况下，可以采用若干个直径较小的旋风分离器进行并联组合，如图 7-51 所示。

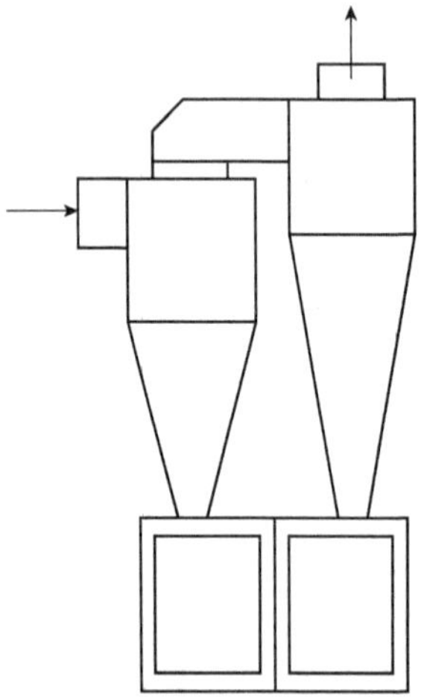

图 7-50　旋风分离器串联使用

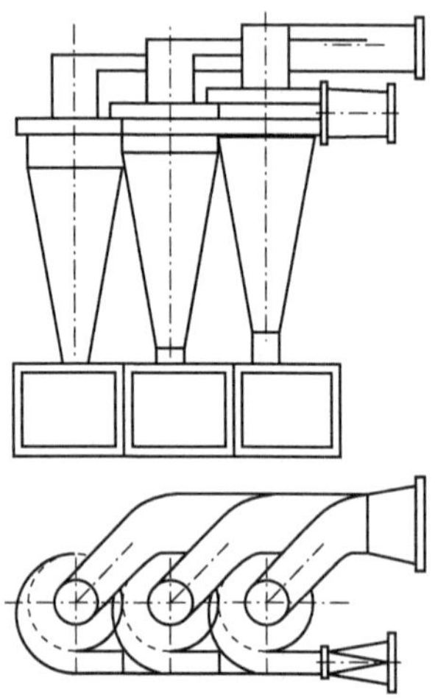

图 7-51　旋风分离器并联使用

相同性能的旋风分离器在并联使用时，其压损与分离效率仍与单个旋风分离器使用时一样，处理风量为各并联旋风分离器的处理风量之和，即并联组合的旋风分离器组的特点：

①旋风分离器组的处理风量等于各个旋风分离器处理的风量之和，即 $Q=\sum Q_i$；

②旋风分离器组的压损等于单个旋风分离器的压损，即 $H=H_i$；

③旋风分离器组的分离效率仍为单个旋风分离器的效率，即 $\eta=\eta_i$。

特别注意的是，并联组合的旋风分离器的型号、规格、性能必须完全相同，且须使其风量分配均匀，否则将使其旋风分离器组的性能大幅降低。另外，如果采用同一受料箱时，料箱应该用隔板隔开，以防在受料箱内产生串流现象，从而导致分离效率降低。所谓串流现象，是指如果各并联的旋风分离器之间的风量分配不均，各个旋风分离器排料口处的压强不等，而造成的各个旋风分离器之间通过共同的料箱产生气流相互串通的现象。串流现象会使已被分离出来的粉尘重新被带入上升气流中，而使分离效率降低。

如前所述，采用较小筒体直径的旋风分离器可以提高分离效率及降低压损，但筒体直径缩小，处理的风量也随之减小。因而设计出了一种排组式旋风分离器，该分离器由多个小型旋风分离器并联组合在一个箱体内，合用一个进风口、排风口及受料箱，如图 7-52 所示，有效减小旋风分离器的旋转气流直径，提高分离效率。

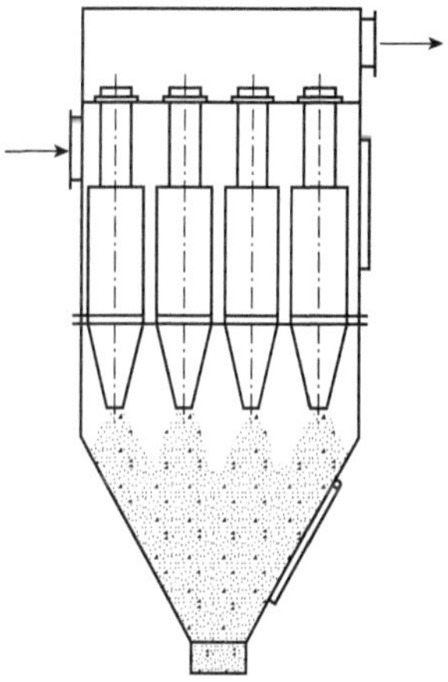

图 7-52　排组式的旋风分离器

在排组式旋风分离器内的小型旋风分离器(简称小旋风子)的直径一般常见的有 100mm、150mm、200mm、250mm 等。由于在同一箱体内设有多个(可达 100 个以上)小旋风子，因此，使气流均匀地分布到各个小旋风子内就有着更重要意义，若设计不当，产生串流现象比普通旋风分离器的并联使用更加严重。

7.4.3.4　木材工业常用旋风分离器

为便于了解各种旋风分离器的结构和旋风分离器的选用，下面介绍几种广泛用于木材工业气力输送装置中的旋风分离器的结构型式、主要性能参数及应用特点。

(1)乌茨型旋风分离器

乌茨型旋风分离器是外旋型进风口的旋风分离器，适用于车间木屑气力吸集装置、刨花板生产车间内的气力运输装置(当流出重量混合浓度小于 0.4 时)。乌茨型旋风分离器的阻力比较大，且其阻力系数随着旋风分离器圆筒直径的增大而显著增大($\xi_C = 7.6D$；D 为圆筒直径，单位为 m)，所以在实际生产中常采用较小直径的乌茨型旋风分离器并联组合使用(用 2 个或 4 个成对的并联)。图 7-53 为乌茨 38 型旋风分离器的结构型式，表 7-17 及表 7-18 分别列出乌茨 38 型旋风分离器的主要结构尺寸参数及性能参数。

表 7-17　乌茨 38 型旋风分离器的主要尺寸　mm

序号	D	d	d_1	H_0	H_1	H_2	h	a	R	c
	D	$0.38D$	$0.2D$	$3.6D$	$0.8D$	$2.8D$	$0.5D$	$0.25D$	$(D+a)/2$	$0.125D$
No. 1	900	340	180	3200	700	2500	450	225	562. 5	112. 5
No. 2	1000	380	200	3600	800	2800	500	250	625	125
No. 3	1100	420	220	4000	900	3100	550	275	687	137. 5
No. 4	1200	460	240	4300	950	3350	600	300	750	150
No. 5	1300	490	260	4700	1050	3650	650	325	812. 5	162. 5
No. 6	1400	530	280	5000	1100	3900	700	350	850	175
No. 7	1500	570	300	5400	1200	4200	750	375	937. 5	185. 5
No. 8	1600	610	320	5800	1300	4500	800	400	1000	200
No. 9	1800	680	360	6500	1450	5050	900	450	1120	225
No. 10	2000	760	400	7200	1600	5600	1000	500	1250	250

注：表中各尺寸符号含义如图 7-53 所示。

表 7-18 乌茨 38 型旋风分离器的主要性能

序号	处理风量(m^3/h)	进风口气流速度(m/s)	阻力系数	压损(Pa)	分离效率(%)		许可处理的混合浓度(相对湿度为 20%~30%的综合木材碎料)
					Ⅰ组物料	Ⅱ组物料	
No. 1	2180~2900	12~16	7.6D	600~1050	99.9	99.6	≤0.4
No. 2	2700~3600	12~16	7.6D	660~1180	99.9	99.6	≤0.4
No. 3	3260~3960	12~16	7.6D	730~1300	99.9	99.6	≤0.4
No. 4	3890~5180	12~16	7.6D	800~1420	99.9	99.6	≤0.4
No. 5	4560~6080	12~16	7.6D	860~1540	99.9	99.6	≤0.4
No. 6	5290~7060	12~16	7.6D	935~1660	99.9	99.6	≤0.4
No. 7	6075~8100	12~16	7.6D	981~1780	99.9	99.6	≤0.4
No. 8	6910~9220	12~16	7.6D	1070~1900	99.9	99.6	≤0.4
No. 9	8750~11 664	12~16	7.6D	1190~2130	99.9	99.6	≤0.4
No. 10	10 800~14 400	12~16	7.6D	1330~2370	99.9	99.6	≤0.4

(2)BXF 型旋风分离器

BXF 型旋风分离器是一种下旋型进风口的旋风分离器，适用于中、高流出重量混合浓度的木片气力运输装置，它具有处理物料量大、分离效率高、阻力小、外形尺寸小及重量轻等优点。图 7-54 示出了 BXF 型旋风分离器的结构型式，表 7-19 及表 7-20 中分别列出 BXF 型旋风分离器的主要尺寸参数及性能参数。

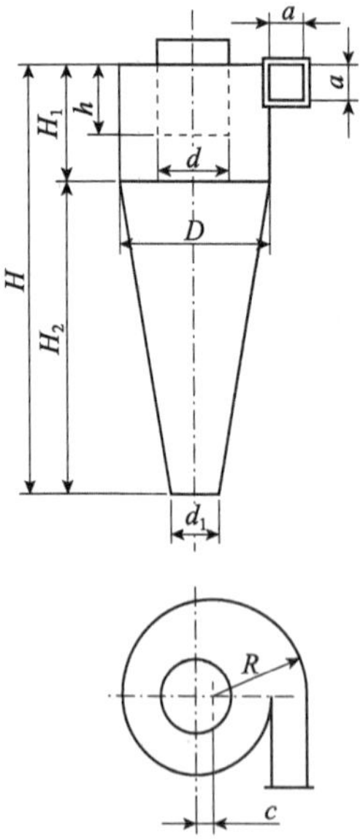

图 7-53 乌茨 38 型旋风分离器

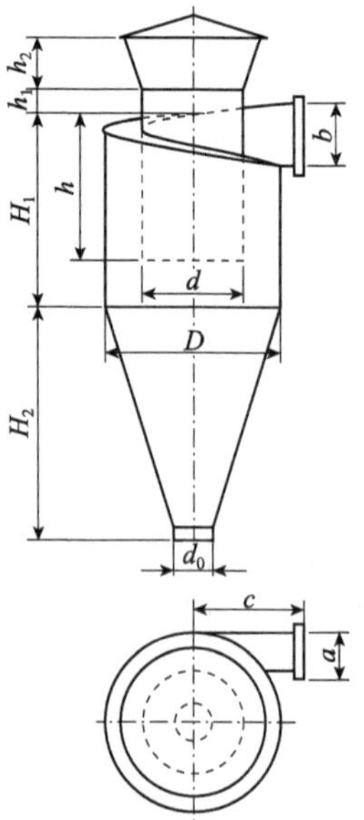

图 7-54 BXF 型旋风分离器

表 7-19　BXF 型旋风分离器的主要尺寸

型号	尺寸						型号	尺寸					
	d	D	H_1	H_2	h_1	h_2		d	D	H_1	H_2	h_1	h_2
BXF-1050	600	1050	1150	1275	150	300	BXF-1900	1100	1900	2000	2475	200	550
BXF-1200	700	1200	1300	1500	150	350	BXF-2100	1200	2100	2200	2750	200	600
BXF-1350	800	1350	1450	1725	150	400	BXF-2300	1300	2300	2400	3050	250	650
BXF-1500	900	1500	1600	1950	200	450	BXF-2500	1400	2500	2600	3450	250	700
BXF-1700	1000	1700	1800	2200	200	500							

注：表中各尺寸符号含义参见图 7-54。

表 7-20　BXF 型旋风分离器的主要性能

型号	处理风量 (m^3/h)	进风口气流速度 (m/s)	阻力系数	压损 (Pa)	分离效率(%)		许可处理的混合浓度(相对湿度为 20%~30%的综合木材碎料)
					Ⅰ组物料	Ⅱ组物料	
BXF-1050	4100~5500	16~22	2.0	300~580	99.2	98	≤5
BXF-1200	5500~7500	16~22	2.0	300~580	99.2	98	≤5
BXF-1350	7500~9500	16~22	2.0	300~580	99.2	98	≤5
BXF-1500	9500~12 000	17~22	2.0	340~580	99.2	98	≤5
BXF-1700	12 000~14 500	17~21	2.0	340~535	99.2	98	≤5
BXF-1900	14 500~17 500	17~21	2.0	340~535	99.2	98	≤5
BXF-2100	17 500~20 500	17~21	2.0	340~535	99.2	98	≤5
BXF-2300	20 500~24 500	17~21	2.0	340~535	99.2	98	≤5
BXF-2500	24 500~30 000	17~21	2.0	340~535	99.2	98	≤5

注：Ⅰ组物料是指由削片机直接生产出的木片；Ⅱ组物料是指 60%刨花木片+30%木屑+10%锯屑。

(3) NL-1 型高效旋风分离器

NL-1 型高效旋风分离器是下旋型进风口的旋风分离器，如图 7-55 所示，排气管下端带有呈圆锥形筒体状的百叶片式惯性除尘器，百叶片式惯性除尘器呈圆锥形筒体，使整个百叶片式惯性除尘器的筒体高度范围内都能充分发挥分离作用。当下旋的混合气流碰撞到这个百叶片式惯性除尘器时，约有 1/3 以上的空气从惯性除尘器的叶片间隙直接逸出，并经由排气管口排出。剩余的混合气流继续在壳体内回旋向下，有些散碎物料在碰撞到惯性除尘器的叶片时，由于散碎物料的惯性较空气大，不易改变运动方向随空气逸出，而会被弹回又重新被向下旋转的外涡旋气流携带向下，进入旋风分离器下部，在离心力作用下分离。因此，进入旋风分离器内的混合气流经历了惯性力和离心力两次分离的作用。由于约有 1/3 以上的空气直接经由百叶片式惯性除尘器分离，减少了向下旋外涡旋的气流量，以及到达旋风分离器底部返而旋转向上的内涡旋气流量，能降低旋风分离器的压损，并使旋风分离器的筒体尺寸得以减小。旋风分离器中心有一根中心棒，中心棒可使内涡旋的回转半径减小，减少外涡旋与内涡旋之间的干扰，有利于

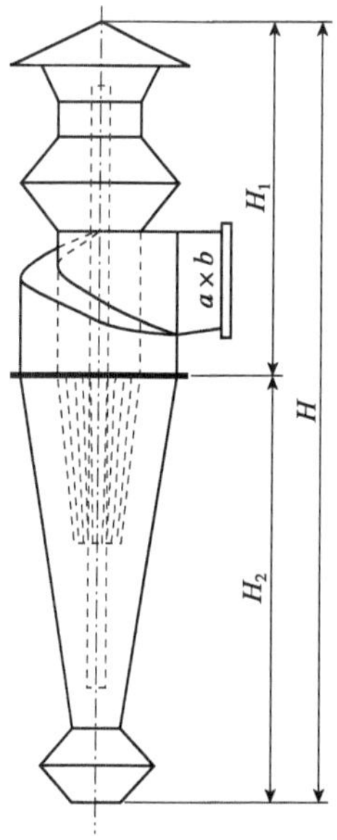

图 7-55　NL-1 型高效旋风分离器

提高分离效果、减小压损。在其排气管出口处、排料口处都有一个扩散双锥体，排气管出口的扩散，双锥体可以减少随空气携带出去的细微物料量，排料口处的扩散，双锥体可降低下冲气流的惯性，减弱下冲气流引起的“二次飞扬”现象。另外，其外壳筒体的圆柱体部分很短，而加大了圆锥体部分的高度，有利于提高散碎物料的离心力，提高分离效率。表7-21及表7-22分别列出了NL-1型高效旋风分离器系列的主要尺寸参数与性能参数。

表7-21 NL-1型高效旋风分离器系列的主要尺寸

型号	尺寸					型号	尺寸				
	D	H_1	H_2	H	$a \times b$		D	H_1	H_2	H	$a \times b$
NL-1-250	250	630	775	1405	130×55	NL-1-800	800	1885	2230	4115	400×160
NL-1-300	300	795	920	1715	165×60	NL-1-900	900	2195	2630	4825	490×190
NL-1-375	375	910	1120	2030	185×75	NL-1-1150	1150	2535	3180	5725	570×230
NL-1-450	450	1155	1310	2485	225×95	NL-1-1400	1400	2940	3910	6850	700×260
NL-1-550	550	1365	1565	2930	270×115	NL-1-1500	1500	3195	4210	7405	750×300
NL-1-675	675	1560	1875	3435	325×140						

注：表中各尺寸符号含义参见图7-55。

NL-1型高效旋风分离器对于木材碎料有很高的分离效率，且压损很小，阻力系数为2.4左右，外形尺寸及重量都较小。分离木材碎料时，允许混合气流的流出重量混合浓度$\mu \leqslant 0.3$，主要应用于各种类型的木工车间木屑气力吸集装置，也适用于刨花板生产线上的混合浓度小于0.3的气力运输装置。

表7-22 NL-1型高效旋风分离器的主要性能

型号	处理风量(m^3/h)	进风口气流速度(m/s)	阻力系数	压损(Pa)	分离效率		许可处理的混合浓度(相对湿度为20%~30%的综合木材碎料)
					Ⅰ组物料	Ⅱ组物料	
NL-1-250	380~515	15~20	2.5	340~610	99.9	99.6	≤0.3
NL-1-300	535~710	15~20	2.5	340~610	99.9	99.6	≤0.3
NL-1-375	750~1000	15~20	2.5	340~610	99.9	99.6	≤0.3
NL-1-450	1150~1540	15~20	2.5	340~610	99.9	99.6	≤0.3
NL-1-550	1680~2235	15~20	2.5	340~610	99.9	99.6	≤0.3
NL-1-675	2460~3280	15~20	2.5	340~610	99.9	99.6	≤0.3
NL-1-800	3460~4600	15~20	2.5	340~610	99.9	99.6	≤0.3
NL-1-900	5030~6700	15~20	2.5	340~610	99.9	99.6	≤0.3
NL-1-1150	7080~9440	15~20	2.5	340~610	99.9	99.6	≤0.3
NL-1-1400	9830~13 100	15~20	2.5	340~610	99.9	99.6	≤0.3
NL-1-1500	12 150~16 200	15~20	2.5	340~610	99.9	99.6	≤0.3

注：Ⅰ组物料是指由削片机直接生产出的木片；Ⅱ组物料是指60%刨花木片+30%木屑+10%锯屑。

7.4.3.5 除尘器

(1)惯性除尘器

惯性除尘器的作用原理是使气流突然急剧地改变运动方向，利用固体物料的惯性力比空气大，空气可以顺利地改变运动方向，固体物料在惯性力作用下仍按原来的运动方向运动，而将散碎物料与空气分离开来。几种常见的惯性除尘器如图 7-56 所示，其结构简单，阻力较小，一般为 100~800Pa，但分离效率较低，多数只能达到 40%~80%，多与其他分离装置配合使用，用于分离系统中的第一级。

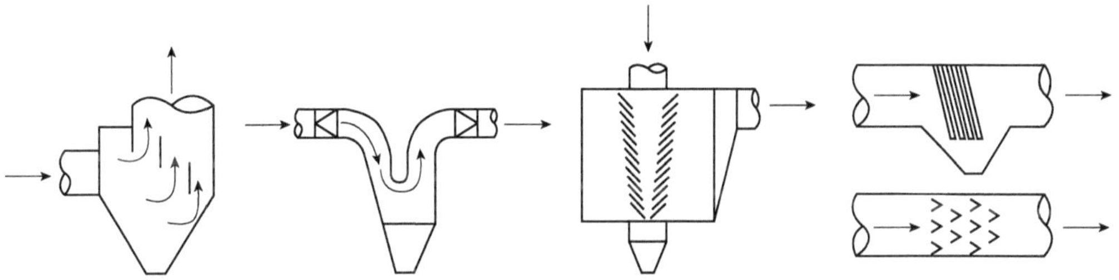

（a）冲击式　（b）反转式　（c）百叶片式　（d）多列冲击式

图 7-56　惯性除尘器

在旋风分离器的前面加用了惯性除尘器配合使用，能减少进入旋风分离器的气流量，从而可以减小旋风分离器的直径，以降低旋风分离器的压力损失。图 7-57 示出几种采用了百叶片式惯性除尘器与旋风分离器组合使用方案，图中 Q 表示主空气流量，q 表示少量气流。图 7-57(a)所示，在气流输送系统的压出段上采用百叶片式惯性除尘器，并使经由旋风分离器排出来的气流 q 再次循环得到进一步分离。混合气流由输送管道 1 进入风机 2，再经由风机 2 而进入惯性除尘器 3，当混合气流在通过惯性除尘器 3 时，有部分空气由百叶片间隙逸出，剩余气流 q 则随同物料进入旋风分离器 4 内，在旋风分离器内，混合气流中的物料被分离出来排入料仓 6，而由分离器上方排出的空气则经由气流输送管 5 出来，与由气流输送管道 1 进来的混合气流再次混合，这样不断重复以上的循环。

图 7-57(b)所示，在气流输送系统的压出管段采用百叶片式惯性除尘器，经百叶片式惯性除尘器后的气流 q 经旋风分离器分离排出后，不再循环分离，直接排往大气。图 7-57(c)所示的方案，在气流输送系统的吸入管段上采用百叶片式惯性除尘器。混合气流经由气流输送管 1 被吸入惯性除尘器 3，混合气流中的一部分空气经由惯性除尘器的百叶片外逸出，进入除尘器外围的密封箱体内，随即再被吸进风机 2 排往大气。而混合气流中的另一部分空气则随同物料一并被吸入旋风分离器 4 内，在旋风分离器 4 内混合气流被分离，物料排入料仓 6，而混合气流中的空气则经由气流输送管 5 被吸进风机 2 排出到大气中。需特别说明的是，此方案中旋风分离器下方的料仓必须保持密封。

百叶片式惯性除尘器的阻力可按式(7-76)计算：

$$\Delta P=\frac{\rho}{2}\left(\frac{Q_0}{CA_0}\right)^2 \tag{7-76}$$

式中：ρ——空气密度(kg/m^3)；

Q_0——通过全部叶片缝隙的总风量(m^3/s)；

A_0——叶片缝隙的总面积(m^2)；

C——叶片缝隙的收缩系数，一般取 $C=0.6\sim0.8$。

(2)袋式除尘器

袋式除尘器，也称为袋式过滤器，是依靠滤布的过滤作用来分离微细粉尘。滤布的过滤作用实际上主要不是靠滤布，滤布是起着网格的作用，灰尘首先黏附在滤布的纤维

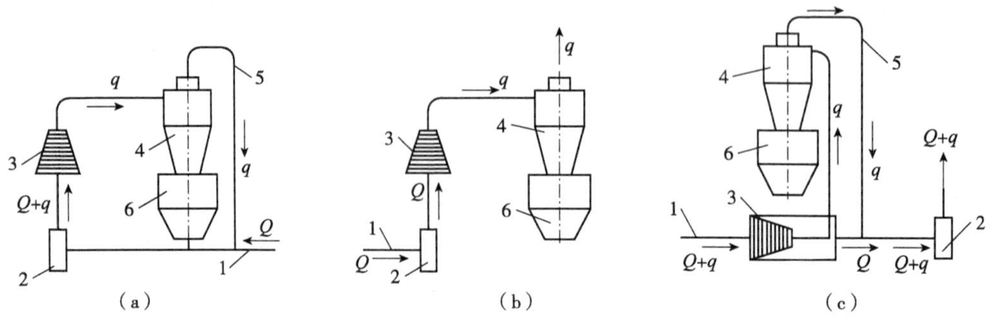

1. 气流输送管；2. 风机；3. 百叶片式惯性除尘器；4. 旋风分离器；5. 气流管；6. 料仓。

图 7-57 百叶片式惯性除尘器与旋风分离器配合使用方案

网上，使灰尘层固定形成一次黏附层。靠固定在纤维滤布网格的这一次黏附层继续过滤、捕捉灰尘。由于被捕集的灰尘层的厚度逐渐增加，使阻力(压损)增大，所以袋式除尘器需安装一个振动装置，振动装置每隔一定时间振动滤布，将黏附在滤布内面的灰尘掸落，积存于下面的料斗中。袋式除尘器的阻力一般为 784~1274Pa。

袋式除尘器有多种不同的型式，常用的有以下几种：

①振摇袋式除尘器

振摇袋式除尘器的结构如图 7-58 所示。电动机的动力通过凸轮或连杆机构，对滤袋进行振摇。振摇滤袋的方式有纵向振动与横向振动，以横向振动的效果较好，因滤袋受力不大，袋的使用寿命较长。

②反吹气流袋式除尘器

反吹气流袋式除尘器如图 7-59 所示，其主体分隔成几个室，每隔一定时间顺次关闭各室的出风口阀门，将气流切断，然后打开导入外部气流的阀门，使反方向的气流流过滤布，将附着在滤袋内表面上的灰尘吹落。

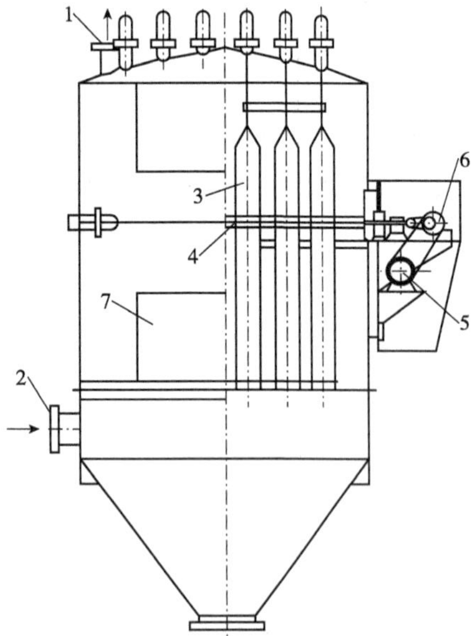

1. 排气口；2. 混合气流入口；3. 滤袋；4. 振动框架；5. 振动装置的驱动电机；6. 振动装置；7. 检查孔。

图 7-58 振摇袋式除尘器

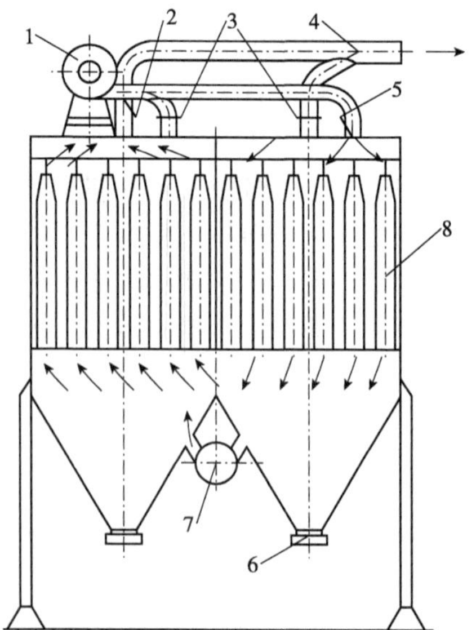

1. 反吹风机；2. 示挡板开启；3. 示挡板关闭；4. 净化气流出口；5. 示挡板开启；6. 物料排出口；7. 含尘气流入口；8. 滤袋。

图 7-59 反吹气流袋式除尘器

为使过滤除尘不因反吹空气而中断，将主体分隔成几个室，每隔一定时间顺次暂停工作进行吹落，过滤与吹落的切换均可采用自动控制。

③脉冲气流反吹袋式除尘器。脉冲气流反吹袋式除尘器如图7-60所示。含尘气流由进气口进入箱体，粉尘被阻留在滤袋外表面上，空气通过滤袋的微孔隙进入滤袋内，净化后的气体经过文氏管，进入上部箱体，最后从排气口排出。每排滤袋上部均装有一根喷射管，喷射管上开有一些直径6.4mm的喷射孔，每个喷射孔与一只滤袋相对应，对准文氏管和滤袋中心。

喷射管前装有与压缩空气包相连接的脉冲阀，控制器通过控制阀控制各脉冲阀，使之开启。当脉冲阀开启时(只需0.1~0.2s)，与该脉冲阀相连接的喷射管和气包是相通的，高压空气从喷射孔以极高速度喷射出来，经文氏管进入滤袋，使滤袋急剧膨胀，引起冲击振动，在这一瞬间产生的由内向外与含尘气体相逆的气流，使附着在滤袋外表面上的粉尘被吹落下来。吹落下来的粉尘落入灰斗中，通过叶轮排料器排出来。

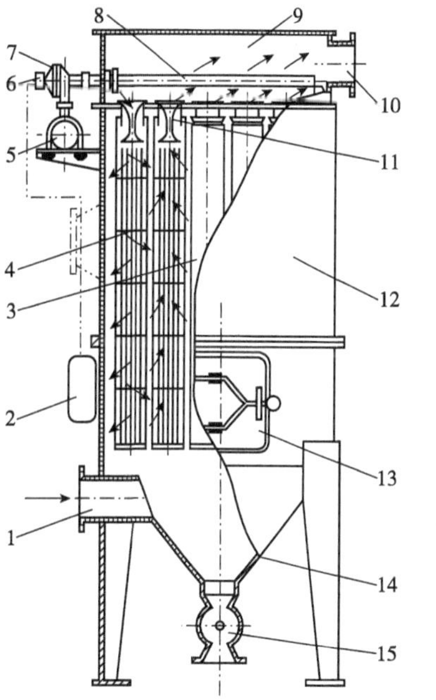

1. 进气口；2. 控制器；3. 滤袋；4. 滤袋骨架；5. 气包；6. 控制阀；7. 脉冲阀；8. 喷射管；9. 上部箱体；10. 排气口；11. 文氏管；12. 箱体；13. 检修门；14. 灰斗；15. 叶轮排料器。

图7-60 脉冲气流反吹袋式除尘器

7.4.4 风机

为了保证气力输送装置稳定而有效地进行工作，正确地选用风机非常重要。风机是气力输送装置中的关键设备，直接影响到整个气力输送系统的工作效果。

在木材工业气力输送装置中，常使用的风机有两类基本型式：叶轮离心式风机与容积式风机。一般来说，叶轮离心式风机的风量较大，风压较低，噪声较小，当管路的阻力变化较大时，其风量的变化较大，即风最不够稳定；容积式风机的风量较小，风压较高，噪声较大，当管路的阻力变化时，其风量的变化较小或基本不变，即风量稳定。

在木材加工车间内，车间木屑气力吸集装置一般采用具有较大风量、较低风压、叶片数量较少的叶轮离心式风机，这是由于车间木屑气力吸集装置要求的气流量大，其管路系统的阻力一般较小，且往往要求混合气流要通过风机。目前用于车间木屑气力吸集装置的叶轮离心式风机的风量范围一般为200~25 000m^3/h，风压范围一般为1500~4000Pa，叶片数多为6~12片。

在木材工业，对于运输距离不太长(不超过250m)且运输生产率不太大(一般不超过15t/h)的木片或木屑气力运输装置，可以选用高压叶轮离心式风机或容积式风机。长距离运输(一般在600~800m以内)、高生产率(一般在50~60t/h以内)的气力运输装置，一般选用容积式风机。此外，对于在生产工艺过程中，要求管路系统风量、风压稳定时，也可选用容积式风机。

7.4.4.1　叶轮离心式风机

(1)结构与工作原理

叶轮离心式风机是由叶轮、蜗壳形机壳、机轴、吸气口、排气口、轴承、底座等部件组成，如图 7-61 所示。

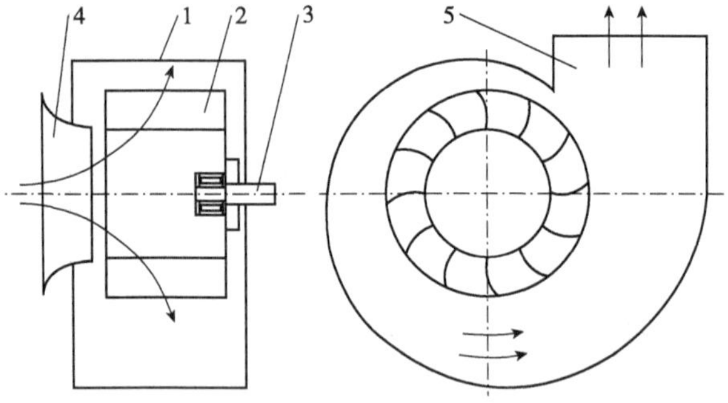

1. 机壳；2. 叶轮；3. 机轴；4. 吸气口；5. 排气口。

图 7-61　叶轮离心式风机原理图

当叶轮离心式风机工作时，叶轮在蜗壳形机壳内高速旋转，迫使叶轮中叶片格槽内的空气跟着叶轮高速旋转，使充满在叶片格槽内的空气在离心力的作用下被高速甩向叶轮的外缘，同时使空气受到压缩，即将叶轮旋转运动机械能传递给叶轮格槽高速流出的空气，转化为高速空气流的压力能。产生的高速空气流具有较高的动压，在流经断面逐渐扩大的蜗壳形机壳时，速度逐渐降低，空气流的部分动压转化为静压能，最后以一定的压力(全压)由机壳的排气口压出。与此同时，叶轮的中心部分由于空气被甩出而变得稀薄，形成了负压区，使外界的空气在这压力差的作用下通过吸气口吸入风机，填补叶片格槽中被排出的空气。于是叶轮不断地旋转，空气就不断地被吸入和压出，形成连续的具有较高压力和一定速度的空气流。因此，叶轮离心式风机是借助叶轮带动空气旋转时把机械能传递给空气，形成连续的具有较高压力和一定速度气流的机械。

叶轮离心式风机的叶轮是最重要的部件之一，叶轮上叶片形状和安装方向对风机的性能有很大影响。一般地，叶片的形状有直叶、弯叶和机翼叶三种，但前两者最为常用。

按叶片出口角可分为后向式、径向式及前向式的叶轮离心式风机，如图 7-62 所示。后向式风机的叶片出口角 $\beta<90°$；径向式风机的叶片出口角 $\beta=90°$；前向式风机的叶片出口角 $\beta>90°$。

若在一块圆形硬纸板的中心插一根小棒，使硬纸旋转，则两滴墨水在离心力的作用下向外运动，并在硬纸上留下两条如图 7-63 中所示出的墨迹，这两条墨迹和后向式弯叶的形状很相似，即后向式弯叶的形状符合物体在离心力作用下的运动轨迹。由此可以说明，叶轮中的空气在离心力的作用下沿后向式叶片向外抛出时，空气与叶片之间的撞击最小，这意味着能量损失小，即后向式叶片风机的效率较高，噪声较小。但是，在一定的叶轮转速下，后向式叶片风机产生的风压与风量较低，这是因为后向式叶片只能使空气以较低的流速从叶轮中甩出，从而使空气从风机排出时的压力与风量都较低。

前向式叶片与后向式不同，它的形式与空气在离心力作用下的自然运动轨迹完全相反，空气沿叶片运动时被强行改变方向，空气与叶片之间发生剧烈的撞击，使能量损失及噪声都增大，所以前向式叶片的效率较低。然而，由于前向式叶片使空气以较高的速度从叶轮中抛出的同时，空气流受到叶片压缩和推挤，从而使风机出口处空气流具有较大的压力和风量。所以在一定的叶轮转速下，前向式弯叶产生的压力和风量较后向式弯叶高，因而高压的叶轮离心式风机一般均采用前向式弯曲的叶片。

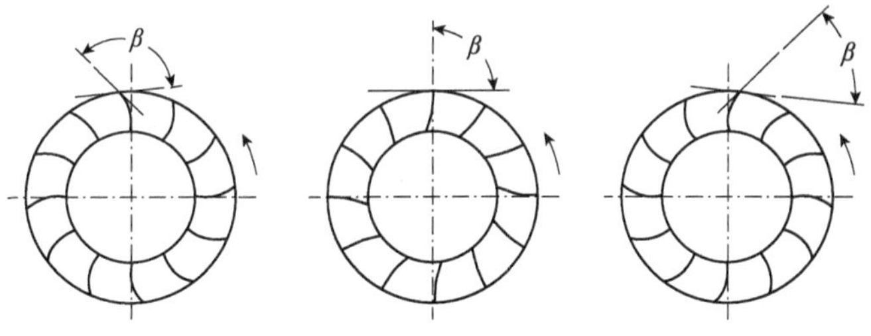

（a）前向式　（b）径向式　（c）后向式

图 7-62　按叶片出口角分类的叶轮离心式风机类型

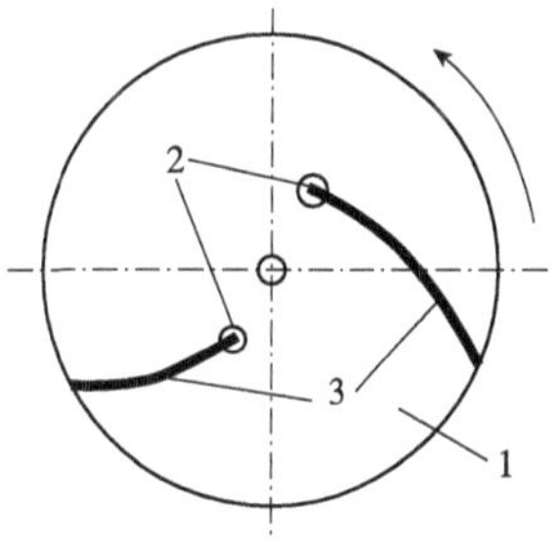

1. 回转圆盘；2. 墨水滴；3. 墨水轨迹。

图 7-63　离心力作用下的墨迹

径向式叶片的特点是介于后向式和前向式之间。

在木材工业企业，对于只是通过纯空气（空气内允许含有少量微粒物料，但含量不超过 150mg/m^3）的叶轮离心式风机，其叶片数可达 12~44 片；而对于通过混合气流的叶轮离心式风机，其叶片数一般取为 6~10 片，因为叶片过多易引起物料堵塞现象。

叶轮离心式风机的机壳正面轮廓一般呈蜗壳形或渐开线形，其作用是收集从叶轮中甩出的空气流，并通过气流断面的渐扩作用，将气流的动压转化为静压。

机壳断面形式有方形和圆形两种，一般的低压及中压的叶轮离心式风机多为方形断面的机壳，用钢板焊制成；而高压的叶轮离心式风机则多为圆形断面的机壳，一般是铸造制成。

无论何种形式的离心式风机的叶轮，都应顺着蜗壳形机壳的螺旋扩展路线方向旋转。若叶轮做逆向旋转时，则风机产生的风量和风压都会剧烈下降，一般来说，风量将减少 1/2 左右，风压要下降 2/3~4/5，因此，叶轮离心式风机在工作中绝不允许作逆向旋转。

从原动机一端正视，叶轮按顺时针方向旋转的，称为右转风机，按逆时针方向旋转的，称为左转风机。

叶轮离心式风机的出风口位置，根据使用的要求，可以做成向上、向下、水平向左、水平向右或 45°倾斜方向等出口形式，通常规定 8 个基本位置，分别用角度表示，如图 7-64 所示。较常采用的是出风口向上的风机，即右 90°或左 90°风机。

叶轮离心式风机的传动方式有多种。如果风机的转速和电动机的转速相同，对于机体较大的风机可以采用联轴器将风机和电动机直联的传动方式，结构简单、紧凑，传动效率高；对于机体较小，转子较轻的风机，则可取消联轴器，将叶轮直接装在电动机轴上，结构更加简单、紧凑。如果风机的转速与电动机的转速不相同，则可以采用三角皮带传动方式。叶轮离心式风机的支承与传动方式在我国已定型，规定了如图 7-65 所示的六种形式。

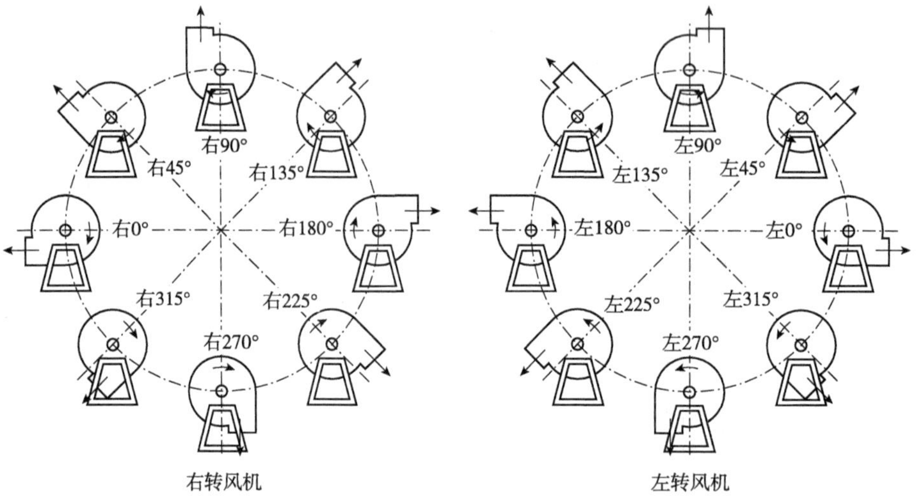

图 7-64 叶轮离心式风机的出风口位置

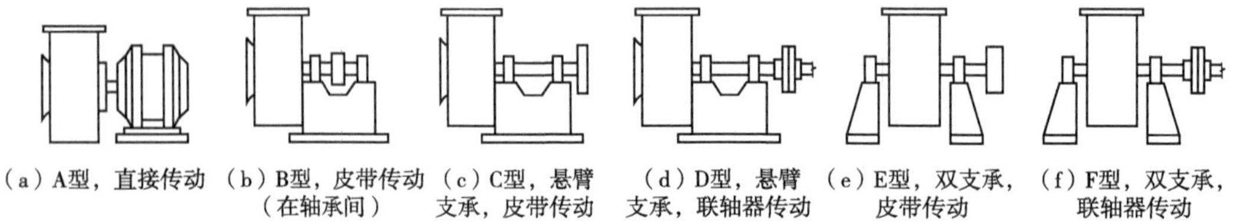

图 7-65 叶轮离心式风机六种传动方式

风机的出风口宜做成喇叭扩散形的，这有利于将动压转化为静压。在风机的进风口不宜直接连接弯管，否则会影响风机的正常工作性能，一般要求连接在风机进风口处的直管长度不得小于 $4D$(D 为风机的进风口直径)。

通常以风机的机号(号数)乘以 100，即为以 mm 为单位的叶轮直径，例如 4 号风机的叶轮直径是等于 400mm。

(2)叶轮离心式风机的性能参数

①风量。叶轮离心式风机产生的风量与风机的叶轮直径、转速、叶片型式及叶片宽度等有关，即：

$$Q=\frac{\pi}{4}\overline{Q}D_2^2 u_2 \tag{7-77}$$

式中：Q——风机的风量(m^3/s)；

D_2——风机叶轮的外径(m)；

u_2——叶轮外周的圆周速度(m/s)；

$\overline{Q}$——流量系数，与风机的叶片型式及叶片宽度有关。

$$u_2=\frac{\pi D_2 n}{60} \tag{7-78}$$

式中：n——风机叶轮的转速(r/min)。

风机的风量一般是用实验方法测得，在同一转速下，当调节风机进风口或出风口的阀门时，其风量也随之改变。

②风压。叶轮离心式风机的出风口气流全压与进风口气流全压的绝对值之和，即为

风机的风压。叶轮离心式风机所产生的风压可用下式表示，即：

$$H=\rho \overline{H} u_2^2 \tag{7-79}$$

式中：H——叶轮离心式风机的全压(Pa)；

ρ——空气密度，当大气压强在760mmHg(1mmHg＝133.3Pa)，空气温度为20℃时，$\rho=1.2\text{kg/m}^3$；

u_2——叶轮外周的圆周速度(m/s)，见式(7-78)；

$\overline{H}$——与叶片型式有关的系数，称为全压力系数。一般来说，后向式叶片 $\overline{H}=0.4\sim0.6$，径向式叶片 $\overline{H}=0.6\sim0.8$，前向式叶片 $\overline{H}=0.8\sim1.1$。

根据式(7-79)，可以近似估计出一台风机的风压。但必须指出，按此计算式得出的风机风压是指风机效率为最高时的风压。在同一转速下，当用风机的进出口阀门来调节风量时，风机的风压也会随之变化。

叶轮离心式风机按其产生的风压(全压)大小，一般可以分为，低压的(风压小于1000Pa)；中压的(风压范围是1000～4000Pa)，高压的(风压范围在4000～15 000Pa)。车间木屑气力吸集装置、车间内部的低流出重量混合浓度的气力运输装置，一般采用中压的叶轮离心式风机。高压的叶轮离心式风机与同一叶轮直径的中低压叶轮离心式风机相比较，其外形特征是叶轮和机壳的宽度较小，吸气口与排气口也较小。在转速相同时，高压叶轮离心式风机的产生的压力较高，但风量较小。

③功率与效率。对于风压不超过20 000Pa的叶轮离心式风机的功率 N 可按式(7-80)及式(7-81)计算。

当通过叶轮离心式风机叶轮的是纯空气时：

$$N=\frac{ZQH}{1000\eta_B\eta_T}(\text{Kw}) \tag{7-80}$$

式中：Z——增大系数，取 $Z=1.1$；

Q——风机产生的风量(m^3/s)；

H——风机产生的全风压(Pa)；

η_B——风机的效率；

η_T——电动机与风机之间的传动效率，当用电动机与风机叶轮轴直接连接传动时，取 $\eta_T=1.0$；联轴器传动时，取 $\eta_T=0.98$；当用三角皮带传动时，取 $\eta_T=0.95$。

当通过叶轮离心式风机叶轮的是混合气流，即有物料通过风机叶轮时：

$$N=\frac{ZQH}{1000\eta_B\eta_T}(1+\mu)(\text{Kw}) \tag{7-81}$$

式中：μ——通过风机叶轮的混合气流流出重量混合浓度。一般当叶轮的叶片数为4～6片时，可允许通过流出重量混合浓度达到0.7的木材碎料混合气流；而当叶轮的叶片数为8～12片时，则允许通过风机的含有木材碎料的混合气流的流出重量混合浓度一般不得超过0.3。

在实际选用电动机时，往往将按上述公式计算得出的功率值再增大10%～15%，这是因为考虑到在风机的使用过程中，管道系统的情况可能会有变化。

对于风压超过20 000Pa的高压式风机(包括容积式风机)，其功率 N 可按式(7-82)

计算，即：

$$N=2.303\times\frac{QP_0}{1000\eta_B\eta_T}\lg\left(\frac{P_K}{P_0}\right) \tag{7-82}$$

式中：Q——风量（m^3/s）；

P_0——风机的进风口断面的绝对全压力（Pa），$P_0=101\times10^3$（Pa）；

P_K——风机的出风口断面的绝对全压力（Pa），$P_K=P_0+\Delta P$，ΔP 为气力输送装置的总压损；

η_B——风机的效率；

η_T——电动机与风机之间的传动效率。

在单位时间内风机传递给空气的能量称为有效功率 N'，即：

$$N'=\frac{QH}{1000}(\text{Kw}) \tag{7-83}$$

消耗在风机轴上的功率（计及风机运转时轴承等机械部分的摩擦损失及空气在风机内的流体运动损失），称为风机的轴功率 N''，即：

$$N''=\frac{QH}{1000\eta_B}(\text{Kw}) \tag{7-84}$$

风机的效率 η_B 反映了风机工作的经济性，它是风机的有效功率与风机的轴功率之比，即：

$$\eta_B=\frac{N''}{N'}\times100\% \tag{7-85}$$

后向式叶片风机的效率一般可达 80%左右，前向式叶片风机的效率一般可达 60%左右。当用实验测得风机的风量、风压和轴功率后，风机的效率即可用计算方法求得。叶轮离心式风机以一定的转速运转时，存在一个最高效率点，相应于该点的风量、风压，即称为风机的最佳工作点。

④叶轮离心式风机的性能曲线。当风机的转速为一定时，风机的效率随着风量的改变而改变，所以，为使风机工作时的效率能够接近最高效率点，就应该掌握该风机在一定转速下的风量的允许调节范围。例如，在图 7-66 中所示的风量范围 $Q_1\sim Q_2$，即为某型号风机在一定转速下的经济使用范围，在此风量范围内，该风机的实际运转效率接近于其最高效率点 A。

在一定的转速下，风机的性能参数风压 H、风量 Q、效率 η 及功率 N 是有相互联系的，它们之间的关系可用实验方法测定出，其结果可用曲线的形式来表示，此曲线称为风机的性能曲线。在选用风机时，可根据所需的风量与风压，利用有关的风机性能曲线来进行。如图 7-67 所示某型号风机在转速为 1450r/min 时的性能曲线，表示风压 H、风机轴功率 N、效率 η，与风量 Q 的关系。风机的轴功率随风量增大而增大，因此，叶轮离心式风机应在风量为很小时启动，即在启动时先关闭风机的进风口阀门或出风口阀门后再开动风机，以降低风机的启动功率。

⑤叶轮离心式风机的转速 n。当风机的转速改变时，风机的性能曲线也随之改变。图 7-68 示出某型号风机在各不同转速下的风量 Q、风压 H 及效率 η 之间的关系。当风机的转速 n 改变时，风机的风量 Q、风压 H 及轴功率 N 均随之变化，它们的关系是：

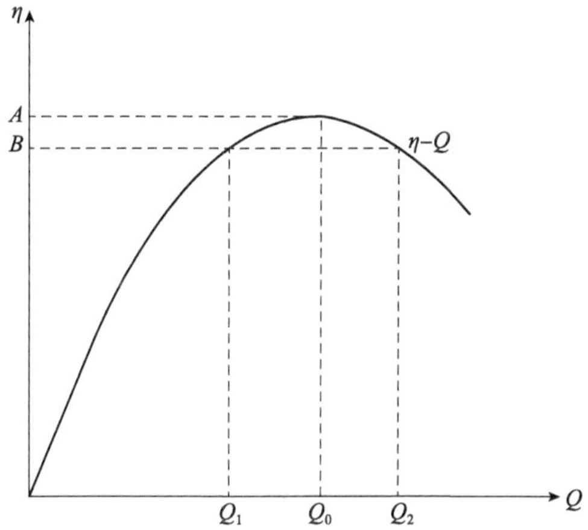

图 7-66　效率-风量特性曲线

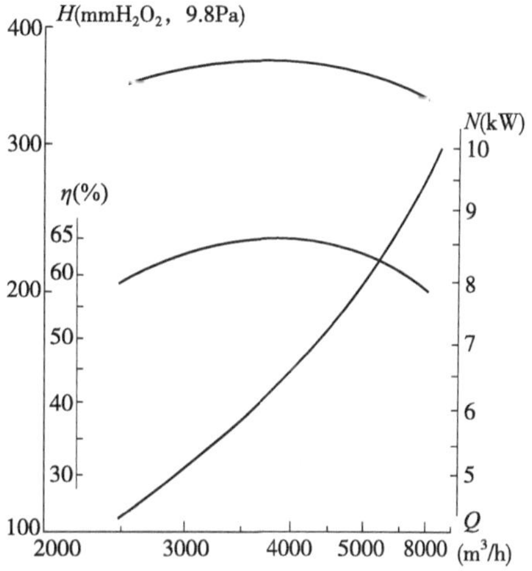

图 7-67　某风机一定转速下的性能曲线

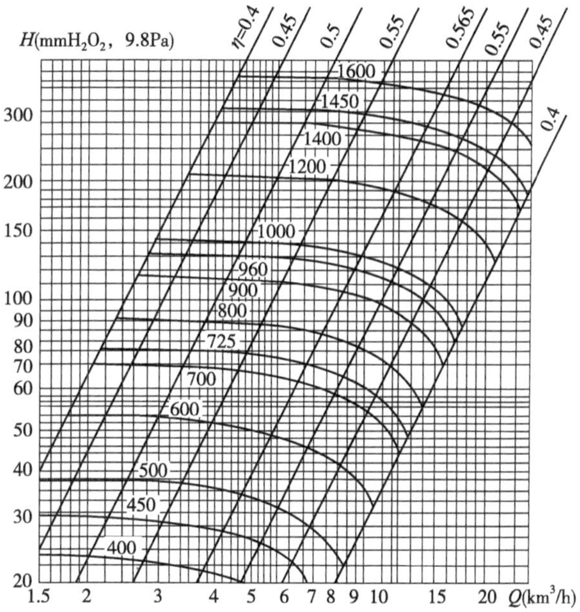

图 7-68　某型号离心风机在不同转速下的性能曲线

$$\frac{n_1}{n_2}=\frac{Q_1}{Q_2} \tag{7-86}$$

$$\left(\frac{N_1}{N_2}\right)^2=\frac{H_1}{H_2} \tag{7-87}$$

$$\left(\frac{N_1}{N_2}\right)^3=\frac{N_1}{N_2} \tag{7-88}$$

由上述关系式可知，当风机的转速增大时，风机的风量、风压增大，但风机轴功率会大幅度增加。

⑥比转数 n_s。比转数 n_s 是指风机在效率最高的工况下，风机的转速 n(r/min)、风量 Q(m^3/s)及全压 H(mmH_2O)之间，按下列关系式计算得到的值，即：

$$n_s = \frac{nQ^{1/2}}{H^{3/4}} \tag{7-89}$$

上式表明，当两种类型的风机的转速相同时，则比转数大的风机，其风压较小而风量较大；比转数小的风机，其风量较小而风压较大。一般的划分范围是：低压离心式风机，其 $n_s \geqslant 60$；中压离心式风机，其 $n_s = 30 \sim 60$；高压离心式风机，其 $n_s = 15 \sim 30$。

风量较大的风机，其叶轮的叶片宽度与进风口皆较大(指相对于其叶轮直径的比例)。一般的容积式风机(如罗茨风机)的比转数为 $n_s < 10 \sim 15$。一般来说，两台相似的风机，它们的比转数相等。

(3)叶轮离心式风机在管道中的工作特性

①气流输送管道的特性。所谓气流输送管道的特性是指空气流过输送管道时，气流量与压损(流体阻力)之间的关系。气流输送管道的流体阻力 H 包括管道沿程阻力和局部阻力两部分，即：

$$H = \sum \left(\frac{\lambda l}{d} \frac{\rho v^2}{2} + \xi \frac{\rho v^2}{2} \right) = \sum \left(\frac{\lambda l}{d} + \xi \right) \frac{\rho v^2}{2} \tag{7-90}$$

对于一定的气流管道和空气参数而言，l、d、ξ、ρ、λ 均为常数，且 v 与 Q 成为正比关系，即：

$$v = \frac{4Q}{\pi d^2} \tag{7-91}$$

因此，对于一定的气流管道和空气参数来说，式(7-90)可改写为：

$$H = \sum \left(\frac{\lambda l}{d} + \xi \right) \cdot \frac{8\rho}{\pi^2 D^4} \cdot Q^2 \tag{7-92}$$

令上式中，$\sum \left(\frac{\lambda l}{d} + \xi \right) \cdot \frac{8\rho}{\pi^2 D^4} = K$，则有：

$$H = KQ^2 \tag{7-93}$$

式中：K——管道系统总阻力系数，与空气性质、管道的材料(包括内壁的粗糙程度)、管道长度、管道直径、管道上的各部件的结构尺寸、流体流动状态(紊流或层流)等有关。

式(7-93)反映了气流在管道内流动时，风量与压损的关系，它可以在坐标画成曲线，如图 7-69(a)所示，当风量 Q 为零时，压损 H 也为零，当风量增大，压损急剧增大。当影响总阻力系数的诸因素中有任一因素改变，就会影响 K 值的改变，从而导致管道特性曲线的改变。例如，当管道中的阀门关小时，使 K 值增大，而使管道特性曲线变陡，由曲线Ⅰ变为曲线Ⅱ。当阀门开大时，K 值减小，管道特性曲线变平坦，由曲线Ⅰ变为曲线Ⅲ。

②风机在管道中的工作特性。风机在管道中的工作特性不仅与风机的特性有关，且与管道特性有关，从风机的 H_B-Q_B 曲线可知，在同一转速下，风机可以在不同的风量和风压下工作。那么，当风机安装在某一管道中工作时，风机产生的风压等于气流输送管道中的实际压损，风量等于气流输送管道中的实际气流量。这样，将风机的 H_B-Q_B 性能曲线与管道 H_P-Q_P 特性曲线画在一个坐标上，如图 7-69(b)所示，上述两曲线的交点 A，即为风机的实际工作点，也就是气流管道的实际工作点。相应的 Q_A 为风机产生的风量，即等于管道内的实际气流量；H_A 为风机产生的风压，也即等于管道的实际阻

力。有时，还可将风机的整个特性曲线和管道的特性曲线绘在同一张坐标图上，如图7-69(c)所示，这样更便于分析风机在管道中的工作情况。

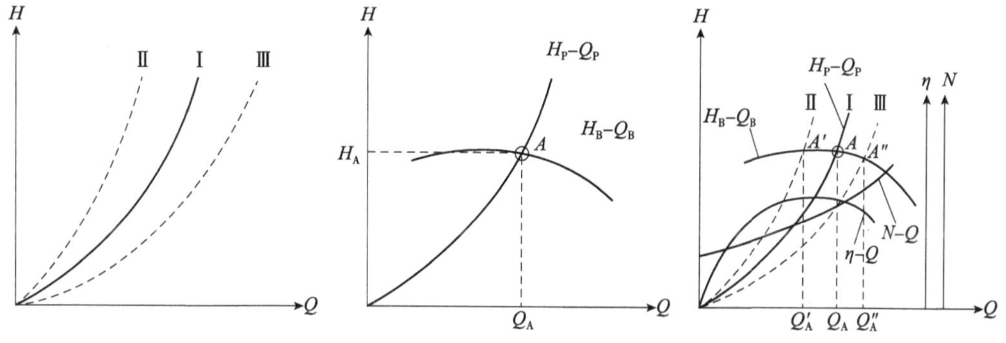

(a) 管道特性曲线　(b) 风机工作点　(c) 风机在管道中的工作曲线

图7-69 风机在管道中的工作性能

如图7-69(c)所示，当管道总阻力系数K变化，即管道某部分阻力增大或减小，管道特性曲线H_P-Q_P将发生变化，K增大，气流管道H_P-Q_P曲线变陡，工作点由$A \to A'$，风机产生的风量减小，风机的风压、轴功率、效率也随之发生变化。当$Q=0$时，轴功率最小，故离心式风机启动时，将风机进风口或出风口阀门关闭，使得启动轴功率为最小。

反之，K减小，气流管道H_P-Q_P曲线变平坦，工作点由$A \to A''$，这时风机产生的风量Q增大，风压下降，轴功率增大，因此，当改装管道以减少阻力时，由于会使离心式风机的风量增大较多，导致风机的功率消耗增大，从而必须同时考虑电机功率是否足够。

③离心式风机风量的调节。从风机的N-Q曲线可知，当风量为零时，风机的轴功率最小，因此在启动时先将进出风口阀门关闭，使起动轴功率减到最小，启动后再将阀门慢慢打开，慢慢调到其工作点。

叶轮离心式风机调节风量的方法通常有如下几种：

a. 节流法：用安装在风机的吸风管路上或送风管路上的调节阀来调节风量。这是改变管道特性的最简单方法，借此来改变风机的工作点。此方法调节风量方便，且装置简单，故常采用，缺点是会增大阻力。应注意不要使风机经常处于低效率区工作，风机对应于一定的Q与H时，即有一定的效率η。

b. 改变叶轮的转速：当风机的叶轮转速改变时，风机本身的特性曲线就改变了，相应的工作点即改变。风机的允许最大转速是受风机强度限制的，因此不允许将叶轮转速超过该风机的最大许可转速，且须考虑电机功率的匹配。因转速提高后，风机的噪声及轴功率也都增加。采用调速电机或变频器可以方便地改变风机叶轮的转速。

c. 在风机的进风口处可以设置导流器：通过调节导流器叶片的角度，可以改变风机的工作点，而使风机的风压、风量、轴功率等改变。此法只适用于通过纯空气流的情况。

(4)叶轮离心式风机的特点

根据叶轮离心式风机的结构、工作原理及性能特性分析，叶轮离心式风机具有如下特点：风量可调节，允许物料通过风机；风压有微小变化，会引起风量较大的变化，即风量不稳定；轴功率随风量的增大而增大，在开启风机时应关闭风机的进出风口。

(5)叶轮离心式风机的使用

①组合使用。叶轮离心式风机的组合运行可分为并联与串联两种。并联可以在相同风压下得到较大的风量，但两台相同风机并联工作时，其总风量仍小于各单台风机运行时的风量之和，即风机并联工作时的总风量并不能成倍增加。串联可以在同一风量下得到较大的风压，同样两台相同风机串联工作时，其总风压仍小于各单台风机运行时的风压之和，即风机串联工作时的总风压并不能成倍增加。

②使用时应注意的问题。在风机的进出风口装 30cm 长的软管，避免由于风机振动而脱管；若物料通过风机，应尽量使物料中不含金属块，以免打坏叶轮；无论并联组合工作或串联组合工作的风机都应采用型号规格与转速都相同的风机，否则，并不能够达到风机组合工作的预期效果。

避免物料中金属块或硬块打坏叶轮的措施主要有：在设计时考虑，尽量不让物料通过风机；把风机放在一定的高度上，以使金属块或硬块在垂直管段中落下，并设置清扫口，扫除金属块或硬块；在风机的进风管道局部扩大，或安装大块物料收集器，降低气流速度，使金属块或硬块沉积，并定期清扫。

③使用管理。对于叶轮离心式风机在使用过程中较常发生的故障及发生原因如下：

a. 压力过高，风量过低。一般由于风机进风管或出风管断面面积过小，或装料量过大，导致混合气流浓度增大，输送管道、装料器后方、弯管、阀门等处出现堵塞现象。

b. 压力降低、风量过大，甚至引起电机超载。主要是由于风机进风管道或进风口面积设计过大；或进风管道系统不密封、破损；或装料受阻，装料量减小，甚至长时无物料进入管道；若是在启动风机时，则可能未关闭进风口、出风口阀门。

c. 机壳过热。风机在进风口、出风口阀门关闭的情况下，运转时间过长。

d. 风机振动异常、噪声大。主要原因有：叶轮转子不平衡；叶片磨损、腐蚀不均匀；风机轴弯曲变形；安装不当，偏差大；基础螺母松动，基础刚度不足，甚至基础下沉；进出风口未安装软管；双吸风机两侧进风量不等；风机工作效率很低。

7.4.4.2 容积式风机

容积式风机是依靠容积和压力的变化来形成气流的，常见的容积式风机有往复式和回转式两大类，主要有活塞容积式压缩机、转子式风机、水环式压缩机、叶片式回转压缩机等。

(1)特点

容积式风机的风量不可调节，一般风机的进、出风管段上不安装阀门或闸门；轴功率随压力的增大而增大，在启动风机时，需保持进、出风口及连接的管道通畅，以减小启动功率；风量基本不随管道阻力变化而变化，或变化很小，可保证管道风量稳定，适合于长距离、混合浓度大的木材碎料气力运输装置；因容积式风机的特殊结构，在使用过程中不允许物料通过风机。

(2)罗茨风机

罗茨风机是在木材工业中最常用的容积式风机。罗茨风机构造简单，如图 7-70(a)所示，由壳体和壳体内两个作相反方向旋转的转子组成。转子由铸铁、铝或铜铸成，为减轻重量，可制成空心的。两个转子间有一个极小的间隙，同时转子与壳体之间也有间隙，常取 0.3~0.5mm，转子既能自由旋转，又不致于有过多的泄漏。两个转子相反方

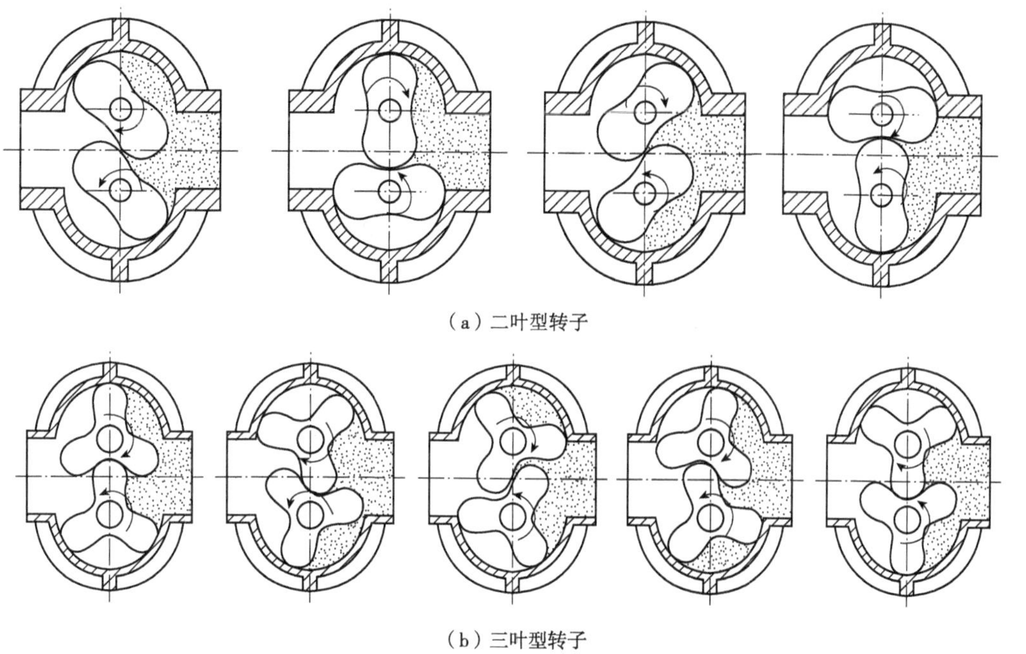

图 7-70　罗茨风机的工作原理示意图

向旋转，使吸进来的空气由排气口压出，形成连续不断的高压气流。

为减小气流的脉动，罗茨风机常采用三叶型转子(也称三叶型叶轮)，如图 7-70(b)所示，三叶型转子每转动一次由 2 个叶轮进行 3 次吸、排气。每个叶轮始终由同步齿轮保持正确的相位，不会出现互相碰触的现象，因而可以高速化，不需要内部润滑，而且结构简单，运行平稳，性能稳定，适应多种用途，相对于二叶型即腰形转子，不仅气流脉动小、负荷变化小，而且噪声低、振动小。

图 7-71 为罗茨风机的特性曲线，罗茨风机常用的风压为 9.8~98kPa，产生较大压力，空气流量一般范围为 0.48~820m^3/min，应用于运输距离大、混合浓度大的场合。

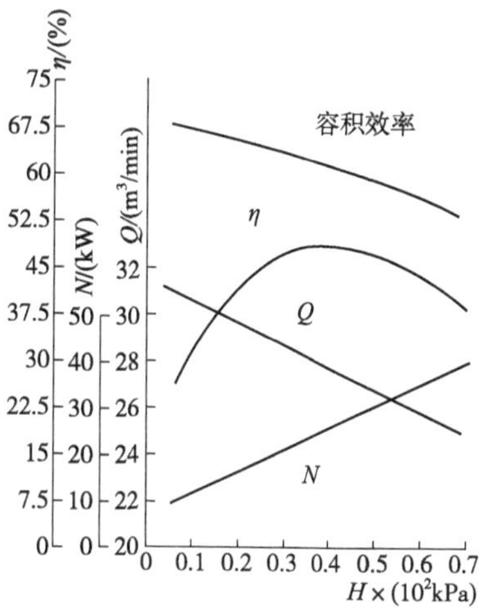

图 7-71　罗茨风机的特性曲线

7.5　木材工业气力输送装置的设计计算

7.5.1　木材加工车间气力吸集装置的设计计算

7.5.1.1　木材加工车间气力吸集装置的设计原则

木工车间内所采用的木屑气力吸集装置可以分为普通型气力吸集装置和通用型气力

吸集装置，其中通用型气力吸集装置有：漏斗式通用型气力吸集装置、通直主管内装有连续输送机械的通用型气力吸集装置、料槽式的有通直主管的通用型气力吸集装置、聚集器式通用型气力吸集装置等几种结构形式，木材加工车间常用通直主管内装有连续输送机械的通用型气力吸集装置、聚集器式通用型气力吸集装置两类通用型气力吸集装置。

设计车间内木屑气力吸集装置时，首先应该确定采用何种结构型式的气力吸集装置为宜，再根据车间的平面图与立面图，以及允许安装风机与分离装置的地点确定整个气力输送管道系统的布置方案，包括主管道、分支管道、风机、旋风分离器及料仓等的位置。为能更好地确定布置方案，车间平面图中应标示出车间内各台机床的位置及工人的操作位置、车间平面的尺寸，车间立面图中应标示有车间的高度、屋梁及门窗的高度，除此外，应有标示出各区域或车间功能的厂区布置图。一般在布置与设计气流管道系统时，应该考虑到如下的一些原则：

①气力输送管道系统的主管道最好布置成为平行或垂直于车间的纵向。支管的位置要尽可能地按相同的方向顺着排列，或对于聚集器式通用型吸集装置的气流支管按辐射状排列。

②对于布置在车间空间的气力输送管道，应力求不影响车间的采光，管道布置的水平高度一般应该处于车间的窗户的上方。也可以将主管道布置在车间的楼面之下，特别是车间地面下有架空层或多层车间的场合。如果将其安装于地下槽道内，须考虑到车间的地下水位问题，以免钢质管道受潮湿发生腐蚀损坏，一般需选用防锈管道或者涂刷防锈漆。

③在机床上连接吸气支管时，应注意不能影响工人的生产操作，也不能影响机床维修与更换刀具的工作，支管的位置不应影响车间内交通、物料搬运等物流活动；支管布置要注意尽量减少弯管的数量。

④连接各机床的吸料器是整个气力吸集装置中的重要部件，关系到吸集效果的好坏。吸料器的结构与安装必须根据具体情况加以考虑，在制造与安装时应考虑有相应的灵活性，使吸料器在不影响工人操作及生产安全的前提下，尽可能将机床刀具排出来的木材碎料全部吸进去。

⑤在容易堵塞的管段处，如弯管、三通管、装料口等处的后方，以及直立管段的下方等，设置检查孔，以便能及时、方便清理堵塞管道的物料。

⑥在各个与机床连接的支管上应装上闸门，以控制管道的气流通断、调节风量。

⑦各个三通管、弯管应按标准结构来制作，气流管道必须严格密封，各个接头的法兰连接必须紧密，以尽量防止漏气。

⑧风机最好装在生产车间之外，以减少车间内的噪声。在风机的进风口、出风口与气流管道相连接的管段，应采用一段长度约为30cm的软管连接，以避免风机的振动带动整个气力输送管道产生振动，避免引起管道系统损坏。

⑨在叶轮离心式风机的进风口前或出风口处安装阀门，以调节风机风量，从而可控制风机的功率消耗。

⑩若有物料通过风机，风机的位置最好放在主管道直立上升段的上方处，以防止重量大、颗粒大的物料吸入风机，打坏风机的叶轮。

⑪对于需要随着机床的刀头一起移动或作为清扫用的吸气支管，可合理采用软管。

⑫若采用两个或两个以上旋风分离器并联组合使用，必须保证它们的风量分配均

衡，且在它们共用的料仓内设置隔板，并要注意旋风分离器的安装位置及安装高度，以适应各种具体情况。

当管道系统、吸料器、风机、分离器等的位置全部布置妥当后，再着手进行这套气力吸集装置的计算工作。

7.5.1.2　木材加工车间普通型气力吸集装置的计算

根据输送物料所要求的气流速度与气流量来计算管道的直径，计算管道系统的压力损失。根据整个管道系统需要的气流量、压力损失，以及物料是否通过风机来选择风机的类型与规格。根据所需处理风量、混合浓度、混合气流中散碎物料的性质，以及要求的分离效率来正确选用分离装置的型式与规格。

(1)特点

普通型气力吸集装置的主管道的直径是沿着气流运行的方向逐渐增大的，当其吸气支管长度、直径、联接位置发生改变或者接入新的分支气流管时，则会引起气流分配的重新改变，甚至会由于不能保持原来的平衡状态，使某些支管内的气流量过大或过小，而不能正常工作。因此，应该是在比较固定的工艺流程的情况下，即车间内机床的位置与数量都是比较固定时，才考虑采用普通型气力吸集装置。普通型气力吸集装置具有如下特点：管道系统外形似树形，主管为树干，吸气支管为枝丫；主管道内气流速度与吸气支管内气流速度大小基本相等，主管道内气流速度不应小于支管气流速度；管道直径与气流量的分配相对应；主管道的压力差从前端到后端逐渐增大；灵活性小，只适用于车间内机床数目与位置都固定的情况。

(2)车间管道布置简图及计算展开图

根据车间平面图、立面图，依照已定布置方案绘制车间管道系统布置简图。再按车间管道系统布置简图，以简单的线条把不同平面上的管道展开画在一个平面上，绘制成计算展开图。计算展开图绘制要求为：计算展开图中用单线表示水平管段，用双线表示垂直或倾斜管段，管段长度不需按比例，但需要在管段旁注明长度(以 m 为单位)，各段管道之间连接处用短横线分隔；计算展开图中弯管的弯曲角度、三通管的汇合角度等角度与实际角度相等，弯曲、汇入方向可以任意选择；计算展开图中各个机床在图上应编号在相应的位置上；应将各吸气支管、管段的直径(mm)、气流量(m^3/min)、气流速度(m/s)等主要参数标注在相应的管段或支管旁，作为计算记录。

(3)管道系统的计算

由于车间木屑气力吸集装置的管道系统内混合气流的混合浓度很低($\mu \leqslant 0.2$)，所以对其可按纯空气的情况作简化计算，即在各项压损计算时不考虑混合气流的混合浓度的影响，忽略直立上升管段内提升物料的压力损失和使物料加速所需的压力损失，计算得到整个管道系统的总压损后再乘以比压降 $\varepsilon=1+K\mu$，以计及混合浓度对压力损失的影响。

具体计算时，从距离风机最远的一根支管开始计算；忽略混合浓度，以纯空气计算，不计直立管段提升阻力和加速物料的压力损失；在管道系统的总压力损失上乘 $\varepsilon=1+K\mu$。其中，综合阻力系数 K 可查表 7-5，一般地，对于木工车间气力吸集装置可取 $K=0.65$，混合浓度≤0.2，取 0.2，即 $\varepsilon=1.13$。

图 7-72 所示为普通型木屑气力吸集装置的布置图，车间内木工机床的类型与参数为：1 号机床为横截圆锯，锯片直径 350~500mm；2 号机床为纵解圆锯，自动进料，锯

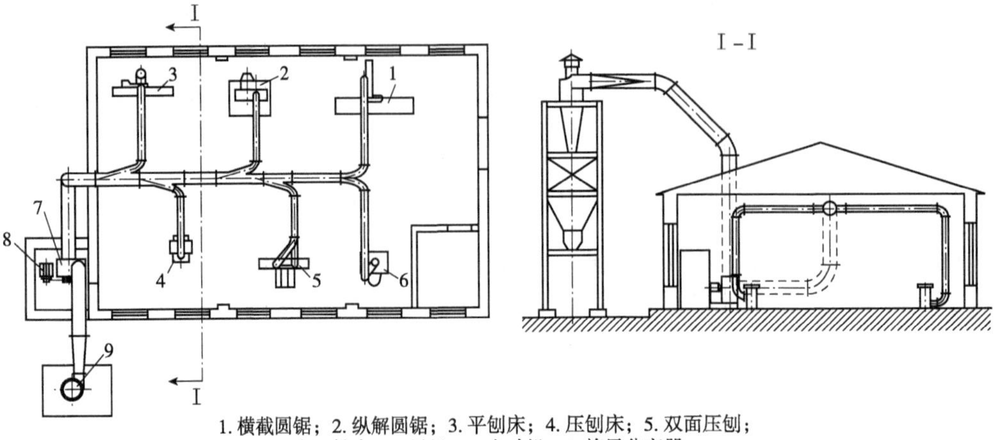

1. 横截圆锯；2. 纵解圆锯；3. 平刨床；4. 压刨床；5. 双面压刨；
6. 木工铣床；7. 风机；8. 电动机；9. 旋风分离器。

图 7-72 普通型木屑气力吸集装置的管道系统布置图

片直径 300~500mm；3 号机床为平刨床，自动进料，刨刀长度 400~600mm；4 号机床为压刨床，单面压刨，刨刀长度 600mm；5 号机床为双面刨床，刨刀长度 600mm；6 号机床为木工铣床，单轴立式铣床，铣刀长度 200~300mm。

按照要求绘制出计算展开图，如图 7-73 所示。其中，各支气流管是用阿拉伯数字标明序号，吸料器旁用带圈阿拉伯数字标注木工机床序号，各主气流管段是英文字母标明序号，将所有 90°全弯头的局阻系数皆取为 0. 15。为简化计算，本例中采用合理结构的三通管，故忽略三通管处的阻力。

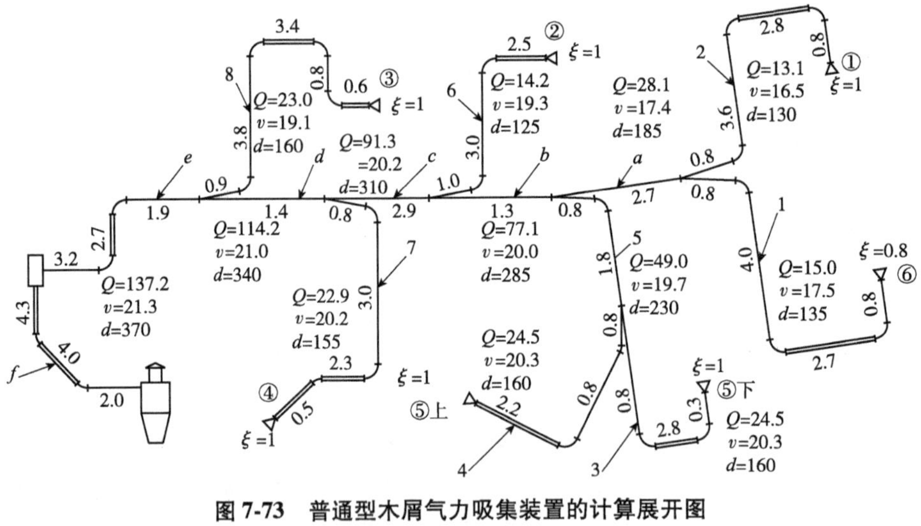

图 7-73 普通型木屑气力吸集装置的计算展开图

根据设计计算原则，从距离风机最远的支管开始计算，本例应从支管 1 开始计算，这根支管包括有 8. 3m 的直管、3 个 90°的弯管及 1 个吸料器。

①计算支管 1。支管 1 用于吸取木工铣床排出的废料，由附表 3 查得木工铣床(单轴立式铣床，铣刀长度 200~300mm)要求：最小气流量 $Q=15\mathrm{m}^3/\mathrm{min}$ 及最小气流速度 $v'=17\mathrm{m/s}$，按下式计算得支管 1 的直径：

$$d'=\sqrt{\frac{4Q}{\pi v}}=\sqrt{\frac{4\times15}{\pi\times17\times60}}=137(\mathrm{mm})$$

管径圆整为5的整数倍 $d=135\text{mm}$，根据 $Q=15\text{m}^3/\text{min}$ 和 $d=135\text{mm}$ 按下式计算出支管1气流速度：

$$v=\frac{4Q}{\pi d^2}=\frac{4\times15}{3.14\times0.135^2\times60}=17.5(\text{m/s})$$

空气流压力损失计算式：

$$\Delta P=\left(\sum\frac{\lambda l}{d}+\sum\xi\right)\frac{\rho v^2}{2}$$

式中：$l=8.3\text{m}$，$\lambda=0.0125+\frac{0.0011}{d}=0.0125+\frac{0.0011}{0.135}=0.0206$

查附表3得木工铣床的吸料器阻力系数为0.8，弯管的阻力系数按0.15计，取温度20℃时的空气密度 $\rho=1.2\text{kg/m}^3$ 计算，所以：

$$\sum\xi=\xi_{吸}+\xi_{弯}=0.8+3\times0.15=1.25$$

$$\Delta P_1=\left(\sum\frac{\lambda l}{d}+\sum\xi\right)\frac{\rho v^2}{2}=\left(\frac{8.3\times0.0206}{0.135}+1.25\right)\times\frac{1.2\times17.5^2}{2}=462.4\ (\text{Pa})$$

②计算支管2。接着计算与支管1并联的支管，即支管2，同样查附表3得，1号机床——横截圆锯（锯片直径350～500mm）要求：最小气流量 $Q=11.3\text{m}^3/\text{min}$、最小气流速度 $v'=14\text{m/s}$，按下式计算支管2的管径：

$$d'=\sqrt{\frac{4Q}{\pi v}}=\sqrt{\frac{4\times11.3}{3.14\times14\times60}}=131(\text{mm})$$

圆整管径为5的整倍数 $d=130\text{mm}$，重新计算气流速度 $v=14.2\text{m/s}$，$\lambda=0.0125+\frac{0.0011}{0.13}=0.0210$，$l=8\text{m}$，吸料器阻力系数为1.0，3个90°的弯管，故：

$$\sum\xi=\xi_{吸}+\xi_{弯}=1.0+3\times0.15=1.45$$

$$\Delta P_2=\left(8\times\frac{0.0210}{0.13}+1.45\right)\times\frac{1.2\times14.2^2}{2}=338.2(\text{Pa})$$

③支管1与支管2间的阻力平衡。

$$\Delta=\frac{\Delta P_1-\Delta P_2}{\Delta P_1}\times100\%=\frac{462.4-338.2}{462.4}\times100\%=26.86\%>5\%$$

支管1与支管2间阻力不平衡，因支管2的管径为 $d=130\text{mm}$，支管直径不变，将气流速度提高为 $v=16.5\text{m/s}$，气流量 $Q=\frac{\pi d^2}{4}v=\frac{3.14\times0.13^2}{4}\times16.5\times60=13.1\text{m}^3/\text{min}$，按上述方法重新计算支管2的压损为：

$$\Delta P_2=\left(8\times\frac{0.0210}{0.13}+1.45\right)\times\frac{1.2\times16.5^2}{2}=448.0(\text{Pa})$$

提高支管2的气流速度后，两支管阻力偏差为：

$$\Delta=\frac{\Delta P_1-\Delta P_2}{\Delta P_1}\times100\%=\frac{462.4-448.0}{462.4}=3.11\%<5\%$$

其偏差符合支管阻力平衡的要求。

④计算管段a。支管1和支管2并联后合流入管段a，管段a的气流量为：

$$Q=Q_1+Q_2=15+13.1=28.1(\mathrm{m^3/min})$$

取管段 a 的气流速度为：$v=17\mathrm{m/s}$，计算得管段 a 的直径为 $d=187.3\mathrm{mm}$，直径圆整为 5 的整数倍 $d=185\mathrm{mm}$，重新计算管段 a 的气流速度为 $v=17.4\mathrm{m/s}$。

另外，管段 a 的相关参数为：$l=2.7\mathrm{m}$、$\sum\xi=0$、$\lambda=0.0125+\dfrac{0.0011}{0.185}=0.0184$，即可计算得管段 a 的压损为：

$$\Delta P_a=\left(\sum\frac{\lambda l}{d}+\sum\xi\right)\frac{\rho v^2}{2}=\left(\frac{0.0184\times2.7}{0.185}+0\right)\times\frac{1.2\times17.4^2}{2}=48.8\ (\mathrm{Pa})$$

把支管 1、支管 2 和管段 a 合并看作一根支管 12a，则其总压力损失为：

$$\Delta P_{12a}=\Delta P_a+\max(\Delta P_1,\ \Delta P_2)=48.8+462.4=511.2(\mathrm{Pa})$$

⑤计算支管 3、支管 4 和管段 5 的组合管段。接着计算与支管 12a 并联的支管，该支管由支管 3、支管 4 和管段 5 串并而成的，相应的机床为双面刨床（刨刀长度 600mm），同样按上述方法计算，首先计算支管 3，然后再计算支管 4、计算管段 5。

支管 3，连接双面刨床下吸料口：

$Q=24.5\mathrm{m^3/min}$，$v'=18\mathrm{m/s}$，计算得到 $d=170.0\mathrm{mm}$，即 $v=18.0\mathrm{m/s}$；$l=3.9\mathrm{m}$、$\sum\xi=1.0+2\times0.15=1.3$、$\lambda=0.0125+\dfrac{0.0011}{0.17}=0.0190$。

$$\Delta P_3=\left(\sum\frac{\lambda l}{d}+\sum\xi\right)\frac{\rho v^2}{2}=\left(\frac{0.0190\times3.9}{0.17}+1.3\right)\times\frac{1.2\times18.0^2}{2}=337.5\ (\mathrm{Pa})$$

支管 4，连接双面刨床上吸料口：

$Q=24.5\mathrm{m^3/min}$，$v'=18\mathrm{m/s}$，计算得到 $d=170.0\mathrm{mm}$，即 $v=18.0\mathrm{m/s}$；$l=3.8\mathrm{m}$、$\sum\xi=1.0+1.5\times0.15=1.225$、$\lambda=0.0125+\dfrac{0.0011}{0.17}=0.0190$

$$\Delta P_4=\left(\sum\frac{\lambda l}{d}+\sum\xi\right)\frac{\rho v^2}{2}=\left(\frac{0.0190\times3.8}{0.17}+1.225\right)\times\frac{1.2\times18.0^2}{2}=320.7\ (\mathrm{Pa})$$

支管 3 和支管 4 间压损误差：

$$\Delta=\frac{337.5-320.7}{337.5}\times100\%=4.98\%<5\%\text{，符合平衡要求。}$$

管段 5：

$Q=24.5+24.5=49\mathrm{m^3/min}$，取 $v=18.0\mathrm{m/s}$，计算得 $d=240.4\mathrm{mm}$，圆整直径为 $d=240\mathrm{mm}$，重新计算气流速度为 $v=18.1\mathrm{m/s}$。

另外 $l=2.6\mathrm{m}$，$\sum\xi=0.5\times0.15=0.075$，$\lambda=0.0125+\dfrac{0.0011}{0.24}=0.0171$。

$$\Delta P_5=\left(\sum\frac{\lambda l}{d}+\sum\xi\right)\frac{\rho v^2}{2}=\left(\frac{0.0171\times2.6}{0.24}+0.075\right)\times\frac{1.2\times18.1^2}{2}=51.2\ (\mathrm{Pa})$$

将支管支管 3、支管 4 和管段 5 串、并组合，合看作一支管 345，其总压损：

$$\Delta P_{345}=\Delta P_5+\max(\Delta P_3,\ \Delta P_4)=51.2+337.5=388.7(\mathrm{Pa})$$

⑥支管 12a 与支管 345 压损误差。

$$\Delta=\frac{511.2-388.7}{511.2}\times100\%=23.96\%>5\%$$

不符合并联支管阻力平衡要求，故重取支管 3 和支管 4 的直径 $d=160\mathrm{mm}$，计算得

气流速度为 $v=20.3\text{m/s}$、$\lambda=0.0194$，所以支管 3 和支管 4 分别为：

$$\Delta P_3=\left(\sum\frac{\lambda l}{d}+\sum\xi\right)\frac{\rho v^2}{2}=\left(\frac{0.0194\times3.9}{0.16}+1.3\right)\times\frac{1.2\times20.3^2}{2}=438.4\ (\text{Pa})$$

$$\Delta P_4=\left(\sum\frac{\lambda l}{d}+\sum\xi\right)\frac{\rho v^2}{2}=\left(\frac{0.0194\times3.8}{0.16}+1.225\right)\times\frac{1.2\times20.3^2}{2}=416.8\ (\text{Pa})$$

支管 3 和支管 4 间压损误差 $\Delta=4.93\%<5\%$。

取管段 5 的直径 $d=230\text{mm}$，计算得 $v=19.7\text{m/s}$、$\lambda=0.0173$，

$$\Delta P_5=\left(\sum\frac{\lambda l}{d}+\sum\xi\right)\frac{\rho v^2}{2}=\left(\frac{0.0173\times2.6}{0.23}+0.075\right)\times\frac{1.2\times19.7^2}{2}=63.0\ (\text{Pa})$$

支管 345 总压损：

$$\Delta P_{345}=438.4+63.0=501.4(\text{Pa})$$

支管 345 与支管 12a 间的压损误差：$\Delta=1.92\%<5\%$，满足支管阻力平衡要求。

⑦计算管段 b。接着计算支管 12a 和支管 345 合并后的管段 b，$Q=28.1+49=77.1\text{m}^3/\text{min}$，取 $d=285\text{mm}$，计算得到 $v=20.0\text{m/s}$，$\lambda=0.0164$，$l=1.3\text{m}$，$\sum\xi=0$，管段 b 的压损为：

$$\Delta P_b=\left(\sum\frac{\lambda l}{d}+\sum\xi\right)\frac{\rho v^2}{2}=\left(\frac{0.0164\times1.3}{0.285}+0\right)\times\frac{1.2\times20.2^2}{2}=18.3\ (\text{Pa})$$

管段 b 以前的所有管段的总压力损失为：

$$\Delta P_{5ab}=\Delta P_b+\max(\Delta P_{12a},\ \Delta P_{345})=18.3+\max(511.2,\ 501.4)=18.3+511.2=529.5(\text{Pa})$$

⑧计算其他管道

支管 6：

支管 6 与纵解圆锯（自动进料，锯片直径 300~500mm）的吸料器相连，$Q=14.2\text{m}^3/\text{min}$，$v'=15.0\text{m/s}$，$d=142\text{mm}$，直径圆整为 $d=140\text{mm}$，$v=15.4\text{m/s}$，$l=6.5\text{m}$，$\sum\xi=1.0+1.5\times0.15=1.225$，$\lambda=0.0204$。

$$\Delta P_6=\left(\sum\frac{\lambda l}{d}+\sum\xi\right)\frac{\rho v^2}{2}=\left(\frac{0.0204\times6.5}{0.14}+1.225\right)\times\frac{1.2\times15.4^2}{2}=309.1\ (\text{Pa})$$

与并联支管（管段 b 之前的所有管道）的压损 ΔP_{5ab} 间的误差：$\Delta=41.62\%>5\%$，不满足平衡要求，而且误差较大，直接取 $d=125\text{mm}$，计算 $v=19.3\text{m/s}$、$\lambda=0.0213$，重新计算压损为：

$$\Delta P_6=\left(\sum\frac{\lambda l}{d}+\sum\xi\right)\frac{\rho v^2}{2}=\left(\frac{0.0213\times6.5}{0.125}+1.225\right)\times\frac{1.2\times19.3^2}{2}=521.3\ (\text{Pa})$$

与并联支管（管段 b 之前的所有管道）的压损 ΔP_{5ab} 间的误差：$\Delta=1.55\%<5\%$，满足并联支管阻力平衡。

主管段 c：

$Q=14.2+77.1=91.3\text{m}^3/\text{min}$，取 $v'=20\text{m/s}$，计算主管段 c 的直径 $d=311\text{mm}$，圆整为 $d=310\text{mm}$（当管道直径大于 300mm 时，将直径圆整为 10 的整数倍），重新计算气流速度为 $v=20.2\text{m/s}$。另外，$l=2.9\text{m}$，$\sum\xi=0$，$\lambda=0.0160$，即得：

$$\Delta P_C=\left(\sum\frac{\lambda l}{d}+\sum\xi\right)\frac{\rho v^2}{2}=\left(\frac{0.0160\times2.9}{0.310}+0\right)\times\frac{1.2\times20.2^2}{2}=36.6\ (\text{Pa})$$

主管段 c 之前的所有管道的压损$\Delta P_{cb6}=36.6+529.5=566.1$(Pa)。

支管 7：

支管 7 吸取压刨床(单面压刨，刨刀长度 600mm)排出的废料，$Q=22.9\text{m}^3/\text{min}$，$d=155\text{mm}$，$v=20.2\text{m/s}$，$l=6.6\text{m}$，$\sum\xi=1.375$，$\lambda=0.0196$，得：

$$\Delta P_7=\left(\sum\frac{\lambda l}{d}+\sum\xi\right)\frac{\rho v^2}{2}=\left(\frac{0.0196\times6.6}{0.155}+1.375\right)\times\frac{1.2\times20.2^2}{2}=541.0\ (\text{Pa})$$

与并联支管(主管段 c 之前的所有管道)的压损ΔP_{cb6}间的误差：$\Delta=4.43\%<5\%$，满足并联支管阻力平衡。

主管段 d：

$Q=91.3+22.9=114.2\text{m}^3/\text{min}$，取主管段 d 的直径 $d=340\text{mm}$，计算气流速度为 $v=21.0\text{m/s}$。另外，$l=1.4\text{m}$，$\sum\xi=0$，$\lambda=0.0157$，即得：

$$\Delta P_d=\left(\sum\frac{\lambda l}{d}+\sum\xi\right)\frac{\rho v^2}{2}=\left(\frac{0.0157\times1.4}{0.340}+0\right)\times\frac{1.2\times21.0^2}{2}=17.1\ (\text{Pa})$$

主管段 d 之前的所有管道的压损$\Delta P_{dc7}=566.1+17.1=583.2$(Pa)。

支管 8：

支管 8 对应机床为平刨床(自动进料，刨刀长度 400～600mm)，$Q=23.0\text{m}^3/\text{min}$，$d=160\text{mm}$，$v=19.1\text{m/s}$，$l=8.7\text{m}$，$\sum\xi=1.6$，$\lambda=0.0194$，得：

$$\Delta P_8=\left(\sum\frac{\lambda l}{d}+\sum\xi\right)\frac{\rho v^2}{2}=\left(\frac{0.0194\times8.7}{0.160}+1.6\right)\times\frac{1.2\times19.1^2}{2}=581.1\ (\text{Pa})$$

与并联支管(主管段 d 之前的所有管道)的压损ΔP_{dc7}间的误差：$\Delta=0.36\%<5\%$，满足并联支管阻力平衡。

主管段 e 和主管段 f：

$Q=114.2+23=137.2\text{m}^3/\text{min}$，取主管段 e 和主管段 f 的直径 $d=370\text{mm}$，计算气流速度为 $v=21.3\text{m/s}$。另外，$l=18.1\text{m}$，$\sum\xi=0.45$，$\lambda=0.0156$，压力损失为：

$$\Delta P_{ef}=\left(\sum\frac{\lambda l}{d}+\sum\xi\right)\frac{\rho v^2}{2}=\left(\frac{0.0156\times18.1}{0.370}+0.45\right)\times\frac{1.2\times21.3^2}{2}=330.2\ (\text{Pa})$$

⑨计算总压力损失、风机与电机功率。这套普通型木屑气力吸集装置的管道系统的总压损(纯空气的)为：

$$\Delta P_{纯}=583.2+330.2=913.4(\text{Pa})$$

计入混合浓度，管道系统的总压力损失为：

$$\Delta P_{混}=\Delta P_{纯}\cdot(1+K\mu)=913.4\times(1+0.65\times0.2)=1032.1(\text{Pa})$$

式中：K——综合阻力系数，对车间木屑气力吸集装置，可取 $K=0.65$；μ 为混合浓度，对车间木屑气力吸集装置，可取$\mu\leqslant0.2$，在此取其$\mu=0.2$。

考虑管道系统沿程的漏气影响，可将风量增大 10%，作为要求风机产生的风量，即：

$$Q_B=1.1Q=1.1\times137.2=150.9(\text{m}^3/\text{min})=9054(\text{m}^3/\text{h})$$

根据风机风量 $Q_B=9054(\text{m}^3/\text{h})$选用旋风分离器，现选用 $D=1150\text{mm}$ 的木工高效旋风分离器 NL-1-1150，此旋风分离器的阻力系数为 $\xi_{cy}=2.5$，入风口尺寸为 $F_{in}=570\times230\text{mm}$，旋风分离器进风口速度 v_{in}为：

$$v_{in}=\frac{Q}{F_{in}}=\frac{9054}{0.57\times0.23\times3600}=19.2(m/s)$$

旋风分离器的压损ΔP_{cy}为：

$$\Delta P_{Cy}=\xi_{Cy}\frac{\rho v^2}{2}=2.5\times\frac{1.2\times19.2^2}{2}=553.0(Pa)$$

所以，计入了旋风分离器阻力后整个木工车间气力吸集装置的总压损为：

$$\Delta P_T=1032.1+553.0=1585.1(Pa)$$

要求风机产生的全压 H_B 为：

$$H_B=1.1\ \Delta P_T=1.1\times1585.1=1743.6(Pa)$$

若风机效率为0.55、传动效率(三角皮带传动)为0.95，则驱动风机所需的电动机功率为：

$$N=\frac{1.1\times1.15\times Q_B\times H_B}{3600\times1000\times\eta_B\times\eta_T}=\frac{1.1\times1.15\times9054\times1743.6}{3600\times1000\times0.55\times0.95}=10.6(kW)$$

7.5.1.3 聚集器式通用型气力吸集装置的设计计算

普通型气力吸集装置的主要缺点就是灵活性差，只适用于机床数目和位置较固定的车间。一般来说，由于车间生产制品的改变、工艺路线的调整，以及随着企业发展而增加一些新的设备，这种情况是不可避免的，因此普通型气力吸集装置常常不能满足工作的需要。

普通型气力吸集装置支管的位置和数量不能任意改变的原因有两个方面：一方面，主管道前后端压力差的变化很大，从前端到后端压力差逐渐增大；另一方面，是由于各支管直径与气流量分配相对应。若能使主管道的前后端压力相近，使支管位置的改变时，对主管道的气流量影响不大，就可能在主管上任意改变支管接入位置。

(1)聚集器式通用型气力吸集装置的工作原理

所有支管通入一个容器，这个容器内的压力保持恒定，各支管均工作在同一压力差下，这样支管位置就可以任意改变，成为通用型，这个容器称为聚集器。聚集器体积不大，各支管的混合气流进入聚集器时，速度基本不改变，或是等于各支管的平均速度，起各支管的多通接头的作用。

(2)聚集器式通用型气力吸集装置的特点

聚集器式通用型气力吸集装置，结构轻便简单，只是在管道系统中增加一个形体较为简单的多支管接头的聚集器；灵活性大，可以不受车间内机床位置变动的限制，为整个车间范围内的任何位置的机床服务，即可以在车间范围内，从任何位置处任意地向聚集器上接入支管，当单根支管发生堵塞时，不会影响其他支管的工作；通常在一个聚集器上可设有多达20个的开孔，如果车间比较大、车间内的机床数量较多，则可以采用两个或多个聚集器串联或并联起来使用，也可以在一个比较大的车间内分别采用两套或多套聚集器吸集装置；聚集器式气力吸集装置的动力消耗与相应工作条件的普通型气力吸集装置相差不多。

(3)聚集器的结构型式

聚集器是这种通用型气力吸集装置的重要要构件，根据车间的形状与车间内机床布置情况，而采用一定的聚集器型式。

聚集器结构型式多种多样，按其结构布置(主管道的出口方向)分：立式和卧式；

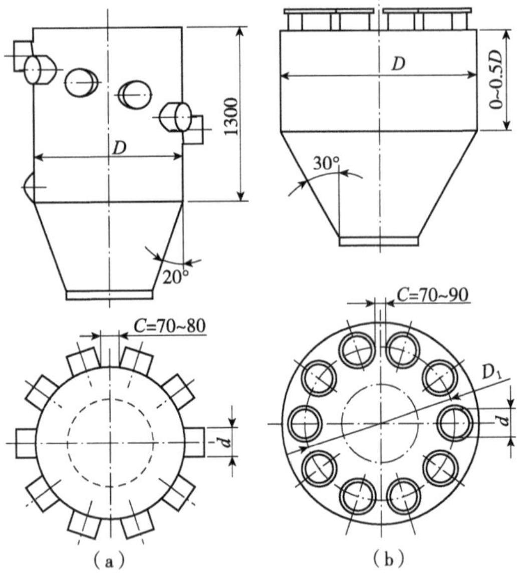

图 7-74 立式圆柱形聚集器

按其外形形状分有圆柱形、锥形、吊灯形、扇形、半圆形和球形。以下介绍几种比较典型的聚集器结构型式。

①立式圆柱形聚集器。如图 7-74 所示，它的出气主管道由聚集器的下方接出去。图 7-74(a)所示的聚集器，连接在聚集器圆筒的侧向的吸气支管是呈螺旋形排列的，这样可以减弱经开孔吸入的气流间的相互冲击，从而可减小流体阻力损失，而且也可使聚集器上的连接吸气支管开孔数增多；图 7-74(b)所示的立式聚集器的吸气支管是由聚集器的顶平面内接入的，其开孔中心圆的直径 D_1 是由开孔数量来确定的，开孔直径 d 一般取 180mm 左右，这种聚集器的流体阻力较小。

②立式圆锥形聚集器。如图 7-75 所示，它的出气主管道是由聚集器的下方接出去。其流体阻力较小，但它的高度较大，故通常只适用于较高的车间内。

③立式吊灯形聚集器。如图 7-76(a)所示是出气主管由聚集器的上方接出去。这种聚集器的工作可靠，形状也美观，其连接吸气支管的开孔为正方形，一般取边长为 125~140mm，对于锯屑，要求在此开孔内的气流速度不得低于 12~13m/s，对于刨花，则要求开孔内的气流速度不得低于 15m/s。图 7-76(b)所示的也是一种灯形的聚集器，不过它的出气主管是由下方接出去的。

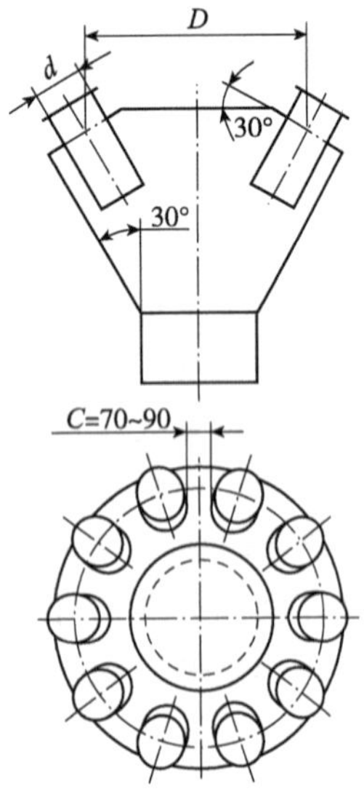

图 7-75 立式圆锥形聚集器

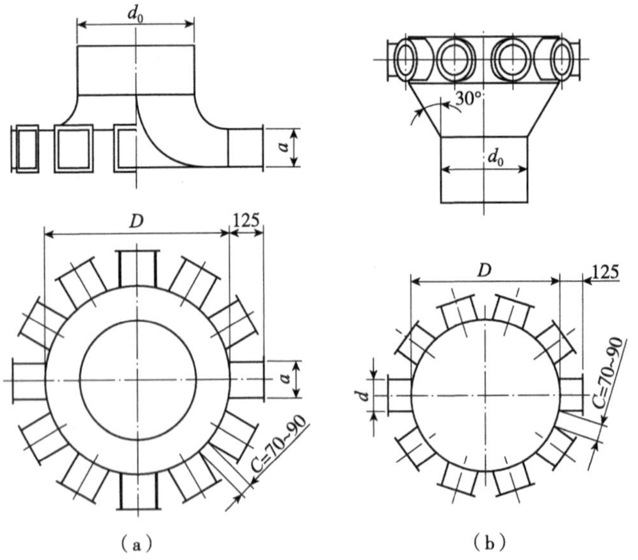

图 7-76 立式吊灯形聚集器

④卧式扇形聚集器。如图 7-77(a)所示，它适用于高度较低的车间内，它的吸气支管开孔与出气主管的出口各在一方，因而只能从单方面连接吸气支管，如果要求从两方

面连接吸气支管，则可采用并联形式加以解决。

⑤卧式半圆形聚集器。如图 7-77(b)所示，它的作用效果与卧式扇形聚集器相似，聚集器上的吸气支管开孔数一般在 6~20 个的范围内。这种聚集器的流体阻力较卧式斜形聚集器的大，且在卧式半圆形聚集器内较易引起物料积聚，但是它的连接支管开孔数较多且连接支管的服务面也较大(较卧式扇形聚集器)。为了增加它的开孔数，可将开孔布置为上下双列排的。

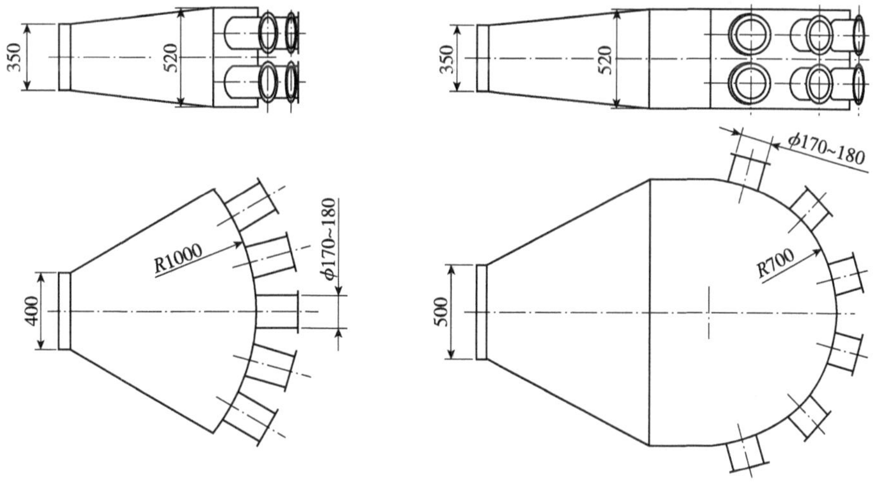

（a）卧式扇形　　（b）卧式半圆形

图 7-77　卧式聚集器

⑥球形聚集器。如图 7-78 所示，其出气主管道可以由聚集器的任意方向接出去(可由水平方向及直立方向的任何角度接出去)，通常当球体直径为 1m 时，在此聚集器上可以连接 10~12 根吸气支管；球体直径为 1.2m 时，可以连接 12~14 根吸气支管。

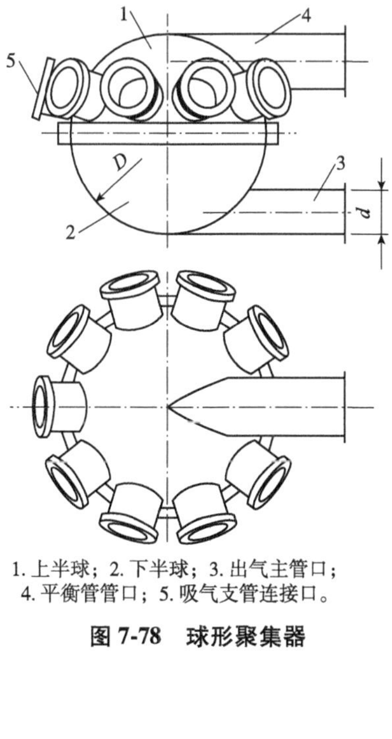

1. 上半球；2. 下半球；3. 出气主管口；
4. 平衡管管口；5. 吸气支管连接口。

图 7-78　球形聚集器

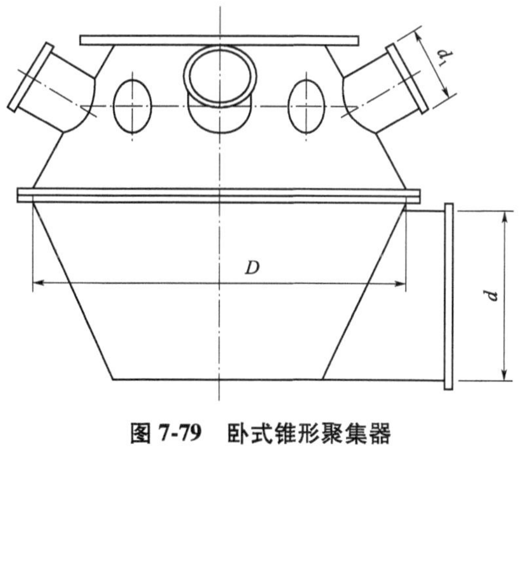

图 7-79　卧式锥形聚集器

⑦卧式锥形聚集器。如图 7-79 所示，它具有一般卧式聚集器，高度小，在整个圆周内皆可接入吸气支管，出气主管可由平面内的任何方向接出去。为了贴近车间的墙壁布置安装聚集器，还可采用将卧式锥形聚集器在直立面内截一半的卧式半锥形聚集器。

在聚集器上，通常应留出 2~4 个备用吸气支管接口，以便有可能增加新的吸气支管，因此在设计时也需考虑有 20%左右的余备气流量。与机床吸料器相连接的各根吸气支管的管径不可能相同，而在聚集器上的各个开孔孔径却为相同，为此，各根吸气支管与聚集器的支管连接口之间可用渐扩过渡管来连接，此渐扩过渡管的长度一般不应小于 50mm。

在聚集器内会有涡流阻力及沿程摩擦阻力存在，会引起气流压力损失，所以聚集器在管道系统中也是一种局部阻力部件，聚集器的流体阻力 ΔH 为：

$$\Delta H = |H_2| - |H_1| \tag{7-94}$$

式中：H_1——聚集器的连接吸气支管的开孔截面上的相对全压值；

H_2——聚集器的出气口处(与出气主管连接处)的相对全压值。

聚集器选用时应考虑各台机床的位置、机床间的相互关系，了解聚集器的安装位置及各支管的位置；支管连接聚集器的方向应避免支管气流的相互冲击；使用时要留有 2~4 个备用吸气支管接口。

(4)计算步骤

①根据车间平面布置简图，计算车间内可能的最长一根支管的几何长度为：

$$l = l_{max} + h + 1.5(\mathrm{m}) \tag{7-95}$$

式中：l_{max}——车间内距离聚集器最远的可能安装机床的位置到聚集器的距离(m)；

h——车间内管道布置高度(m)；

1.5——是考虑从吸料器到吸气支管的距离。

②假设有一根支管长度为 l、直径为 $d = 130\mathrm{mm}$、气流速度 $v = 17\mathrm{m/s}$，这根支管上共有 3 个全弯、1 个吸料器的阻力系数为 1，则可计算出这根支管的压力损失为：

$$\Delta P = \left(l\frac{\lambda}{d} + \sum\xi\right)\frac{\rho v^2}{2} \tag{7-96}$$

式中：$\lambda = 0.0125 + \dfrac{0.0011}{d} = 0.021$

$\sum\xi = 3 \times 0.15 + 1 = 1.45$。

③由 $d = 130\mathrm{mm}$、$v = 17\mathrm{m/s}$ 可计算出 $Q = 13.5\mathrm{m^3/min}$，而聚集器上支管的出口直径 $d = 170\mathrm{mm}$。则可计算出支管在聚集器端的出口端面的出口气流速度 v_o：

$$v_o = \frac{4Q}{\pi d^2} = \frac{4 \times 13.5}{3.14 \times 0.17^2 \times 60} = 10(\mathrm{m/s}) \tag{7-97}$$

④聚集器中的静压是用于克服支管的气流压力损失，且维持支管的气流出口速度。所以，为满足在此车间范围内所有机床的吸气支管的工作要求，在此聚集器中应具有的静压 H_J为：

$$H_J = \Delta P + H_{od} \quad (\mathrm{Pa}) \tag{7-98}$$

式中：ΔP——该吸气支管压力损失(Pa)；

H_{od}——该吸气支管在聚集器端的出口端面的动压(Pa)。

$$H_{od}=\frac{\rho v^2}{2} \tag{7-99}$$

⑤计算各吸气支管的实际压力损失和要求聚集器具有的静压。由附表 3 查得支管 i 的气流量 Q_i 和最小气流速度 v_i，计算支管直径 d_i，按式(7-96)计算各吸气支管的实际压力损失 ΔP_i。

由支管气流量 Q_i 和聚集器开孔直径 d_J按式(7-97)计算出支管 i 的出口气流速度 v_{oi}，按式(7-99)计算得到 H_{odi}：

由此，可计算出支管 i 要求聚集器中具有的静压为 H_{Ji}：

$$H_{Ji}=\Delta P_i+H_{odi} \tag{7-100}$$

与普通型木工车间气力吸集装置的并联支管相似，也需进行阻力平衡，即计算该支管要求静压 H_{Ji}与聚集器应具有的 H_J间的误差：

$$\Delta=\left|\frac{H_J-H_{Ji}}{H_J}\right|\times 100\% \tag{7-101}$$

若 Δ≤5%范围内，则这根支管的符合设计要求；若 Δ>5%，则不符合要求，要重新选取直径或气流量，重新计算，直到满足要求。

⑥主管的压损计算。各支管计算完后，主管气流量 $Q=1.2\sum Q_i$，即为所有支管气流量总和，并考虑 20%的备用气流量。

以大于等各支管要求的最小气流速度的原则，取主管气流速度 v，并计算出主管直径 d，即可计算出主管的压损：

$$\Delta P_m=\left(\sum l\frac{\lambda}{d}+\sum\xi\right)\frac{\rho v^2}{2} \tag{7-102}$$

式中：$\sum\xi$ 包括弯管的阻力系数 ξ 和聚集器的阻力系数 ξ_J，一般取聚集器的阻力系数为 $\xi_J=0.45$。

⑦管道系统总压损计算

$$\Delta P=\Delta P_m+H_J-H_{Jd} \tag{7-103}$$

式中：H_{Jd}——聚集器内部气流具有的动压，$H_{Jd}=\frac{\rho v_J^2}{2}$，其中聚集器内部气流速度 v_J为：

$$v_J=\frac{1.2\sum Q_i}{60\times Z\times\frac{\pi d_J^2}{4}} \tag{7-104}$$

式中：Q_i——各吸气支管气流量(m^3/min)；

Z——为支管入口数；

d_J——聚集器开孔直径(m)。

计及混合浓度 $\mu\leqslant 0.2$，则混合气流的压力损失为：

$$\Delta P_T=\Delta P(1+K\mu) \tag{7-105}$$

⑧风机风量计算、旋风分离器的选型、旋风分离器压损计算、风机风压计算、电机功率计算等与普通型木工车间气力吸集装置的计算方法一样。

(5)计算举例

根据图 7-80 聚集器式车间木屑气力吸集装置的布置图，绘制计算展开图如图 7-81 所示。

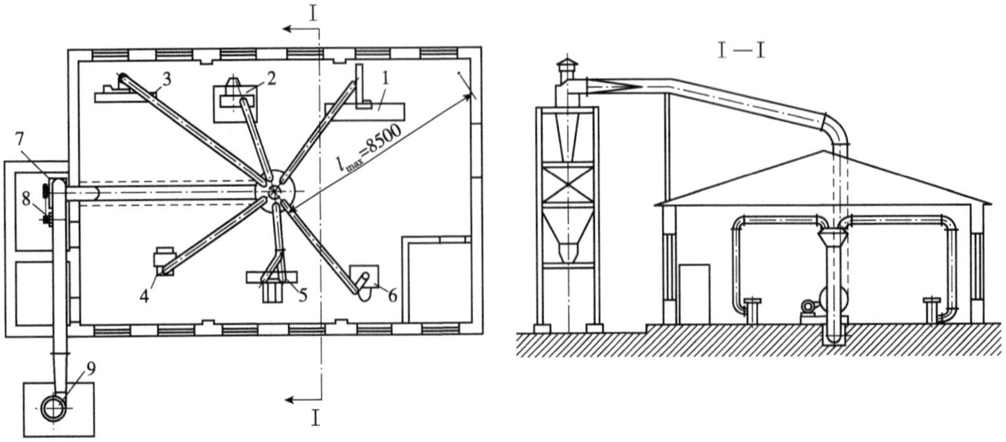

1. 截边圆锯；2. 纵割圆锯；3. 平刨床；4. 压刨床；5. 链式插床；6. 木工铣床；7. 风机；8. 电动机；9. 旋风分离器。

图 7-80　聚集器式车间木屑气力吸集装置的布置图

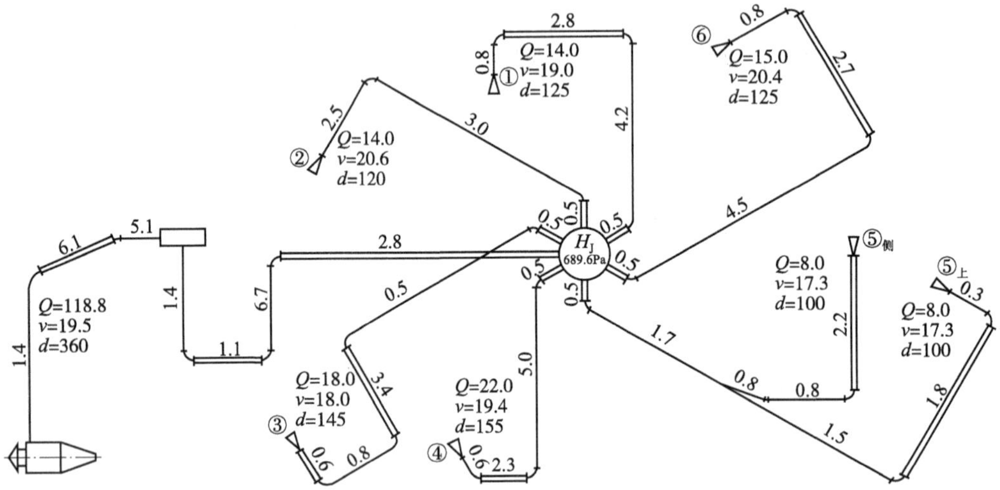

图 7-81　聚集器式车间木屑气力吸集装置的计算展开图

①计算聚集器中应具有的静压首先计算车间内可能的最长一根支管的压力损失

$$l = l_{max} + h + 1.5 = 8.5 + 3.5 + 1.5 = 13.5(\mathrm{m})$$

假设这根最长的吸气支管直径为 130mm，气流速度为 17m/s，支管上有 3 个全弯，吸料器局部阻力系数 $\xi = 1$，则其压力损失为：

$$\Delta P = \left(l\frac{\lambda}{d} + \sum\xi\right)\frac{\rho v^2}{2}$$

$$= \left(13.5 \times \frac{0.021}{0.13} + 1.45\right) \times \frac{1.2 \times 17^2}{2} = 629.6(\mathrm{Pa})$$

当 $d = 130$mm、$v = 17$m/s 时，这根吸气支管的气流量 $Q = 13.5\mathrm{m^3/min}$，聚集器支管接口直径 $d = 170$mm，所以其出口气流速度为：

$$v_o = \frac{4Q}{\pi d^2} = \frac{4 \times 13.5}{3.14 \times 0.17^2 \times 60} = 10(\mathrm{m/s})$$

吸气支管聚集器接口端面的动压为：

$$H_{od}=\frac{\rho v_0^2}{2}=\frac{1.2\times10^2}{2}=60.0(\text{Pa})$$

因此聚集器中应具有的静压为：

$$H_J=\Delta P+H_{od}=629.6+60.0=689.6(\text{Pa})$$

②各吸气支管阻力计算。计算方法与普通型气力吸集装置一样，不再详述。以计算机床①吸气支管为例：$l=8.3\text{m}$，$Q=14.0\text{m}^3/\text{min}$，$v=15.2\text{m/s}$，$d=140\text{mm}$，$\lambda=0.0125+\frac{0.0011}{0.14}=0.020$。

$$\Delta P_1=\left(l\frac{\lambda}{d}+\sum\xi\right)\frac{\rho v^2}{2}=\left(8.3\times\frac{0.020}{0.14}+1.45\right)\times\frac{1.2\times15.2^2}{2}=365.4\ (\text{Pa})$$

机床①的吸气支管的出口处的气流速度 $v_{o1}=10.3\text{m/s}$，其出口断面的动压为：

$$H_{od1}=\frac{\rho v_{o1}^2}{2}=\frac{1.2\times10.3^2}{2}=63.7(\text{Pa})$$

故，机床①吸气支管要求聚集器具有的静压为：

$$H'_{J1}=\Delta P_1+H_{od1}=365.4+63.7=429.1(\text{Pa})$$

H'_{J1} 和 H_J 的误差为：

$$\Delta=\frac{H_J-H'_{J1}}{H_{J1}}\times100\%=\frac{689.6-429.1}{689.6}\times100\%=37.8\%$$

此误差太大，不符合要求，应减小机床①的吸气支管直径，减小为 $d=125\text{mm}$，$v=19.0\text{m/s}$，重新计算机床①的吸气支管聚集器的静压为：$H'_{J1}=620.4+63.7=684.1(\text{Pa})$

$\Delta=\frac{H_J-H'_{J1}}{H_{J1}}\times100\%=\frac{689.6-684.1}{689.6}\times100\%=0.8\%$，符合要求。

③主管计算。各支管计算完后，总气流量为 $\sum Q_i=99.0\text{m}^3/\text{min}$，所以主管气流量为：

$$Q=1.2\sum Q_i=1.2\times99=118.8\ (\text{m}^3/\text{min})$$

取主管直径 $d=360\text{mm}$，得主管段内的气流速度为 $v=19.5\text{m/s}$，计算出主管段的压损 ΔP_m 为：

$$\Delta P_m=\left(\sum l\frac{\lambda}{d}+\sum\xi\right)\frac{\rho v^2}{2}=\left(24.6\times\frac{0.016}{0.36}+4\times0.15+0.45\right)\times\frac{1.2\times19.5^2}{2}$$
$$=489.0\ (\text{Pa})$$

④总阻力计算。聚集器支管入口速度的平均值：

$$v_J=\frac{1.2\sum Q_i}{60\times Z\times\frac{\pi d_J^2}{4}}=\frac{1.2\times99\times4}{60\times8\times3.14\times0.17^2}=10.9\ (\text{m/s})$$

$$H_{Jd}=\frac{\rho v_J^2}{2}=\frac{1.2\times10.9^2}{2}=71.3(\text{Pa})$$

$$\Delta P=\Delta P_m+H_J-H_{Jd}=489.0+689.6-71.3=1107.3(\text{Pa})$$

计及混合浓度 $\mu\leqslant0.2$，取综合阻力系数 $K=0.65$，混合气流的压力损失为：

$$\Delta P_T=\Delta P(1+K\mu)=1107.3\times(1+0.65\times0.2)=1251.2(\text{Pa})$$

⑤旋风分离器选择与电机功率计算

风机的风量 Q_B：

$$Q_B = 1.1Q = 1.1 \times 118.8 \times 60 = 7840.8(m^3/h)$$

选旋风分离器 NL-1-1150，根据风量与入口断面积计算得入口气流速度为 $v_{Ci} = 16.6m/s$，$\xi_C = 2.5$，则其压损为：

$$\Delta P_C = \xi_C \frac{\rho v_{Ci}^2}{2} = 2.5 \times \frac{1.2 \times 16.6^2}{2} = 413.3(Pa)$$

系统总压损 ΔP_A 为：

$$\Delta P_A = \Delta P_T + \Delta P_C = 1251.2 + 413.3 = 1664.5(Pa)$$

风机的风压 H_B：

$$H_B = 1.1\Delta P_A = 1.1 \times 1664.5 = 1831.0(Pa)$$

若风机效率为 0.55、传动效率为 0.95，电动机功率为：

$$N = \frac{1.1 \times 1.15 \times 7840.8 \times 1831.0}{3600 \times 1000 \times 0.55 \times 0.95} = 9.7(kW)$$

7.5.2 气力运输装置的设计计算

7.5.2.1 气力运输装置的特点

气力运输装置不同于车间木屑气力吸集装置，表现在它主要是作为一种输送散碎物料的工具，或者为特定的生产工艺过程服务，如在纤维板、刨花板生产车间的木材碎料气力运输装置。气力运输装置不像车间木屑气力吸集装置那样有很多支管，比较集中地将一处或数处的散碎物料输送出去(吸入式)，或将某处的散碎物料运送到另一处去(压出式)。由于气力输送装置是为生产过程输送生产所需的散碎原料，所以流出重量混合浓度一般取值比较大。目前，输送木材散碎物料的气力运输装置的流出重量混合浓度最大已达到 8，而在多数实际应用中的木材碎料气力运输装置的混合浓度一般是取 2~4。

对于气流压力差低于 20 000Pa 的低压式与中压式的气力运输装置，管道内空气的密度变化很小，可将空气看作是未被压缩的，即认为空气流在管道内是等容输送过程。由于气力运输装置的流出重量混合浓度较高，因而在计算中必须计及物料在上升管段的提升物料和空气的压损，以及在物料装载处与物料通过弯管等处为使物料加速所引起的压损。

在当气流压力超过 20 000Pa 的高压输送时，要考虑沿管道长度气流压力降低，空气体积的膨胀，空气密度减小较大，气流速度增大。在此情况下，若按等容过程进行计算，会带来较大的误差，应按等温过程进行计算，即认为管道内的气体温度无变化，管道内的空气是作等温膨胀，其计算式如下：

$$P_1 = 10^{-2} \times \sqrt{P_2^2 \times 10^2 + 4.88 \times 10^{-8} \times T \cdot l_{\pi p} \cdot \lambda \cdot \varepsilon \cdot G_a^2 \cdot d^{-5}} \tag{7-106}$$

式中：P_1——管道始端断面的气流绝对静压值(MPa)；

P_2——管道末端断面的气流绝对静压值(MPa)；

T——管道内气流的绝对温度(K)，$T = 273 + t$(℃)；

$l_{\pi p}$——气流管道系统的相当通直管长度(m)；

λ——流体的阻力系数，$\lambda=0.0125+\frac{0.0011}{d}$；

ε——比压降，$\varepsilon=1+K\mu$；

G_a——该管段空气流的质量流量，即单位时间内通过气流管道的空气质量(kg/s)；

d——气流通直管的直径(m)。

相当通直管长度也叫当量长度或诱导长度，是指在相同的流量情况下，气流流过任一部件的压力损失在数值上相当于气流流过某一选定直径与长度的通直管段的压力损失，此选定的直管长度则称为此部件的相当通直管长度，以 $l_{\pi p}$ 表示。气力输送装置各段管道或局阻部件均变换为相同直径的相当通直管长度 $l_{\pi pi}$ 后，总相当通相管长度可按式(7-107)计算得到。

$$l_{\pi p}=\sum l_{\pi pi}\ (\mathrm{m}) \tag{7-107}$$

如果管道系统中有直径不同的通直管段，设该通直管段的直径为 d_i、长度为 l_i，变换为直径 d、长度 $l_{\pi pi}$ 的相当通直管段时，按式(7-106)计算。

$$l_{\pi pi}=\frac{l_i\ d\lambda_{di}}{\lambda_d d_i}\frac{v_i^2}{v_d^2} \tag{7-108}$$

式中：$\lambda_{di}=0.0125+\frac{0.0011}{d_i}$，$\lambda_d=0.0125+\frac{0.0011}{d}$(m)

v_i——直径为 d_i 的原管段内的气流速度(m/s)；

v_d——直径为 d 的相当通直管段内的气流速度(m/s)。

对于局部阻力部件，设局阻处阻力系数为 ξ_i，变换为相当于直径 d 的相当通直管长度 $l_{\pi pi}$ 按式(7-109)计算。

$$l_{\pi pi}=\frac{d\xi_i v_i^2}{\lambda_d v_d^2} \tag{7-109}$$

7.5.2.2　气力运输装置的计算方法

对于中、低压气力运输装置，管道中的空气流随着压力变化其容积未发生变化，或变化很小，仍采用基于伯努利原理的计算方法计算。

(1)计算原则

从生产率最大的一段管段开始计算，每一部分的压损必须计及混合浓度，必须计及直立管段提升物料和空气的压力损失、使物料加速的压力损失。

(2)计算步骤

①选取、确定生产率最大的管段的流出重量混合浓度 μ。

②计算出该段所需要的气流量 Q。

③计算该段管段的气流速度 v。

④计算该段管段的管径 d，管径经圆整后再计算实际气流速度 v。

⑤计算出生产率最大的管段的压损，包括通直管段的沿程损失、弯管等局阻部件的局部压损、使物料加速的压损、提升物料的压损等。其中，弯管的阻力系数可按图 7-82 得到。

⑥计算相邻管段的气流量、管径、气流速度、混合浓度、压力损失等，以及管道系统总压力损失。

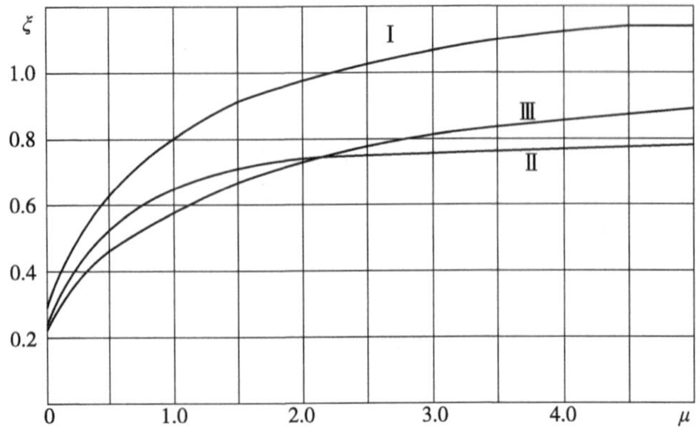

Ⅰ.水平-直立弯管；Ⅱ.直立-水平弯管；Ⅲ.水平-水平弯管

图 7-82 弯管条件阻力系数与混合浓度的关系图

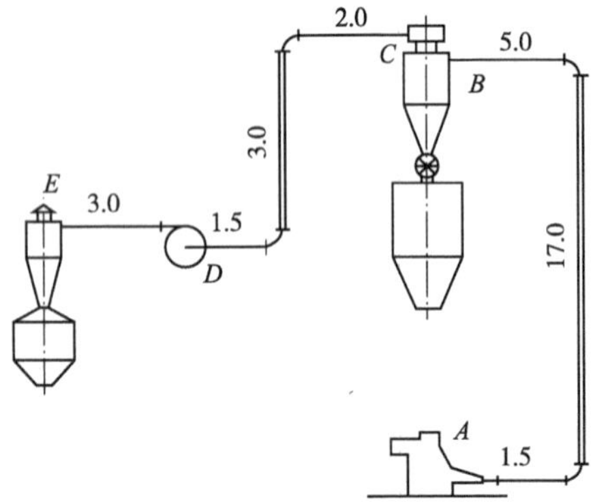

图 7-83 车间内运输刨花的吸入式气力运输装置的布置图

⑦选用旋风分离器，并计算旋风分离器的压损。

⑧计算风机的风压、风量，并选用风机。

⑨计算电机功率。

7.5.2.3 计算举例

图 7-83 所示刨花板车间的一套气力运输装置，是一种车间内输送刨花的吸入式气力输送装置，将刨片机生产的刨花运送到二层楼的刨花料仓内。

在这套刨花气力运输装置中，采用了两个旋风分离器，管道系统中间的旋风分离器在负压下工作，分离出刨花装入刨花料仓。由于这个旋风分离器是处在负压状态下工作，所以在其下方的出料口处必须安装闭锁排料器(在此是采用旋转叶轮式闭锁器)，且将其上方的排气口做成扩大形的，以减少物料随空气逸出比率。末端旋风分离器在正压下工作，分离出通过风机后的少量的细微物料，一般分离效率较高。刨片机的平均生产率为 $G_m=3500$kg/h，刨花物料的最大尺寸为 30mm × 10mm × 0.7mm，刨花容积密度 $\rho_m=550$kg/m^3。

①取混合浓度，并计算出气流量。从生产率最大的一段开始计算，本例中 AB 管段最大，取 AB 管段混合气流的流出重量混合浓度 $\mu=1$。

因刨片机的平均生产率为 $G_m=3500$kg/h，取刨片机的生产不均匀系数为 $K_H=1.2$，则 AB 管段的生产率 G_C 为：

$$G_C=K_H G_m=1.2\times3500=4200(\text{kg/h})$$

根据 AB 管段混合气流的流出重量混合浓度 $\mu_{AB}=1$，计算 AB 管段所需的气流量 Q_{AB}：

$$Q_{AB}=\frac{G_C}{\mu_{AB}\rho}=\frac{4200}{1\times1.2}=3500(\text{m}^3/\text{h})$$

②计算 AB 管段的气流速度。AB 管段水平管段临界速度 v_{min} 为：

$$v_{min}=C\left(4\mu_{AB}\frac{v_a}{v_m}+0.01\rho_m+b\right)\sqrt{\frac{1.2}{\rho_a}}$$

本例气力运输距离较短，取系数 $C=1.05$，查表 7-2 大片刨花在水平管段内稳定运动状态时的相对速度为 $v_m/v_a=0.8$，查表 7-2 得系数 $b=10$，$\rho_m=550\mathrm{kg/m^3}$，$\rho_a=1.2\mathrm{kg/m^3}$，所以 v_{min} 为：

$$v_{min}=1.05\times(4\times1\div0.8+0.01\times550+10)\sqrt{\frac{1.2}{1.2}}=21.5(\mathrm{m/s})$$

AB 管段直立管段悬浮速度 v_s 为：

$$v_s=0.14\sqrt{\frac{\rho_m}{(0.02+\frac{a}{h})\rho_a}}$$

查式(7-28)的注释取木材碎料形状系数 $a=0.9$，h 为刨花的平均厚度 $h=0.7$，则 v_s 为：

$$v_s=0.14\sqrt{\frac{550}{\left(0.02+\frac{0.9}{0.7}\right)\times1.2}}=2.6(\mathrm{m/s})$$

因此，AB 管段的气流速度为 $v_{AB}=21.5+2.6=24.1(\mathrm{m/s})$

③计算 AB 管段的直径

$$d_{AB}=\sqrt{\frac{4Q_{AB}}{\pi v_{AB}}}=\sqrt{\frac{4\times3500}{3600\times3.14\times24.1}}=0.227(\mathrm{m})=227(\mathrm{mm})$$

将 AB 管段管径圆整为 5 的整数倍 $d_{AB}=230\mathrm{mm}$，重新计算 AB 管段的实际气流速度为：

$$v_{AB}=\frac{4Q}{\pi d_{AB}^2}=\frac{4\times3500}{3600\times3.14\times0.23^2}=23.4(\mathrm{m/s})$$

④计算 AB 管段的压损。AB 管段的总压损包括：通直管段的沿程压损；直立管段使物料及空气上升所引起的压损；使物料加速的压损，由于刨花由刨片机排出进入其吸料器，有较大的初速度，且同时计算吸料器的阻力，可不计使物料加速的阻力；在吸料口处的局部压损，可取刨片机的吸料口的局阻系数 $\xi_a=1.2$；在弯管处的压损，查图 7-82 得到各种弯管的阻力系数：AB 管段下方的由水平管过渡到直立上升管的 90°弯管，可取弯管的阻力系数 $\xi_1=0.82$，AB 管段上方的由直立上升管过渡到水平管的 90°弯管，可取阻力系数 $\xi_1=0.66$。因此，AB 管段的压损 ΔP_{AB} 为：

$$\begin{aligned}\Delta P_{AB}&=\left(\sum\frac{l\lambda}{d_{AB}}+\sum\xi\right)\frac{\rho v_{AB}^2}{2}(1+K\mu_{AB})+\rho gh\left(1+\mu_{AB}\frac{v_a}{v_m}\right)\\&=\left(\frac{23.5\times0.0173}{0.23}+1.2+0.82+0.66\right)\frac{1.2\times23.4^2}{2}\times(1+0.65\times1)\\&\qquad+1.2\times9.81\times17\times(1+1\div0.8)\\&=2861.3(\mathrm{Pa})\end{aligned}$$

其中：$\lambda=0.0125+\frac{0.0011}{0.23}=0.0173$；查表 7-6，取综合阻力系数 $K=0.65$。

⑤选用中间旋风分离器，计算旋风分离器的压力损失。根据 $Q_{AB}=3500\text{m}^3/\text{h}$，其进风口截面尺寸为 0.2m×0.35m，局部阻力系数为 $\xi_C=2.8$，则旋风分离器的进风口速度和压力损失为：

$$v_{Ci}=\frac{Q}{a\times b}=\frac{3500}{3600\times0.2\times0.35}=13.9(\text{m/s})$$

$$\Delta P_C=\xi_C\frac{\rho v_{Ci}^2}{2}=2.8\times\frac{1.2\times13.9^2}{2}=324.6(\text{Pa})$$

⑥计算 CE 管段压损。考虑到负压工作状态下的旋风分离器的底部排料口处的泄漏，以及吸气支管段沿途的密封不严的情况，将 CE 管段的气流量增大 15%，则 CE 管段的气流量为：

$$Q_{CE}=1.15\times Q_{AB}=1.15\times3500=4025(\text{m}^3/\text{h})$$

CE 管段气流中仅含少许细微物料，速度可以小些，取 $v_{CE}=15\text{m/s}$，则 CE 管段的直径为：

$$d_{CE}=\sqrt{\frac{4Q_{CE}}{\pi v_{CE}}}=\sqrt{\frac{4\times4025}{3600\times3.14\times15}}=0.308(\text{m})=308(\text{mm})$$

CE 管段的直径圆整为 $d_{CE}=310\text{mm}$，重新计算 CE 管段的气流速度为 $v_{CE}=14.8\text{m/s}$。

因 CE 管段的流出重量混合浓度很低，可按纯空气计算后乘 $\varepsilon=(1+K\mu_{CE})$，虑及少量物料引起的压损，取 $K=0.65$，$\mu_{CE}=0.2$，并取 CE 管段弯管阻力系数为 0.15，计算 CE 管段的压力损失如下：

$$\lambda=\left(0.0125+\frac{0.0011}{d_{CE}}\right)=0.016$$

$$\Delta P_{CE}=\left(\sum\frac{l_{CE}\lambda}{d_{CE}}+\sum\xi\right)\frac{\rho v_{CE}^2}{2}(1+K\mu_{CE})$$

$$=\left(\frac{9.5\times0.016}{0.31}+2\times0.15\right)\times\frac{1.2\times14.8^2}{2}\times(1+0.65\times0.2)=117.4(\text{Pa})$$

⑦选用 NL-1 型高效旋风分离器（NL-1-800）作末端分离器，其进风口截面尺寸为 0.4m×0.16m，局部阻力系数为 $\xi_E=2.5$，按前述方法求得：

旋风分离器的入口气流速度：$v_{Ei}=15.5\text{m/s}$

旋风分离器的压力损失为：$\Delta P_E=360.4(\text{Pa})$

⑧本例气力运输装置的总压损为

$$\Delta P=\Delta P_{AB}+\Delta P_C+\Delta P_{CE}+\Delta P_E=2861.3+324.6+117.4+360.4=3663.7(\text{Pa})$$

⑨风机的风压、风量

$$H_B=1.1\Delta P=1.1\times3663.7=4030.1(\text{Pa})$$

$$Q_B=1.1Q_{CE}=1.1\times4205=4625.5(\text{m}^3/\text{h})$$

⑩电机功率。若风机效率为 0.55、传动效率为 0.95，电机功率为：

$$N=\frac{1.1H_BQ_B}{3600\times1000\times\eta_B\times\eta_T}=\frac{1.1\times4030.1\times4625.5}{3600\times1000\times0.55\times0.95}=10.9(\text{kW})$$

考虑到启动电流以及气力运输装置工作时可能发生瞬时物料量增大、管道堵塞等现象，选用电机时可在上式计算值的基础上增大 10%~15%。

7.6 气力输送装置的使用管理

7.6.1 气力输送装置的安全管理

(1)气力输送装置先启动 3~5min，待其正常运转后，各机床或装备才可开始工作。

(2)启动气力输送装置前，应做好检查工作。主要检查风机、分离器、输送管道、弯管及三通管等处有无堵塞情况；输送装置各部件是否正常连接。对于木工车间气力吸集装置，还需检查吸料器的位置是否处于正确的位置；吸料器附近是否挂放有衣服、帽子、注油器、各种小型的机械零件及工具等。

(3)关闭气力输送装置前，需先关停各机床或装备，所有机床或装备关停 3~5min 后，再停止气力输送装置。

(4)在一些比较容易堵塞的地方应该开设检查孔或清扫孔。

(5)在管道系统的各个连接处，必须保持连接良好、无泄漏，连接管段不错位。

(6)对于敷设在地下槽道的气流管道，必须注意防潮、防腐蚀、防锈的问题，并定期检查管道状况。

(7)不允许人们在靠近吸料器的地方穿衣或脱衣，操作人员不得敞开衣服工作。

(8)应根据气力输送装置的用途、输送的木材碎料类别、物料输送量及气流量，合理选用分离装置的类别、型式及尺寸规格，不可使分离器超载，确保进风口气流速度适当，以获得最好的分离效果。

(9)在物料中含有细粉时，容易产生黏附、吸湿等现象；当含有大块物料时，则易引起风机叶片打坏等机械故障或管道堵塞。

(10)经木工车间气力吸集装置输送的木材碎料的相对湿度一般可达 50%，如果木材碎料的相对湿度超过 50%，则气流输送管道内容易引起黏附堵塞的情况。另外，对于含树脂较多的木材碎料，也要注意防止碎料黏附管壁的现象。

(11)当管道内气流温度与管外环境温度存在较大温差时，管道外侧应包覆上适当的保温材料，以避免内壁水分凝结，而造成内壁黏附堵塞现象。

7.6.2 风机的安全管理

(1)叶轮离心式风机的安全管理

①为降低风机的噪声污染，可将风机安装在单独的风机室，加厚风机室壁，并适当增加隔音材料，或安装消音器，且应使风机处于高效率范围内工作。

②风机叶轮的回转方向必须与风机壳体的螺旋展开方向一致，而当叶轮的回转方向反向时，产生的风量与风压大幅降低。

③单纯用作压出式气力运输装置的叶轮离心式风机，在进风口处安装进风导管，否则风机的风量及风压会有所下降。

④如果叶轮离心式风机的进、出风口未连接管道和阀门，不得开机试运转，因为此时开机试转，风机风量剧增，功率极大，极易造成电动机烧毁。在叶轮离心式风机启动时，应先将风机进、出风口阀门关闭，以减小风机启动功率，随后再缓慢地开启阀门，调整到所需气流量。

⑤改变叶轮离心式风机的转速时，应注意风机的最大转速不可超过性能表上所规定的最高转速；同时需重新计算风机轴功率、电动机功率，并重新选用电动机。

⑥叶轮离心式风机的技术管理

a. 电动机电流过大或温升过高，原因可能有：启动风机时未关闭进风口或出风口的阀门；吸气管道泄漏，吸入过多的空气量；风机的转速过高，使电动机超载。

b. 风机发生较大振动，原因可能有：风机的叶轮平衡性不良；叶轮的固定螺栓有松动现象或叶轮的叶片变形；风机叶片上有黏附物；轴承损坏或配套不当。

c. 轴承箱产生剧烈振动，原因可能有：机壳或进风管口与叶轮有摩擦；基础的刚度不够或不牢固；叶轮轴盘与轴松动；机壳与支架、轴承箱与支架、轴承箱盖与机座等连接螺栓松动；风机的进出风管道安装不良，产生振动；叶轮转子不平衡。

d. 轴承温升过高，原因可能有：轴承箱振动激烈；润滑不良；润滑脂质量不良或变质或含有灰尘、细砂等杂质；轴承盖、座连接螺栓紧固力过大或过小；轴与轴承安装不正、前后两轴承不同心；轴承损坏。当轴承过热(通常温度超过80℃)时，应立即停车检修。注意在任何情况下，不得采用冰或冷水冷却轴承，否则易使轴颈弯曲变形。

e. 风机与管道系统在工作时发生很大噪声，原因可能有：风机工作效率低；进风管与出风管处未安装软管；风机的叶轮轴变形、轴承损坏等机械性损坏。

f. 当叶轮离心式风机的进风管断面过小，或者风机的进风管发生堵塞时，风机产生产的风压上升，而产生的风量会下降，应增大进风管的断面尺寸或者将堵塞物清除。

g. 叶轮离心式风机在使用过程中如发生风量时大时小的现象，可能是因为气流速度过低，混合气流出现停滞流等运动状态，管道系统中的阻力时大时小；或当管道中有堵塞或其他原因导致管道阻力增大时，就会使叶轮离心式风机的风量减小。

h. 叶轮离心式风机在安装完，进行试运转时就发生气流量过大或不足的现象，这主要是由于管道系统的实际阻力值与计算阻力值相差过大，如果实际阻力值小于计算阻力值，则实际流量大于计算流量。一般情况下，可利用阀门等节流装置或调整风机的转速来调节气流量，但需确保风机处于高效率范围内工作。

(2)罗茨风机的安全管理

①罗茨风机风量不可通过节流阀调节，一般情况下不需安装阀门。风量过多时，可设置风量调节管路(旁路)，或者改变转速的方法来调整。

②严禁关闭罗茨风机吸入侧、排气侧管道，若有特殊情况不得不关闭阀门，必须先打开放空阀或停止设备运转后才可关闭。

③新安装或大修后的罗茨风机都应经过空负荷试运转，即在进、排气口不连接管道的情况下投入运转，空负荷运行30min左右，如运行情况正常，即可安装管道投入带负荷运转，如发现运行不正常，进行检查排除后仍需做空负荷试运转。

④罗茨风机操作规程

a. 开机前的准备与检查：电压的波动值在380V±10%的范围，三相电源不能缺相；仪表和电器设备应处于良好状态，需接地的电器设备接地应可靠；风机与管道连接、机座螺栓等均应紧固；齿轮箱内润滑油应按规定牌号并加到油标线；启动前用手转动皮带轮2~3圈，看是否有异常现象；风机的出口阀停机状态应关闭，放空阀处于全开状态。

b. 开机运行：打开放空阀和空气出口阀；启动电源，30s后如无金属摩擦声、电流过大等异常现象，缓慢关闭放空阀，使其正常运行；正常运行时，决不能关闭出口阀，以免造成爆裂事故；如果同时开启数台风机，则应先开一台，待空载运转正常后再开另一台。

c. 停机操作：不宜在满负荷情况下突然停车，必须逐步卸负荷后再停车，以免损坏机器。在停机前做好记录，记录下电压、电流、风压、温度、运行时间等数据；缓慢打开放空阀；直到放空阀全开后，按停机钮。

d. 对风机的巡查：风机正常运行后一小时巡查一次，每隔2~3h记录下电压、电流、风压、温度等运行数据。在巡查过程中，注意风机的声音是否正常，运行时不应有摩擦撞击声，如有异常，应立即停机检查。

e. 风机的保养：做好例行保养工作，风机房应保持清洁，通风良好，机组表面无积尘和油垢；定期检查风机各连接螺栓的紧固程度；初次运行或大修后，风机在运行48h后应将油箱内的润滑油全部换掉，一般连续工作500h以上时换油；备用风机每周至少开机1h，通常风机运转10h后应与备用风机切换一次，以延长风机的使用寿命；正常情况下，风机运行500h检查一次，2000h小修一次，3000h中修一次，15 000h大修一次。

⑤故障分析

a. 风量不足、风压降低。主要由于通过风机的气流不清洁，含有粉尘，使转子表面磨损，机壳内壁及转子间磨损，使转子间和转子与机壳间的间隙增大，设计安装时可在进风管道上设置空气过滤器；或者是密封不好致泄漏；进气口过滤堵塞；传动皮带打滑，运转速度下降。

b. 风机爆炸。主要是由于开机时或在运转过程中，出风管道堵死或调节阀被误关闭引起。

c. 温度过高。可能原因是：油箱内油太多、太稠、太脏；压力高于设计值；转子过度磨损，间隙过大；过滤器或消声器堵塞；风机室通风不好，室内温度过高。

d. 异常震动或噪声过大。主要原因有：滚动轴承游隙超过规定值或轴承座磨损；转子侧隙过大，安装不精确，固定不紧；灰尘或异物进入风机，致转子间或转子与机壳间摩擦、撞击；由于过载，风机轴变形；过热致转子与机壳摩擦；转子表面积垢而失衡；地脚螺栓或其他紧固件松动。

思考题

1. 什么是气力输送装置？在木材工业企业可以用来输送哪些物料？
2. 与其他输送机械对比，气力输送装置有哪些优缺点？
3. 木材工业气力输送装置有哪些类型？常应用于哪些场合？
4. 理想伯努利方程的推导前作了哪些假设？哪些假设在工程上是可以认为是成立的？
5. 什么是流出重量混合浓度、实际重量混合浓度？两者间有何关系？
6. 在水平管段内混合气流会出现哪些运动状态？与气流速度有何关系？
7. 什么是临界速度、悬浮速度？混合气流在管道内的速度如何确定？
8. 哪些因素使混合气流在输送管道内产生压力损失？
9. 混合气流在输送管道内的压力损失有哪些类型？分别如何计算？
10. 如何减少气流在弯管处的压力损失？
11. 合理结构的三通管有哪些结构特点？

12. 在气力输送管道系统的哪些地方，要计算使物料加速引起的压力损失？
13. 旋风分离器的压力损失计算时，是否是按混合气流计算，为什么？
14. 什么是支管阻力平衡？为什么在设计计算时需考虑支管阻力平衡，试用流体力学原理分析。
15. 气力输送装置的主要组成构件有哪些？
16. 软管类型有哪些？在木材工业企业最常采用哪种软管？
17. 大块物料收集器的设置目的是什么？一般设置在气力输送系统的哪个位置？
18. 为木工机床设计与安装吸料器时需要考虑哪些原则？
19. 喷射注入式供料器在应用时应注意哪些问题？为什么？
20. 旋转叶轮式供料器在结构设计上要考虑哪些问题？应用时需要注意哪些事项？
21. 分离装置有哪些类型？工作原理分别是什么？
22. 旋风分离器的性能参数主要有哪些？影响其性能的有哪些因素？
23. 旋风分离器组合使用的目的是什么？
24. 旋风分离器并联组合使用时，为何易产生串流现象？串流现象对分离器组的性能有何影响？
25. 叶轮离心式风机的性能参数有哪些？其性能受哪些结构的影响？
26. 木材加工车间普通型气力吸集装置有哪些特点？聚集器式通用型气力吸集装置与前者有何不同特点？
27. 木材工业企业气力输送装置与木工车间气力吸集装置有哪些异同点？

附表1 合流三通管的局阻系数

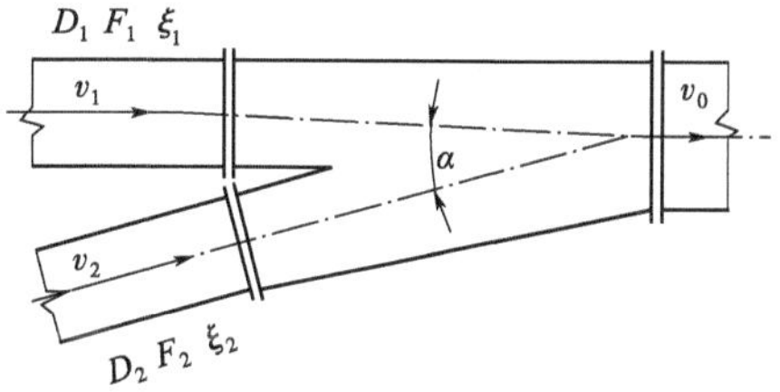

α°	F_1/F_2	D_1/D_2	v_2/v_1											
			0.4	0.6	0.8	0.9	1.0	1.1	1.2	1.3	1.4	1.6	1.8	2.0
15	1.0	1.0	0.63	0.55	0.50	0.43	0.35	0.25	0.15	0.02	-0.10	-0.40	-0.75	-1.15
			-3.1	0.95	-0.25	-0.10	0.05	0.10	0.15	0.20	0.25	0.30	0.35	0.35
	1.5	1.2	0.45	0.43	0.37	0.32	0.25	0.18	0.10	-0.11	-0.19	-0.37	-0.68	-1.08
			-3.5	-1.1	0.30	-0.14	0.02	0.10	0.17	0.24	0.30	0.35	0.40	0.40
	2.0	1.4	0.30	0.30	0.25	0.20	0.15	0.10	0.05	-0.05	-0.15	-0.35	-0.60	-1.00
			-4.0	-1.2	-0.35	-0.17	0.00	0.10	0.20	0.28	0.35	0.40	0.45	0.45
	3.0	1.7	0.22	0.22	0.18	0.14	0.10	0.07	0.02	-0.06	-0.15	-0.39	-0.58	-0.82
			-4.2	-1.4	-0.4	-0.2	0.00	0.11	0.22	0.29	0.37	0.44	0.49	0.49
	4.0	2.0	0.15	0.15	0.10	0.08	0.05	0.03	0.00	-0.08	-0.15	-0.3	-0.45	-0.65
			-4.5	-1.5	-0.45	-0.25	0.00	0.13	0.25	0.32	0.4	0.5	0.55	0.55
	9.0	3.0	0.05	0.05	0.05	0.03	0.00	0.00	0.00	-0.05	-0.10	-0.15	-0.25	-0.35
			-4.9	-1.6	-0.5	-0.27	0.00	0.15	0.30	0.37	0.45	0.55	0.60	0.65
	16.0	4.0	0.05	0.05	0.05	0.03	0.00	0.00	0.00	0.03	-0.05	-0.10	-0.15	-0.20
			-5.1	-1.7	-0.55	-0.27	0.00	0.15	0.30	0.37	0.45	0.55	0.65	0.70
30	1.0	1.0	0.6	0.6	0.55	0.49	0.45	0.37	0.3	0.2	0.15	0.15	-0.4	-0.75
			-3.0	-0.85	-0.15	0.01	0.15	0.23	0.3	0.34	0.35	0.40	0.45	0.45
	1.5	1.2	0.47	0.47	0.42	0.37	0.35	0.29	0.22	0.12	0.07	-0.18	-0.4	-0.69
			-3.4	-1.03	-0.23	-0.05	0.12	0.21	0.3	0.38	0.38	0.43	0.48	0.51
	2.0	1.4	0.35	0.35	0.3	0.27	0.25	0.21	0.15	0.05	0.00	-0.2	-0.4	0.65
			-3.9	-1.2	-0.3	-0.10	0.10	0.20	0.3	0.37	0.4	0.45	0.50	0.55
	4.0	2.0	0.15	0.15	0.15	0.13	0.10	0.07	0.05	-0.01	-0.05	-0.15	-0.3	-0.45
			-4.5	-1.45	-0.4	-0.17	-0.05	0.18	0.3	0.4	0.45	0.5	0.55	0.6
	9.0	3.0	0.05	0.05	0.05	0.05	0.05	0.02	0.00	-0.03	-0.05	-0.1	-0.15	-0.25
			-4.9	-1.6	-0.5	-0.22	0.05	0.18	0.3	0.4	0.45	0.55	0.65	0.7
45	1.0	1.0	0.65	0.65	0.65	0.63	0.60	0.58	0.55	0.45	0.4	0.25	0.04	-0.15
			-2.9	-0.7	0.00	0.16	0.30	0.38	0.45	0.49	0.5	0.55	0.6	0.6
	1.5	1.2	0.65	0.45	0.49	0.49	0.47	0.45	0.42	0.39	0.3	0.17	-0.02	-0.2
			-3.4	-0.9	-0.1	0.08	0.24	0.54	0.42	0.48	0.5	0.55	0.6	0.62

（续）

α°	F_1/F_2	D_1/D_2	v_2/v_1											
			0.4	0.6	0.8	0.9	1.0	1.1	1.2	1.3	1.4	1.6	1.8	2.0
45	2.0	1.4	0.65 -3.8	0.35 -1.1	0.35 -0.2	0.35 0.00	0.35 0.2	0.33 0.3	0.3 0.4	0.34 0.47	0.2 0.5	0.1 0.55	-0.05 0.6	-0.25 0.65
	4.0	2.0	0.15 -4.4	0.2 -1.4	0.2 -0.35	0.18 -0.12	0.15 0.1	0.13 0.29	0.12 0.35	0.11 0.45	0.1 0.5	0.00 0.6	-0.1 0.65	-0.2 0.7
	9.0	3.0	0.05 -4.9	0.1 -1.6	0.1 -0.5	0.08 -0.22	0.05 0.05	0.05 0.21	0.05 0.35	0.02 0.45	0.00 0.5	0.00 0.6	-0.05 0.65	-0.15 0.7
60	1.0	1.0	0.70 -2.0	0.70 -0.60	0.70 -0.10	0.70 0.28	0.70 0.40	0.60 0.48	0.65 0.50	0.63 0.56	0.60 0.60	0.50 0.65	— —	— —
	2.0	1.4	0.40 2.9	0.40 -1.05	0.04 -0.15	0.04 0.10	0.04 0.25	0.38 0.38	0.35 0.45	0.33 0.52	0.3 0.55	0.2 0.65	— —	— —
	4.0	2.0	0.20 -3.5	0.20 -1.25	0.20 -0.3	0.20 -0.10	0.20 -0.10	0.26 0.26	0.20 0.40	0.18 0.48	0.15 0.55	0.10 0.65	— —	— —
	9.0	3.0	0.10 -4.4	0.10 -1.05	0.10 -0.45	0.10 0.12	0.10 0.10	0.10 0.26	0.10 0.35	0.08 0.44	0.05 0.5	0.00 0.60	— —	— —
	16.0	4.0	0.05 -4.9	0.05 -1.65	0.05 -0.50	0.05 -0.20	0.05 0.05	0.05 0.19	0.05 0.3	0.05 0.42	0.05 0.5	0.00 0.60	— —	— —

注：通直支管和旁侧支管的局阻力数分别为ξ_1(上值)和ξ_2(下值)。

附表 2　分流三通管的局阻系数

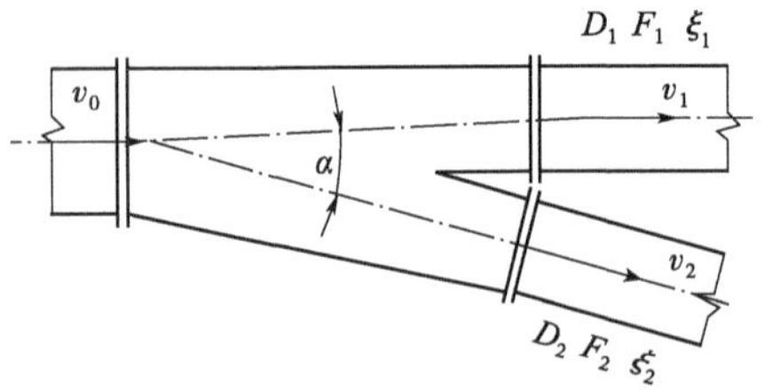

局阻系数ξ_2值											
α°	F_1/F_2 \ v_2/v_1	0.4	0.5	0.6	0.8	1.0	1.2	1.4	1.6	1.8	2.0
15	1.0	0.68	0.33	0.19	0.10	0.05	0.07	0.09	0.11	0.13	0.14
	1.5	1.00	0.48	0.26	0.08	0.05	0.07	0.10	0.13	0.15	0.16
	2.0	1.12	0.55	0.27	0.08	0.05	0.07	0.11	0.15	0.16	0.18
	3.0	1.40	0.65	0.33	0.09	0.05	0.07	0.12	0.15	0.18	0.19

（续）

局阻系数 ξ_2 值											
α°	v_2/v_1 F_1/F_2	0.4	0.5	0.6	0.8	1.0	1.2	1.4	1.6	1.8	2.0
15	4.0	1.63	0.73	0.39	0.10	0.05	0.08	0.13	0.16	0.19	0.20
	5.0	1.70	0.80	0.43	0.10	0.05	0.08	0.13	0.17	0.20	0.20
	10.0	2.10	1.00	0.50	0.11	0.05	0.09	0.15	0.19	0.20	0.21
30	1.0	0.92	0.55	0.38	0.20	0.15	0.12	0.11	0.12	0.13	0.14
	1.5	1.2	0.69	0.45	0.22	0.15	0.12	0.11	0.13	0.15	0.16
	2.0	1.42	0.78	0.47	0.22	0.15	0.12	0.12	0.15	0.16	0.17
	4.0	1.98	1.00	0.59	0.26	0.15	0.11	0.13	0.17	0.20	0.20
	5.0	2.00	1.02	0.61	0.26	0.15	0.11	0.14	0.17	0.20	0.20
	10.0	2.40	1.30	0.70	0.27	0.15	0.11	0.15	0.19	0.20	0.21
45	1.0	1.23	0.78	0.55	0.33	0.25	0.20	0.19	0.18	0.17	0.16
	1.5	1.55	0.95	0.65	0.35	0.25	0.21	0.18	0.16	0.16	0.15
	2.0	1.80	1.05	0.68	0.37	0.25	0.20	0.18	0.16	0.15	0.15
	4.0	2.40	1.30	0.85	0.41	0.25	0.19	0.16	0.15	0.15	0.15
	5.0	2.58	1.35	0.88	0.41	0.25	0.19	0.16	0.15	0.15	0.15
	10.0	3.00	1.60	0.95	0.42	0.25	0.19	0.16	0.15	0.15	0.15
60	1.0	1.66	1.10	0.85	0.52	0.38	0.30	0.26	0.24	0.22	0.21
	1.5	2.00	1.30	0.93	0.55	0.38	0.30	0.25	0.22	0.20	0.18
	2.0	2.30	1.45	0.98	0.57	0.38	0.29	0.24	0.20	0.19	0.17
	4.0	3.10	1.70	1.20	0.62	0.38	0.27	0.22	0.18	0.16	0.14
	5.0	3.15	1.80	1.20	0.62	0.38	0.27	0.22	0.18	0.15	0.13
	10.0	3.60	2.10	1.30	0.65	0.38	0.26	0.20	0.17	0.14	0.12

局阻系数 ξ_1（$\alpha=15°\sim60°$）										
v_2/v_1 F_1/F_2	0.4	0.5	0.6	0.8	1.0	1.2	1.4	1.6	1.8	2.0
1.0	0.24	0.18	0.10	0.03	0.00	0.01	0.04	0.10	0.16	0.27
1.5	0.17	0.10	0.06	0.02	0.00	0.00	0.03	0.06	0.10	0.18
2.0	0.10	0.06	0.05	0.02	0.00	0.00	0.01	0.04	0.08	0.13
3.0	0.06	0.04	0.03	0.01	0.00	0.00	0.01	0.03	0.04	0.06
4.0	0.04	0.03	0.03	0.01	0.00	0.00	0.00	0.01	0.03	0.04
5.0	0.03	0.02	0.02	0.01	0.00	0.00	0.00	0.01	0.02	0.03
10.0	0.02	0.01	0.00	0.00	0.00	0.00	0.00	0.00	0.00	0.00

附表3 若干种木工机床的气力吸集装置的设计计算资料

机床名称及规格	吸料器的数量	一个吸料器要求的最小空气量(m^3/h)	吸气支管内要求的最小气流速度(m/s)		吸气支管的最小许可直径(mm)	一个小时排出的平均碎料量(kg/h)	气流的混合浓度(kg/kg)	吸料器入口的局部阻力系数
			木材碎料的相对湿度≤20%	木材碎料的相对湿度>20%				
①纵向锯割的圆锯								
人工进料								
锯片直径(mm)400以下	1	750	14	16	120	60	0.17	0.8
500~600	1	650	14	16	125	85	0.17	0.8
自动进料								
锯片直径(mm)300~500	1	850	15	16	125	75	0.17	0.8
②横截圆锯								
锯片直径(mm)350~500	1	675~770	14	16	120	28	0.20	1.0
500~600	1	775~900	14	16	120~130	35	0.20	1.0
600~700	1	950~1010	14	16	130~140	40	0.20	1.0
700~800	1	950~1020	15	16	140~150	55	0.20	1.0
900~1000	1	1150~1230	16	17	160	60	0.20	1.0
③双锯片的横截圆锯								
锯片直径(mm)550	1	2250~2500	18	20	170	65	0.6	1.0
④五锯片的横截圆锯	1	1500	17	19	150	20	0.15	1.1
⑤肋式圆锯								
锯片直径(mm)800	1	1600~1700	18	20	160	—	0.3	1.1
⑥边条锯(进料速度50m/min)								
锯片直径(mm)350~450	1	900~960	14	16	125	—	0.4	1.1
⑦带锯(进料速度50m/min)								
锯条宽度(mm)20以下	1	1200	16	17	130	30	0.12	1.1
20~40	1	1500	17	18	135	—	—	1.1
40~70	2	800(上) 1600(下)	18	20	130(上) 150(下)	—	—	1.1
70~100	2	1000(上) 2000(下)	18	20	135(上) 160(下)	—	—	1.1
100以上	2	1400(上) 3000(下)	18	20	135(上) 180(下)	245	—	1.1
⑧曲线锯	1	720	14	16	100~120	—	—	1.0

（续）

机床名称及规格	吸料器的数量	一个吸料器要求的最小空气量（m^3/h）	吸气支管内要求的最小气流速度（m/s）		吸气支管的最小许可直径（mm）	一个小时排出的平均碎料量（kg/h）	气流的混合浓度（kg/kg）	吸料器入口的局部阻力系数
			木材碎料的相对湿度≤20%	木材碎料的相对湿度>20%				
⑨用人工进料的具有升降台面的圆锯机（锯片直径500mm）	2	450（上） 660（下）	14 14	16 16	110（上） 120（下）	— —	0.02（上） 0.08（下）	1.0（上） 0.6（下）
⑩人工进料的平刨								
刨刀长度（mm）200	1	870～930	17	18	125	33	0.2	1.0
200～400	1	1075～1140	17	18	140	50	0.2	1.0
400～500	1	1140～1200	18	19	140	70	0.2	1.0
500～600	1	1140～1200	18	19	140	75	0.2	1.0
超过 600	1	1300～1370	18	19	150	100	0.2	1.0
⑪自动进料的平刨								
刨刀长度（mm）200	1	1070～1140	17	18	140	33	0.4	1.0
200～400	1	1140～1200	18	19	140	97	0.4	1.0
400～600	1	1300～1370	18	19	150	130	0.4	1.0
超过 600	1	1550～1650	18	19	170	190	0.4	1.0
⑫双面平刨	2	1110（水平） 900（垂直）	18 18	19 19	140 120	— —	0.4 0.4	1.0 1.0
⑬单面压刨（进料速度达 24m/min）								
刨刀长度（mm）300	1	1100	17	18	120	97	0.2	1.0
400	1	1200	17	19	140	220	0.2	1.0
500	1	1300	17	19	140	245	0.2	1.0
600	1	1370	17	19	150	250	0.2	1.0
700	1	1550	17	19	150	280	0.2	1.0
800	1	1730	17	19	160	300	0.2	1.0
900 或 1000	1	2250	17	19	180	320	0.2	1.0
1200	1	2820	17	19	210	360	—	1.0
1800	1	4000	17	19	250	450	—	1.0
⑭双面压刨（进料速度 24 m/min）								
刨刀长度（mm）600	2	1450（上） 1450（下）	18	20	150	400	0.3	1.1

（续）

机床名称及规格	吸料器的数量	一个吸料器要求的最小空气量(m^3/h)	吸气支管内要求的最小气流速度(m/s)		吸气支管的最小许可直径(mm)	一个小时排出的平均碎料量(kg/h)	气流的混合浓度(kg/kg)	吸料器入口的局部阻力系数
			木材碎料的相对湿度≤20%	木材碎料的相对湿度>20%				
700~800	2	1600(上) 1600(下)	18	20	160	420	0.3	1.1
900	2	1850(上) 1850(下)	18	20	170	445	0.3	1.1
1000	2	2550(上) 2550(下)	18	20	200	460	0.3	1.1
⑮四面刨(轻型)(进料速度达30m/min)								
水平刀头 垂直刀头	4	1220 1080	18	20	140 130	400	0.4	1.0
⑯四面刨(中型)(进料速度30m/min)								
水平刀头 垂直刀头	4~5	1500 1200	19	22	150 140	600	0.4	1.0
⑰具有整平刀头的四面刨(进料速度100m/min)								
水平刀头 垂直刀头 整平刀头	8	1800 1600 1600	19	22	170 150 160	—	0.4	1.0 1.0 0.8
⑱自动槽刨机(进料速度达30m/min)	2	850	17	18	125	—	0.15	0.8
⑲单轴铣床								
铣刀长(mm)200以下	1	750	16	18	125	20	—	0.7
200~300	1	900	17	19	130	25	—	0.7
300~400	1	1150	17	19	140	40	—	0.7
⑳立式铣床	1(单侧)	970	17	18	120	20	—	0.7
	2(两侧)	1000(每个)	17	18	120	20	—	0.7
㉑单面开榫机								
端面圆锯	1	720	15	16	100	3.7	—	1.0
开榫刀头	1	1220	18	19	140	54	—	1.0
截断刀头	1	800	16	17	110	—	—	0.6
竖立刀轴	1	870	17	18	115	15.3	—	0.8

（续）

机床名称及规格	吸料器的数量	一个吸料器要求的最小空气量(m^3/h)	吸气支管内要求的最小气流速度(m/s)		吸气支管的最小许可直径(mm)	一个小时排出的平均碎料量(kg/h)	气流的混合浓度(kg/kg)	吸料器入口的局部阻力系数
			木材碎料的相对湿度≤20%	木材碎料的相对湿度>20%				
㉒单面开榫机								
端面圆锯	3~6	720	15	16	110	—	—	1.0
开榫刀头		1200	18	19	130	—	—	0.8
竖立刀轴		830	18	19	—	—	—	0.8
㉓双面开榫机（自动进料，共12个刀头）	12	1050（上、下各两个）	16	18	145	—	—	0.7
		610（其他八个）	16	18	110	—	—	0.7
㉔双层制材排锯	1	3600	22	24	200	260	0.6	1.0
㉕链式打眼机（上下各一个）	2	500（上、下）	16	17	100	—	—	1.2
㉖圆棒刨机（圆棒直径30mm，进料速度达50m/min）	1	900	16	18	130	—	—	0.8
㉗圆棒刨机（圆棒直径80mm，进料速度达35m/min）	1	900	17	18	130	—	—	0.8
㉘单滚筒式磨光机								
滚筒长度(mm)700以下	1	840	10	12	—	—	—	1.0
700~900	1	960	10	12	—	—	—	1.0
900~1100	1	1100	10	12	—	—	—	1.0
㉙三滚筒式磨光机								
滚筒长度(mm)1000	4（上） 4（下）	840（每个）	12	14	120	—	—	1.0
1200		960	12	14	120	—	—	1.0
1400		1080	12	14	120	—	—	1.0
1600		1200	12	14	130	—	—	1.0
1875		1870	12	14	140	—	—	1.0
㉚带式研磨机								
带宽度(mm)200	1	1200	12	14	130	—	—	1.2
300	1	1500	12	14	130	—	—	1.2
400	1	1800	12	14	140	—	—	1.2

（续）

机床名称及规格	吸料器的数量	一个吸料器要求的最小空气量(m^3/h)	吸气支管内要求的最小气流速度(m/s)		吸气支管的最小许可直径(mm)	一个小时排出的平均碎料量(kg/h)	气流的混合浓度(kg/kg)	吸料器入口的局部阻力系数
			木材碎料的相对湿度≤20%	木材碎料的相对湿度>20%				
㉛圆盘式研磨机								
圆盘直径(mm)700 以下	1	1200	12	14	130	—	—	0.8
700~900	1	1500	12	14	130	—	—	0.8
900~1100	1	1800	12	14	140	—	—	0.8
㉜具有移动台面的带式磨光机								
头端吸料器	2	1300	12	14	130	—	—	0.8
上方的吸料器		900	12	14	110	—	—	1.0

注：以上所列吸料器入口的局部阻力系数是指机床切削时的数据，当机床不切削木材时，这个局部阻力系数要小得多。

参考文献

白世贞，刘莉，2007. 现代仓储物流技术与装备[M]. 北京：中国物资出版社.

成大先，2007. 机械设计手册[M]. 5 版. 北京：化学工业出版社.

程控，革扬，2002. MRPII/ERP 原理与应用[M]. 北京：清华大学出版社.

崔介何，2002. 企业物流[M]. 北京：中国物资出版社.

郭彦峰，2013. 包装物流技术[M]. 北京：印刷工业出版社.

何民爱，2008. 物流装备与运用[M]. 南京：东南大学出版社.

纪寿文，缪立新，李克强，2004. 现代物流装备与技术实务[M]. 深圳：海天出版社.

李海波，苏元章，2018. 物流基础实务[M]. 北京：北京理工大学出版社.

李维礼，1993. 木材工业气力输送及厂内运输机械[M]. 2 版. 北京：中国林业出版社.

彭万喜，吴义强，2009. 气力输送与厂内运输[M]. 北京：中国计量出版社.

汤齐，谢芳，2014. 现代物流技术基础[M]. 北京：中国纺织出版社.

王鹰，2001. 连续输送机械设计手册[M]. 北京：中国铁道出版社.

卫振林，纪寿文，黄爱玲，2010. 物流信息技术与装备[M]. 北京：中国物资出版社.

魏国辰，2002. 物流机械设备的运用与管理[M]. 北京：中国物资出版社.

闻邦椿，2010. 机械设计手册[M]. 5 版. 北京：机械工业出版社.

吴清一，1996. 物流学[M]. 北京：中国建筑工业出版社.

许国银，桑小娟，蒋淑华，2014. 物流管理新论[M]. 南京：东南大学出版社.

杨伦，谢一华，2006. 气力输送工程[M]. 北京：机械工业出版社.

于宝琴，陈晓，鲁馨蔓，2017. 现代物流技术与应用[M]. 重庆：重庆大学出版社.

张书源，张文杰，2011. 物流学概论[M]. 上海：复旦大学出版社.

周全申，2002. 现代物流技术与装备实务[M]. 北京：中国物资出版社.